体育与健康

主　审◎杨　明
主　编◎刘晓辉　孟繁威
副主编◎严尚滨　刘恩刚　邵　波　田晓雨　佟　伶　杜海军

北京师范大学出版集团
BEIJING NORMAL UNIVERSITY PUBLISHING GROUP
北京师范大学出版社

图书在版编目（CIP）数据

体育与健康/刘晓辉，孟繁威主编. —北京：北京师范大学出版社，
2018.10（2022.12重印）

ISBN 978-7-303-24100-2

Ⅰ.①体… Ⅱ.①刘… ②孟… Ⅲ.①体育－高等学校－教材
②健康教育－高等学校－教材 Ⅳ.①G807.4 ②G647.9

中国版本图书馆 CIP 数据核字（2018）第 185863 号

图 书 意 见 反 馈　gaozhifk@bnupg.com　010-58805079
营 销 中 心 电 话　010-58807651
北师大出版社高等教育分社微信公众号　新外大街拾玖号

TIYU YU JIANKANG

出版发行：北京师范大学出版社　www.bnup.com
　　　　　北京市西城区新街口外大街 12-3 号
　　　　　邮政编码：100088
印　　刷：三河市兴达印务有限公司
经　　销：全国新华书店
开　　本：787 mm×1 092 mm　1/16
印　　张：22.25
字　　数：450 千字
版　　次：2018 年 10 月第 1 版
印　　次：2022 年 12 月第 7 次印刷
定　　价：45.00 元

策划编辑：周 粟 李 明　　　责任编辑：郭 瑜
美术编辑：李向昕　　　　　　装帧设计：李向昕
责任校对：段立超 陈 民　　　责任印制：马 洁

编委会名单

主　编：刘晓辉　　孟繁威

评　审：杨　明

副主编：严尚滨　刘恩刚　邵　波　田晓雨　佟　伶　杜海军

编　委：卢健夫　赵　娜　于　鑫　张　卉　郭铁成　宋志先
　　　　商　杨　吴　彬　武　强　陈恭鑫　张　帅　王东红
　　　　杜百晶　高东旭

前　言

　　党的十八大以来，以习近平同志为核心的党中央确立了建设体育强国的战略目标。少年强、青年强则中国强。习近平总书记始终关心亿万学生体质健康。在 2018 年 9 月召开的全国教育大会上，习近平强调要树立健康第一的教育理念，开齐开足体育课，帮助学生在体育锻炼中享受乐趣、增强体质、健全人格、锤炼意志。

　　2019 年 9 月，《体育强国建设纲要》公布，对加快推进体育强国建设作出明确部署，提出要努力将体育建设成为中华民族伟大复兴的标志性事业。2021 年 3 月，《中华人民共和国国民经济和社会发展第十四个五年规划和 2035 年远景目标纲要》提出，到 2035 年建成"体育强国"。

　　伴随着我国社会经济的快速发展，教育事业尤其是高等教育事业有了极大的发展，高等教育已经从精英教育阶段步入了大众化教育阶段。近年来，作为高等教育的重要组成部分的应用型本科教育呈现出持续、健康、快速发展的迅猛势头，应用型本科教育主要是培养技术型、技能型人才，直接为社会生产、建设、管理、服务等领域提供从事生产、经营、管理服务的一线高级应用型技术人才。

　　在培养人们不断适应复杂的工作形式和社会环境方面，体育有着非常特殊的作用，体育教育的实用性目标是一种重要的社会需求。应用型本科教育的培养模式必须以能力为本位，其人才培养目标与规格，必须根据不同职业岗位的具体分析来确定，设立有较强针对性和实用性的课程及相应的训练，以实现应用型本科院校学生职业岗位的实际操作能力和职业素养。应用型本科体育教育需要适应应用型本科整体的培养模式，鉴于以前的体育教育课程中存在着一些问题，如：教育观念落后，课程目标与教学内容、教学手段不一致，教学方法单调枯燥，课程评价过于强调运动成绩，课程管理强调统一，对于各专业人才培养目标的适应性不强等问题，我们编写了这本教材，力图达到"素质性、职业性、实践性"的目标。

　　根据应用型本科体育的教学特点和我国应用型本科院校学生的生理、心理发展规律以及体育能够发展人的身心素质、具备特殊教育功能的特点，我们提出应用型本科体育的教学目标：树立学生科学的体育意识和终身体育锻炼的观念；使学生在掌握一门以上能进行终身体育锻炼的体育运动技术的基础上，具备强健体魄、团队意识、自立自强精神，成为德、智、体、美、劳全面发展的高素质人才。为了达到这一目标，应用型本科院校体育应努力完成下列基本任务：促进身体和心理的全面发展，提高各项身体素质和生理机能，增强体质，减少疾病，提高学习效率。培养良好的道德和意志品质，提高精神文明和心理健康水平。提高专业身体训练水平，按照适应未来专业就业岗位要求的目标进行各种有效的体育教育，为终生从事各类专业活动打下坚实的身体基础。这既有利于学生完成未来专业活动，也有利于丰富其个人的生活内容，过健康而文明的现代生活。在全面锻炼的基础上，结合本专业的特点，有选择性地进行锻炼，使体育更好地为专业工作服务。

本教材共25章，分为理论篇和实践篇，理论篇4章，主要介绍体育的基本知识，实践篇21章，分别介绍了足球、篮球、排球等21种常见并符合职业人才培养目标、适应职业需求的体育项目。本书由刘晓辉、孟繁威担任主编，负责统一策划、内容结构设计及补充修改、总编定稿的工作，严尚滨、刘恩刚、邵波、田晓雨、佟伶、杜海军担任副主编，杨明主审，还有其他14位老师参与了本书的编写工作。

本书的编写工作得到了长春科技学院领导的关心和大力支持；北京师范大学出版社为本书的出版工作给予了帮助；本书在编写过程中参考了各省市兄弟院校出版的相关教材及有关网上信息，在此对有关作者表示诚挚的谢意。另外，对所有关心、支持和帮助本书成稿、审定、出版的单位和个人致以诚挚的谢意！

由于编写人员水平有限，不妥之处在所难免，恳请广大读者批评指正。

目　录

理论篇

实践篇

理论篇

第一章　体育文化

第一节　体育文化的含义

体育，在本质上属于一种文化范畴。作为一种特殊的人类文化现象，也作为顺应和满足人类自身需要及发展的一种方式，体育不仅在物质上，而且在制度上、精神上一步步传承着历史文化，完善着人类对于文化内涵的追求，推动着人类向前发展。

在我国，有各种养生术、武术技击、民间游戏、划龙舟、放风筝等体育活动。几千年来，经过人们的承袭、发展、演变，这些体育文化成为中华民族传统体育的瑰宝，并越来越引起世界的关注。以奥林匹克运动为典型的欧洲竞技体育，在古代延续了一千余年后，虽因战争等原因曾被迫中断，但在约 1400 年后，近代奥运会重新兴起。现在，无论是欧洲还是全世界，奥运会已经成为一种体育文化的象征。4 年一度的体育盛事不仅把奥运推向了全世界，也把奥运文化作为一种极其珍贵的文化遗产传承了下来。体育作为这种文化遗产的重要因素也被赋予了更多的文化内涵。

"体育文化"一词最早被译为"身体文化"。《韦氏国际大辞典》称"身体文化"为"有关身体系统的保养"。19 世纪末，人们对"身体文化"的解释越来越宽泛，有人认为"身体文化"就是身体锻炼。

现代奥运会的创始人顾拜旦则认为："身体文化"是指促进健康和增强体力的身体运动体系，是与自然的运动形式对应的人为的体育形式。

随着时间的推移，体育文化的内涵也不断发生变化。第二次世界大战后，苏联和东欧各国把"身体文化"作为体育的广义概念来使用，认为它是整个文化的组成部分，这也成为体育一词进入文化领域的主要标志。体育文化也由此作为一种固定的、有实质意义的专有名词出现。

1974 年，国际体育名词术语委员会出版的《体育运动词汇》给体育文化下的定义是："广义文化的一个组成部分，它综合利用身体文化锻炼来提高人的生物学和精神潜力的范畴、规律、制度和物质设施。"

这一定义对体育文化的普及起到了积极的促进作用，并且按照历史规律顺利地发展下去。体育文化至此有了严格的定义。

但是体育文化的定义并不能涵盖体育文化的全部内涵，体育文化的具体解释还有很多。从具体情况来看，一个体育现象往往具有精神、行为、物质 3 个层面的文化含义。以社区体育文化的现象为例，首先，社区体育价值观、社区体育的理念等构成了社区体育文化的精神层面，这是社区体育文化的思想核心基础。其次，社区各类体育组织和有关规章、公约等，是体育精神层面在体育制度上的反映，形成行为制度文化，例如一些特殊质地的体育场所都会要求配穿合适的运动鞋等。最后，社区体育场地、设施、器材、运动装备等就是物质层面的具体物质产品。虽然体育文化被层层分开形成了 3 个方面，但其实体育精神文化、行为文化和物质文化是体育文化结构中有机联系的 3 个层面。一种体育物质产品往往可以浓缩体育文化的 3 个层面，如为表彰在学校运动竞赛中获胜的运动员或学生中的体育活动积极分子而颁发的奖牌或某件运动器械，看似只有体育文化的物质产品层面，但如果分开来看，这其中包含了体育文化的精神层面、行为制度和物质产品 3 个方面。从精神层面理解，颁奖本身就是对体育精神的一种肯定。从行为制度层面理解，是对获奖者行为的一种认定，也是一项奖励制度；获胜者拥有物质奖励本身也是一种体育文化制度，是促进体育竞争的制度手段。从物质层面理解，所获得奖牌、奖杯本身就是一种物质产品。

体育文化的 3 个层面相互包含，缺一不可，任何一种文明的体育现象都要具备这 3 个要素。

第二节　体育文化的功能

"体育文化"在社会进步方面，起着非常重要的作用。

第一，培养和教育功能。

人们创造的体育文化是生活的文化环境的组成部分，并在人类教育体系中占有重要地位。它不断影响人的自我发展，塑造人的自身，发挥着教育和培养人的作用。

从最初的坐、爬、站立，到后来的走、跑、跳、攀登、爬越等一系列基本生活技能的养成都离不开体育文化教育；从人体肢体活动的技能、技巧，到观看、参与体育竞赛，从遵守活动和比赛规则，到养成良好的生活习惯和健康的生活方式等，无不与体育文化的教育和教养息息相关。

因此，在人的成长过程中，体育教育直接有效地培育人的体质，体育文化潜移默化地培养人的性格。

第二，增强民族凝聚力。

体育文化对人的聚合、凝聚作用是其他文化难以比拟的，没有任何一件事情可以把人心如此紧密地结合在一起，共同为一个目标而努力奋斗，这是一种具有强烈感召力的文化精神。体育文化的聚合、凝聚功能主要产生于体育文化的精神层面，由此产生的凝聚是最深、最强的，也是最稳定的。

体育文化的凝聚力也具有多样性，它不仅可以提高本国家、民族的团结力和凝聚力，同样可以促进全人类的大团结。尤其是各种跨国界的赛事，能把不同国家、不同民族、不同信仰的人聚合到一起。奥运会就是最好的例证，在和平、友谊、进步的共同理想下，不同国家和民族的人聚合在奥林匹克的五环旗下。奥林匹克运动之所以成为世界人民大团结的国际盛事，离不开体育文化本身的魅力，也是体育文化凝聚力最有说服力的证明。

第三，传播和传承文化功能。

世界上每一种健康积极的文化都是在不断传播和传承的基础上完善发展的，体育可以吸收其他国家的先进文化，并在大型国际赛事中展示本民族的文化特点。众多事实表明，体育是一个国家综合实力和社会进步程度的重要指标之一。当我们能够有效地融进世界体育的潮流时，我们的社会也往往充满时代感；反之，如果我们落后于世界体育大潮，就会出现滞后感、封闭感，民族自信心也会受到严重打击。体育文化让我们得以展示本民族的优秀文化，取得世界认同感，进而使我国的文化得到传播。

以上是体育文化的重要功能，需要大力开发和运用。当然，也要注意它可能引起的消极影响，防止被不法分子利用，例如，一些邪教组织用体育锻炼的方式套用邪教理论，引起社会不安等。我们要发扬积极的体育文化精神。

第三节　体育文化的继承和创新

伴随着人类社会的发展进程，体育文化成为当今人类文化活动的重要组成部分。为适应社会发展的需要，体育文化的改革与发展也变成了一个世界性议题，扮演着文化环境中的重要角色。和任何具体文化一样，体育文化的改革与发展，也要在继承传统体育文化的基础上，不断创新。现在，如何继承和创新体育文化是摆在体育文化工作者面前的一个重要课题。

实践表明，任何一种具体的文化，都是在过去文化积累的基础上发展而来的，今天的文化是之前文化的积淀，现实的文化又会成为未来文化发展的基础。可以说，没有继承，也就没有文化。因此，体育文化发展首先讲的就是继承。对体育文化继承规律的研究，不仅可以梳理体育文化发展的脉络，更重要的是为未来体育文化的发展、创新提供理论依据。

继承讲究取其精华、弃其糟粕，只有批判地继承才是对未来文化发展有实际意义的。盲目而没有选择性的继承就谈不上发展。

与继承一样，创新是体育文化发展过程中固有的特性。体育文化的创新，实际上就是体育文化物质的产生以及社会文化要素的融入，由此引起的体育文化局部或总体性的改变。改变要积极，要适合时代发展的步伐，绝对不可以原封不动、毫不走样地、一代又一代地传承，而是随着历史的变迁、传播地区的差异，从价值观和伦理观到内容和形式，或多或少会发生种种变化，这种变异可以在自发状态下自然形成，也可以是人为的、有意识的变革。体育文化的变革离不开人为因素，要符合社会发展和前进的方向，满足人们的需求，就需要在继承的同时不断创新。

第四节　弘扬中华体育精神

中华民族传统体育是世界体育的一个重要组成部分。从体育史的角度来看，世界古代体育存在两个不同体系，一个是以古希腊、古罗马为代表的西方体系，另一个就是以中国、古印度为代表的东方体系。经过几千年的积累和沉淀，东方体育日臻完善。国际体育史学已经越来越明显地注意到东西方体育史的不同，开始研究这两个不同体系的主要特点和经验。由此看来，继承中华民族优秀传统体育文化，不仅有助于当代中国体育文化的发展，还有利于丰富世界体育文化，造福全人类。

中国体育文化应从体育文化的精神、行为制度和物质各个层面进行全方位的开发，中国体育文化要为世界现代体育文化做出应有的贡献，必须发挥传统体育的主体意识，坚持改革与创新。在现代社会市场经济的大环境中把握发展趋势、加强对传统体育的研究，尤其要注意发掘传统体育文化中的健身、娱乐、休闲、养生等功能的优势。将中国体育文化的民族性与国际性有机结合，使之适应人类发展的新时代，并具有强大的生命力和可持续发展的能力。

▶▶ 思考题

1. 什么是体育文化？
2. 体育文化的功能有哪些？
3. 大学生应如何对体育文化进行继承和创新？如何弘扬体育精神？

第二章 体育与健康教育

第一节 体育与健康的概念

一、体育的概念

（一）体育的定义

给体育概念下定义是对体育理性认识的开始。在体育界，关于体育的定义多种多样，比较具有代表性的是狭义体育和广义体育这两种定义。体育是以身体运动为基本手段、促进身心发展的文化活动，可以说这是一种广义理解的体育。体育不应该局限在竞技和学校体育方面，而应该是家庭体育、学校体育和群众体育的统一体。从体育手段的角度来看，也就是应该在达到体育目的的前提下，各种身体运动、休闲、娱乐活动、舞蹈等都可以是体育的范畴。

在我国，现代体育基本上由群众体育、竞技体育与学校体育3个方面组成，三者既不能相互代替，也不容相互混淆。

根据体育概念的内涵和外延，我们可以发现，体育的本质就是以身体锻炼为基本手段，以增强体质为主要目的。这是体育区别于其他社会活动的本质特点。

（二）体育的组成

1. 学校体育

学校体育是学校教育的重要组成部分，是全民教育的基础，它作为教育和体育的交叉点和结合部，又是国家体育事业发展的战略重点。为了达到教育、教养及发展的总目标，学校体育按不同教育阶段和年龄特征，通过体育课程、课余训练和课外体育活动的基本组织形式，以"增强体质、增进健康、培养'健康第一'意识，为'终身体育'奠定基础"为核心，全面实现学校体育的各项任务。由于处在学校教育这个特定环境，体育的实施内容被列入学校总体计划，实施效果又有相应的措施予以保证，从而与其他教育环节共同构成一个完整的教育过程，促使学生德、智、体等方面得到全面发展。

2. 竞技体育

竞技体育亦称"竞技运动"，原指"离开工作进行的游戏和娱乐活动"。国际竞技体育协会将其定义为"含有游戏的属性并与他人进行竞争以及向自然障碍进行挑战的运动"。而长期以来，中国竞技体育界将其解释为："为了最大限度地发挥和提高人体在体能、身体能力、心理和运动能力等方面的潜力，取得优异运动成绩而进行的科学的、系统的训练和竞赛。"两种定义都突出了竞争性或挑战性是其最根本属性。

竞技体育在现代奥林匹克运动的推动下，已有 50 多种用于国际比赛的运动项目，并设有相应的国际体育组织和单项运动协会。竞技体育被认为是在高水平竞争中，以夺取优胜为目标，对健康人体进行旷日持久的生物学和心理学改造，进而实现最大限度开发人的竞技运动能力的教育过程。由于在组合"对抗"的同时，非常强调"法"的完整和准确，即认为竞技规则在保证运动顺利进行的同时，也在引导运动不断趋向科学化。因此，为应付激烈的赛场竞争，以探索人类竞技运动的极限，先进的科学训练方法和手段正被广泛采用。同时，由于竞技体育的表演技艺高超、季节性强，且极易吸引广大观众。因此，它作为一种极富感染力又容易传播的精神力量，在活跃社会文化生活、振奋民族精神、促进各国人民之间的友谊和团结等方面，都有着特殊的教育作用。

3. 社会体育

社会体育亦称"群众体育"，是指人们自愿参加的，以增进身心健康为主要目的，内容丰富、形式灵活的社会体育活动。它是我国体育事业的重要组成部分，既有别于高水平的竞技体育，也有别于学校体育。作为学校体育的延伸，它可使人们的体育生涯得以继续维持并使人们终身受益。

社会体育以增强人民体质，增进社会健康，延长人的寿命，满足人民群众的健美、消遣、娱乐、休闲、保健、医疗、康复、社交等多方面的需求为目的，并不追求达到高水平的运动成绩。《中华人民共和国宪法》第 21 条明确规定："国家发展体育事业，开展群众性的体育活动，增强人民体质。"这说明了社会体育在整个体育事业和社会生活中的重要地位。

社会体育开展的广泛性和社会化程度，取决于一个国家经济的繁荣、生活水平的提高、余暇时间的增多和对体育的价值观念及社会环境安定等因素。从世界发展趋势看，社会体育作为现代体育发展的重要标志，其普及程度或开展规模，都不亚于竞技体育，它大有跃居为第二股国际体育力量的势头。近几十年世界各国的社会体育发展的进程都证明了社会体育具有越来越广泛的群众基础，呈现越来越繁荣发展的景象。

二、健康新概念

健康是一个综合概念。1948 年《世界卫生组织宪章》对健康所做的定义为："健康不仅是免于疾病和衰弱，而且是保持体格方面、精神方面和社会方面的完美状态。"1990年《世界卫生组织宪章》是这样阐述健康的："躯体健康、心理健康、社会适应良好和道德健康才算是完全的健康。"这一概念将人的健康分为生理健康、心理健康、道德健康、社会适应能力4个方面。

第一，生理健康。

生理健康是指人体结构的完整和生理功能的正常。人体的生理功能是以结构为基础，以维持人体生命活动为目的，协调一致，复杂而高级的运动方式。

第二，心理健康。

心理健康是生理健康的发展。评定心理健康的标准主要有：认识能力正常；情绪反应适度；有健康的理想和价值观；个性健全，情绪健康；人际关系融洽；自我评价恰当；对困难和挫折有良好的承受力。

第三，道德健康。

道德健康可简单解释为做人的道德和应有的品德。道德健康以生理健康、心理健康为基础并高于心理健康和生理健康，是生理健康和心理健康的发展。道德健康是指以不损害他人的利益来满足自己的需要，能按照社会认可的道德行为规范准则约束自己及支配自己的思维和行为，具有辨别真假、好坏、荣辱的是非观念和能力。

第四，社会适应能力。

社会适应能力主要指人在社会生活中的角色适应，包括职业角色、家庭角色和在工作、家庭、学习、娱乐、社交中的角色转换以及人际关系等方面的适应。社会适应健康，也是健康的最高境界。缺乏角色意识，发生角色错位是社会适应不良的表现。

第二节　影响健康的因素

一、行为和生活方式

第一，行为因素。

行为是有机体在外界环境刺激下所引起的反应，包括内在的生理和心理变化。人类的行为表现错综复杂，但基本规律是一致的，即它是人类为了维持自身的生存和种族的延续，在适应复杂的、不断变化的环境时所做出的反应。个体的社会性行为是人与周围环境相适应的行为，是通过社会化过程确立的。行为是影响健康的重要因素，几乎所有影响健康的因素都与行为有关。例如，吸烟与肺癌、缺血性心脏病及其他心血管疾病密切相关。酗酒、吸毒、不良性行为等也严重危害人类健康。

第二，生活方式。

生活方式是一种特定的行为模式，这种行为模式建立在文化继承、社会关系、个性特征和遗传等综合因素基础上，受个性特征和社会关系制约，是在一定的社会经济条件和环境等多种因素之间的相互作用中所形成的，包括饮食习惯、社会生活习惯等。由于受一些不良的社会和文化因素影响，许多人养成了不良的生活习惯，导致慢性非传染性疾病、性病和艾滋病的迅速增加。近年来，我国恶性肿瘤、心血管疾病和脑血管疾病已占总死亡原因的 61％。据美国调查，只要有效地控制行为危险因素（不合理饮食、缺乏运动锻炼、吸烟、酗酒、滥用药物等），就能减少 40％～70％的早死、1/3 的急性残疾、2/3 的慢性疾病。

二、环境

第一，自然环境。

自然环境是指影响人类生存和发展的各种天然的和经过人工改造的自然因素的总体，包括大气、水、土地、矿藏、森林、野生生物、各种自然和人工区域（自然保护区、风景名胜区、城市和乡村），以及自然和人文遗迹等。这些因素就组成了人类的生活环境，它们影响着人类的生存和发展。在自然界中，每一种动植物群体，都需要有一定的生存环境条件，如气候、土壤、地理、生物及人为条件等。这些环境条件与人类的关系是对立统一的。一方面，人类的生存和繁衍依赖于环境；另一方面，当环境作用于人类、服务于人类时，又直接或间接地受人类活动的影响。符合自然和社会发展规律的人类活动，能够改善环境；违反自然和社会发展规律的人类活动，会使环境恶化。

第二，社会环境。

社会环境又称文化—社会环境，包括社会制度、法律、经济、文化、民族及职业等。社会制度确定了与健康相关的政策和资源保障；法律、法规确定了对人健康权利的维护；经济决定着与健康密切相关的衣、食、住、行；文化决定着人的健康观及与健康相关的风俗、道德、习惯；民族影响着人们的饮食结构和生活方式；职业决定着人们的劳动强度和方式等。

三、生物学因素

第一，遗传。

遗传是先天性因素。种族的差别、父母的健康状况和生存环境等因素都会对下一代的健康带来较大的影响。已知人类的遗传性缺陷和遗传性疾病近 3000 种（约占人类各种疾病的 1/5）。

第二，病原微生物。

从古代到 20 世纪中期，威胁人类健康的主要原因是病原微生物引起的感染性疾病。随着社会、经济的高度发展，人们的劳动方式和生活方式发生巨大改变，行为和生活方式逐渐取代生物学因素，成为影响健康的主要因素。

第三，个人的生物学特征。

个人的生物学特征包括年龄、性别、形态和健康状况等，不同生物学特征的人处在同样的危险因素下，健康所受影响大不相同。例如，儿童、少年和成年人，男性与女性，体质强壮和体质虚弱的人处在同样的危险因素下，健康所受影响是不相同的。

四、健康服务因素

随着社会经济的发展及人们生活水平的提高，人们要维护和促进健康。因此，在现代社会，健康服务的任务不仅仅是治病救人，医疗保健被列入社会保障的因素，卫生事业的发展是社会发展的重要方面。

世界卫生组织的《渥太华宪章》指出：健康的基本条件和资源是和平、住房、教育、仪器、经济收入、稳定的生态环境、可持续的资源及社会的公平与平等。国家必须在这些坚实的基础上建立以社区服务为中心、多部门协作的健康服务体系，实现人人享有健康服务的宏伟目标。健康服务体系是国家促进国民健康的主要手段之一，是一个国家综合实力的反映。

五、体育运动

由于劳动方式和生活方式的改变，运动的缺乏成为威胁人类健康的一个重要因素。同时科学运动的健康价值日益凸显，体育竞技的魅力四射，使人们越来越关注体育在其生活中的位置，体育对人类健康的作用和意义也成为学者们的研究热点。

1978年，联合国教科文组织颁布的《体育运动国际宪章》明确提出体育是一种人权，确认体育是提高生活质量的手段，体育能培养人类的价值观念，说明体育对人类的生存和发展具有重要的影响。从体育的含义中可以看出，体育对促进健康具有广泛的作用，特别是在改善生活方式与提高生活质量方面，体育展示了其独特的魅力。

六、膳食

合理的营养是保证人体健康的重要因素。营养过多或不足都有损于健康。营养状况包括摄入热量及食物的营养结构。前者是衡量人群摄入的食物是否能维持基本的生命功能，后者则是分析摄入食物中各种营养素比例的合理性。

从生理学角度来看，一个中等强度体力劳动的成年人，要维持其身体的基本需要，每日男性需要摄入的热量为 12 552 千焦（3 000 千卡），女性需要 11 715 千焦（2 800 千卡），儿童需要摄入的热量为 8 368 千焦（2 000 千卡）以上。从世界范围来看，不同国家居民日平均摄入热量与健康状况关系密切。根据食物提供的热量计算，蛋白质以动物蛋白质及植物蛋白质各占 50％为宜。这种标准既保证了机体对各种营养的需要，又有利于预防常见的慢性病，如心血管疾病等。目前，发达国家居民膳食中，动物蛋白及脂肪含量偏高，而发展中国家及不发达国家居民膳食中蛋白质及脂肪的比例偏低。

第三节　亚健康与造成亚健康的原因

一、亚健康的概念

近年来，亚健康一词频频出现在一些医学杂志和健康读物上。那么什么是亚健康呢？亚健康是一个新的医学概念。健康是一种身体、精神和交往上的完美状态，而不只是身体无病。根据这一定义，经过严格的统计学统计，现代社会符合健康标准者约占人群总数的 15％。

有趣的是，人群中已被确诊为患病，属于不健康状态的也占 15％左右。如果把健康与疾病看作生命过程的两端的话，那么它就像一个两头尖的橄榄，中间凸出的一大块正是处于健康与有病两者之间的过渡状态，世界卫生组织称其为"第三状态"，国内常常称之为亚健康状态。处于亚健康状态的人，机体虽然无明显疾病，但呈现"一多三少"的特征，即疲劳多，活力减退，反应能力减退，适应力减退。虽没有疾病，但有种种不适的症状，是介于健康与疾病之间的一种生理功能低下的状态，是"既非健康，又非疾病"的潜病状态。

亚健康是个大概念，包含着前后衔接的几个阶段，其中，与健康紧紧相邻的可称作"轻度身心失调"，它常以疲劳、失眠、胃口差、情绪不稳定等为主要症状，但是这些失调容易恢复，恢复了则与健康人并无不同，占人群的 25％～28％。这种失调若持续发展，可进入"潜临床"状态，此时，已呈现出发展成某些疾病的高危倾向，潜伏着向某病发展的高度可能。在人群中，处于这类状态的超过 1/3，他们的表现错综复杂，可为慢性疲劳或持续的身心失调，前述的各种症状持续 2 个月以上，且常伴有慢性咽痛、反复感冒、精力不支等。有的专家将其错综的表现归纳为 3 种减退：活力减退、反应能力减退和适应能力减退。从临床检测来看，城市里的这类群体比较集中地表现为"三高一低"倾向，即存在着接近临床水平的高血脂、高血糖、高血黏度和免疫功能偏低。另有至少超过 10％的人介于潜临床与疾病之间，可称为"前临床"状态，指已经有了病变，但症状还不明显或还没引起足够重视，或未求诊断，或即便医生做了检查，一时尚未查出。严格地说，最后一类已不属于亚健康，而是有病的不健康状态，只是有待于明确诊断而已。因此，扣除这部分人群，有不少研究认为亚健康者约占总人口的 60％。

二、造成亚健康的原因

现代医学研究的结果表明，造成亚健康的原因是多方面的，例如，过度疲劳造成的精力、体力透支；人体自然衰老；心脑血管及其他慢性病的前期、恢复期和手术后康复期出现的种种不适;人体生物周期中的低潮时期等。

造成身体出现"第三状态"的原因,主要有以下几个方面。

第一,心理失衡。

万事劳其行,百忧撼其心。高度激烈的竞争,错综复杂的各种关系,使人思虑过度,素不宁心,不仅会引起睡眠不良,甚至影响人体的神经体液调节和内分泌调节,进而影响机体各系统的正常生理功能。

第二,营养不全。

现代人饮食往往热量过高,营养素不全,加之食品中人工添加剂过多,人工饲养动物成熟期短、营养成分偏缺,造成很多人体重要营养素缺乏和肥胖症增多,机体的代谢功能紊乱。

第三,噪声、郁闷。

科技发展、工业进步、车辆增多、人口增多,使很多居住在城市的人群生存空间狭小,备受噪声干扰,对人体的心血管系统和神经系统产生很多不良影响,使人烦躁、心情郁闷。

第四,高楼、空调。

高层建筑林立,房间封闭,一年四季使用空调,长期处于这种环境当中,空气中的负氧离子浓度较低,使血液中氧浓度降低,组织细胞对氧的利用降低,影响组织细胞正常的生活功能。因此,住在高层楼的人们需要经常到地面上走走。使用空调时,要及时换气。

第五,逆时而作。

人体在进化过程中形成了固有的生命运动规律(即"生物钟"),维持着生命运动过程中气血的运行和新陈代谢。逆时而作,就会破坏这种规律,影响人体正常的新陈代谢。

第六,练体无章。

生命在于运动,生命也在于静养。人体在生命运动过程中有很多共性,但是也存在着个体差异。因此,练体强身应该是个体性很强的学问。每个人在不同时期,身体的客观情况都处于动态变化之中,如练体无章、练体不当,必然会损害人体的健康。

第七,乱用药品。

用药不当不仅会对机体产生一定的副作用,而且还会破坏机体的免疫系统。如稍有感冒,就大量服用抗生素,不仅会破坏人体肠道的正常菌群,还会使机体产生耐药性;稍感疲劳,就大量服用滋养品,本想补充营养,但实际是在抱薪救火。

第八,内劳外伤。

外伤劳损、房事过度、穷思谒虑、生活无序最易引起各种疾病。人的精气如油,神如火。火太旺,则油易干;神太用,则精气易衰。只有一张一弛,动静结合,劳逸结合,才能避免因内劳外伤而引发各种疾患。

第九，六淫七情。

六淫：风、寒、暑、湿、燥、火是四季气候变化中的6种表现，简称六气。"六气淫盛"，简称"六淫"；七情：喜、怒、忧、思、悲、恐、惊。过喜伤心，暴怒伤肝，忧思伤脾，过悲伤肺，惊恐伤肾。

因此，预防影响健康的4方面的不良作用，就必须积极开展健康教育，把健康知识教给每一个人，让每一个人都能懂得和掌握保持健康的技能，不断增强自我保健意识，提高健康水平。

·· 思考题

1. 体育的本质是什么？有哪些组成部分？

2. 什么是健康？健康包括哪些方面？哪些因素会影响健康？

3. 什么是亚健康？哪些原因会导致亚健康？

第三章　体育运动原理与卫生健康

　　体育运动原理是体育学的一个重要组成部分，是研究体育实践和体育理论发展的一般规律以及其中的认识论和方法论的科学。体育原理的研究范畴可确定为：体育概念与本质；体育的功能与目的；体育的过程与规律；体育途径；体育手段与方法；体育评价；体育科学；体育文化；体育体制；体育发展趋势。要把体育基本理论完全涵盖在体育原理里是很难的，为了让同学对体育这门学科有一个基本了解，形成"健康第一"的观念，将终身体育锻炼的概念付诸实践，本章着重对现代体育的构成和功能、运动卫生方面的理论做较深入的讨论。

第一节　现代体育的构成和发展趋势

　　国际体育界公认现代体育发源于 19 世纪的英国。1828 年，英国教育家托马斯·阿诺德第一次把体育列入学校课程，这对现代体育的产生和发展产生了决定作用。在英国的影响下，1844 年在柏林举行了大学生田径运动会，1857 年成立了田径协会，并在剑桥大学举行了世界第一次大学生锦标赛。这对现代体育产生了深刻的影响。

一、现代体育的构成

　　现代体育是由学校体育、竞技体育和社会体育构成的。

　　第一，学校体育。

　　学校体育是学校教育的重要组成部分，是全民体育的基础。

　　现代学校体育既重视增强学生体质，又注重培养学生的体育意识，讲究体育锻炼的科学性，进行终身体育教育，为学生终身体育打下良好的理论和技能基础。学校体育还担负着为国家培养和输送体育人才，以适应当代社会和青年对日益增长的精神和文化生活的需要。学校体育是按不同教育阶段和年龄特征，通过体育教学、课外体育活动、业余体育训练这 3 种基本形式，围绕"增强体质"这个中心，使学生德、智、体、美均都得到发展。

第二，竞技体育。

竞技体育是为了最大限度地发挥个人或集体的运动能力去争取优异成绩而进行的运动训练和竞赛。由于竞技体育的表演技艺高、竞争性强，极易吸引广大观众，因此它极具感染力和传播力。在活跃社会文化生活、振奋民族精神、提高国际威望、促进友谊等方面有着重要意义。为探索人类运动的极限，参与日趋激烈的赛场竞争，各国都在采用先进的科学训练方法和手段，提高运动能力，以使竞赛更加精彩。

第三，社会体育。

社会体育也称大众体育，是以健身、健美、娱乐、医疗为目的，开展形式多样、内容丰富的体育活动。人们经常谈到的休闲体育、娱乐体育、养生体育均可列入社会体育。现代社会生活、工作节奏加快，只有保持健康的身体和旺盛的精力才能适应这种节奏。现代科技给人类带来舒适、便捷的同时，也带来许多不利因素，如环境污染、生态失衡、缺乏身体运动、营养过剩等各种"文明病"。人们已经认识到，只有科学地进行体育锻炼，才能保持和促进身体健康。大众体育是现代社会的一种生活方式，是提高生活质量必不可少的手段。

二、现代体育的发展趋势

第一，学校体育是基础。

学校体育、竞技体育、社会体育相互依存，相互影响，相互促进，构成了现代体育的整体。学校体育是三者发展的基石，只有良好的学校体育基础，才能为竞技体育输送更多的人才，才有蓬勃发展的社会体育。

第二，国际化、社会化趋势。

现代体育正成为国际社会的社会现象。各国无论其社会制度、宗教信仰、民族特点如何，无不重视体育运动的开展。在国际奥林匹克运动会的推动下，竞技体育的规模日益扩大，不仅促进了体育运动本身的发展，而且推动了人类文化、社会经济的发展。

体育作为社会现象，是社会发展的产物，又对社会发展起着促进作用，现代体育功能已大大超过了增强体质的范围，已经成为改善人们生活方式、提高生活质量的不可缺少的因素。

第三，高科技已成为现代体育发展的强大动力。

现代科学技术的迅速发展，不但使社会结构、经济结构、生产方式发生了巨大的变化，而且极大地促进了体育运动的发展。大量的高科技成果和科学理论被广泛地运用到体育领域中。在学校体育和大众体育中，理论指导、科学锻炼方法的运用以及先进设备的运用，不仅提高了锻炼效果，而且增加了体育运动的魅力。

第二节　现代体育的功能

体育在外部环境的互动中表现出相对特殊的作用与效能，这种作用与效能就是体育功能。而体育的效能在《体育大辞典》中被定义为："体育的效能，指体育对人类和社会所起的综合作用，由体育本身的特点和社会的需要所决定，包括生物效能和社会效能两大类。"

一、健身功能

体育主要是以各种身体运动方式进行的，它要求人体直接参与活动，这是体育最本质的特征之一。而体育的这一特征决定了体育具有健身功能。体育的健身功能主要表现在以下几个方面。

第一，体育运动能改善和提高中枢神经系统的工作能力。

大脑是人体的最高指挥部，人体一切活动指令都是由大脑发出的。大脑的重量虽然只占人体重量的 2%，但它所需要的氧气却要由心脏总流出量的 20% 来供应，比肌肉工作时所需血液多 15～20 倍。然而，脑力劳动者长时间伏案工作，呼吸表浅，血液循环慢，新陈代谢低下，腹腔器官及下肢血液停滞。长时间进行脑力劳动会使人头昏脑涨，就是由于大脑供血不足、缺氧所致。另外，大脑工作时所需能量来源于血液中的葡萄糖，然而其自身葡萄糖的储存量却很少。如果连续用脑时间过长，就会因血糖浓度降低而使大脑反应迟钝，思维能力下降。

进行体育运动，特别是到大自然和新鲜空气中进行体育锻炼，可以使大脑得到积极的休息，改善大脑的供血状况。并且，经常参加体育运动，可以提高大脑皮层的兴奋性，使大脑对外界刺激的反应更加迅速、准确，整个机体的工作能力得到提高。

第二，体育运动促进有机体的生长发育，提高运动能力。

生长是指细胞繁殖和细胞间质的增强所形成的形体上的变化，它是人体量变的过程。而发育则是有机体各器官、系统的结构逐步完善，机能逐渐成熟的过程。

骨骼是人体的支架，其生长发育不仅对人体形态有重要影响，而且对内脏器官的发育及对人的劳动能力和运动能力都有直接影响。体育运动刺激骺软骨的增生，从而促进骨的增长。科学研究证明，经常从事运动的青少年比一般青少年身高增长要快。同时，经常参加运动还可促使骨骼变粗，骨密质增厚，骨骼抗弯、抗折、抗压能力增强。实验证明，普通人的股骨，在承受 300 千克的压力后就会折断，而运动员的股骨，可以承受 350 千克的压力。经常从事运动，可以改善肌肉的血液供应状况，增加肌肉内的营养物质，特别是蛋白质的含量，使肌纤维变粗，工作能力加强。一般人肌肉重量只占体重的 40%，而运动员肌肉重量占体重的 45%～50%。运动还可以促使肌肉有更多的能量储备，以适应运动和劳动需要。

第三，体育运动能促进人体器官构造的改善和机能的提高。

体育运动能使人体内能量消耗增加，代谢产物增多，新陈代谢旺盛，血液循环加速。从而使血液循环系统、呼吸系统、消化系统、排泄系统都得到改善，使主司这些系统工作的器官——心肺等在构造上发生变化，机能提高。如经常运动能使心脏产生运动性肥大，心肌增强，心壁增厚，心腔容积增大。在体能上，心肌的每搏输出量增加，而心搏频率机能降低，出现"节省化"现象。肺的功能也会因运动而提高，肺活量增大，呼吸深度加深。

第四，体育运动能调节人的心理，使人生充满活力，并能提高人体的适应能力。

从事运动，特别是群体运动能使人心情舒畅，精神愉快，调节人的某些不健康情绪和心理，缓解压力，调整消沉、沮丧的情绪。美国一位心理学家德里斯发现跑步能成功地减轻大学生在考试期间的忧虑情绪。人们还发现有紧张烦躁情绪的人，只要散步 15 分钟后，紧张情绪就会松弛下来。运动能增强人的免疫力，提高对疾病的抵抗能力，提高对外界环境的适应能力。

第五，体育运动可以防病治病，推迟衰老，延年益寿。

生物体从胚胎、生长、发育、成熟直到衰老、死亡，是一个不可改变的客观规律。但一个人体质的好坏，衰老的快慢却是可以控制的。国际运动医学联合会原主席普罗科教授经过多年的研究证明："不锻炼的人，30 岁起身体机能就开始下降，到 55 岁，身体机能只相当于他健康时的三分之二。而经常锻炼的人到四五十岁，身体机能还相当稳定，当他 60 岁的时候，心血管系统的功能大约相当于二三十岁不锻炼的人。这也就是说，经常锻炼的人比不经常锻炼的人要年轻二三十岁。"现任国际运动医学联合会主席霍尔曼教授指出：每天坚持跑步 10 分钟的人，心脏可以年轻 20 岁。

二、愉悦功能

第一，体育运动能加强生命的力量，获得能量释放的快感。

运动是生命的本质，是生命活动的形式。亚里士多德说："生命便是运动。"体育既可以增进健康，增强生命力量，又可以使人感知自我生命存在的力量，这种健康和生命的力量是快乐的基础。人可以从这种对生命的感知中获得一种快感。德国哲学家叔本华曾说过："能够促进愉快心情的不是财富，却是健康——唯有健康才能绽放愉快的花朵。有了健康，每件事都是会快乐的，失掉健康也就失掉了快乐。"满足生命力而得到的快乐，是基本快乐，几乎人人都要得到这种快乐，体育是获得这种快乐最积极有效的手段。

人的机体各个器官系统处于不停的运动中，各器官系统的运动必须保持某种程度上的平衡，这种平衡如长时间被破坏，人体就会感到不适。内脏器官的活动永不停息，必然产生大量能量，这些能量得不到释放，人就会感到不快与难受。现代人由于在日常生活、工作中体力减少，体内能量骚动与释放出现了不平衡。这种不平衡是现代"文明病"的根源，同时也给人类带来了情绪上的困扰。人们通过运动可以消除这种不平衡，并从中获得能量释放的快感。有运动经历的人，都体验过运动出汗后的轻松感、快乐感。由于体育能使人产生强烈的情感体验，调整失去平衡的心理。所以，体育又可以作为情感宣泄的舞台、媒介，这对于营造和谐稳定的社会关系有着特殊的作用。因此，在西方社会学中，体育又被称为社会的"安全阀"。

第二，体育运动能使人获得美的享受，精神上的愉悦。

凡是感到美的事物都能引起人精神上的快感。美使人兴奋、使人安宁、使人陶醉、使人忘却一切。体育可以使人感受到人体美、自然美、艺术美，从而获得一种综合美的享受，并从美的感受中体验到快乐。

参加体育锻炼可以使自身的体格健壮、形美，朝气蓬勃，生命力旺盛，这种自身健美不仅可以引起他人的羡慕，而且可以增强自信心、自尊心、自豪感，从而感受到来自自身美的快乐。

现代竞技运动，以其剧烈的竞争性、胜负的不确定性和高度的技艺性，吸引了千千万万的观众，人们已把直接或间接欣赏高水平的竞技比赛作为业余生活的重要内容。竞技中，运动员健美的身体和优美的动作巧妙地结合在一起。人们观赏优美的姿势，轻松有力、富有节奏、韵律的表演，不仅可以感受到人体的动态美，还可以获得一种美的艺术享受。与此同时，人们的情绪也在美的享受中随场上激烈的比赛而变化，激动、兴奋、呐喊，身心完全融入比赛之中，完全忘却了自我。

第三，体育运动能显示人的能力、体验自我实现的快乐。

人具有成长、发展、利用潜能的心理需要，美国人本主义心理学家马斯洛将此称为自我实现。他把这种高级需求解释为："一种想要变得越来越像人本来的样子，实现人的全部潜能的欲望。"人的这种高级需求的满足，可以引起人深刻而强烈的幸福感和精神生活的充实感。需要是快乐的源泉，法国大文豪伏尔泰曾说过："没有真正的需要，便不会有真正的快乐。"人可以不断努力，从自我潜能实现中获得快乐。体育运动既可以显示人的能力，又可以发展人的能力，人们总是根据自己的能力进行活动，在自己的身体运动中感受到能力的发展和提高。通过自我能力的实现而获得的快乐是最高的快乐，且可持续时间长，每当回忆起来时，仍会兴奋、充实和愉悦。

体育在很大程度上是和困难、艰辛、挑战、征服联系在一起的。在运动中，特别是在一些较为剧烈、危险的运动中，有机体总是承受一定的甚至很大的痛苦。正是由于艰辛和来之不易，才能使人强烈地体验到成功和胜利的喜悦。在运动中，首先要挑战自我，挑战他人；征服自我，征服他人。这种对自我、对他人、对环境的征服，是一种自我能力的实现。征服挑战的水平越高，获得的快乐就越持久、越强烈。体育以它特有的方式，在人类的休闲娱乐中发挥着巨大的作用，它给予人的快乐不管在广度、强度，还是持久性上，是其他活动难以比拟的。现代奥林匹克创始人顾拜旦在《体育颂》中高度概括了体育的娱乐功能。他写道："啊！体育，你就是乐趣！想起你，内心充满欢喜！血液循环加剧！思维更加开阔！条理更加清晰！你可以使忧伤的人散心解闷，你可以使快乐的人生活更加甜蜜!"无疑，在经济迅猛增长、科技进步日新月异、社会余暇时间更多的当今，体育成了世人善度余暇、愉悦身心的法宝。

三、经济功能

体育作为一种社会活动，它的发展速度和水平对经济有一定的依赖性。反过来，体育运动又可以反作用于经济，促进经济的发展。当今，体育产业已经成为一个新兴的产业部门，具有良好的发展势头，体育的经济功能已开始为世界各国所关注。一些经济发达国家，非常注意发挥体育的经济功能，追求体育的经济效益，甚至把竞技体育作为谋取利润的工具，而采用各种方法来增加体育的经济效益。许多国家在体育经费的来源方面已经改变了完全依靠政府支持的局面，甚至承办一些大型运动会时，可以为政府赢得可观的收入。体育运动的直接收入归纳起来主要有以下几个途径。

第一，电视转播权。

世界大赛的实况转播，已成为最吸引人也是收费最高的节目。许多重大国际比赛中的广告费远远高于在普通电视节目中插播的费用。随着电视在世界上的普及，奥运会电视转播权的价格也逐年递增。1984 年洛杉矶奥运会，电视转播权价格达到 3.6 亿美元；2004 年雅典奥运会上，电视转播权价格达到 14.8 亿美元。

第二，赞助与广告。

企业以赞助或购买的方式获得赛事冠名权或相关广告机会，是大型体育比赛获取收入的又一重要来源。奥林匹克全球伙伴赞助计划（TOP）是 1985 年开始实施的，第一期（1985—1988 年）赞助金额为 1 亿美元。从 1985 年开始到 2004 年国际奥委会共实施了 5 个阶段 TOP 计划，第五期（2001—2004 年）赞助金额达到 6 亿美元。

第三，门票。

精彩的体育竞赛是当今最引人关注的社会文化活动之一，组织得好，门票收入可观。1996 年亚特兰大奥运会共售出约 1 100 万张门票，平均票价 40 美元。2000 年悉尼奥运会的门票收入高达 5.51 亿美元。

第四，其他。

大型体育比赛中获取收入的方式还有发放纪念币，发售体育彩票、标志产品的特许经营权，接受各种捐赠等。

四、教育功能

体育运动能促进个体更好地社会化。所谓个体社会化就是指人的社会化，即由生物的人变成社会的人的过程。人刚出生时只是一个生物人，只具有本能活动。要使他成为一个社会成员，就必须有一个学习和受教育的过程，这个过程叫人的社会化。

人的社会化是一个非常复杂的过程，在人的整个社会化过程中，体育运动有着非常重要的作用。美国社会学家海兰考曾说过："如果把体育运动忽然从世界和人们的意识中消灭（当然这是不可能的），只要人的社会化过程不变，体育运动很快会诞生，也许还会再造出形式与现在一样的体育运动。"体育运动本身就是一个有章可循（有统一制定的规则）的有一定约束力的社会活动。同时，它又是在一定的执法人——裁判员或教师、教练员的直接监督下有组织地进行的，这对培养年青一代遵守社会生活中的各种准则是一个很好的强化。

体育运动也是一种社会互动。在体育运动中，个人之间、集体之间发生着频繁的接触，而一些竞技类项目更是对参赛者在思想品德方面提出了严峻的考验。如参赛者在长跑时到了"极点"，是坚持下去还是半途而废；对方犯规时，是毫不计较，还是"以牙还牙"；比赛失利时，是互相鼓励还是相互抱怨等。现代体育比赛中，在奥林匹克运动会所倡导的"公平竞赛"原则下，运动员所具有的那种向更高、更快、更强的目标顽强拼搏的精神，深深地打动着观众的心，这就是一种教育。

五、政治功能

体育运动本身没有政治性，但如何利用体育为国家服务却有很强的政治性。体育与政治之间有着紧密的联系，并始终受到国际各个方面的关注。从体育的发展历程和趋势来看，体育在产生和萌芽阶段确实与政治无关，但随着社会的发展，国际风云变幻，体育与政治的结合日益密切，体育更被强权政治国家当成一种国际斗争和外交活动的工具。回顾现代奥运会的发展史，这种国际的体育盛会，更是成为国家之间政治较量的场合。

——1924 年，现代奥运会的倡导者顾拜旦拒绝邀请德国参加在巴黎举行的奥林匹克大会。

——1980 年，美国、联邦德国、中国等国家抵制在莫斯科举行的第 22 届奥运会，以抗议苏联入侵阿富汗。

——1984 年，苏联、民主德国等国家拒绝参加在洛杉矶举行的奥运会，以示对前一届奥运会的报复。

从这些事件可以看出，体育与政治之间表现出结合、服务、冲突、对抗等错综复杂的关系，体育竞技成了一个没有硝烟的、特殊的、礼仪化的"战争"。政治的需要制约着体育的发展，出现了体育为政治服务的情况，这有悖于奥林匹克"团结、友谊、和平"的精神。

政治干预体育也有积极的一面，在特殊情况下，国际的体育交流有其独特的外交作用。如 20 世纪 70 年代初，我国运用"乒乓外交"成功地打开了中美建交的大门，达到了"以小球转动大球"的政治外交目的，堪称中国外交史上的经典。

一个国家、一个民族崇尚的爱国主义、民族精神往往会在国际体育竞赛中以不同的形式体现出来，这就决定了体育在振奋民族精神、进行爱国主义教育、展示国家形象、提高国际地位等方面起着重要作用。随着人类社会的发展，国际政治对立的缓解，体育作为人类共同生活的一种重要需求，必将回归到理想化的初衷，走向繁荣。

第三节　体育运动卫生

"生命在于运动"，而运动必须有一定的规律性，只有掌握体育运动的卫生常识，科学地进行体育锻炼，才能起到强身健体、防病治病的作用。

一、体育锻炼前要做好准备活动

体育锻炼前进行充分的准备活动，对于体育锻炼者来说是非常重要的。有些体育爱好者就是由于不重视锻炼前的准备活动而导致各种运动损伤，不仅影响锻炼效果，而且影响锻炼兴趣，从而对体育活动产生畏惧感。因此，体育活动爱好者在每次锻炼前都必须做好充分的准备活动。

（一）准备活动的主要作用

1. 提高肌肉温度，预防运动损伤

体育运动前，进行一定强度的准备活动，可使肌肉的代谢过程加快。肌肉温度的升高，一方面可使肌肉的黏滞性下降，提高肌肉的收缩和舒张速度，增强肌力；另一方面还可以增加肌肉、韧带的弹性和伸展性，减少由于肌肉剧烈收缩造成的运动损伤。

2. 提高内脏器官的机能水平

内脏器官的机能特点之一是生理惰性较大，即当活动开始，肌肉发挥最大功能水平时，内脏器官并不能立即进入"最佳"活动状态。在正式开始体育锻炼前进行适当的准备活动，可以在一定程度上预先动员内脏器官的机能，使内脏器官的活动一开始就达到较高水平。另外，进行适当的准备活动，还可以减轻开始运动时由于内脏器官的不适应所造成的不舒服感。

3. 调节心理状态

体育运动不仅是身体活动，而且也是心理活动，现在越来越多的研究认为心理活动在体育锻炼中起着非常重要的作用。体育运动前的准备活动可以起到这种心理调节作用，接通各运动中枢间的神经联系，使大脑皮层处于最佳的兴奋状态，并投身于体育锻炼之中。

（二）准备活动

一般来说，准备活动时主要应考虑准备活动的内容、时间和量、时间间隔。

1. 内容

准备活动可分为一般准备活动和专项准备活动。一般准备活动主要是一些全身性身体练习，主要包括跑步、踢腿、弯腰等，其作用是提高整体的代谢水平和大脑皮层的兴奋程度，减少运动损伤的发生；专门性准备活动是指与所要进行的体育项目相适应的运动练习，例如，打篮球前先投篮、运球，跑步前先慢跑等。日常体育锻炼时只需要进行一般性准备活动，即可进行正式的体育活动。

2. 时间和量

准备活动的时间和量随体育锻炼的内容和量而定，由于以健身为目的的体育锻炼量较小，所以准备活动的量也相对较小，时间不宜过长，否则，还未进行体育锻炼身体就疲劳了。半小时的体育锻炼，其准备活动的时间一般为5分钟左右。气温较低时，准备活动的时间要适当长一些，量可大一些；气温较高时，时间可短一些，量可小一些。

3. 时间间隔

一般人进行准备活动后就可马上从事体育运动，运动员准备活动后适当的休息是为了使身体机能有所恢复，以便在比赛中创造优异成绩。而一般人参加体育活动是为了增强体质，所以准备活动后接着进行体育锻炼即可。

二、体育锻炼时间选择

参加体育锻炼的时间主要根据个人的生活习惯、身体状况或工作性质而定，一般很难统一。但就多数体育锻炼者来说，体育锻炼的时间多安排在清晨、下午和傍晚。不同的锻炼时间有不同的特点，练习者可根据自己的实际情况选择。

第一，清晨锻炼。

许多人喜欢在清晨进行体育锻炼，这首先是由于清晨的空气新鲜，晨练有助于人体内二氧化碳的排出，吸入较多的氧气，有利于体内的新陈代谢加快，提高锻炼的效果。其次，清晨起床后大脑皮层处于抑制状态，通过一定时间的体育锻炼，可适度提高大脑皮层的兴奋性，从而有利于一天的学习与工作。经常参加体育锻炼的人多有这样的体会，如果清晨不进行体育锻炼，一天都觉得无精打采，提不起精神。再者，晨练时，凉爽的空气刺激呼吸道黏膜，可增强机体的抵抗力，以适应外界环境的变化，不易发生感冒等病症。需要注意的是，由于清晨锻炼多在空腹情况下进行，所以运动量不要太大，时间不宜太长。否则，长时间的运动会造成低血糖，不仅影响锻炼效果，而且会使身体产生不适。另外，对工作学习紧张、习惯于晚起床的人来说，没有必要强迫自己进行晨练。

第二，下午锻炼。

下午锻炼主要适合有一定空余时间的人进行体育锻炼，特别适合大、中、小学的师生，经过一天紧张的工作或学习后，下午进行一定强度的体育锻炼，不仅可以增强体质，而且可使身心得到调整。下午进行体育锻炼时，运动强度可大一些，青年学生可打球、做游戏等，老年人可打门球、跑步等。对心血管病人来说，下午运动是相对安全的。医学研究表明，心血管的发病率和心肌梗死的发生率在上午 6～12 时最高。所以，运动医学工作者认为，心血管病人的适宜锻炼时间应在下午。

第三，傍晚锻炼。

晚饭后也是体育锻炼的大好时光，特别是对那些清晨和白天工作、学习十分忙的人来说尤为如此。傍晚进行适当的体育锻炼，既可以强身健体，又可以帮助机体消化吸收。傍晚运动的主要形式为散步，傍晚进行体育活动的时间可长可短，但一般不要超过 1 小时，运动强度也不可过大，心率应控制在 120 次/分钟内。强度过大的运动会影响胃肠道的消化吸收。同时，傍晚锻炼结束与睡觉的间隔时间要在 1 小时以上，否则，会影响夜间的休息。

三、运动量的控制

体育锻炼时，合理控制运动量是影响运动效果的重要因素之一。活动量太小，达不到锻炼身体的目的；运动量过大，又会引起过度疲劳，影响身体健康。所以，每位体育爱好者在开始体育锻炼前就应学会监测运动量的方法。体育锻炼中常见的监测运动量的方法有以下几种。

第一，运动时监测脉搏。

在体育锻炼时或体育锻炼后，立即测 10 秒的脉搏，就一般体育锻炼者来说，运动后即刻的心率最好不要超过 25 次/10 秒。脉搏次数过快，主要是发展机体的无氧代谢能力，这对一些专项运动员来说是十分重要的，但对提高身体的健康水平意义不大，而且运动量过大会增加心脏负担，可能会出现一些意外事故。即使是特殊需要，体育锻炼者运动时的心率也不要超过 30 次/10 秒。

第二，根据年龄控制运动量。

年龄与体育锻炼中的运动量有着密切的关系，随着年龄的增加，人体的运动能力逐渐下降，体育活动量也应随着减小，现在，体育活动中经常用"180－年龄"的值作为体育锻炼者的最高心率数，即 30 岁的人在进行体育锻炼时其心率数不要超过 150 次/分钟，而 70 岁的人参加体育锻炼时的最高心率不要超过 110 次/分钟，这一公式已被广泛用到以健身为目的的体育锻炼之中。

第三，根据第二天"晨脉"调节运动量。

"晨脉"是指每天早晨清醒后（不起床）的脉搏数，一般无特殊情况，每个人的晨脉是相对稳定的。如果体育锻炼后，第二天晨脉不变，说明身体状况良好或运动量合适；

如果体育锻炼后，第二天的晨脉较以前增加 5 次/分钟以上，说明前一天的活动量偏大，应适当调整运动量；如果长期晨脉增加，则表示近期运动量过大，应该减少运动量，或暂时停止体育锻炼，待晨脉恢复正常时，再进行体育锻炼。

第四，主观感觉。

体育锻炼与运动员的运动训练不同，其基本原则为：锻炼时要轻松自如，并有一种满足感，这也是锻炼者进行运动量监测的一项主观指标。如果锻炼后有一种适宜的疲劳，而且对运动有浓厚的兴趣，则说明运动量适合机体的机能状况；如果运动时气喘吁吁、呼吸困难，运动后极度疲劳、甚至厌恶运动，则说明运动量过大，应及时调整运动量。

体育锻炼对身体机能是综合刺激，身体机能的反应也是多方面的，锻炼者可根据自身条件对身体机能进行综合评价，必要时，则应在医务工作者的监督下进行。

四、合理的呼吸方法

体育锻炼时掌握了合理的呼吸，可以有效地提高锻炼效果。对于体育爱好者来说，掌握合理的呼吸方法应注意以下几个方面的问题。

第一，采用口鼻呼吸法，减小呼吸道阻力。

人体在进行体育锻炼时，氧气的需要量明显增加，所以仅靠鼻实现通气已不能满足机体的需要。因此，人们常常采用口鼻同用的呼吸方法，即用鼻吸气，用口呼气。活动量较大时，可同时用口鼻吸气，口鼻呼气，这样一方面可以减小肺通气阻力，增加通气；另一方面通过口腔增加体内散热。有研究证实，采用口鼻呼吸方式可使人体的肺通气量较单纯用鼻呼吸增加 1 倍以上，在严冬进行体育锻炼时，开口不要过大，以免冷空气直接刺激口腔黏膜和呼吸道而产生各种疾病。

第二，加大呼吸深度，提高换气效率。

人体在刚开始进行体育活动时往往有这种感觉，即运动中虽然呼吸频率很快，但仍有呼不出、吸不足、胸闷、呼吸困难。这主要是由于呼吸频率过快，造成呼吸深度明显下降，使得肺实际进行气体交换的量减少，肺换气效率下降。所以，体育锻炼时要有意识地控制呼吸频率，呼吸频率为每分钟 25～30 次，加大呼吸深度，使进入肺内进行有效气体交换的量增加。过快的呼吸频率，还会由于呼吸肌的疲劳造成全身性的疲劳反应，影响锻炼效果。

第三，呼吸方式与特殊运动形式相结合。

不同的体育锻炼方式对人体的呼吸形式有不同的要求，人体的呼吸形式可分为胸式呼吸、腹式呼吸和混合呼吸。在运动中呼吸的速率、深度以及节奏等，必须随运动技术动作进行调整，这不仅能保证动作质量，同时还能推迟疲劳的出现。在体育锻炼时，切勿忽视呼吸的作用，掌握合理的呼吸方法，可以有效地提高锻炼效果。

五、出现不舒服感觉时的处理

人体在体育锻炼中有时会出现一些不舒适感觉，这主要是活动安排不当造成的，但在个别情况下也可能是某些疾病引起的。所以，锻炼者要能够及时判断运动中出现的各种状况，以便科学地从事体育锻炼，防止意外事故的发生。体育锻炼中的不舒适感觉及其一般处理有以下几种情况。

（一）呼吸困难、胸闷

运动量过大，机体短时间不能适应突然增大的运动量，而出现呼吸困难、胸闷、动作迟缓、肌肉酸痛等症状，甚至不想继续运动，这种现象在运动生理学中被称为"极点"。极点主要是由于运动时呼吸方式不对（呼吸表浅，呼吸频率过快），或运动强度过大，造成机体缺氧，乳酸等物质在体内堆积，引起呼吸循环系统失调，并造成大脑皮层的兴奋性下降。当出现上述症状后，可适当降低运动强度，一般几分钟后，不适感觉即可消失。

（二）运动中腹痛

运动中腹痛主要有两种情况：一种是胃痉挛，这主要是由于饮食不当，食物刺激胃，引起胃痉挛，或是空腹参加剧烈活动，胃酸刺激引起胃痉挛性疼痛。如果运动中出现这种情况，可暂时停止运动，做一些深呼吸运动，严重者，可做热敷，喝少量温开水，以使症状得到缓解。另一种是肝脏充血，疼痛主要出现在右上腹，这是由于运动量突然加大，造成肝脏充血、肿大，牵拉肝脏薄膜，造成疼痛。出现这种情况，轻者可降低运动强度，再继续锻炼。如果连续几天体育锻炼时均出现右上腹疼痛，则应去医院检查。

（三）肌肉疼痛

体育锻炼中肌肉疼痛有以下几种情况。

一是运动时肌肉突然疼痛，且肌肉僵硬。这是肌肉痉挛，多出现在骤冷天气和天气炎热大量排汗时。肌肉痉挛多发生在小腿肌肉或足底。出现肌肉痉挛后，可缓慢牵拉痉挛的肌肉，即可使症状缓解，轻者继续运动，重者可放弃当天的运动，第二天仍可继续参加锻炼。

二是肌肉突然疼痛，而且有明显的压痛点。这主要是由于肌肉用力不当造成肌肉拉伤。肌肉拉伤后应立即停止体育锻炼，并进行冷敷、包扎等应急性措施，到就近医院治疗。

三是肌肉酸疼，一般在刚开始体育锻炼后的几天，连续出现的广泛性肌肉酸疼，无明显的压痛点。这种疼痛是体育锻炼过程中的一个生理反应过程，一般在第一次运动后的第二天出现，2～3天疼痛最明显，一般一周后消失。对于这种情况，一般没有必要停止体育锻炼。

四是慢性肌肉劳损，长时间出现局部肌肉酸疼。这主要是由于长期不正确的运动动作所造成的，慢性劳损的主要特征是不活动劳损局部疼痛，而当身体进入活动状态后，疼痛状态减轻或消失。慢性劳损的恢复时间较长，一旦发现，就应彻底改变错误动作，形成正确的动作定型，以防劳损的发展。同时，要及时去医院进行治疗。

（四）运动后肌肉酸疼

刚开始进行体育锻炼的人，运动后的第二天甚至以后几天，常常有肌肉酸疼的感觉。有些经常参加体育锻炼的人，在突然增加运动量时，也会有同样的感觉；有些人担心自己受伤了而不敢继续进行体育锻炼，其实，这种担心是多余的。

1. 肌肉酸疼的原因

运动后出现肌肉酸疼多属于生理现象，是机体对训练的正常反应。目前对运动后的肌肉疼痛有多种解释：一种观点认为体育锻炼后，肌肉出现了肌肉结构的"微"损伤，这种微损伤非常微小，只有在电子显微镜下才能看到，与平时所讲的肌肉拉伤是不同的，这种微损伤导致了肌肉的疼痛。另一种观点认为，人体在进行剧烈运动时，肌肉缺氧，使得肌糖原只能进行无氧代谢功能，以致肌肉中乳酸大量堆积而不能及时排除，乳酸刺激肌肉的感觉神经，使人感到肌肉酸疼。虽然目前有关运动后肌肉疼痛的准确原因尚不清楚，但比较一致的观点认为，这种疼痛不是病理性的，仍可继续进行体育锻炼。

2. 肌肉出现疼痛后可采取的主要措施

（1）运动后可采用积极性恢复手段，如做一些压腿、展体等被动性牵拉活动，以使紧张的肌肉充分伸展、放松，改善肌肉组织的血液循环，以缓解肌肉疼痛，使肌肉尽快恢复。在肌肉疼痛完全消失之前，可重复这些牵拉动作，直到不适感觉完全消失。

（2）出现肌肉疼痛症状后，不要停止体育锻炼，而应当继续坚持锻炼，这样有助于尽快消除肌肉疼痛。只是运动的强度可以小一些，时间可稍微短一些，多做一些伸展性练习，坚持几天，疼痛症状就会消失。否则，如果停止锻炼，即使疼痛消失，再进行锻炼可能还会出现同样的症状，而且恢复的时间也相对较长。

（3）可配合使用按摩、热敷或冲热水澡等恢复手段，加快肌肉不适感的消除。

六、体育锻炼后要合理饮食

人体在体育活动时，支配内脏器官的交感神经高度兴奋，副交感神经的活动受到抑制。这可使心脏活动加强、骨骼肌血流量增加，以保证体育锻炼时肌肉工作的需要，而胃肠道的血管收缩，血流量减少，消化能力下降。这要在运动结束后逐渐恢复，如果在运动后立即进食，由于胃肠的血流量减少、蠕动减弱，消化液分泌较少，进入胃内的食物无法及时消化吸收，而储留在胃中，会牵拉胃黏膜造成胃痉挛。长期不良的饮食习惯还可诱发消化道疾病。因此，在运动后应注意合理的饮食。

第一，体育锻炼后的进食。

体育锻炼后，不要急于进食，要使心肺功能稳定下来，胃肠道机能逐渐恢复后再用餐。这段时间一般为半小时，如果是下午进行较剧烈体育锻炼，间隔的时间应相对更长。

第二，体育锻炼后的补水。

体育锻炼后的补水是可行的，只要口渴，在运动后，甚至在运动中即可补水。以往人们担心运动中补水会加重心脏负担，现在看来这种担心是多余的。在天气较热的情况下，大量排汗引起体内缺水，不及时补水，可能会造成机体脱水、休克等症状。所以，运动中丢失的水必须及时补充。最近的研究发现，中等强度的体育锻炼后，胃的排空能力有所加强，因此，运动后或运动中的补水是可行的。马拉松比赛途中的饮水站，也说明运动中补水是非常必要的。

第三，补水要注意科学性，不可暴饮。

体育锻炼后的补水原则是少量多饮，可以在运动后每 20～30 分钟补水一次，每次饮水量 250 毫升左右，夏季时水温 10℃左右，其他季节最好补充温水。饮用不同成分的饮料对人体也有影响，运动中排汗的同时也伴随着无机盐的流失，因此，运动后最好能补 0.2%～0.3% 的矿泉水，也可选用橙汁、桃汁等原汁稀释饮料，不要饮含糖量过高(大于 6%)的饮料，尽可能不饮用汽水。

七、激烈运动后切勿立即坐下休息

人体在进行体育活动时，心血管机能活动加强，骨骼肌等外周毛细血管开放，骨骼肌血流量增加，以适应身体机能的需要，而运动是骨骼的节律性收缩，又可以对血管产生挤压作用，促进静脉血回流。当人体在停止运动后，如果停下来不动，或是坐下来休息，静脉血管失去了骨骼肌的节律性收缩作用，血液会由于受重力作用滞留在下肢静脉血管中，导致回心血量减少，心输出量下降，造成一时性脑缺血，出现头晕、眼前发黑等一系列症状，严重者会休克。因此，对于体育锻炼者来说，体育锻炼后应做一些整理活动，这样，可以避免头晕等症状的发生，还可以改善血液循环，尽快消除疲劳，提高锻炼效果。在进行整理活动时应注意以下几方面的问题。

首先，在任何形式运动后都可以做一些放松跑、放松走等形式的下肢运动，促进下肢静脉血的回流，防止体育锻炼后心输出量的过度下降。

其次，通过"转移性活动"，加速疲劳的消除。所谓转移性活动是指在下肢活动后，进行上肢整理活动，右臂活动后做左臂的整理活动，通过这种积极的整理活动使身体机能尽快恢复，大量研究已经证实转移性活动确实可起到加速疲劳消除的作用。

再次，整理活动的量不要过大，否则，整理活动又会引起新的疲劳。在进行整理活动时，应当有一种心情舒畅、精神愉快的感觉。如果体育锻炼本身的运动量不大，如散步等，就没有必要进行整理活动。

最后，大强度体育锻炼后，如长距离跑、球类比赛后，应当进行全身性整理活动，必要时，锻炼者之间可进行相互的整理活动和放松活动。

八、体育锻炼后的营养补充

人体在体育锻炼后，除采用休息和积极性体育手段加速身体机能的恢复外，还可以根据不同形式的体育锻炼特点，补充不同的营养物质，以加速疲劳的消除。以营养因素作为身体机能的恢复手段时，应根据不同的运动形式补充不同的营养物质。

第一，力量性练习后的营养补充。

在进行力量性练习时，如举重、健美、俯卧撑等，运动中消耗的主要是蛋白质，而肌纤维的增粗、肌肉力量的增加也需要体内蛋白质的合成。所以，为了尽快消除疲劳，提高力量锻炼的效果，在进行力量练习后，应多补充蛋白质类物质。除要补充猪肉、牛肉、鱼、牛奶等动物性蛋白外，还要补充豆类等植物性蛋白，以保证机体丰富而又多品种的蛋白质供给。

第二，耐力性练习后的营养补充。

在耐力性练习过程中，如长跑、游泳、滑雪等，机体主要进行的是糖类物质的有氧代谢，消耗的主要是淀粉类物质。因此，在运动后可适当补充些米、面等淀粉类物质。

第三，较剧烈体育锻炼后的营养补充。

在进行较剧烈体育锻炼时，如球类比赛、快速跑、健美操等，机体主要靠糖的无氧代谢提供能量，糖在体内进行无氧代谢时，会产生一种叫作乳酸的物质，这种物质在体内的积累，会造成机体的疲劳，并使恢复时间加长。所以，进行较剧烈的运动之后，应多补充一些碱性食物，如蔬菜、水果等。而动物性蛋白等肉类物质则偏"酸"，在运动后的当天可适当减少。

第四，运动后维生素类物质的补充。

无论机体进行什么形式的运动，运动后都要补充维生素类物质，因为运动时体内的代谢过程加强，各种维生素都不同程度地参与体内的代谢过程，运动时体内的维生素消耗会增加，需要在运动后补充。体育锻炼后应多吃些含维生素丰富的食物，如绿叶蔬菜、水果、豆类及粗粮等。对于体育活动者来说，运动后一般只需要补充天然维生素，没有必要补充维生素制剂。

‣ 思考题

1. 现代体育有哪些功能？

2. 为什么锻炼前需要做好准备活动？

3. 正确健康的锻炼需要注意哪些方面？

第四章 《国家学生体质健康标准（2014年修订）》测试的操作方法

一、身高

1. 测试方法

受试者赤足，立正姿势站在调整好的身高计的底板上，上肢自然下垂，足跟并拢，足间分开约成60°，足跟、骶骨部及两肩胛区与立柱相接触，躯干自然挺直，头部正直，两眼平视，耳屏上缘与两眼眶下缘最低点呈水平位。测试人员站在受试者右侧，将水平压板轻轻沿立柱下滑，轻压于受试者头顶。测试人员读数时双眼应与压板水平面等高进行读数。读数以"厘米"为单位，精确到小数点后一位。测试误差不得超过0.5厘米。

2. 注意事项

(1)严格掌握"三点靠立柱""两点呈水平"的测量姿势要求，测试人员读数时两眼一定与压板等高。

(2)水平压板与头部接触时，松紧要适度。

(3)测试身高前，受试者不应进行体育活动和体力劳动。

二、体重

1. 测试方法

受试时，将杠杆秤放在平坦的地面上，调整点至刻度尺水平位。受试者赤足，男性受试者身着短裤；女性受试者身着短裤、短袖衫(或背心)，站于秤台中央，测试人员放置适当砝码并移动游标刻度尺至平衡。读数以千克为单位，精确到小数点后一位。电子体重计数显示数值即可。测试误差不超过0.1千克。

2. 注意事项

(1)测量体重前，受试者不得进行剧烈体育活动和体力劳动。

(2)受试者站在秤台中央，上、下杠杆秤时动作要轻。

(3)每次使用杠杆秤时均需校正。测试人员每次读数前都应校对砝码重量，避免出现差错。

三、台阶试验

1. 测试方法

受试者站在台阶前方，按节拍器的节律做上、下台阶（频率30次/分钟）运动。即从预备姿势开始，听到第一次响声时，一只脚踏在台阶上；第二次响声时，踏台腿伸直，另一脚跟上台并立；第三次响声时，先踏台的脚下地；第四响声时，另一只脚也下地还原成预备姿势。用每两秒上、下一次的速度（按节拍器的节律来做）连续做3分钟。做完后，立刻坐在椅子上测量运动结束的1分钟至1分钟30秒、2分钟至2分钟30秒、3分钟至3分钟30秒的3次脉搏数，填入相应的方格内。如果受试者在运动中坚持不下去或跟不上上、下台阶的频率达3次，要立即停止运动，并以秒为单位记录运动持续的时间。同样测试3次脉搏数，也填入相应的方格内。

2. 注意事项

(1)受试者在测试前不得从事任何剧烈活动，患有心脏病的不能测试。

(2)受试者必须严格按照节拍器的节奏，即每2秒完成上、下一次台阶运动。当受试者跟不上节奏时应及时提醒，如果3次跟不上节奏应停止测试，以免发生伤害事故。

(3)受试者在每次登上台阶时，姿势要正确，腿必须伸直，膝、髋关节不得弯曲。

(4)对测试中不能坚持完成或明显跟不上频率的受试者，应终止其运动。以实际上、下台阶的持续时间进行计算。

$$评定指数 = \frac{踏台上、下运动的持续评定表}{2 \times 3 次测定脉搏的和}$$

四、肺活量

1. 测试方法

各种肺活量计在每次使用前都必须进行测试检验，仪器误差不得超过3%。使用电子肺活量计时，首先将肺活量计接上电源，按电源开关，肺活量计通电并进入工作状态。测试时先将口嘴装在叉式管的进气端，受试者手握叉式管，保持导压软管在叉式管上方位置（以免口水或杂物堵住气道），面对肺活量计站立，头部略后仰，尽力深吸气，直至再不能吸气为止，然后将嘴对准口嘴，以中等速度和力度深呼气直到不能呼出为止。此时液晶显示器上显示的数值即为肺活量毫升值。测试两次，选取最大值作为测试结果。记录以"毫升"为单位，不保留小数。

2. 注意事项

(1)测试前受试者应了解测试方法和工作要领，可做必要的练习。

(2)受试者吸气和呼气均应充分，呼气不可过猛，并防止嘴与口嘴接触部位漏气，防止用鼻呼气。呼气时允许弯腰，但呼气开始后不得再吸气。测试人员应注意观察，防止因呼吸不充分、漏气或再吸气影响测试结果。

五、50米跑

1. 测试方法

受试者至少两人一组测试。站立起跑，受试者听到"跑"的口令后开始起跑，发令员在发出口令时要摆动发令旗，计时员视旗动开表计时，受试者躯干到达终点线的垂直面停表，记录以秒为单位。

2. 注意事项

(1)受试者测试时最好穿运动鞋或平底布鞋，赤足亦可，但不得穿钉鞋、皮鞋和塑料鞋。

(2)发现有抢跑者，要当即召回重跑。

(3)如遇风时一律顺风跑。

六、立定跳远

1. 测试方法

受试者两脚自然分开站立于起跳线后，脚尖不得踩线，然后两脚原地同时起跳，不得有垫步或连跳动作。丈量起跳线后缘至最近着地点后缘的垂直距离。每人试跳3次，记录其中最好一次成绩。读数以"厘米"为单位，不计小数。

2. 注意事项

(1)发现犯规时，此次成绩无效，3次试跳均无成绩者，再跳至取得成绩为止。

(2)可以赤足，但不得穿钉鞋、皮鞋和塑料鞋测试。

七、坐位体前屈

1. 测试方法

受试者上体垂直坐，两腿并拢伸直，两脚平蹬测试纵板，两脚尖分开10～15厘米，上体前屈，两臂伸直向前，用两手指尖轻轻地向前推动游标，直到不能前推为止，保持这一姿势3秒。测量3次，取最大值，以"厘米"单位，数值精确到小数点后一位。

2. 注意事项

(1)测试前应做短时间的热身运动。

(2)测试中动作要缓慢，以避免受伤。

(3)身体前屈，两臂向前推游标时，两臂用力要均匀，两腿不能弯曲。

八、握力

1. 测试方法

将握力计指针调至零位，受试者两脚自然分开，身体直立，两臂自然下垂。用有力的手持握力计，以最大力量握紧，记下握力计指针的刻度(或握力器所显示的数字)。测试两次，取最大值，不计小数。

2.注意事项

(1)保持手臂自然下垂姿势，持握力计要手心向内。

(2)用力时禁止摆臂或接触衣服和身体。

(3)受试者如果分不出有力手，可两手各测两次，取最大值。

九、1000米跑(男)、800米跑(女)

1.测试方法

受试者至少两人一组进行测试，站立式起跑。当听到"跑"的口令后起跑。计时员看到旗动开表计时，当受试者的躯干到达终点线垂直面时停表。记录以"秒"为单位。如4′10″11读成4′10，并记录下来。

2.注意事项

(1)受试者测试时最好穿运动鞋，赤足亦可，但不得穿钉鞋、皮鞋和塑料鞋。

(2)发现有抢跑者，要当即召回重跑。

(3)如遇风时一律顺风跑。

十、仰卧起坐

1.测试方法

受试者全身仰卧于垫上，两腿稍分开，屈膝成90°左右，两手指交叉贴于脑后。另一同伴压住其踝关节，固定下肢。受试者起坐时，两肘触及或超过双膝为完成一次。仰卧时两肩胛必须触垫。测试人员发出"开始"口令的同时开表计时，记录1分钟内完成次数。1分钟到时，受试者虽已坐起但肘关节未达到双膝者不计该次数，精确到个位。

2.注意事项

(1)如发现受试者借用肘部撑垫或臀部起落的力量起坐时，该次不计数。

(2)测试过程中，测试人员应向受试者报数。

(3)受试者双脚必须放于垫上。

十一、篮球运球

1.场地设置

测试场地长20米，宽7米，设标志杆10根(杆高1.2米以上)。

2.测试方法

出发口令发出后开始计时，运球依次过杆并返回到起(终)点线时计时结束。每次过杆时需换手运球。运球过程中球脱手应自行捡回，并在脱手处继续运球，计时不停止。每人可测试两次，记录最好的一次成绩。

3. 注意事项

出现以下行为测试成绩无效：抢跑；双手同时运球；膝盖以下身体部位触球；漏绕标志杆；人或球出测试场地；未按要求路线完成。

十二、足球运球

1. 场地设置

长度 40 米以上平整场地。测试距离 30 米，起点至第一杆距为 5 米，各杆间距 5 米，共设 5 根标志杆（杆高 1.2 米以上）。

2. 测试方法

出发口令发出后计时，运球依次以 S 形绕 5 根标志杆达到终点线时计时结束。每人可测试两次，记录最好的一次成绩。

3. 注意事项

出现以下行为测试成绩无效：抢跑；漏绕标志杆；碰倒标志杆；人或球出测试区域；未按要求路线完成。

十三、排球垫球

1. 场地设置

测试区域为 3 米×3 米。垫球高度：大学男生为 2.43 米，大学女生为 2.24 米。

2. 测试方法

在测试区域内连续正面双手垫球，达到规定高度，每触击球一次，计数一次，落球地为结束。非正面双手垫球方式触球、垫球高度不足等视为调整，不计次数。每人可测试两次，以计数最多一次记录成绩。

‣‣ 思考题

了解《国家学生体质健康标准（2014 年修订）》测试的操作方法。

实践篇

第五章 足球

第一节 足球运动概述

一、足球简介

足球运动是以脚支配球为主，但也可以使用胸部等部位触球，两个队在同一场地内进行攻守的体育运动项目。一场精彩的足球比赛，可以吸引成千上万的观众，有关足球消息的报道，占据着世界上各种报刊的很大一部分篇幅，当今足球运动已成为人们生活中不可缺少的组成部分。据不完全统计，现在世界上经常参加比赛的球队约80万支，登记注册的运动员约4 000万人，其中职业运动员约10万人。足球运动对抗性强，运动员在比赛中采用规则所允许的各种动作包括奔跑、急停、转身、倒地、跳跃、冲撞等，同对手进行激烈的争夺。比赛时间长、观众多、竞赛场地大，是其他任何运动项目无法企及的。传统足球是20块六边形和12块五边形一共32块皮革制成。足球比赛以人数分11人制、7人制和5人制；以年龄段分有U15、U17、U19国奥组和成年组及青年组等。

二、足球运动的起源与发展

足球运动是一项古老的体育运动，源远流长。从足球运动的起源和发展的漫长历史来看，足球运动经历了古代足球游戏和现代足球运动两大历史阶段。在我国两千五百年以前的文字记载中，当时的足球叫"蹴鞠"，蹴就是踢的意思，鞠就是球。当时的球是皮子做的，里面填充着毛发之类的东西，用来进行踢球游戏。蹴鞠运动在我国经历了汉、唐、宋、元、明、清朝代。史实证明：古代足球游戏起源于中国。2004年2月4日国际足联确认了"中国山东淄博临淄为足球发源地"。当时是一项小型的社会活动，但现在已经发展成为世界第一运动。根据史料记载，在中世纪欧洲也有足球运动，古罗马称为 Harpastum，古希腊称为 Episkyros。足球是富有魅力的现代体育运动项目，现代足球运动诞生在英国。1857 年英国谢菲尔德成立了世界上第一个足球俱乐部——谢菲尔德足球俱乐部。在这之后，英国的其他一些地区也相继成立了足球俱乐部。1863 年 10 月 26 日，英国的 11 个足球俱乐部在伦敦召开会议，成立了英国足球协会，之后又制定了全国统一的比赛规则，从此宣告了现代足球运动的诞生。以后，足球运动迅速普及整个欧洲，并向世界各地传播。足球运动经历了一百多年的发展与变革，已成为世界人民喜爱的一项体育运动。

·▶ 奥运小知识

自从 1896 年在希腊举行第一届现代奥运会以来，奥运会足球比赛每 4 年一届。足球被称为"世界第一运动"，在 1900 年第二届现代奥运会上即作为正式比赛项目出现。1996 年，女子足球进入奥运会。奥运会男足参赛成员必须在 23 岁以下，不过每队可以拥有 3 位超龄选手。中国男足长期以来处在冲出亚洲的阶段，女足则经过一段辉煌之后，目前正处在困难时期。

第二节　足球运动的基本技术

足球运动的基本技术教学内容包括：脚背正面及脚内侧踢球；脚部、腿部、胸部停球；直线、变向运球等。这部分内容是足球基本技术中的重点教学内容，这部分内容的学习和掌握，对于提高综合运用技术的能力，体验足球比赛中攻防对抗的特点十分重要，是足球技术的基础，教学中应予以充分重视。

一、踢球

踢球是足球技术中最基本的技术动作，也是足球技术中最重要的技术，在比赛中运用得最多，主要用于传球和射门。踢球的方法主要有脚内侧踢球、脚背内侧踢球、脚背正面踢球、脚背外侧踢球、脚尖踢球和脚跟踢球。在这 6 种踢球方法中，尤以 3 种脚背踢球和脚内侧踢球最为常用，而脚内侧踢球方法较为简单；3 种脚背踢球应以脚背正面踢球为主，脚背正面踢球方法在准确性和力量上都比较易于学习和掌握，应使学生较好地掌握这项基本技术，为学习其他几种踢球方法打下基础。

1. 动作方法和要点

（1）脚背正面踢球。

踢定位球时，直线助跑，最后一步稍大，支撑脚积极地以脚跟着地，踏在球的侧后方 10～15 厘米处，膝关节微屈，足尖正对出球方向，摆动腿以膝关节为轴，大腿带动小腿屈膝积极向前摆动，当膝盖摆至接近球的垂直上方时，小腿做爆发式的前摆，使膝盖处在球的正上方时用脚背正面击球的后中部。击球时脚面绷直，踝关节紧张，上体稍前倾，两臂配合协调摆动。

易犯错误：支撑脚的位置靠后，造成踢球时身体后仰，踢球的后下部，出球偏高；踢球腿前摆时，小腿过早前摆，造成直腿踢球，出球无力；摆腿方向不正；踢球时，因怕脚尖触地，脚背不敢绷直，造成脚趾触球。

纠正方法：将球放在一个直角墙根下练习，掌握触球部位和绷直脚背。

(2)脚背内侧踢球。

踢定位球时，斜线助跑，助跑方向与出球方向约成45°，支撑脚外侧积极着地，踏在球的右侧方25～30厘米处，膝关节微屈，足尖指向出球方向，身体稍向支撑脚一侧倾斜并转向出球方向，大腿带动小腿积极前摆。当膝盖摆到接近球内侧垂直方向时，小腿加速前摆，同时足尖稍外转，脚面绷直，脚趾扣紧，足尖指向斜下方，以脚背内侧击球的后中部。踢球后，踢球时腿随球继续前摆，两臂随踢球动作自然摆动。

易犯错误：支撑脚的位置偏后，踢球时上体后仰，易把球踢高；踢球脚尖外转不够，接触部位不正确；没有指向出球方向摆腿，形成划弧动作以致出球点偏歪。

纠正方法：在地上画一个十字，将球摆在中心，找好角度并进行反复练习。

(3)脚背外侧踢球。

踢定位球时，正面直线助跑，最后一步稍大，支撑脚积极而迅速地以脚跟着地，踏在球的侧后方10～15厘米处，膝关节微屈，足尖正对出球方向，摆动腿以髋关节为轴，大腿带动小腿屈膝积极向前摆动。当膝盖摆到接近球的垂直上方时，小腿加速前摆，同时足尖内转，脚面绷直，脚趾扣紧，足尖指向斜下方，用脚背外侧击球的后中部。踢球后，踢球腿随即向前继续摆动，两臂配合踢球动作协调摆动。

易犯错误：踢球时，膝盖和脚尖内转不够，造成接触球部位不正确；支撑脚靠后，造成踢球时身体后仰，踢球的后下部，以致出球偏高。

纠正方法：脚背外侧踢弧线球时，支撑脚踏在球的侧后方为15～20厘米处，踢球脚的脚腕用力，并以脚背外侧踢球的后中部，摆腿的方向不通过球心，并向支撑脚一侧的前方继续摆动，以加大球的旋转。

2.辅助性体育游戏

(1)各种踢球技术动作的模仿练习。

(2)一人用脚底挡球，另一人做各种踢球技术的练习。

(3)利用足球墙进行各种踢球技术的练习。

(4)两人在跑动中传球练习。

(5)定点射门、运球射门、跑动射门、踢各种状态来球的射门练习。

(6)两人一组在对抗中射门或传球。

二、停球

1. 动作方法和要点

(1)脚底停球：脚底停球分为停地滚球、停反弹球。

①停地滚球：根据来球路线及时移动到位，支撑脚踏在球的侧后方，膝关节微屈，脚尖正对来球，同时停球脚提起，膝关节自然弯曲，脚尖翘起高于脚跟(脚跟离地面稍低于球)，踝关节放松，用脚前掌挡压球的中上部。

②停反弹球：动作要领和停地滚球基本相同。停球腿屈膝抬起，当球落地的刹那，脚尖上翘，小腿前伸，用脚掌覆盖在球的反弹路线上，触压球的后上部。

易犯错误：停球脚抬起过高，使球漏过；停球脚用力踩球，使球停不稳；停反弹球时，对球的落点和落地时间判断不准确，使球漏过。

(2)脚内侧停球。

脚内侧停地滚球时，身体正对来球方向。支撑脚脚尖与来球的方向一致，膝微屈，停球腿提起屈膝外转并向前迎，足尖稍翘起，使足内侧对准来球。当脚与球接触的刹那开始后撤，以缓冲来球的力量，把球停留在便于衔接下一个动作的控制范围内。

易犯错误：停地滚球时，踝关节过于紧张，后撤的时间掌握不好，使球反弹出去；停反弹球时，对球的落点判断不准，使球漏过或停不稳。

纠正方法：讲清动作要领并反复做后撤缓冲的模仿练习，强调踝关节放松。互抛互停反复练习，强调抬脚不要过高或过低。

(3)脚背外侧停球。

停地滚球时，停球脚稍提起，膝关节和脚内转，用脚背外侧对正来球，在支撑腿的前侧方接触球的侧后方(偏支撑脚一侧)，脚与球接触的刹那向外侧轻拨，将球停在侧方或侧前方。

易犯错误：停球脚不内翻，身体不会向前移动；停球脚紧张，停球不稳；对球的反弹方向判断不准，将球漏过。

纠正方法：多做停球后向侧或向后的运球练习。多做互抛互停练习，强调小腿放松，脚触球的一刹那轻拨。多做互抛互停反弹球练习，根据抛球的不同弧度判断反弹方向。

(4)脚背正面停球。

停球前，身体面对来球，支撑腿微屈维持身体平衡，停球腿屈膝抬起，小腿前伸主动迎球，用脚背正面接触球的底部。当脚背触球前的一刹那，小腿下撤以缓冲来球的力量，同时膝关节和踝关节放松，将球停留在体前适当的位置。

易犯错误：踝关节过于紧张，不能缓冲来球力量；脚触球前下撤过早或过晚，使球反弹出去。

纠正方法：自抛自停反复练习，体会和掌握脚触球前一刹那迅速下撤的时机。

（5）大腿停球。

停高球时，判断好来球的落点，面对来球，停球腿大腿抬起，以大腿中部对准球的落点，在大腿与球接触的刹那，肌肉适当放松并迅速撤引，使球落在与下一个动作衔接所需要的位置。

（6）胸部停球。

挺胸停球时，身体正对来球，两脚前后开立，两膝微屈，上体后仰，重心落在两脚之间，两臂自然张开，微收腹。当球运行到胸部接触的刹那间，两脚蹬地，胸部上挺、憋气，使球触胸后向前上方弹起，改变运行方向然后落于身体前。

易犯错误：不能根据来球方向选择准确的站位，不能用正确的部位接触球；不收下颌；收胸停球时，收胸和收腹过晚，不能缓冲来球力量。

纠正方法：自抛自停或互抛互停练习，根据来球方向迅速跑动，用正确部位触球。多做模仿练习，强调目视来球，不扬头。互抛平直球进行反复练习，体会收胸收腹时机。

2. 停球辅助性体育游戏

（1）原地模仿练习，体会各种停球的动作方法和要领。

（2）两人一球，相距10米，一人用手抛地滚球、空中球，另一人迎上去用脚、大腿、胸部做各种停球练习，然后将球捡起用手抛球给对方，两人依次反复练习。

（3）两人相距15～20米，一人用脚内侧、脚背内侧传地滚或空中球给对方，另一人用各种方法将球停住，同时用同样的方法将球回传，如此反复练习。

（4）两组相距15～20米，一组第一人用脚内侧将球传给对方，然后跑回队尾；另一组第一人用脚内侧将球停住后再用脚内侧回传，两组依次轮流练习。

（5）每人一球对墙做踢球练习，用各种方法将弹回的球停住。

三、运球

运球是用脚连续控制球的技术。运球技术动作连贯，方向、速度变化多，而且经常与过人技巧连接起来，在比赛中运用得合理，将会取得以多打少的人数优势，突破防守创造射门得分的时机。但是，应该使学生认识到传球比运球快得多。凡是应该传又能够传出去的球，就不要盲目运球，应本着能传不运的原则加快推进速度。

1. 动作方法和要点

（1）脚内侧运球。

支撑脚向前跨，踏在球的侧前方，膝关节稍弯曲，上体前倾向里转。随着身体向前移动，运球脚提起，在落地之前，用脚内侧推球的后中部。在改变方向运球时，经常是用两只脚交替拨球。

（2）脚背外侧运球。

支撑脚保持在球的侧后方，运球脚抬起时，脚跟抬起，足尖稍内转，在迈步前伸落地前，用脚背外侧推拨球。向前跑动时身体自然放松，上体稍前倾，两臂自然摆动。

2. 辅助性体育游戏

(1)直线快频率触球推进。

(2)来回快速运球急停转身。

(3)各种形式的运球变化：速度的改变、方向的改变、线路的改变等。

(4)看手势运球。

(5)20米的重复快速运球。

(6)800米的运球练习，要求跑2～3步触一次球。

(7)两人一组由消极到积极防守的运球过人练习。

四、头顶球

1. 动作方法和要点

(1)原地向前顶球。

两脚用力蹬地，两腿用力伸直，上体由后向前快速摆动，借助腰腹及颈部力量，用前额将球顶出。

(2)原地向侧顶球。

顶球前，向顶球方向的同侧腿向前跨一步，两膝微屈，身体重心放在后腿上，上体和头稍向异侧倾斜并转体约45°，两眼注视来球，两臂自然张开。顶球时后腿蹬地，上体和头向出球方向迅速扭转，屈体甩头，在与出球方向同侧肩的前上方，用额骨侧面将球顶出。

易犯错误：上体不后仰，只用头侧摆动，顶球无力；顶球过早或过晚；顶球时闭眼，缩脖，不敢主动迎球。

纠正方法：将球悬吊在身后适当的高度，用头部触球做顶球模仿练习。要求上体后仰，挺胸展腹，收腹转体，反复练习。先做原地顶悬吊球练习，然后做一抛一顶练习，反复体会顶球用力时机。反复练习顶悬吊球，要求颈部紧张，目迎、目送球。

(3)跳起向前顶球。

当跳到最高点并在来球接近身体垂直线时，收腹、摆头，用前额将球顶出。

(4)跳起向侧顶球，起跳动作与前额正面跳起顶球的动作相同。在跳起上升的过程中，上体侧屈，侧对来球，在跳到最高点顶球时，急速转体甩头，用额骨侧面将球顶出。顶球后，两膝微屈缓冲落地。

易犯错误：顶球点选择不准，顶不到球或只用头蹭到球；蹬地摆体与甩头动作配合不协调。

纠正方法：先做助跑顶悬吊球，然后做助跑顶高抛球练习，或者做助跑顶球练习，反复体会顶球时机，要求对球的运行路线判断准确。原地顶低悬吊球练习，待动作熟练后做顶高吊球练习，或者一抛一顶练习，体会蹬地摆体与甩头动作的协调配合。

2. 辅助性体育游戏

(1)原地顶吊球或经同伴手托举的球，也可进行自抛自顶练习。主要体会摆体和甩头的用力动作。

(2)两人一组，相距4～6米，互抛互顶。主要体会头部触球的正确部位，并做到移动选位，迎击顶球。

(3)三人一组，站成三角形。一人抛，一人顶，一人接，反复练习。

(4)头顶传球练习。8～10人一组，围成半径5～6米的圆圈。中间人持球按顺或逆时针方向向圆圈上的人抛球，规定顶球人用前额侧面将球顶传给其他人，反复进行。

(5)头顶球射门练习。学生站在罚球区的一侧，跑动中顶教师从另一侧抛来的球射门。

五、抢截球

1. 动作方法和要点

(1)正面抢球。

正面抢球是对手运球从正面而来时所采用的方法。其动作方法是两脚前后开立，膝微屈，身体重心下降并落在两脚间，面向对手。对手运球前进，当脚触球即将着地或刚着地时，支撑脚立即用力蹬地，抢球脚以脚内侧对正球并屈膝向球跨出，挡住球的正面。支撑脚立即前跨，上体前倾保持身体平衡，把球控制住。

(2)侧面抢球。

侧面抢球是对手快速运球推进时，防守队员与之平行跑动或从其背后追上成平行跑时所采用的抢球方法。动作方法是当与对手并肩跑动时，身体重心稍下降，同对方接触的臂要紧贴身体，当对方靠近自己一侧的脚离地时，用肘关节以上部位，冲撞对方相应部位，使对方向外侧倒斜而暂时失去身体平衡又离开了球，乘机将球抢过来。

易犯错误：抢球失败主要原因是抢球时机掌握不准，其次是方法不当。因此，在教学中应着眼于这两个方面。

纠正方法：时机不准要从理论上讲清楚，弄明白。其他则应分析其产生错误的关键所在。选位不当可与运球人一起进行运球摆脱和站位阻截的练习，以提高选位意识。时机不准要求在练习时加强对球的判断，即球没动或对方已将球拨出时，不要伸腿。方法不当的可多做抢球的模仿练习。总之，在纠正错误动作时要简化条件，由慢到快，反复体会，同时强调与运球人的密切配合。

2. 辅助性体育游戏

(1)两人一球，用脚内侧做抢球的模仿练习。方法是一人做脚内侧模仿运球动作，另一人跨步做脚内侧抢球，还可以结合触球后的提拉动作。

(2)两人一球相视站立，相距3～4米将球放在中间，听信号后，两人同时上前伸脚拼抢。

(3)两人一球，相距6~8米，一人向前运球，另一人上去做跨步抢球。

(4)将学生分成两组，分别站在中圈的两侧，教师站在中圈内向球门方向踢各种球，两组第一人快速起动追抢，抢到球者做控球运球等，没抢到球的人设法将球从另外一个人脚下抢下来，直到完成射门结束。

(5)二对二，三对三，五对五的盯人抢截练习。

六、守门员技术

1. 选位

通常情况下，守门员应站在两球门柱与射门时球所处位置所形成的角的平分线上。对方近射时，位置靠后些；球向中前场运动时，守门员位置前移到球门区线附近。

2. 接球

接球前做好准备，接球时两手和双腿的距离原则上不能让球漏过。

(1)直腿式：上体前倾，两臂伸向前下方，手掌前迎，接球的后底部。

(2)单腿跪撑式：后腿跪立，膝盖接近地面靠近前脚，距离不能超过球的直径，手臂向前下方伸，手掌对正来球，接球的后底部。

(3)接平直球：屈肘前迎，两手掌心向上，手触球时，屈肘后引缓冲，将球抱于胸前。

(4)接高球：两臂上伸迎球，两手拇指相对呈八字形，手掌对球。手触球后，屈肘回缩下引，翻掌将球抱于胸前。

(5)侧向倒地扑球：防守距离较远的地滚球时，两腿蹬地侧向倒地扑球。

(6)腾空扑球：防守距离较远的空中球时，两腿蹬地，身体腾空飞出扑球。

第三节　足球运动的基本战术

足球战术分为进攻战术和防守战术两大系统。各系统又都包含个人战术、局部战术、整体战术和定位球战术。根据课程标准的精神和要求，将技术、战术、教学比赛、规则简介等部分相互结合，相互促进，有利于对足球教学内容的学习和掌握。教学中可根据实际需要，结合教学实际对这部分内容进行分析讲解，加深学生的理解和运用。这里主要将基本战术的内容做进一步分析说明，供教学中参考使用。

一、个人战术

1. 跑位

比赛中无球队员不断地进行有目的的跑位，对完成全队的战术配合起着极其重要的作用，跑位是为完成全队的战术配合服务的。根据不同的战术目的，跑位分为接应跑位、拉策跑位、切入跑位等。不论哪种跑位，都要掌握好跑位的时机、方向和地点。跑位时机要恰到好处，若跑得早，同伴可能传不出球或看不到，同时易被对方识破，起不到应有的战术作用。所以跑位要在同伴可能传球时，突然摆脱防守及时跑位。跑位的方向有 3 个：向前跑、向后跑和向两侧跑。向前跑是主要的、积极的，首先考虑能否向前跑，加快推进速度；其次才是向后、向两侧跑，接应控球或扯拉空当。在中后场控球，队员要积极向前跑位，向前传球是可取的，在前场距门 40 米左右，跑位则是在球前面的队员向后跑位拉出防守队员，制造空当，在球后面的队员则突然插入空当接传球，突破防守。跑位方向要因场区而异，不可千篇一律。队员在跑位时要注意协调配合，防止跑向一个地点，一个方向。另外，每名队员不应只做一种一次性的跑位，而是要根据比赛实际不断调整，改变跑位的目的、方向和位置。

2. 传球

传球的目标有两个：一是向同伴脚下传球，二是向空当传球。向脚下传球的力量可大些，这样用力传球不易被对方抢断，同伴还可直接出球。向同伴脚下传球时还应注意向远离防守者的一侧传球。向空当传球要注意力量和落点，力量要适当，做到人到球到。向空当传球比向脚下传球的威胁要大，在比赛中应多向空当传球，队员也应向空当跑位，才能加快进攻速度、突破防守。总之，传球要准确、及时。

3. 运球突破

运球突破是个人进攻战术动作，它可以在局部地区造成以多打少的人数优势，运球突破最后一道防线即可直接威胁对方球门，也为本队其他队员制造射门得分机会。要想突破对手的防守，需要掌握全面技术，特别是快速起动和运球过人的技术。运球过人突破防守的方法有强行突破、假动作过人突破、人球分走、穿裆过人等。运球过人、运球突破是学生非常喜欢练习的战术动作。运球过人可以多练，但要使学生明确传球比运球快得多。

二、集体战术

1. 比赛阵形

（1）"433"阵形："433"阵形（变化后也有"4123"和"4213"）的中场 3 个队员有明确分工，根据情况可一个侧重防守，两个侧重进攻，或者相反。

（2）"442"阵形："442"阵形的中场 4 个队员基本上是一字形横向排开或菱形排列两种。其分工为，一名为进攻型前卫，一名为防守型前卫，另两名为边前卫。

（3）"532"阵形："532"阵形的后场由 5 个后卫组成，侧重防守，一般较适合打防守反击战术。进攻时，边后卫可插上助攻，增强攻击力，但必须迅速回位，如回位不及时，前卫和后卫线之间要相互协调，互相补位。

2. 进攻战术

(1)两人的局部进攻战术。

场上局部地区二对一的局面往往转瞬而逝，进攻队员必须抓住这一战机以多打少，稍一迟疑，防守队员就会回防到位，变成二对二的形势。常见的两人进攻配合如下。

①创造二打一：比赛中，一般情况下，防守队都是一个看守一个，进攻队员利用摆脱或运球过人的动作，在短时间内形成局部地区二对一的有利局面。

②踢墙式二过一的配合：要求插入的队员要突然、快速地起动去接球，采取踢墙式二过一是最佳方案。运用回传反切配合时，要有一定的纵深距离，特别是在中间，更要估计到守门员或其他防守队员可能阻截的情况。

③交叉掩护配合：运球者用远离防守者的一只脚运球，运到靠近同伴时，不要再拨球，让同伴选择有利时机突然起动，接带球越过对手。

(2)边路进攻战术。

在对方半场两侧地区发起以传中创造射门为目的的进攻称边路进攻。

一般是快速下底传中或切底回扣传中，中间同伴包抄射门或跟进射门。

(3)前卫或后卫插上进攻战术。

利用前、后卫的插上已为各球队广泛使用，一般是由边锋、中锋左右扯动或回撤，以牵制防守队员，把防守队员引开，造成防守局部空当，由前卫或后卫迅速插上到空当处，获得进攻战机。

第四节　足球规则和裁判法

第一，场地。

比赛场地应为长方形，其长度不得多于120米或少于90米，宽度不得多于90米或少于45米(国际比赛的场地长度不得多于110米或少于100米，宽度不得多于75米或少于64米)。在任何情况下，长度必须超过宽度。

第二，球。

球的圆周不得多于71厘米或少于68厘米。球的重量，在比赛开始时不得多于453克或少于396克。充气后其压力应等于0.6～1.1个大气压力(海平面上)，即相当于600～1100克/厘米。在比赛进行中，未经裁判员许可，不得更换比赛用球。

第三，队员。

上场比赛的两个队每队队员人数不得超过11人。每队必须有一名守门员。每队在比赛时可有1～2名替补队员，如果是"友谊比赛"，可以有5名以下的替补队员。在经裁判员同意后，在比赛暂停时，替补队员可替换队员。只有在被替补队员下场后，替补队员才能上场。任何其他队员都可与守门员互换位置，但须事先通知裁判员，并应在比赛成死球时互换。未经裁判员同意,任何队员不得上场或下场。

第四,装备。

上场队员必需的装备是:运动上衣、短裤、护袜、护腿板和足球鞋(如穿紧身内裤,必须与短裤的主色相同),上场队员不得穿戴能危及其他运动员的任何物件。护腿板必须由护袜全部包住,而且应是由适当的材料制成(橡胶、塑料、聚氨酯或其他类似的材料)。守门员的服装颜色必须有别于其他上场队员和裁判。

第五,比赛时间。

比赛时间应分为两个相等的半场,每半场45分钟,一场球90分钟。特殊情况双方同意另定除外,并按下列规定执行:在每半场中由于替补、处理伤员等延误时间及其他原因损失的时间均应补足,这段时间的多少由裁判员决定;在每半场时间终了时或全场比赛结束后,如执行罚球点球、角球、前场任意球或带球进入对方禁区且暂未完成进球,则应延长时间至进攻结束为止。除经裁判员同意外,上下半场之间的休息时间不得超过15分钟。

第六,任意球。

直接任意球,可以直接射入犯规队球门得分。间接任意球,不得直接射门得分,除非球在进入球门以前曾被其他队员踢或触及。队员在本方罚球区内踢直接或间接任意球时,在球被踢出罚球区前,所有对方队员都应站在该罚球区外,并须至少距球9~15米。当球滚出罚球区后比赛即为恢复。队员在本方罚球区外踢直接或间接任意球时,所有对方队员在球被踢出前应至少距球9.15米,除非他们已站在自己的球门线上,当球滚动至球的圆周距离时,比赛即为恢复。凡攻方在对方球门区内踢间接任意球时,应在距犯规地点最近的、与球门线平行的球门区线上执行。

第七,罚点球。

当比赛进行中,一名队员在本方罚球区内违反了可判为直接任意球的10种犯规之一而被判罚任意球,应执行罚点球。罚点球时除主罚队员外,其他队员都应在比赛场地内、罚球区外、罚点球后及罚球弧外。守门员保持在本方球门柱间的球门线上。

第八,掷界外球。

球出边线都由最后触球队员的对方在球出界的地点掷界外球,不得违例,不得直接得分,不得连踢。

第九,球门球。

球门球可以直接射入对方球门得分。攻方队员将球踢出对方端线,则由守方踢球门球。

第十,角球。

角球可以直接射入对方球门得分。守方队员将球踢出本方端线,则由对方踢角球。

▸▸ 思考题

1. 足球运动有哪些特点？
2. 结合实践，谈谈职业足球和业余足球的区别。
3. 足球包括哪些项目？我国足球发展情况如何？
4. 简述奥运会足球发展概况及特点。
5. 组织开展足球游戏活动应注意哪些事项？
6. 简述足球比赛足球队组建形式。
7. 足球比赛临场指挥中，教练员应从哪几个方面对本队进行观察？

第六章　篮球

第一节　篮球运动概述

篮球运动在学校有着广泛的群众基础，是深受广大学生所喜爱的运动项目之一。篮球运动是一项技能类同场对抗的集体运动项目，其基本活动方式是围绕着悬于离地面 3.05 米、直径 0.45 米的篮筐，以周长 75～78 厘米、重为 600～650 克的球展开空间和时间的争夺，运用多种方法和手段力求将球投中对方篮筐，并极力阻止对方投篮，从而展开激烈的攻守对抗的一项体育活动。

一、篮球运动的起源

1891 年冬，美国马萨诸塞州斯普林菲尔德市基督教青年会训练学校的教师詹姆士·奈史密斯博士，根据学校指示要设计一个冬季可以在室内运动的体育活动。詹姆士·奈史密斯受儿童向桃子筐内投石游戏的启发，发明了篮球游戏。

詹姆士·奈史密斯找来了两只桃篮，分别钉在健身房内看台的栏杆上，桃篮上沿距离地面的高度 3.05 米，用足球做比赛工具，将全队分成两组进行比赛，向篮内投掷，投球入篮得一分，按得分多少决定胜负。经过几次在体育课试验后，1891 年 12 月 25 日圣诞节之夜，詹姆士·奈史密斯将培训班的 18 名学生分成两队，用足球做游戏工具进行了表演比赛，并把游戏介绍给观众。从此，篮球运动诞生了。

以后逐步将竹篮改为活底的铁质球篮，后又在球篮上挂了线网。到 1893 年，形成了近似现在的篮板、篮圈和篮网。因起初使用的是桃篮和球，遂取名为"篮球"。

二、篮球的传播与发展

篮球运动产生后，很快传播起来，先是在美国许多地方开展，1892 年传入墨西哥，1893 年传入法国，1895 年传入英国、中国，1896 年传入巴西，1897 年传入捷克斯洛伐克等国。1904 年第 3 届奥运会在美国圣路易斯举行，美国青年会男子篮球队首次进行了表演。此后，篮球运动逐步在美洲、亚洲、欧洲和大洋洲开展起来。

在篮球运动向世界传播的同时，美国人不仅极力寻找篮球技术、战术的发展，而且在篮球市场的开拓上进行着尝试和努力。1898 年，美国新泽西州特伦顿的一支球队用 25 美元租用了当地的礼堂进行比赛并向观众售票。赛后队长库伯首先领到 1 美元，然后每名队员都分到了 15 美元。这场"有偿篮球赛"被大不列颠百科全书认定为第一场"职业篮球赛"，而库伯则成为第一个从篮球比赛中得到收入的"职业选手"。

1932 年 6 月 18 日在瑞士的日内瓦成立了"国际业余篮球联合会"（简称国际篮联，FI-BA），由葡萄牙、阿根廷等欧美的 8 个国家组成，遍布五大洲。1936 年第 11 届奥运会将男子篮球列入正式比赛项目。

1946 年 6 月 6 日，由美国 11 家冰球馆和体育馆的老板们共同发起，成立了一个全美篮球协会（Basketball Association Of America，BAA）。其目的，一个是使体育馆在没有冰球比赛的时候不至于空闲；另一个是争夺当时由成立于 1937 年的、最好的职业篮球联盟——"国家篮球联盟"（National Basketball League，NBL）占据的职业篮球市场。BAA 在经营不到两年的时间里终于合并了 NBL，更名为"国家篮球协会"（National Basketball Association，NBA）。如今，NBA 已经家喻户晓，风靡世界，无论是 NBA 的技术和战术，还是 NBA 的经营理念都为当今篮球的发展树立了楷模，领导着篮球运动的发展潮流，使篮球运动成为最受人喜爱的体育运动项目之一。

奥运小知识

1904 年，在美国圣路易斯举行的第 3 届奥运会上，美国的两支球队首次将篮球进行了表演展示。经过篮球界人的努力，1936 年，在第 11 届柏林奥运会上，男子篮球终于被列为奥运会的正式比赛项目，而女子篮球直到 1976 年，在第 21 届蒙特利尔奥运会上才成为正式的比赛项目。

我国第一次参加奥运会篮球赛，是 1936 年 8 月在德国柏林举行的第 11 届奥林匹克运动会。迄今为止，我国男子篮球队共参加八届夏季奥运会，历史最好成绩为第八名，分别在第 26 届亚特兰大、第 28 届雅典和第 29 届北京奥运会上获得。

我国女子篮球队 1984 年第一次开始参加奥运会比赛，历史最好成绩为第二名，是在第 25 届巴塞罗那奥运会上取得的。

第二节　篮球运动的基本技术

篮球技术是篮球比赛所必需的专门动作方法的总称，它是完成战术配合质量的重要因素。

篮球技术分为进攻和防守两大部分。它们包括脚步动作、传球、接球、投篮、运球、突破、防守对手、抢球、打球、断球、抢篮板球等。

一、脚步动作

篮球的基本脚步动作包括以下 4 种。

第一种，基本站立姿势和起动（如图 6-1 所示）。

(a)基本站立姿势　　　　　(b)向前起动　　　　　(c)向侧起动

图 6-1

第二种，侧身跑和变向跑（如图 6-2 所示）。

图 6-2

第三种，急停、转身、跨步（如图 6-3 所示）。

图 6-3

第四种，防守步法：滑步、后撤步（如图 6-4 所示）。

图 6-4

二、传球、接球

篮球双手胸前传接球是最基本最实用的传球方法，在高水平的篮球比赛中也比较常用，是学习打篮球必须要掌握的传球技术。

持球时，两手五指自然分开，拇指相对呈八字形。用指根以上部位握球的侧后方，手心空出，两肘自然弯曲于体侧，将球置于胸前。肩、臂、腕肌肉放松，两眼注视传球目标，身体成基本姿势。传球时，后脚蹬地，身体重心前移，同时两臂前伸，手腕由下向上翻转，同时拇指用力下压，食、中指用力弹拨，将球传出。出球后手心和拇指向下，其余手指向前。

篮球双手胸前传接球易犯错误和纠正方法

易犯错误：在传球时手腕翻腕时，两肘支起。

原因：手腕力量不够，两手用力挤压球。

现象：影响传球的准确性。

纠正方法：增强手腕力量，多做传球练习。

手指戳伤：因手指受到强烈的冲击而产生。

预防方法：要充分地做好手指的准备运动。手指的戳伤，依程度可分五种：扭伤，脱臼，骨折，腱断裂，挫创伤（皮肤裂开）。若发生扭伤，其治疗方法同其他部位的扭伤一样，先进行冷敷，2～3 天之后，则在该部位保温，同时按摩。脱臼时要能忍受疼痛，让医疗人员将手指拉直，恢复原状，然后和前法相同处置。至于手指严重的戳伤、骨折、腱断裂则不许乱动，迅速送至医院医治。

三、投篮

投篮的方式多种多样，要提高投篮命中率就必须了解投篮的技术结构，正确掌握投篮技术。在学习投篮技术时，必须注意掌握以下技术要素。

投篮技术动作包括两个方面，一是投篮时的身体姿势，二是持球手法。

原地投篮时，要两脚前后自然开立，两膝微屈，上体稍前倾，重心落在两脚之间。这样，既便于投篮集中用力，也利于变换其他动作。移动中接球跳投、运球急停跳投或行进间投篮时，跨步接球与起跳动作既要连贯衔接，又要迅速制动，使身体重心尽快移到支撑面的中心点上，以保证垂直起跳。身体姿势正确就能保证身体重心移动与投篮出手的方向一致，就能保持身体平衡。控制身体平衡是保证出球方向准确的基本条件。

投篮时，无论是单手还是双手，持球时五指都应自然张开，掌心空出，用指根及指根以上部位触球，增大对球的接触面积，以保持球的稳定性，控制球的出手方向原地投篮。

原地投篮是最基本的投篮方法，是行进间投篮和跳起投篮的基础。原地投篮易于保持身体平衡，便于全身协调用力，比较容易掌握。一般在中、远距离投篮和罚球时运用较多。

1. 原地双手胸前投篮

图 6-5 所示的原地双手胸前投篮虽然出球点较低，但出手前稳定性好，出手力量大，便于与传球、突破相结合，多用于远距离投篮。

图 6-5

双手持球基本同双手胸前传球。两肘自然下垂，将球置于胸前，目视瞄准点。两脚前后或左右开立，两膝微曲，重心落在两脚之间。

投篮时，两脚蹬地，腰腹伸展，两臂向前上方伸出，两手腕同时外翻，拇指稍用力压球，食指、中指拨球，使球从拇指、食指、中指指端飞出。球出手后，脚跟提起，身体随投篮出手方向自然伸展。注意：投篮时，蹬伸踝、膝、髋，双手用力均匀，手腕外翻，手指拨球。

2. 原地单手肩上投篮

原地单手肩上投篮由双手持球开始，然后将球引至右肩前上方，右臂屈肘，肘关节稍内收，上臂与肩关节约成水平，前臂与上臂大约成90°。右手五指自然张开，手腕后屈，掌心空出、用手掌外缘和指根以上部位托住球的后下方，左手扶球的左侧。单手肩上投篮时，随着下肢蹬伸和腰腹伸展，投篮臂向前上方抬肘伸臂，最后力量集中到手腕和手指上，由手腕前屈和手指拨球的动作，使球通过食指、中指的指端柔和地飞出。出手后，全身随球跟送，手臂自然伸直。通常距离越近，身体其他部分用力越小，多以手腕和手指用力为主；投篮距离越远，身体协调用力越大，对手腕、手指调节力量的能力也要求越高。

3. 行进间单手肩上投篮

图 6-6 所示的行进间单手肩上投篮又称行进间单手高手投篮，是在比赛中切入篮下时，常用的一种投篮方法。以右手投篮为例，右脚向前跨一大步时接球，接着上左脚蹬地起跳，右腿屈膝上抬，同时双手举球于右肩前上方。腾空后，上体稍后仰，当接近了高点时，向前上方抬肘伸臂，用手腕前屈和手指拨球力量将球投出。跨步一大二小向上跳，节奏要清楚。出手时，腕、指用力要柔和。

图 6-6

4. 行进间单手低手投篮

图 6-7 所示的行进间单手低手投篮是在快速跳动或运球超越对手后，在篮下的一种投篮方法。它具有伸展距离远和出球平稳的优点。以右手投篮为例。右脚向前跨出一大步的同时接球，左脚跨第二步时用力蹬地向前上方起跳，右腿屈膝自然上提。腾空到最高点，右手五指自然张开，掌心向上，托球的下部，右臂向前上方伸展，接近球篮时，用手腕上挑和手指的拨动，使球向前旋转进入球篮。腾空时身体向前上方充分伸展，举球后保持托球的稳定，腕、指上挑，动作柔和协调。

5　　4　　3　　2　　1

图 6-7

单手肩上投篮易犯错误和纠正方法

易犯错误：单手肩上投篮时手臂容易外展。

原因：手指手腕力量不好，手腕柔韧度不好。

现象：影响投篮的准确度。

纠正方法：上臂与肩关节约成水平，前臂与上臂大约成 90°。右手五指自然张开，手腕后屈，对照镜子多做徒手的投篮模仿。

四、运球

1. 高运球

运球时，球反弹的高度在腰、胸之间叫高运球，如图 6-8 所示。它是在没有防守队员阻挠的情况下，为了加快向前推进的速度或在进攻中调整进攻速度和攻击位置时，所采用的一种运球方法。上体稍前倾，抬头看前方，以肘关节为轴，用手拍球的后上方，把球的落点控制在身体侧前方。手脚协调配合，使球有节奏地向前运行。注意：手拍按球的部位正确，手脚协调配合。

图 6-8

2. 低运球

运球时，球反弹的高度在膝关节以下的运球叫低运球。当受到对手紧逼或接近防守队员时，常采用这种运球方法保护球和摆脱防守。两膝迅速弯曲，重心降低，抬头看前方，上体前倾，靠近防守队员一侧，用上体和腿保护球。同时，用手腕、手指力量短促地拍按球，以便更好地控制球和摆脱防守，继续前进。注意：两膝弯曲迅速，降低重心，上体前倾；拍按球短促有力，手脚协调配合。

3. 运球急停急起

运球急停急起是运球时利用速度的突然变化来摆脱防守的一种方法。多用在对手防守较紧的情况下，在快速运球中突然停止前进，迫使防守队员被动减速停住，趁其重心不稳时，再突然加速起动运球，摆脱防守。运球急停时，用手快速拍按球的前上方，同时，两脚做跨步急停，并转入低运球，用臂、上体和腿保护球。运球急起时，后脚用力蹬地，同时拍按球的后上方加速超越对手。注意：拍按球部位正确，停得稳，起得快。

五、持球突破

持球突破是持球队员运用合理的脚步动作与运球技术相结合,快速超越防守队员的一项攻击性很强的进攻技术。在比赛中,及时地把握突破时机,合理地运用突破技术,是直接切入篮下得分的重要手段。持球突破还可打乱对方的防御部署,为同伴创造更多更好的投篮机会。突破若能巧妙地与投篮、传球等结合运用,使突破技术灵活多变,就能更好地发挥突破技术的攻击力。根据持球突破采用的步法,可分为交叉步突破和同侧步突破两种。

1. 原地持球同侧步突破

原地持球同侧步突破也称顺步突破,如图 6-9 所示。其优点是突破时起动突然,初速度快,但球暴露较多,容易被对手将球打掉。以左脚做中枢脚从防守队员左侧突破为例。突破时,上体积极前倾的同时,右脚迅速向右前方跨一大步,同时上体右转,左肩积极下压。左脚内侧用力蹬地,在左脚离地前,用右手推按球于右脚外侧前方,然后左脚迅速跨步抢位,加速运球超越对手。注意:起动要突然,跨步、运球要快速连贯,中枢脚离地前球要离手。

图 6-9

2. 原地持球交叉步突破

原地持球交叉步突破这种突破方法的优点是跨步后与防守队员接触面较小,能更好地利用跨步抢位保护球,如图 6-10 所示。以右脚做中枢脚从防守队员左侧突破为例。突破时,左脚向左侧前方迈出一小步,把防守队员引向自己左侧的同时,用左脚前掌内侧迅速蹬地,向右侧前方跨一大步上体稍右转,左肩向前下压,重心向右前方移动,将球推引至右侧,用右手推按球于左脚右侧前方,接着右脚蹬地加速超越对手。注意:积极蹬地,起动突然;转体探肩应与跨步相连;推按球离手必须在中枢脚离地之前;跨步脚尖指向突破方向;整个动作协调连贯。

图 6-10

六、防守对手

防守对手，是防守队员合理地运用却步移动和手臂动作积极抢占有利位置阻挠和破坏对手投篮、传接球、突破等进攻意图以争夺控球权，转守为攻。防守对手包括对无球队员的防守和有球队员的防守。

1. 防无球队员

根据对手、球、球篮，选择有利位置，有球紧，无球松；近球紧，远球松；积极移动，控制对手。

要做到球、人、区兼顾，与同伴协同防守，破坏对方进攻配合，加强防守的集体性。

防守时应以人（各自防守的对手）为主，人球兼顾，时刻注意人、球、对手、篮圈等的方位，随时调整自己的防守位置，并注意协助同伴防守，干扰和破坏自己附近的球和进攻队员。

全队要有良好的配合意识，思想统一，配合默契，前后呼应，行动迅速，积极抢占有利位置，争取在气势上占据主动。

防守无球队员时，以防止或减少对手接球为主，特别要防止对手在有威胁的区域内接球，人球兼顾，及时准备补防和断球。

2. 防守持球队员

首先要防止对手的投篮和突破，干扰其传球。对手运球时，要迫使其向边、角方向移动并使其停球。对手停球后，要立即贴近进行紧逼防守，封堵传球。在整个防守有球队员的过程中，要积极利用抢、打、封、抹、盖等技术和各种假动作，破坏和夺取对方的控球权（如图 6-11 所示）。

1　　　　　　　　　　2

3　　　　　　　　　　4

图 6-11

七、抢篮板球

抢占位置，要设法抢占在对手与球篮之间的有利位置上。抢进攻篮板球时要判断球的落点，利用各种假动作冲抢；抢防守篮板球时要注意用转身挡人的动作先挡人后抢篮板球。不论抢进攻篮板球还是防守篮板球，都要抢占在对手与球篮之间的位置上（图 6-12 所示）。

（a）抢前场篮板球

（b）抢后场篮板球

图 6-12

起跳动作，起跳前两腿微屈，重心降低，上体稍前倾，两臂屈肘举于体侧，重心置于两脚之间，注意观察判断球的反弹方向，及时起跳。起跳时两脚用力蹬地，同时两臂上摆，手臂上伸，腰腹协调用力，充分伸展身体，并控制身体平衡。

抢球动作，分双手、单手和点拨球。双手抢篮板球时，指端触球瞬间，双手用力握球，腰腹用力，迅速将球拉入胸腹部位，同时两肘外展，以保护球。单手抢篮板球，跳起达到最高点时，指端触球后，迅速屈指、屈腕、屈肘收臂，将球下拉，另一只手扶球护球于胸腹部位。点拨球是在跳起到最高点时，用指端点拨球的侧方、侧下方或下方。进攻抢到篮板球时或补篮或投篮，或迅速传球给同伴重新组织进攻；防守抢到篮板球，或在空中将球传出或落地后迅速传出或运球突破后及时传给同伴。

第三节　篮球运动的基本战术

篮球战术是比赛中队员的个人技术的合理运用以及队员间相互协调配合的组织形式和方法。一切战术的目的都是争夺控球权而投篮得分。篮球战术对比赛胜负有重要作用，战术对发挥本队专长、抑制对手之短有积极作用，它可以掌握主动，去争取比赛的胜利。篮球战术基础配合是在篮球比赛中队员两三人之间有目的、有组织、协调行动的简单攻守配合方法。进攻战术基础配合指在篮球比赛中，进攻队员两三人之间有目的、有组织、相互协同行动的配合方法。进攻基础配合包括传切、掩护、策应和突分配合。防守战术基础配合：篮球比赛中两三人之间为了破坏对方进攻配合所组成的简单配合。防守战术基础配合包括抢过、穿过、绕过、关门、夹击、补防和交换防守配合等。

一、进攻战术的基本配合

1. 传切配合

进攻队员之间利用传球和切入技术所组成的简单配合。它包括一传一切和空切配合。切入队员首先要掌握切入时机，根据对方的防守情况，利用假动作摆脱、及时、快速切入篮下，并随时准备接球。传球队员要利用假动作吸引、牵制对手，并采用合理的传球方法及时、准确地将球传出（如图 6-13 所示）。

图 6-13

2. 突分配合

持球队员持球突破后，主动地或应变地利用传球与同伴配合的方法。队员突破时要快速、突然，在突破过程中要随时观察场上攻守队员位置的变化，及时准确地传球。接球队员要把握时机，及时摆脱对手，迅速抢占有利位置接球投篮（如图 6-14 所示）。

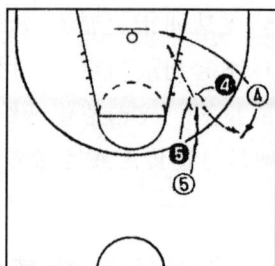

图 6-14

3. 策应配合

指进攻队员背对篮筐或侧对篮筐接球，由他作枢纽，与同伴空切相配合而形成的一种里应外合的方法。策应队员要及时抢位要球，两手持球护于胸前或头上，接球后结合转身、跨步等动作协助同伴摆脱防守或个人进行攻击。外围传球队员要根据策应者的位置和机会，及时准确地传给策应队员，做到人到球到，传球后迅速摆脱对手切入篮下，创造进攻机会（如图 6-15 所示）。

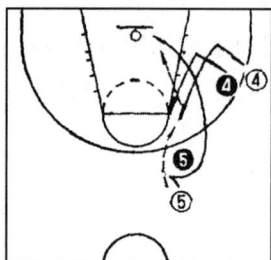

图 6-15

4. 掩护配合

掩护队员采用合理的行动，用自己的身体挡住同伴防守者的移动路线，使同伴借以摆脱防守，或利用同伴的身体和位置使自己摆脱防守的一种配合方法。掩护要符合规则的规定，掩护队员动作要突然，被掩护队员要用假动作吸引自己的防守队员，不让对方发现同伴的掩护意图。掩护时同伴之间的配合时机非常重要，掩护配合时队员配合要默契，注意动作果断，并根据临场变化，争取第二次机会（如图 6-16 所示）。

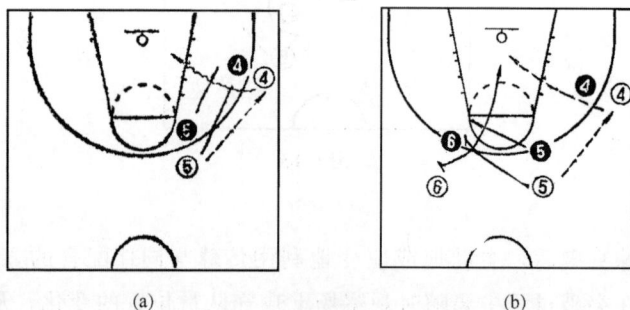

(a)   (b)

图 6-16

二、防守战术的基本配合

1. 夹击配合

两名防守队员有目的地同时采取突然的行动，封堵和围夹持球者的一种配合方法。首先要选择好夹击的位置和时机。运用夹击时，贴近对方身体要适度，不能犯规。已形成夹击后，其他队员要随时轮转补位，严防对方近球区队员接球，远球区的防守队员要以少防多，选好断球位置（如图 6-17 所示）。

2. 关门配合

两名防守队员靠拢协同防守突破的配合方法。防守队员应积极堵截突破的移动路线，临近突破一侧的防守者要及时向同伴靠拢进行关门，不给突破者留有空隙（如图 6-18 所示）。

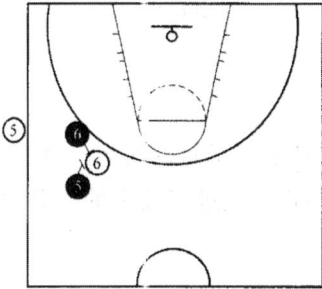

图 6-17

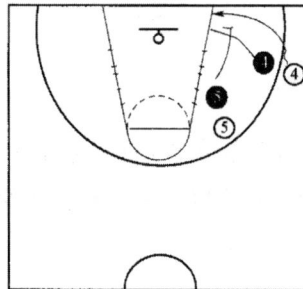

图 6-18

3. 挤过配合

防守者在掩护队员临近自己时，要积极向前跨出一步，贴近自己的防守对手，从掩护者前面挤过去，继续防住自己的对手。抢过时要贴近对手，向前抢步要及时，动作要突然，防掩护的队员要相互提醒（如图 6-19 所示）。

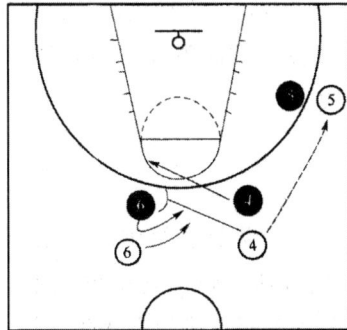

图 6-19

4. 穿过配合

当进攻队员进行掩护时，防守去做掩护的队员要及时提醒同伴并主动后撤一步，让同伴及时从自己和掩护队员之间穿过，以继续防住各自的对手。运用穿过时，要及时提醒同伴并主动让路，调整防守位置和距离（如图 6-20 所示）。

5. 绕过配合

当进攻队员进行掩护时，防守做掩护的队员主动贴近对手，让同伴从自己的身旁绕过，继续防住各自的对手（如图 6-21 所示）。

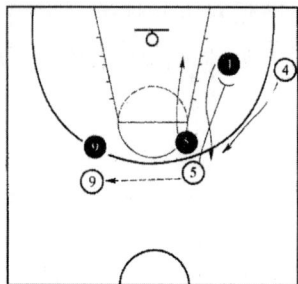 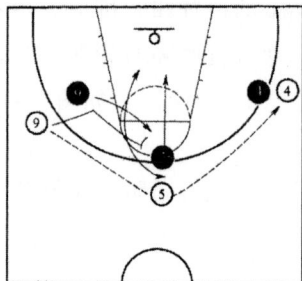

图 6-20   图 6-21

三、快攻

快攻是由防守转入进攻时，进攻队以最快的速度、最短的时间，将球推进至前场，争取造成人数上和位置上的优势，以多打少，果断合理进行攻击的一种进攻战术。快攻可分为发动与接应、推进、结束 3 个阶段。

快攻可以分为 3 种形式。

第一种，长传快攻：指队员在后场获球后，立即把球长传给迅速摆脱对手的快下队员。

第二种，短传（结合运球推进快攻）：指防守队获球后，立即以快速的短距离传球的方式，直逼对方篮下进攻的一种快攻形式。

第三种，运球突破快攻：指防守队员获球后，利用运球技术超越防守，自己投篮得分或传球给比自己投篮机会更好的同伴进行攻击的方法。

快攻发动的时机是抢到后场篮板球时发动快攻，掷后场界外球发动快攻，抢、断球后发动快攻，跳球时发动快攻。

四、防守快攻

防守快攻是在攻守转换过程中，队员有组织地运用个人战术行动和几个人之间的协同配合，主动堵截对手，积极抢断，破坏其快攻战术，力争控制对手转攻的速度，以达到稳定防守，迅速组织起各种不同形式的全队防守战术的目的。

防守快攻是由攻转守的刹那间，快速度抢占有利的防守位置，利用强有力的个人防守行动和配合，达到限制对手的速度，破坏对方攻击，使对方转入阵地进攻的一种防守战术。最根本的方法是提高本队进攻的成功率，减少对方发动进攻的机会，减少不必要的失误，组织拼抢篮板球，以利于本队部署防守。

防守快攻战术是一个有机的整体，必须根据快攻攻势的展开，有针对性地去防守，力求延缓对方进攻的速度，打乱进攻的节奏，推迟进攻攻击时间，以利于迅速组织阵地防守。

防守快攻常用的方法和手段如下。

第一，提高进攻成功率。防守快攻首先应提高进攻成功率，要特别注意减少进攻中的失误和违例，这是控制对手进攻速度，减少其发动快攻机会的重要手段。

第二，积极拼抢前场篮板球。比赛实践证明，当进攻投篮不中时，有组织地积极拼抢前场篮板球，是控制对手抢篮板球发动快速反击的最有效的方法。即使防守队获得篮板球，由于近篮区攻守人员密集，攻守争夺激烈，所以不容易发动快攻。

第三，封堵一传和截断接应。有组织地堵截快攻的一传和接应，是制止对方发动快攻的关键。破坏对方发动快攻的路线也取决于封堵一传和接应。当对手获球转攻时，邻近的防守队员，要迅速紧逼积极封堵一传，与此同时，其他防守队员要主动迫使接应队员改变预定的接应区，截断其联系，从而延缓其发动快攻的时间，使同伴迅速抢占有利位置，以便更好地按照规定的防守战术要求进行防守。

第四，退守时要"堵中卡边"，防止长传快攻。防守快攻除积极拼抢篮板球，堵截一传和接应外，在退守过程中要防止对方从中路突破，并要防守快下队员。

第五，以少防多的能力。赛中，由于攻防变换频繁，情况复杂多变，等对方快攻推进时，往往形成以少防多的局面。出现以少防多的情况时，防守队员应积极移动，选择和占据有利的防守位置，保护篮下，并运用假动作来干扰，给进攻队员制造错觉和困难，迫使对手在传球中出现失误。在此基础上延缓其进攻速度，为同伴争取退防的时间，以便重新组织起阵地防守战术。

五、人盯人防守

图 6-22 所示的人盯人防守是指以盯人为主兼顾球位，做到人球兼顾，每名防守队员都积极盯住自己的进攻对手，并与同伴进行共同协防的全队防守战术。人盯人防守根据双方队员身高、位置和技术水平合理进行防守分工。由攻转守，迅速找人，积极抢断，夹击补防。防守有球队员要紧逼，积极防其运、突、传、投。防守无球队员，要近球贴近防守，切断对方传球路线，远球要回缩防守，始终保持人球兼顾。

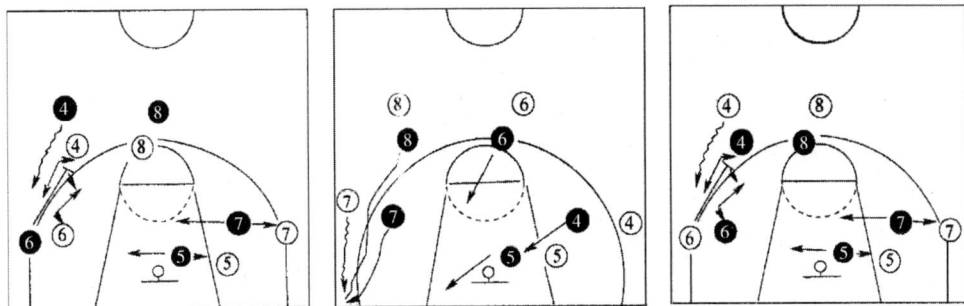

图 6-22

六、区域联防与进攻区域联防

1. 区域联防

区域联防是由进攻转入防守时，防守队员退回后场，每个队员分工负责防守一定的区域，严密防守进入该区域的球和进攻队员，并与同伴协同防守，用一定的队形，把每个防守区域有机地联结起来，组成区域联防战术。

(1)区域联防的基本要求。

①每个队员必须认真负责自己的防区，积极阻挠进入该防区的进攻队员的行动，并联合进行防守。

②要以防球为重点，随球的转移而经常调整位置，做到人球兼顾，不让持球队员突破和传球给内线防区。

③对进入罚球区附近或穿过罚球区的进攻队员，必须严加防守，切断其接球路线，不让其轻易接球、传球或投球，加强篮下区域防守。

④每个防守队员要彼此呼应，随时准备协防、换位、越区、"护送"等，相互帮助，加强防守的集体性。处于远离球的后线防守队员，要起指挥防守的作用。

(2)区域联防的形式和特点。

区域联防的站位队形有"2—1—2""2—3""3—2""1—3—1"等，图中黑线区为联防的薄弱区。下面主要介绍"2—1—2"区域联防，如图 6-23 所示，"2—3"区域联防，如图 6-24 所示。

"2—1—2"区域联防的优缺点：五个防守队员分布比较均衡，移动距离近，便于相互协作，并能根据进攻队员的特点防守位置，变换防守队形，所以它是区域联防的基本形式。这种防守队形便于控制篮下，有利于抢篮板球和发动快攻。但有薄弱地区，不利于防守这些区域内的中远距离投篮，不利于在球场底角进行"夹击"防守配合。

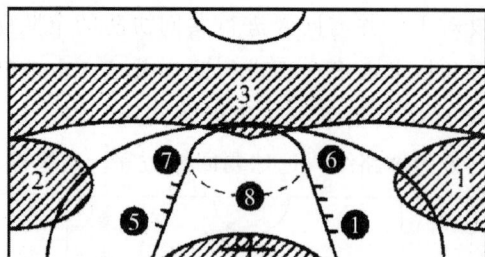

图 6-23

(3)区域联防的疗法。

示例一：球在外围左侧时的防守移动合，如图 6-25 所示。⑬传球给⑪，❶上⑪，❸稍向下移动，协助⑫防守，⑫站在⑪的侧后方，切断⑪与⑫的传球路线，并防⑫向篮下空切。❺站在⑮的侧前方，注视⑪与⑮的传球路线，减少⑮接球。❶稍向球区移动，既要协助防守篮下，又要堵⑭背捅，还要准备断⑪给⑭的横传球。当⑪投篮时，⑫、

⑪、⑮拼抢篮板球。

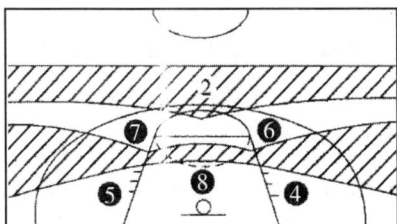

图 6-24

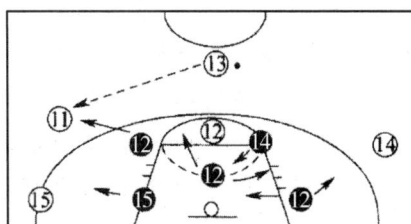

图 6-25

示例二：堵截后卫向中锋传球移动的配合如图 6-26 所示。⑥正要向⑤传球时❺和❼围守⑤，不让其接球，❹向罚球线中间移动，防⑧空切，❽向罚球区内移动，防④横插和溜底线，保护篮下。

示例三：防左前锋中投与供中锋球结合的移动配合如图 6-27 所示。当⑧持球时，❽上前防守⑧，❹和❼围守④，不让其接球，❻向罚球区移动，防⑥空切和保护禁区腹地，❺移动到篮下，防⑤空切和溜底线并保护篮下。

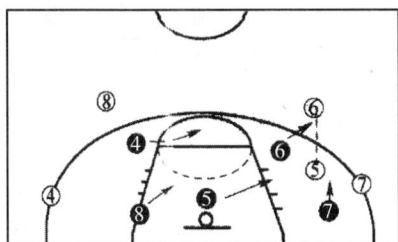

图 6-26

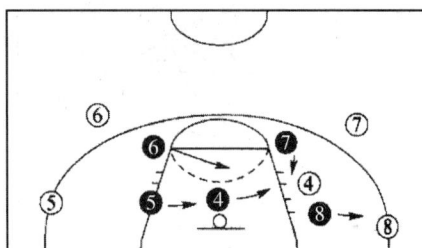

图 6-27

2. 进攻区域联防

进攻区域联防是针对区域联防的特点、队形、方法和变化所采用的进攻战术。

(1)进攻区域联防的基本要求。

①由防守转入进攻时，应首先争取快攻。乘对方立足未稳，尚未组织好防守之前进行攻击。

②根据对方区域联防队形，采用针对性落位队形，组织对薄弱地区的攻击。

③运用传球转移、中远距离投篮等进攻技术，通过"人动""球动"打乱对方防守队形。运用声东击西、内外结合、以多打少等方法，创造投篮机会进行攻击。

④要组织拼抢篮板球，争夺二次进攻机会，同时还要保持攻守平衡，准备及时退防。

(2)进攻区域联防的方法。

①进攻区域联防的队形。常用的进攻阵式有："1—3—1""2—1—2""2—2—1""1—2—2""1—4"等。

②进攻区域联防的方法。"1—2—2"进攻方法：这种队形，队员分布面广，攻击点

多，便于内外联系，左右配合，有利于组织抢篮板球和保持攻守平衡。

示例一："1—2—2"落位进攻"2—3"区域联防，如图 6-28 所示，⑥、⑧互相传球吸引❻、❼上来防守，⑤插至罚球线准备接球，防守❽也跟上防守，底线拉空，⑥突然将球传给⑦，这时有 3 个攻击点，第一个是⑦本身投篮，若❹上防⑦，④就是空当，⑦可传给④投篮，同时，⑧从背后插入罚球区，形成⑦、④、⑧进攻❹、❽的以多打少的有利局面，⑦根据情况决定自己投篮或传球给④或⑧投篮。

"2—1—2"进攻方法：这种队形，队员站位有针对性，利用进攻"1—3—1"，便于内外联系，有利于突破和外线。

示例二："2—1—2"阵形落位进攻"1—3—1"区域联防。如图 6-29 所示，⑦、⑥相互传球，吸引防守，当❻上防⑥时，⑥将球传给⑧；⑧接球后转身投篮。若❽上防，⑧将球传给底线的④，④接球后投篮，若❺上来防守，⑧迅速切入篮下，准备接球进攻，同时，⑤插入罚球区，④根据防守情况，将球传给⑤或⑧投篮。

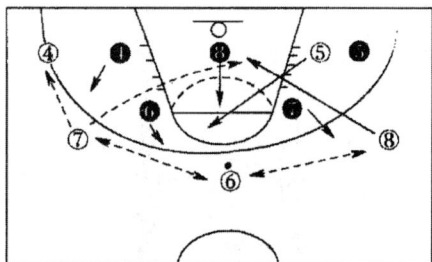

图 6-28

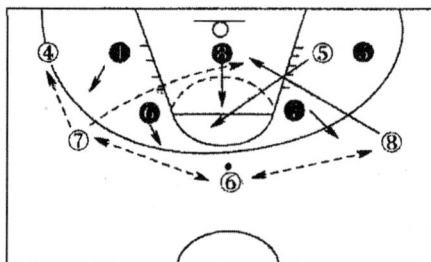

图 6-29

第四节 篮球竞赛的场地及主要规则

一、场地器材

1. 篮球场地

篮球场是一个长方形的坚实平面，无障碍物。对于国际篮联主要的正式比赛，球场尺寸为：长 28 米，宽 15 米，篮球场的丈量是从界线的内沿量起。对于所有其他比赛，国际篮联的适当部门，如地区委员会对地区或洲的比赛，或国家联合会对所有国内的比赛，有权批准符合下列尺寸范围内的现有球场：长度减少 4 米，宽度减少 2 米，只要其变动互相成比例即可。天花板或最低障碍物的高度至少 7 米。篮球场照明要均匀，光线要充足。灯光设备的安置不得妨碍队员的视觉。所有新建球场的尺寸，要与国际篮联的正式比赛所规定的要求一致：长 28 米，宽 15 米。篮球场线条及其尺寸：篮球场线条要用相同颜色画出，宽度为 0.05 米(5 厘米)，如图 6-30 所示。

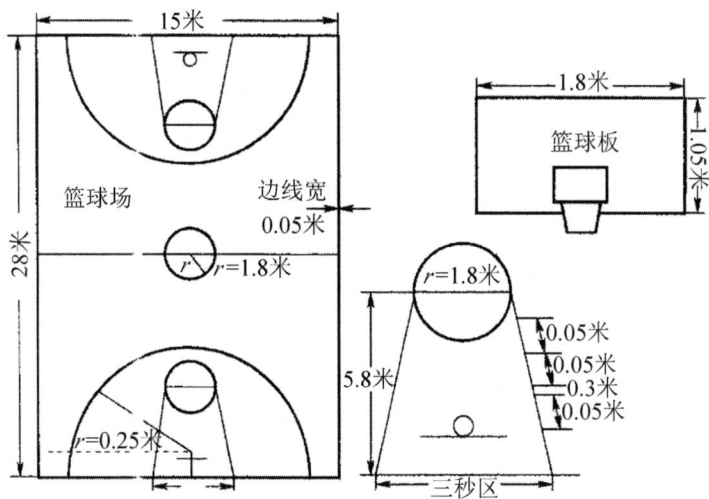

图 6-30

2. 篮板

篮板横宽 1.80 米，竖高 1.05 米，篮板下沿距地面 2.90 米。

3. 比赛用球

充气后，使球从 1.80 米的高度落到地面上，反弹高度不得低于 1.20 米，也不得高于 1.40 米。

二、篮球比赛规则

1. 一般规则

（1）比赛人数。

每场篮球比赛由两个队参加，每队出场 5 名队员，目的是将球进入对方球篮得分，并阻止对方获得球或得分。

（2）比赛时间。

分为 4 节，每节 10 分钟。每节之间和每次决胜之前休息 2 分钟。两半时之间休息 15 分钟。如第 4 节结束时比分相等，则打若干个决胜期直至决出胜负。

（3）暂停。

第 1、2、3 节每节准予一次暂停，第 4 节准予二次暂停。每次决胜期准予一次暂停。

（4）换人。

每当死球且停表时，球队即可换人。如果是甲队发生违例则甲队不能换人，而如果此时乙队先换人，也可以给予甲队换人。换人的次数没有限制。

2. 常见的违例

违例是指队员违犯了比赛中关于时间或技术等方面的规则的行为。

（1）3 秒。

场上控制活球的队的队员在对方限制区内停留达 3 秒。

（2）5 秒。

罚球时，每次罚球均不得超过 5 秒；掷界外球时，不得超过 5 秒；在场上，持球队员一旦被对方严密防守并停步时开始计算，他须在 5 秒内出手，否则违例。

（3）8 秒。

每当一名队员在他们的后场控制活球时，他的队必须在 8 秒内使球进入他们的前场，否则为违例。

（4）24 秒。

每当一名队员在场上控制活球，他的队需在 24 秒内投篮，否则为违例。

（5）球回后场。

当某队在前场控制球时，不能使球回后场，否则为违例。

（6）带球走。

篮球技术的特点之一是队员一旦持球，就必须确立中枢脚。中枢脚离地后再次落地前，球必须离开队员的手，否则是"带球走"。

（7）两次运球。

队员在一次运球结束后不得再次运球。

（8）罚球时的违例。

罚球时，罚球队员除了需遵守 5 秒规则外，还有脚不得触及限制区（罚球线是限制区的一部分）和投出的球必须触及篮圈以及不得做假动作。

3. 常见的犯规

犯规包括有身体接触的侵人犯规和没有身体接触的技术犯规两大类。

（1）侵人犯规。

常见的有"拉人""推人""撞人""阻挡""背后非法防守""非法用手""非法掩护"等。

（2）没有身体接触的技术犯规。

①违反体育道德的犯规。

当裁判员判断某队员不是在规定的精神和意图范围内合法地去抢球而发生的侵人犯规，则判为"违反体育道德的犯规"。取消比赛资格的犯规是一种恶劣的违反体育道德的犯规。无论是队员、替补队员，还是教练员、随队人员，裁判员均有权判罚。

②双方犯规。

两个队的两名队员同时的相互间的犯规。罚则是不判给罚球。

③队员技术犯规。

当一名队员不顾裁判员的警告或与裁判员、记录台人员、技术代表、对方队员交涉时没有礼貌；使用冒犯或煽动观众的言行；戏弄对方；阻碍掷界外球的迅速进行等，将被判技术犯规。

4. 篮球小游戏

(1)运球抓人。

以篮球场半块场地为范围，每人一个篮球，由一人运球抓人，其他人运球跑。抓人者与被抓到者交换抓跑方式。要求：球不能拿起，不允许抱球跑，不允许出界。

(2)传球接力。

分为两组，每组站成一路纵队，各组队头拿球，先由头上把球从队头逐个传到队尾，最后一名拿到球后，从队尾跑到队头，再从脚下把球依次传到队后，依此类推，直到每组的第一个人由队尾跑到队头时为止，慢的一组集体做俯卧撑 10 个。要求：不能将球抛起，必须手递手传球。

(3)斗牛。

5 个人一组，由 3 人站成三角形传球，两人在三角形中防守，防守者把球破坏掉或抢断后，变成传球者，由传球失误者到中间进行防守。要求：传球的人不允许移动。

▸▸ 思考题

1. 简述篮球的起源及发展。
2. 篮球运动的基本技术有哪些？
3. 区域联防分为哪几种形式？
4. 篮球比赛标准场地的尺寸及设施要求有哪些？

第七章 排球

第一节 排球运动概述

一、世界排球运动的起源

据史料记载，排球运动于 19 世纪末始于美国。1895 年，美国马萨诸塞州霍利奥克市基督教男子青年会体育干事威廉摩根认为当时流行的篮球运动过于激烈，于是创造了一种比较温和的、老少皆宜的室内游戏。1896 年，美国普林菲尔德市立学校的艾特哈尔斯戴特博士把摩根游戏起名为 volleyball，并沿用至今。1896 年在斯普林费尔德体育专科学校举行了世界上最早的排球比赛。1897 年，摩根制定了排球比赛规则，它有力地推动了排球运动的发展。1905 年传入中国，1906 年一名美国军官约克把排球带到了古巴，1908 年传入日本，1910 年传入菲律宾。亚洲最早的排球比赛是在 1913 年在菲律宾马尼拉举行的。1947 年，排球运动世界性组织——国际排球联合会成立。随着排球技术水平的不断提高，规则也逐步完善。1964 年排球被列为奥运会正式比赛项目。

沙滩排球在 20 世纪 20 年代初在加利福尼亚州圣莫尼卡海滩兴起。在 1930 年，圣莫尼卡举行了第一场双人配合的沙滩排球赛，这种阵形成为现在最普及的打法。1996 年沙滩排球首次成为奥运会的比赛项目。

二、我国排球运动的发展概况

排球运动在 20 世纪初就传入我国。1913 年第一次远东运动会上成为正式比赛项目；1914 年列为全国性比赛项目；1921 年女子排球在广东运动会上出现。中华人民共和国成立以后，排球运动和其他运动项目一样，有了较快的发展。排球运动发展的情况和规则演变如下。

第一，继承学习阶段（1951—1956 年）。这一阶段主要是继承我国 9 人排球的技术、战术打法，特别是继承了 9 人排球的上手传球、大力勾手发球、正面及勾手扣球、快球和快攻等技术、战术。1950 年我国男排学习了苏联的高打强攻、倒地防守等技术和"两次球"进攻战术。

第二，探索发展阶段（1956—1966 年）。各运动队，根据各自的特点，开始发展各自不同的风格和打法。在 1959 年的第一届全运会上，广东男排发展了快攻，上海男排体现了战术的灵活多变，解放军女排发扬了勇敢顽强的作风，北方各队发展了高打强攻。20 世纪 60 年代初，学习了日本队的训练经验，提出了"三从一大"（从难、从严、从实战出发，坚持大运动量训练）等号召。我国男排创造了"盖帽"拦网的技术和"平拉开快球"扣球的技术，推动了我国排球运动的发展。

第三，低潮阶段（1966—1972 年）。这个阶段由于我国的排球运动受到"文化大革命"的影响，运动技术水平普遍下降，队伍出现了青黄不接现象。

第四，恢复阶段（1972—1978 年）。1972 年恢复了排球比赛，建立了漳州排球基地。男排创造了前飞、背飞、拉三拉四的打法；女排发展了快速反击，运动水平有了进一步的提高。

第五，高峰阶段（1979—1988 年）。1979 年年底，我国男、女队双获亚洲冠军，并取得了参加奥运会的资格。1981 年至 1986 年，我国女排五次荣获世界冠军。

第六，坦途曲折阶段（1988 年至今）。1988 年汉城奥运会失利之后，我国排球比赛成绩有所波动。

第二节　排球运动的基本技术

排球基本技术是指运动员在比赛中采用的各种合理击球动作和为完成击球动作必不可少的其他配合动作的总称。

发球、垫球、传球、扣球和拦网是排球运动中 5 项完整的击球动作，又称有球技术。凡属没有触及球的各种准备姿势、移动、起跳以及前扑、滚翻、鱼跃、倒地等均为配合动作，或称无球动作。合理的击球动作和配合动作，首先要符合规则的要求，符合人体解剖学和运动生物力学的原理，同时要结合个人的特点。完成动作时要做到协调、轻松、正确、省力，能够充分发挥人的体能和技能，能充分运用时间和空间的变化。

一、准备姿势和移动

1. 准备姿势和移动的作用
准备姿势和移动是排球基本技术之一，是完成发球、垫球、扣球和拦网等各项击球技术的前提和基础。准备姿势的作用是为及时地移动和完成击球动作做好准备。移动的作用是为了及时接近球，调整人与球的位置关系，便于完成击球动作。

2. 准备姿势和移动的动作方法

(1)准备姿势。

准备姿势分半蹲准备姿势、稍蹲准备姿势和低蹲准备姿势3种。

半蹲准备姿势：两脚左右开立稍比肩宽，一脚在前，两脚尖稍内收，两膝弯曲成半蹲。脚跟稍提起，身体重心稍前倾，两臂放松，自然弯曲，双手置于腹前。身体适当放松，注视来球，两脚始终保持微动。

稍蹲准备姿势：稍蹲准备姿势比半蹲准备姿势身体重心稍向前移，两膝弯曲程度小于半蹲准备姿势。动作方法与半蹲准备姿势基本相同。

低蹲准备姿势：两脚左右、前后开立的距离比半蹲准备姿势更宽一些，两膝弯曲的程度更大一些，身体重心更低、更靠前，膝部的垂直线超过脚尖，两手臂置于胸腹之间。

(2)移动步法。

排球比赛中使用最多的是短距离移动。常用的移动步法有以下5种。

滑步：当来球距离身体较近、弧线较高时，可采用滑步。其动作方法是向右滑步时，右脚先向右迈出一步，左脚迅速并上，落在右脚的左面。连续做并步即为滑步。向前滑步时，前脚先向前迈出一步，后脚迅速跟上落在前脚之后，如此连续做。滑步主要用于去完成传球、垫球、拦网等。

交叉步：当来球距身体2米左右时，可采用交叉步移动。其动作方法是向右移动时，上体稍向右转，左脚从右脚前面向右迈出一步，右脚再迅速向右迈出一步落在左脚的右边，同时身体向来球方向转动，做好击球前的准备姿势。交叉步主要用于去完成防守、一传、拦网等。

跨步：当来球较低且距身体较近时，可采用跨步。首先向移动方向跨出一大步，同时屈膝，上体前倾，身体重心移至跨出腿上。跨步可向前、向侧或向侧前方。

跑步：采用跑步移动时，两臂要配合摆动，应根据来球的方向，边跑边转身。

综合步法：将以上各种步法结合起来综合运用。如跑步之后再滑步，滑步之后再交叉步或跨步等。

3. 学习准备姿势和移动技术注意事项

(1)准备姿势要自然放松，便于及时起动和移动。

(2)准备姿势和移动相结合进行练习。

(3)移动步法要轻松自然，身体重心不能起伏，以免影响移动速度。

(4)以短距离的移动练习为主。

(5)以视觉信号反应进行准备姿势和移动的练习。

(6)准备姿势和移动与其他技术结合进行练习。

二、传球

1. 传球技术在比赛中的作用

传球是排球运动中最基本、最重要的一项技术，它的主要作用是把球传给前排队员进攻。传球的好坏直接影响着全队的战术配合质量，因此，各队越来越重视传球队员的培养。

2. 传球技术的动作方法

(1)正面传球。

准备姿势：看清来球，迅速移动到球的落点，正对来球，两脚左右开立，约同肩宽，左脚稍前，后脚脚跟稍提起，两膝微屈，上体稍前倾。两臂弯曲置于胸前，两肘自然下垂，两手成传球手形，眼睛注视来球方向。

击球点：击球点在额前上方约一球距离处。

传球手形：当手触球时，手腕稍后仰，两手自然张开，手指微屈成半球状。两拇指相对呈"一"字形或"八"字形，两拇指间的距离不能过大，以防漏球。

击球用力：当来球接近额前时，开始蹬地、伸膝、伸臂，两手微张迎球。手触球时，指腕保持适当紧张，以承担球的压力。用手指的弹力、手臂和身体协调的力量将球传出。

(2)背传。

向后上方的传球，称为背传。背传的准备姿势比正传时稍直立，身体重心在两脚之间，不要前倾，双手自然抬起，放松置于脸前。当判断一传来球之后，迅速移动到球下，双手抬起，手触球时，手腕适当后仰，掌心向上，在额上方击球的下部。传球时，用蹬地、展腹、抬臂、向后翻腕及手指的弹力把球向后上方传出。

(3)跳传。

跳起在空中传球叫跳传。跳传的起跳最好是向上垂直起跳，要掌握好起跳的时间，起跳过早或过晚都会影响传球的质量。根据一传球的高低，及时起跳，两手放在脸前，当身体上升到最高点时，靠伸臂动作和手指手腕的弹击力量将球传出。由于在空中无支撑点，用不上蹬地力量，只有靠伸臂动作将球传出，因此，必须在身体下降前传球出手，才能控制传球力量。

(4)易犯错误与纠正方法。

①传球手形不正确，形不成半球状，影响传球效果。

纠正方法如下。

示例一：一抛一接轻实心球，接住时自己检查手形。

示例二：对墙40厘米左右连续传球，并不断检查手形。

②击球点过高或过低。击球点过高是因为传球时两臂近似伸直；击球点过低主要是肘关节过于外展所致。

纠正方法如下。

示例一：反复做原地抛接球练习，逐渐体会正确手形和正确击球点，练习熟练以后，将球抛离身体，通过快速移动，人至球下将球接住。

示例二：多做自传、平传、平传转自传、自传转平传的练习。

③上下肢传球时用力不协调。

纠正方法如下。

示例一：多做简单抛传动作，体会传球正确动作和全身协调用力。

示例二：传球时固定击球点后，肘关节应自然下垂。

示例三：多观察别人动作，改进自己动作。

④传球时臀部后坐，用不上蹬地力量。

纠正方法如下。

讲解协调用力的重要性；一人手压球，另一人做传球的模仿练习。

⑤传球时身体后仰。

纠正方法如下。

两人对传，球出手后，立即用手触及地面。

⑥传球时有推压或者拍打动作。

纠正方法如下。

多做原地自传或对墙传球，增加指腕力量，体会触球感觉。

⑦背传翻腕太大，身体过多后仰。

纠正方法如下。

自传中穿插背传，距墙 3 米左右，自抛自做背传练习，近距离背传过网。

⑧起跳过早或过晚。

纠正方法如下。

多做跳起接球练习。

⑨侧传时身体侧倒太大。

纠正方法如下。

多做 3 人三角传球，有意练习侧传。

(5)传球技术的运用

传球技术在比赛中的运用主要体现在二传。所谓二传是把一传接起来的球传到网前一定的高度，供其他队员扣球进攻。由于来球的方向不定，又对传出球的落点要求较高，因此，二传难度大。

①一般正面二传。

一般正面二传是二传中最简单、最常用的技术。这种传球的动作与正面传球基本相同，只是传球前身体不要正对来球，也不要正对传球方向，而要边迎球边转身，将击球点放在靠传球方向一侧，身体随传球动作边传边向传球方向转动。

②调整二传。

将一传不到位、离网较远的球传给扣球队员进攻，这种传球叫调整二传。调整二传与正面传球动作相同。当传球距离较远时，要充分利用蹬地、伸臂和手指手腕等全身协调力量。调整二传时，应注意选择传球的方向，传球方向与网的夹角越小越有利于扣球，尽量避免垂直向网前传球。调整二传球应比一般传球稍高，不要太拉开，这样有利于扣球队员观察，并上步扣球。

③背向二传。

背向二传能充分利用网的全长，增加进攻点，具有很大的隐蔽性、突然性。传球前要移动插到球下，背对传球方向，要明确身体所处的位置及离标志杆的距离。传球时，要利用向后上方展体、抬臂、伸肘动作将球传出。

④传快球。

传出的球弧线低，节奏快，这样的传球叫传快球。传快球主要是依靠手指手腕的弹击动作和适当的伸臂动作来控制传球力量。要传好快球，二传队员必须主动与扣球队员配合，要根据一传的弧线、速度和扣球队员的助跑速度、起跳时间、击球点的高度和挥臂速度等情况，来决定传球的速度、高度、距离和出手时间，把球主动送到扣球队员手上。

⑤传短平快球。

传出的球速度快、弧线平，落点距二传手2～3米处，这种球叫短平快球。传球时，击球点应保持在脸前或额前，上体前倾，充分利用伸肘和压腕动作，传出快速的平弧线球。

⑥传平拉开球。

传出的球速度快、弧线平，落点距二传手6～7米处，这种球叫平拉开球。平拉开传球与短平快传球动作基本相同，但要充分利用蹬地、伸臂、压腕伴随动作将球传出。如果来球低，要稍屈膝，降低重心，使击球点保持在脸前。如来球较高，可采用跳传。传球时，利用伸肘和主动加大屈指、屈腕的力量把传球路线压平。

三、垫球和发球

1. 垫球。

(1)正面垫球。

准备姿势：正面对正来球方向，两脚开立稍宽于肩，一脚在前，两脚跟提起，前脚掌着地，两膝变曲微内收，重心稍前倾，双臂自然弯曲置于腹前。

手形、击球点和触球部位：当球接近腹前时，两手重叠，掌根靠拢，合掌互握，两拇指平行朝前，手臂伸直，手腕下压，用前臂旋外形成的颊靠近手腕的部分击球后下方。击球点在腹前一臂左右距离，便于控制用力大小并可根据垫球的方向，调整手臂的角度。

击球用力：两臂靠拢前伸插入球下，靠手臂上抬力量增加球的力，同时配合趴地跟腰动作，使身体重心向前上方移动。击球时，两臂要形成一个平面，身体和两臂要有自然的随球伴送动作，以便控制球的落点和方向。

垫球时，还应根据来球的力量控制手臂的动作。垫轻球时采用上述动作。垫中等力量的来球时，由于来球有一定速度，因此，垫球时的抬臂动作要小，速度要慢，主要靠来球本身所造成的反弹力将球垫起。垫重球时，应采用收腹含胸的动作，手随来球屈肘撤，缓冲来球力量，控制垫球的距离。球距离身体稍远、击球点较低时，手臂在缓冲用力过程中，要采用屈肘翘腕的动作把球垫在手腕部位的虎口处。

（2）侧面双手垫球。

当球右侧飞时，左脚前脚掌内侧蹬地，右脚向右跨出一步，右膝弯曲，重心随即移至右脚上，两臂夹紧向右伸出，左肩微向下倾斜，用向左转腰和提右肩的动作，使两臂击球面截住球的飞行路线，垫击球的后下部。侧垫时，不要随球伸臂，这样会造成球触臂后向侧方飞出。应使两臂先伸向侧方截击来球，还应注意两臂不要弯曲，以保持手臂击球，避免因手臂动作影响垫球效果。

（3）背垫球。

背垫球就是背向垫出球方向，从体前向背后的垫球。当球飞出较远而又无法进行正面调整传球时，或第三次被动击球过网时采用。背垫球时，判断好球的飞行方向，先要迅速移动到球的落点处，背对出球方向，两臂夹紧伸直，插在球下。击球时，蹬地抬头挺胸，展腹后仰，直臂向后上方摆动在背垫低球时，也可以有屈肘、翘腕动作，以虎口处将球向后上方垫起。

（4）跨步垫球。

队员向前或向体侧跨一步的垫球称跨步垫球。跨步垫球主要运用在接发球和防守中。

①向前跨步垫球：当来球低而远时，看准来球落点，向前跨出一大步，屈膝深蹲，重心落在跨出腿上，上体前倾，臀部下降，两臂前伸插入球下，用前臂垫击球的后下方。

②侧跨垫球：当来球至右侧时，右脚向右侧跨出一大步，屈膝制动，重心移至跨出腿上，上体前倾，臀部下降，两臂插入球下，用前臂垫击球的后下部。

（5）单手垫球。

当来球低、速度快、距离远，来不及用双手垫球时，可采用单手垫球。这种垫球动作快，手臂伸得远，可扩大控制范围，但由于手臂击球面积小，不容易控制球。当球在右侧时，向右跨出一大步，上体向右倾斜，重心移至右腿上，右臂伸直，自右后方向前摆动。用前臂内侧、掌根或虎口处垫击球后下部。

（6）垫球时易产生的错误及纠正方法。

①击球时屈肘，两臂并不拢。原因是动作概念不清楚。

纠正方法如下。

示例一：徒手模仿练习。压其手腕做双臂上抬练习，体会抬臂用力动作。

示例二：多击固定球练习。

示例三：自垫。要求直臂向上抬。

②移动慢，对不正来球，击球点不在两臂之间。原因是概念不清，注意力不集中，动作过度紧张。

纠正方法如下。

示例一：做移动的模仿练习。做集中注意力、提高起动意识的练习。

示例二：对墙自垫，或向上自垫。

示例三：做好准备姿势，由另一人向他手上抛球，让他向前垫，使其对正来球。

示例四：抛来不同角度、不同距离的球，要求判断移动对准球击球进行练习。

③两臂用力不当，蹬腿抬臂分解，身体不协调。原因是动作不熟练，身体协调性差。

纠正方法如下。

示例一：离墙4～5米的对墙自垫或向前移动的自垫。

示例二：接不同弧度的来球，垫到规定的目标。

示例三：利用固定球进行垫球动作的练习，来体会协调用力。

④垫击球的时间不准。原因是垫击球的时间过早或过晚。

纠正方法如下。

示例一：多做有信号的垫击练习。也可一人在身旁帮助掌握时机，加以体会。

示例二：多做垫固定球找垫击点的练习，两人一组一抛一垫，互相纠正垫球练习。

示例三：结合球对墙有抬臂角度的垫击练习，认真体会击球时机。

⑤侧面垫球时容易使球垫飞。原因是没有形成迎击球的斜面。

纠正方法如下。

示例一：多做徒下向左右两侧伸臂的练习，并随时检查迎击球的平面是否合适。

示例二：多做快速平球的截击侧面垫球练习。

⑥背垫球用力不协调，击球不准。原因是下肢没蹬地，全身用力不协调，击球部位不准。

纠正方法如下。

示例一：模仿练习。反复体会背垫球技术动作要领，使全身用力协调、连贯。

示例二：击固定球练习。反复体会动作要领，认真对准击球部位，做背垫球击球动作。

示例三：教师抛球，学生做背垫球练习。要求动作规范，随时指导、纠正。

(7)垫球技术的运用。

垫球技术在比赛中主要运用于接发球、接扣球和接拦回球等。

①接发球垫球。

接发球垫球是比赛的重要环节，是组织一攻的基础。比赛中接发球主要采用正面双手垫球，但根据各种发球的性能不同，接发球的动作方法稍有不同。

接大力发球：大力发球的特点是力量大、速度快、球旋转力强，但球运行轨迹较固定，容易判断。接这种球时，要对准来球，迅速降低身体重心，手臂插入球下保持不动，让球自己弹起。如击球点低时，也可用翘腕动作击球。

接飘球：飘球的特点是飞行速度快、不旋转、飞行轨迹飘忽不定，接发球时很难判断球的落点。接这种球时，首先要判断好来球落点，快速移动取位，对准来球，主动伸臂插入球下击球。击球时，要配合蹬地、提腹、送臂，全身协调力量将球击出。

接侧旋球：侧旋球的特点是球的飞行轨迹呈弧线，落点偏向旋转方向一侧。接这种球时，要快速移动，对正来球，重心要靠向球旋转飞行的一侧，用前臂控制球的旋转方向。如接左侧旋球，要靠向右侧，右臂抬起，以便截住球向右侧的飞行路线，控制球的反弹方向。

接高吊球：高吊球的特点是弧线高，球从空中垂直下落，速度快。接这种球时，首先要判断好球的落点，两臂要向前平伸，等球下落到胸腹间再垫击，击球点不要太低。击球时，抬臂动作要适当，主要靠球自己的反弹力量将球击出。

②接扣球垫球。

接扣球是防守反攻的基础，防守反攻又是得分的主要手段。比赛中接扣球的次数最多，根据来球不同，接扣球防守动作也有所不同。

接重扣球：采用半蹲或低蹲准备姿势，两手臂放在腹前，手形和正面垫球相同，只是击球时的动作有所不同。要利用含胸收腹动作，帮助手臂随球屈肘后撤，并适当放松以缓冲来球力量，以手臂和手腕动作控制垫球的方向和角度。如击球点稍高并靠近身体时，同样可用前臂垫击；如击球点较低、又距离身体较远时，可利用屈肘翘腕的动作把球垫在手腕部位的虎口处。

接轻扣和吊球：已做好接重扣球的准备姿势，当对方突然改用轻扣和吊球时，往往来不及向前移动，这时可采用原地前扑垫球或鱼跃垫球。

接快球：快球因速度快、线路短，一般落点靠前。取位应适当靠前，重心要降低，手臂不要太低，要做好高球挡、低球垫的准备。

接拦网触手的球：拦网触手的球，由于改变了原来的扣球路线、方向，落点变化不定。

接这种球时，要做好向各个方向移动的准备，根据来球的高低、远近，采用不同的击球手法。

③接拦回球。

接拦回球也叫"保护"。拦回球的落点多数在扣球人附近，因此，取位应适当靠前场区，采用低蹲姿势，手臂插入球下，接球的动作要小，以翘腕或屈肘抬臂动作将球垫起。

2. 发球

(1)正面下手发球。

这种发球动作简单易学，但球速慢、力量小、攻击性较小，适用于初学者。

准备姿势：发球前，面对球网，两脚前后开立，左脚在前，两膝微屈，上体前倾，重心偏后脚，左手持球于腹前，右臂自然下垂。

抛球：左手将球平稳地抛在体前右侧，离手约一球多的高度。

在抛球的同时，右臂伸直，以肩关节为轴向后摆动。击球时，右腿蹬地，身体重心随着右手的向前摆动前移，在腹前用掌根击球的后下部。重心随击球动作前移，抛球后迅速进场比赛。

(2)正面上手发球。

这种发球由于面对球网站立，便于观察对方，容易控制球的落点。

准备姿势：面对球网站立，两脚自然开立，左脚在前，左手持球于体前。

抛球：左手将球平稳地垂直抛于右肩的前上方，高度适中，抛球的同时，右臂抬，并屈肘后引，肘与肩平行，手掌自然张开，上体稍向右侧转动，抬头、挺胸、展腹、身体重心移到右脚上。

挥臂击球：击球时，利用蹬地使上体向左转动，迅速收腹带动手臂向前上方挥动，伸直手臂在右肩前上方的最高点，用全手掌击球的后中部。手触球时，手指自然张开与球吻合，手腕要迅速向前做推压动作，使击出的球呈上旋飞行。击球后，随重心前移，迅速进场此赛（如图 7-1 所示）。

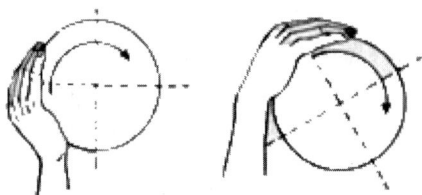

图 7-1

(3)正面上手飘球。

这种发球不旋转，但球不规则地向前飘晃飞行，使接发球队员难以判断球的飞行路线和落点。这种发球由面对球网站立，便于观察对方，控制发球方向。上手发球的成功率高，攻击性强，在各种水平比赛中普遍采用。

准备姿势：附正面上手发球，但抛球的高度稍低并靠前。

抛球：同正面上手发球，但抛球的高度稍低并靠前。

挥臂击球：击球时，利用蹬地、向左转体和收腹的力量，带动手臂向前做直线运动，身体重心随之从右脚过渡到左脚。手触球时，五指并拢，手腕稍后仰，用掌根夹击球后中下部，作用力通过球体重心（如图 7-2 所示）。击球瞬间，手指手腕保持紧张，手形固定，用力要突然、短促。击球结束，手臂要有突停动作。击球后，迅速进场比赛。

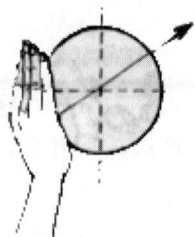

图 7-2

（4）勾手发飘球。

这种发球与正面上手发飘球一样，发出的球不旋转而在空中飘忽不定，给接发球队员造成错觉，同样具有较强的攻击性。发球队员由于侧面站立，可充分利用腰部扭转带动手臂加速挥动。这种发球比较省力，但动作较复杂。

准备姿势：左肩对网，两脚自然开立，左手持球于体前。

抛球：将球平稳地抛在左腑前上方约一臂多高。抛球的同时，上体顺势向右倾，身体重心右移，右臂自然向侧后方摆动。

挥臂击球：击球时，右脚蹬地，上体向左转动发力，身体重心向左脚偏移，同时带动伸直的手臂向左上方挥动，手臂做直线运动。手触球时，五指并拢，手腕稍后仰，并保持紧张，用掌根或半握拳击球的后中下部。击球用力短促、突然，并通过球的重心。击球后，迅速进场比赛。

（5）勾手大力发球。

这种发球力量大、速度快、弧线低。

准备姿势：左肩对网，两脚自然开立，两膝微屈，左手持球于体前。

抛球：左手将球平稳地抛在左肩前上方约一臂高度，抛球的同时，两腿弯曲，上体向右倾斜，重心移至右脚上，右臂向右侧后方摆动。

挥臂击球：随着右腿用力蹬地，利用转体动作带动手臂做直臂弧形挥动，在右肩前上方手臂的最高点击球。击球时，手指自然张开包住球，利用手腕的推压动作，用力击球的后中下部，使球向前上旋飞行。

（6）跳发球。

跳发球是利用助跑起跳在空中击球的一种发球方法。这种发球可提高击球点，加大发球力量，增强发球的攻击性。

队员面对球网，跆端线 3～4 米处站立。利用双手或单手将球抛向前上方，抛球的高度可根据自己的起跳高度而定。抛球的同时向前助跑（二步或三步）起跳，利用收腹转体动作带动手臂挥动，在身体升至最高点时以全手掌击球的中下部。击球时，手腕要有推压动作。

四、扣球和拦网

1. 扣球

（1）正面扣球。

正面扣球是扣球中的一种基本方法。正面扣球时要面对球网，便于观察，准确性较高，运动员可根据对方防守布局，随时改变扣球路线和力量，有利于控制击球落点，因而是最好的进攻方法。

准备姿势：站在离网 3 米左右处，两脚自然开立，两膝微屈，上体稍前倾，两臂自然下垂，观察二传来球，随时准备向各个方向助跑起跳。

助跑：助跑的目的是获得一定的水平速度，增加弹跳高度，并且选择适当的起跳点。助跑的时机、方向、步法、速度、节奏是根据来球的方向、速度和弧线来决定的。因此，要全面熟练掌握一步、两步、三步及多步助跑的步法。

以两步助跑为例：助跑时，左脚先向前迈出一步，接着右脚再迅速跨出一大步，左脚及时并上，落在右脚侧前方，两脚尖稍内收准备起跳。

助跑的第一步要小，目的是对正上步的方向，使身体获得向前的水平速度；第二步要大，目的是接近球和提高助跑的速度，右脚落地支撑点在身体重心之前，有利于制动。

起跳：在助跑跨出最后一步的同时，两臂绕体侧向后引，左脚在落地制动的过程中，两臂自后积极向前摆动，随着双腿蹬地向上起跳，两臂配合起跳用力上摆。

空中击球：起跳后，挺胸展腹，上体稍向右转，右臂向后上方抬起，身体成反弓形。挥臂时，以迅速转体、收腹动作发力，集资带动肩、肘、腕各部位关节成鞭甩动作向前上方挥动。击球时，五指微张成勺形并保持紧张，用全手掌包满球，以掌心为击球中心。击球的后中部，同时主动用力屈腕屈指向前推压，使扣出的球加速上旋。击球点在起跳和手臂伸直最高点的前上方。

落地：空中完成击球动作后，身体自然下落，为了避免腿部负担过重，应用双脚的前脚掌先着地，同时顺势屈膝，缓冲身体下落的力量。

（2）快球。

快球是扣球队员在二传传球前或传球同时起跳，并迅速把球击入对方场区的扣球方法。快球是我国传统的打法，它的特点是速度快、突然性大、牵制能力强，有利于争取时间，达到突然袭击的目的。

①近体快球。

在二传队员附近约 50 厘米处扣的快球，叫近体快球。近体快球主要是进攻速度快，常常使对方来不及拦网和防守。近体快球不但进攻效果好，而且具有较强的掩护作用，是副攻手必须掌握的技术。

近体快球的助跑路线一般同网的夹角保持在 45°左右为宜，助跑时要随一传传出的球同时到达网前，当球落在二传队员手上时，扣球队员应在二传手体前约一臂距离处迅速起跳，快速挥臂，将刚传出网口（球网上沿）的球扣过网。击球时，利用含胸收腹动作带动前臂和手腕迅速挥动，以全手掌击球的后上方。

②半快球。

半快球是在二传队员附近起跳，扣超出网口两个半球高度的球。半快球比一般扣球速度快，比快球速度慢，队员可利用高点看清对方拦网者的手，以便改变扣球手法和扣球路线。半快球的助跑路线一般同网夹角成45°左右，起跳一般在二传出手后快速跳起。击球动作与近体快球基本相同，主要利用前臂和手腕加速甩动去击球。

③短平快球。

扣球队员在二传手体前2米左右，扣二传队员传过来的平快球，叫短平快球。这种球由于速度快、弧线平，因而进攻节奏快，在网上进攻点多，有利于避开对方拦网，具有较强的牵制和掩护作用。扣短平快球的助跑路线与球网的夹角应小于45°，要在二传出手的同时起跳，在空中挥臂截击平飞过来的球。击球时，要迅速地以含胸动作带动前臂和手腕加速挥动，以全手掌击球的上方。可根据对方拦网手臂的位置，在球平飞过程中寻找击球点。

④平拉开扣球。

扣球队员在4号位标志杆附近，扣二传队员传来的长距离的平快球。这种扣球，二传球弧线低而平，飞行速度快，因而进攻的突然性大，进攻区域宽，容易摆脱对方的集体拦网。平拉开扣球的助跑路线应采用外绕助跑，在二传球出手后，在标志杆附近起跳，在空中截击球。击球动作与短平快扣球基本相同。根据击球部位的不同，可扣出小斜线球或直线球。

⑤调整快球。

在一传不到位、离网较远时，二传把球调整到网前进行快球进攻，叫调整快球。调整快球要根据二传的位置和传球的方向、出手的时间，选择好助跑的角度、路线和起跳时间。应边助跑边观察，助跑的路线与球网的夹角要小，以便观察球的飞行路线和落点，使起跳点与二传球的飞行路线形成交叉点。起跳时，左肩斜对网，右臂随来球顺势向前追击球。击球时，利用含胸收腹动作，带动手臂向前上方挥动，以全掌击球的后上方。手触球时，手腕要有明显的推压动作，使球上旋。

(3)自我掩护扣球。

自我掩护扣球是扣球队员用扣各种快球的假动作来掩护自己第二个实扣的半高球进攻。这种扣球有"时间差""位置差"和"空间差"3种。

①"时间差"扣球。

扣球队员做扣快球或短平快球的助跑和摆臂起跳动作，但实际并不跳起，以欺骗对方拦网队员起跳，在拦网队员下落时，再迅速原地起跳扣半高球或弧线低的球，造成自己扣球与对方拦网时间上的明显差异，这种扣球称为"时间差"扣球。"时间差"扣球运用的关键在于假动作要逼真，为了骗取对方拦网队员起跳，有时可把摆臂起跳动作做得夸大逼真一些。

②"位置差"扣球。

扣球队员在助跑后假做起跳，但并不跳起，待对方拦网队员起跳时，扣球队员突然向体侧跨出一步，用双脚或单脚起跳扣球，造成自己扣球与对方拦网位置上的明显错位，这种扣球称为"位置差"扣球，也称"错位"扣球。

"位置差"扣球的变化很多，常用的有：短平快球向3号位错位扣，近体快球向2号位或3号位错位扣，背快球向2号位错化扣等。

短平快球向3号位错位扣：扣球队员假做扣短平陕球助跑，但助跑后不起跳，等对方队员起跳拦网时，扣球队员突然向右侧跨步起跳扣近体半快球。若采用单脚错位起跳时，在假跳动作之后，左脚向右跨出一大步起跳，右腿积极向上摆动配合起跳，并向左转体挥动手臂击球。

近体快球向2号位错位扣：扣球队员假做扣近体快球助跑，助跑后不起跳，等对方队员起跳拦网时，扣球队员突然向右跨步到二传手身后起跳扣背传半高球。若采用单脚错位起跳时，在假跳动作之后，右脚先向二传手侧面跨出一大步，左脚再向二传身后跨步起跳，右腿积极向上摆动配合起跳，同时向左转体挥动手臂击球。

近体快球向3号位错位扣：扣球队员假做扣近体快球助跑，助跑后不起跳，等对方队员起跳拦网时，扣球队员突然向左侧跨出一步起跳，扣弧线稍高、速度稍慢的短平快球。

背快球向2号位错位扣：扣球队员假做扣背快球助跑，助跑后不起跳，等对方队员起跳拦网时，扣球队员突然向右侧跨步起跳，扣背传低平球。若采用单脚错位起跳，在假跳动作之后，左脚向右跨出一步起跳，右腿积极向上摆动配合起跳，并向左转体手臂击球。

③"空间差"扣球。

扣球队员利用助跑的向前冲跳技术，使身体在空中有一个位移过程，将起跳点和击球点错开的扣球，称为"空间差"扣球，也称空中移位扣球和冲飞扣球。它是中国运动员的创新技术。这种扣球不仅速度快，而且有较强的掩护作用。

常用的"空间差"扣球有前飞、背飞、拉三、拉四等。

前飞：队员假打短平快球，突然利用向前冲跳，"飞"到二传手前扣半高球，这种扣球叫"前飞"。

助跑右脚起跳的前飞扣球，助跑路线与球网的夹角很小，接近顺网助跑，右脚最后一步前脚掌着地，身体重心仍继续前移，左脚跟着落在右脚之前60～80厘米处，有明显的制动动作。踏跳同时，两臂由后经体侧用力向前上方摆动，随之右脚先蹬离地面，左脚再蹬离地面，由于起跳动作的向前冲力，使身体腾空后有明显的位移，当身体接近球时，已摆脱了对方的拦网。击球时，利用向左转体和收胸动作带动手臂挥动击球。

助跑单脚起跳的前飞扣球，可以充分利用助跑速度，加速助跑的最后一步跨出左脚蹬地，同时右腿和两臂配合向前上方摆动，使身体向前上方冲跳。击球时，利用向左转体动作带动手臂挥动击球。击球后，双脚同时落地，以缓冲身体下落的力量。

背飞：扣球队员假打近体快球，突然冲飞到二传手背后标志杆附近扣背传平快球，这种扣球叫"背飞"。

背飞扣球的动作与前飞相同，只是步点在二传手的体侧。击球时，在空中有随球飞行的感觉，击球区域较宽，可选择有利的突破口。

拉三：队员按扣近体快球助跑，而二传手将球向3号位传得稍拉开一些，扣球队员侧身向左起跳追球，在左前方扣快球，这种扣球叫"拉三"扣球。

拉三扣球的助跑起跳，右脚要有意识地踏在靠右侧一点，身体重心随之向左倾斜，两脚用力向右下方蹬地，使身体向左上方腾起，利用向左转体、转腕动作，将球从对方拦网手右侧击过网。

拉四：队员在扣短平快球的位置上起跳，而二传手将球向4号位传得拉开一点，扣球队员侧身向左起跳追球，在左侧前方扣短平快球。起跳方法和扣球动作与"拉三"相同。

2. 学习拦网技术

(1)准备姿势。

面对球网，两脚平行开立约同肩宽，距网30～40厘米，两膝微屈，两臂自然弯曲置于胸前，随时准备起跳或移动。

(2)移动。

为了对准对方进攻点，拦网队员需要及时移动。常用的移动步法有以下几种。

并步移动：这种移动适合于近距离使用。动作方法是单脚向右(左)迈一步，另一脚并步靠拢。

滑步移动：相距2米左右可采用滑步移动。连续的并步移动即滑步，如图7-3(a)所示。

交叉步移动：这种移动速度快，制动能力强，移动范围大，适用于中、远距离。动作方法是：向右移动时，身体稍向右转，重心移向右脚，接着左脚从右脚前面向右交叉一大步，然后右脚再向右边跨出一步，右脚落地时，脚尖内转，使两脚平行站立，身体正对球网，如图7-3(b)所示。移动时，右脚先向右迈一小步，其他动作与上述相同。

跑步移动：移动距离较远时采用。动作方法是：向右移动时，身体先向右转，左肩对网，顺网跑至起跳点时，左腿跨出一步制动，右脚再向前迈出一步，同时脚尖内

（a）　　　　　　　　　　　　（b）

图 7-3

转，尽量双脚保持平行，接着屈膝起跳。

（3）起跳。

起跳时，重心降低，两膝弯曲，弯曲程度因人而异，两脚用力蹬地，两臂在体侧划小弧用力上摆，带动身体向上垂直起跳。起跳后稍收腹，控制身体平衡。

拦网起跳的时间必须掌握好，应根据对方二传球的高低、远近、快慢以及扣球队员的起跳时间和动作特点来决定。拦高球时，一般应比扣球队员晚跳；拦快球时，可以和扣球队员同时起跳或提前起跳。

（4）空中击球。

起跳同时，两手从额前贴近并平行球网，向网上沿的前上方伸出，两臂伸直，前臂靠近网，两手伸向对方上空接近球，两手自然张开，屈指屈腕呈勺型。两手之间距离不能超过一个球，以防止球从两手间漏过。当手触球时，两手要突然紧张，手腕要用力下压盖住球的上方。站在靠近边线的拦网队员，为了防止对方打手出界，外侧手掌心在拦击球时要内转。

拦远网扣球时，要尽量向上伸直手臂，不要采用压腕动作，以提高拦击点。

（5）落地。

如已将球拦回，则面向对方，屈膝缓冲，双脚落地。如未拦到球，在身体下落时要随球转身向着球飞出的方向准备做接应救球。

（6）拦网的判断。

判断是拦网技术的关键环节，在拦网的全过程中都要贯穿着判断能力。应从以下几个方面进行判断：判断对方的战术打法；判断对方一传情况；判断对方二传的方向、弧线、速度和落点；判断对方扣球队员的助跑方向、起跳的时间以及起跳后人与球的关系和空中挥臂击球动作。同时，还要判断对方扣球队员的个人技术特点。

（7）集体拦网的配合。

集体拦网有双人拦网和三人拦网。集体拦网的目的是扩大拦网的截击面。集体拦网除按个人拦网技术的要求外，更重要的是拦网队员之间的配合。集体拦网配合时应注意以下几个问题。

第一，集体拦网要确定以谁为主，密切协同配合，防止各行其是。

第二，主拦队员确定拦网中心，配合队员要及时选好起跳点，起跳时应避免互相冲撞和干扰。

第三，起跳后，手臂在空中要保持适当距离，尽量扩大拦击面，但手与手之间距离不要过大，以免造成漏球。

第四，不同身高的队员要加强起跳时间的配合，一般来说，高个子队员起跳时间应稍晚于矮个子。

第五，把身材高、弹跳力强、拦网好的队员换到3号位或换到对方扣球威力大的位置上，以加强本方拦网的威力。

第三节　排球运动的基本战术

一、集体战术

集体战术是指两个或两个以上队员之间有组织、有目的的集体协同配合，任何集体进攻战术的变化都是建立在进攻阵形和进攻打法的基础之上的。

1. 进攻战术

（1）进攻阵形。

进攻阵形，就是进攻时所采用的基本阵形。合理地选择进攻阵形是各种进攻变化的基础。

①中二传进攻阵形及其变化。

中二传是指由一名前排或后排队员在前排中间位置做二传，其他队员参与进攻的阵形。中二传进攻阵形是最基本的进攻阵形，其特点是二传队员在中间，一传容易到位，战术可简可繁，适合不同战术水平的球队。其站位及其变化如下。

五边形站位，如图7-4所示。

大三角站位：这是最基本的站位方法，其变化以2、4号位进攻为主，辅以后排进攻等，如图7-5所示。

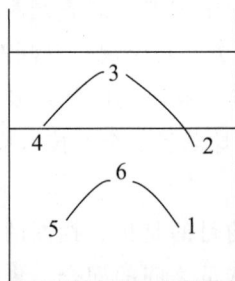

图 7-4

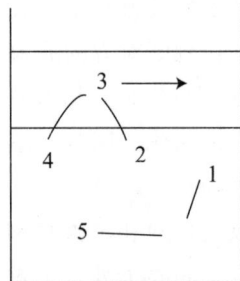

图 7-5

换位成中二传进攻阵形，如图7-6所示。

插上成中二传进攻阵形，如图7-7所示。

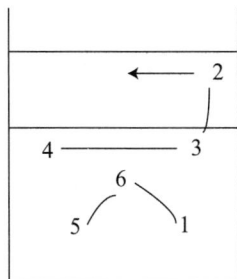
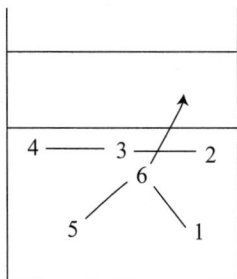
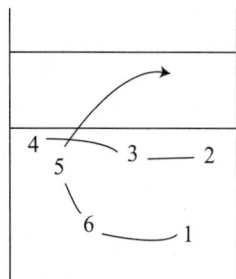

图 7-6   图 7-7

②边二传进攻阵形及其变化。

边二传是指由一名前排或后排队员在前排 2 号位做二传，其他队员参与进攻的阵形。边二传进攻阵形也是基本的进攻阵形，其特点是二传队员在边上，对一传的要求较高。折中阵形的战术变化比中二传进攻阵行的多，战术可简可繁，同样适合不同水平的队。

边二传阵行：2 号位队员站在网前担任二传，3、4 号位前排进攻，其他队员参与后排进攻，如图 7-8(a) 所示。

反边二传阵形：4 号位队员站存网前作二传，其他队员参与进攻，如果 3 号位队员是左手扣球，采用这种阵形比较有利，如图 7-8(b) 所示。

换位成边二传阵形：通常采用反边二传换位成边二传。插上成边二传阵形，后排队员都可以插上作二传。如 1 号位队员从 2 号位队员右侧插上成边二传阵形，其他队员分别进行前排或后排进攻，如图 7-8(c) 所示。

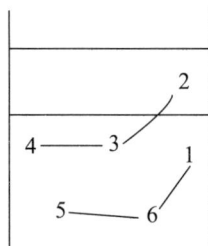
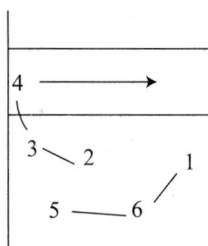
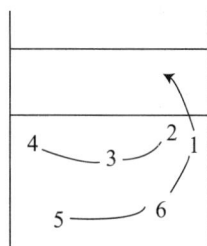

(a)   (b)   (c)

图 7-8

(2)进攻打法。

进攻打法是指二传队员与扣球队员之间所组成的各种配合。

①强攻。

在无掩护或掩护较小的情况下，主要依靠个人力量、高度和技巧等强行突破对方的拦防。

集中进攻：在 2、4 号位组织比较集中的高球进攻，或在 3 号位扣一般高球。这种打法易掌握，也易被拦，适用于初学者或水平较低的队。

围绕进攻：围绕跑动换位是为了发挥自己的扣球特长，避开对方拦网的有效区域。进攻队员从二传队员前面绕到后面或从后面绕到前面去扣球，称为围绕进攻。

②调整进攻。

当一传或防起的球不到位，球的落点离限制线较远时，由二传队员或其他队员，把球调整到网前有利于扣球的位置进行强攻的打法称为调整进攻。调整进攻在反击中运用较多，并占有比较重要的地位。

③两次攻。

当一传接起的球直接垫到了限制线附近，而且比较平稳，适合进攻队员扣球，可以不经过二传，直接进行进攻。

2. 防守战术

(1)接发球阵形。

一般采用"1—2—2"阵式主二传突出靠网前，以左右两点(人)进攻为主，后排两点(人)进攻为辅，如图7-9所示。该阵式进攻位置清楚，二传给球有规律、易掌握，为大多数所采用。

(2)后排防守。

与对方扣球队员相对应位置队员拦网的防守阵形或固定3号位队员拦网的防守阵形，如图7-10所示。

(3)双人拦网时防守阵形及其变化。

①活跟：在对方扣球路线变化多，而且打吊结合的情况下，应采取活跟，如图7-11(a)听示。

②后排跟进：根据实际情况，后排1、5号位跟进，如图7-11(b)所示。

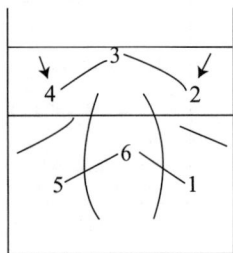

图 7-9

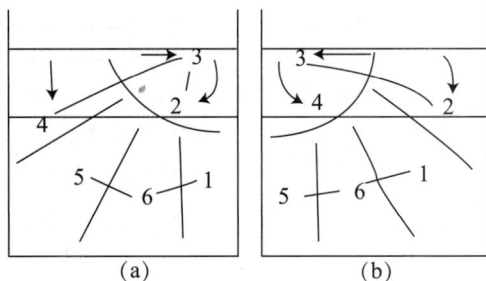

(a)　　　　　　(b)

图 7-10

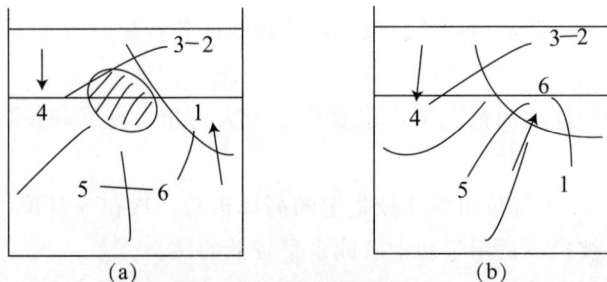

(a)　　　　　　(b)

图 7-11

二、个人战术

个人战术是队员根据临场比赛的情况，有目的、有针对性地运用个人技术的过程。

1. 发球个人战术

(1)攻击性发球。

尽量地发出速度快、力量大、旋转强、弧度平的攻击性发球以及发出轻、重、平冲、下沉等飘度大的飘球。

(2)控制落点的发球。

找薄弱区域发球：将球发到对方前区、后区、两个队员之间的连接区、三角地区、一传差的队员。

(3)变化性的发球。

突然加快发球的节奏，使对方措手不及或突然放慢发球节奏，如发高吊球。利用球体下落的速度变化，使对方不适应，还可以时而发长线球，时而发短线球，调动对方。

2. 二传个人战术

(1)隐蔽传球。

二传队员尽可能地以相似动作，传出不同方向的球，使对方难以判断传球的方向。

(2)高复二传。

二传队员在跳起的最高点直臂传球，以提高击球点，加快进攻速度。

(3)选择突破点。

根据对方拦网的部署，避开拦网强的区域，选择薄弱环节作为突破口，在局部地区造成以多打少、以强攻弱的优势。

3. 扣球个人战术

(1)路线变化。

扣球时，运用转体、转腕动作扣直线、斜线或小斜线的球，避开对方的拦网。

(2)轻重变化。

扣球时、重扣强行突破与打点有机结合。

(3)超手和打手。

充分利用弹跳力，采取超手扣球，从拦网队员手的上面突破，还可以利用平扣、侧旋扣球、推打等手法，造成拦网队员的打手出界。

(4)打吊结合。

在对方严密的拦网下，先佯作大力扣杀，突然由扣变吊，将球吊入对方空当。

4. 一传个人战术

(1)组织快攻战术。

一传的弧度要平，速度稍快，以加快进攻的节奏。

(2)组织两次球进攻战术。

一传弧度要高,接近垂直下落,以利于两次进攻或转移。

(3)组织交叉进攻战术。

3、4号位交叉,一传落点要靠近球网中间;2、3号位交叉,一传点要落在2、3号位之间。

(4)组织突袭战术。

比赛中,如发现对方场区有较大空当或对方队员无准备时,一传可直接用垫、挡等动作将球击向目标区域,突袭对方。

5. 拦网个人战术

(1)假动作。

拦网队员可灵活地运用站直拦斜、站斜拦直,正拦侧堵,迷惑对方。

(2)变换手型。

拦网队员起跳后,根据进攻队员的动作随机应变地改变拦网手型。

(3)撤手。

在发现对方要打手出界或平扣球时,可在空中及时将手撤回,造成对方扣球出界。

第四节 排球竞赛的主要规则及辅助性体育游戏

一、主要规则

1. 发球规则

必须在发球区内将球抛起后,用一只手臂将球击出,运动员不得踏出发球区,在8秒内将球发出,发出的球也必须由标志杆组成的网上过网区进入对方。

2. 四次击球犯规

一个队连续触球4次(拦网除外)为四次击球犯规。

3. 持球和连击犯规

没有将球击出,使球产生停滞,为持球犯规。同一人连续击球为连击犯规,但拦网时的连续触球以及全队第一次击球时同一动作击球产生的球连续触及身体部位除外。

4. 过网击球犯规

在对方空间触击球为过网击球犯规,但拦网在对方进攻性击球后触球除外。

5. 过中线犯规

比赛进行中队员整只脚和手掌、身体的其他任何部位越过中线接触对方场区,为过中线犯规。

6. 触网犯规

比赛进行中，队员触及 9 米内的球网和标志杆，标志带为触网犯规。但队员未谋略进行击球而轻微触网和被动触网除外。

7. 拦网犯规

(1)从标志杆外进行拦网并触球。

(2)当对方队员击球前或击球时，在对方场区空间内触球或妨碍对方击球。

(3)后排队员参加拦网并起到拦网作用，包括球触及前排队员。

8. 进攻性击球犯规

(1)后排进攻犯规：后排队员在 3 米限制区内或踏及进攻线及其延长线，将整体高于球网的球击人对方。

(2)过网击球犯规：在对方场区空间内击球。

(3)击发球犯规：在 3 米限制区对发来的、整体高于球网的球进攻性击球(如扣发球等)为犯规。

(4)自由人进攻性击球犯规：在 3 米限制区内用上手传球方式进行二传球，进攻队员将此高于球网的二传球击人对方，或自由人在 3 米线后的场区内将高于球网的球击入对方，均为自由人进攻性击球犯规。

二、辅助性体育游戏

1. 喊号接球

只需一个排球。所有同学围成一圈，依次报数，大家记住自己的号。出来一个同学把球垂直往空中抛，同时喊出一个数字，被喊的那个同学马上出来接球，接住的话继续喊别的数字，要是没接住的话必须把球捡起，期间其他同学可以任意跑动，目的就是不要让捡球的同学捡到球以后打到自己，当捡球的同学捡到球以后，挑选一个目标，用球去打对方，只要球碰到对方即可。要是没碰到，则捡球的同学做俯卧撑。被捡球的同学打到的那个同学，做俯卧撑。

全体同学按逆时针行走，1～4 报数后，每人记牢自己的数字。当教师喊"2"时，所有的 2 数同学立即向前跑去，追赶前面一个 2 数的同伴，跑一圈后仍回原位。

规则：

①追跑时一律在圈外 1～2 米范围内进行，不得在圆内或穿梭跑，不得跑向远方。

②手触到前者的任何部位算捉到，但不得对同伴猛击。

要求：不是追赶的同学，仍保持一定距离，不干扰别人追赶。

2. 播种

在排球或篮球的场地上，在两半场内中心处和四角处，画直径为 1 米的圆圈 5 个。

小沙包 8 个，每 4 个一组分别放在中间的两个圈内。教师可将学生分成人数相等的两个队，各成纵队面对场内，分别站在两条端线中心点的线外。游戏开始，听到教师发令后，排头跑至中间圆圈拿起一个沙包，用垫步加跨步的跑法把沙包放入1号圈内；然后回到中心圈再拿一个沙包，照前方法将沙包放入2号圈内，依此类推把4个沙包放完后要跑进中心圈再返回本队，拍下一个人手后站至队尾。下一个人依前顺序依次将沙包一个一个收回中心圈后，跑回本队，全队依次将沙包分开和收回，最后先完成的队为胜。

规则：

①沙包必须放入圈内，不准抛掷，如未能放入，必须放好后，才准继续向下进行。

②每次拿、放沙包时，必须有一只脚踩到圈内。

③换人时，必须击掌后，下一个人才准起动。

3. 蛇战

根据学生的人数，平均分成几个组，每组在5～10人。每组站成一排，后面的人抱住前面一个人的腰组成一个整体。游戏开始的命令下达后，各组之间相互混战，如有一组排头抓到另一组蛇尾时，被抓到的一组立刻淘汰出局。最后，没有被抓到尾巴的一组，即是优胜者。

规则：被抓尾巴时，则淘汰出局。蛇腰脱节时，排头抓到另一组排尾无效。

▸▸ 思考题

1. 排球运动有哪些技术？

2. 排球个人要技术要点的常犯错误有哪些？如何纠正？

3. 常用的集体进攻战术有哪些？

4. 如何练习弹跳力？

第八章　和球

第一节　和球运动概述

　　和球，是继承中国唐代隔网蹴鞠游戏，又融合西方规则而成的一项现代民族体育运动。此项运动追求"和于身""和于人""和于自然"，最终达到"和而乐"的境界。因此，以"和球"命名。和球是一项隔网对抗的集体球类项目，比赛每方上场两男两女，运用传、垫、扣、拦、踢、顶、颠等全身技术进行比赛（详细说明见下一节）。球网的中央有一个长方形空洞，是沿袭自唐代隔网蹴鞠的"风流眼"。通过"风流眼"的攻防必须使用头、脚等非上肢。在网上的攻防可用身体各个部位击球。和球玩儿起来有趣、赛起来好看、学起来容易，是大众健身强心的良好载体、团队文化建设的极佳选择和社会休闲交流的理想方式。

第二节　和球运动的基本要求

　　和球比赛采取净时每球计分制。普通进攻每次得分为1分，若是女运动员最后将球直接击落在对方比赛场地后无人触及形成死球则得2分。比赛分为4节，每节净时9分钟，4节比赛结束时积分高者获胜。若在第四节比赛结束前一分钟内，双方比分差距少于2分，则时间无效，率先获得2分（含4分）以上优势领先的一方获胜。和球运动可运用传、垫、扣、拦、发、挡、顶、踢、颠、勾、抹、吊等全身技术进行活动与比赛。每次进攻全队击球总次数不得超过4次，其中上肢击球次数不得超过2次。运动员可以连击，但是击球次数计入全队击球总次数。运动员的位置分为左散立、中散立、右散立和正挟。

　　和球运动员的服装短小精悍、贴身合体，男运动员的号码是单数，女运动员的号码是双数。和球裁判官身着团领官员衫。和球教练员指挥比赛时须穿西服（或衬衫）、西裤（裙），佩戴领带。

第三节　和球竞赛的具体规则

一、比赛场区

和球比赛场区包括：12米×6米的长方形比赛场地，比赛场地四周有至少5米宽的无障碍区以及发球区、记录台区、运动队区和换人区等。

1. 场区地面

第一，比赛场地和无障碍区地面必须平坦、水平、统一。可以是室内的地板或地胶场地，也可以是室外的草地、土地、沙滩场地。场地的地面不得有任何可能伤害队员的隐患。不得在湿、滑或粗糙的地面上比赛。

第二，国际和联世界性比赛场地的地面必须事先经国际和联验准。

第三，室外场地为了排水，每米可以有5毫米的坡度。不得用任何坚硬的物体作为场地界线。

2. 场区上空

第一，比赛场地和无障碍区的上空，从地面起至少高7米的空间不得有任何障碍物。

第二，国际和联世界性比赛场地的上空，无障碍空间至少9米。

3. 场地画线

第一，比赛场地所有画线宽5厘米。其颜色应该是与地面以及其他项目场地画线不同的颜色。

第二，以两条边线和两条端线划定比赛场地。边线和端线都包括在比赛场地面积之内。

第三，在网下连接场地两条边线的中点形成中线。中线将比赛场地分为6米×6米的两个相等部分。

4. 区和区间

（1）发球区。

发球区位于比赛场地端线后，延长至无障碍区的终端，宽6米。场地端线后两条场地边线的延长线各画一条长15厘米、垂直并距离端线20厘米的短线，短线的宽度包括在发球区之内。

（2）记录台区。

记录台区设在裁判官对面，场地边线中间无障碍区之外。

（3）运动队区。

运动队区设在记录台的两侧，靠近本方半场一侧的无障碍区之外。

（4）换人区。

记录台一侧场地边线外、两支球队座席之间的范围为换人区。

二、比赛器材

1. 球网

（1）球网高度。

第一，球网架设在中线上空，高度为：公开级 2.35 米，U175 级 2.20 米。青少年比赛的身高限制与球网高度由国家级和球总会予以规定。

第二，球网的高度应从场地中间丈量，球网两端（边线上空）的高度必须相等，并不得超过规定网高 2 厘米。

（2）球网构造。

第一，网面。网面为黑色或棕色，宽 1.5 米，长 6 米，网格为 0.1 米×0.1 米的正方形。

第二，风流眼。网中间有一个 3 米×0.8 米的长方形空洞，距离上沿 0.4 米，下沿 0.3 米，两边各 1.5 米，称为"风流眼"。

第三，网带。网四条边、"风流眼"四条边包边称为"网带"，网带宽度不得超过 0.05 米，颜色与网有明显区别。上沿网带称为网纲，用于拉紧网的横向绳索经过网时，须穿在网带内。

2. 标志杆

第一，两根标志杆分别垂直树立在中线与边线交点上方，与网紧密连接为一体。标志杆下端不得超过网的下沿，上端高出球网 0.8 米，直径为 0.04 米。标志杆由玻璃纤维、PVC 管或类似的韧性材料制成，外表为白底红色云纹图案。

第二，标志杆是球网的一部分，外沿被视为球网的边界。

3. 网柱

第一，网柱为两根光滑圆柱体。架在中线的延长线上，距边线至少 0.5 米。

第二，网柱须包裹护套，颜色为白底红色云纹图案。一切危险设施和障碍物必须清除。

4. 球

第一，和球由柔软的皮革或合成革制成外壳，内装橡皮或类似材料制成的可充气球胆。

第二，在一次比赛中所用的球，其特性，包括圆周、重量、气压、牌号及颜色等都必须是统一标准的。国际和联世界性比赛、国家联赛和锦标赛所用的球必须是国际和联批准的用球，或经过国际和联特许。

第三，国际和联世界性比赛采用两球轮换制。

5. 服装

运动员服装包括上衣、短裤、袜子和运动鞋。

第一，全队上衣、短裤和袜子的颜色、样式必须统一，服装必须整洁。同一场比赛的两支队伍服装颜色不得完全相同。

第二，允许在节间或场下更换湿的或损坏的服装，但必须是相同的颜色、式样和号码。

第三，天气较冷时穿训练服比赛、但全队服装颜色、样式必须相同，号码符合规定。

第四，运动鞋必须是没有后跟的柔软轻便的胶底或皮底鞋。国际和联世界性比赛不允许穿鞋底可画出黑色痕迹的鞋。

第五，运动员上衣必须有号码，序号为0～99号。女运动员为双数号码，男运动员为单数号码。

第六，号码必须在身前和身后的中间位置，并与上衣的颜色明显不同。

第七，身前号码至少0.15米高，身后号码至少0.2米高，号码笔画宽度至少2厘米。国际和联世界性比赛，队员短裤右腿处须有4～6厘米高的号码，号码笔画至少宽1厘米。

第八，队长佩戴国际和联统一标识的袖标。

三、比赛办法

1. 比赛胜负

(1)胜一场。

第一，上半场结束时，计分高者获得1个积分；下半场重新开始计分，下半场比赛结束时，计分高者获得2个积分；全场比赛结束，积分高的队胜一场。

第二，"二二决胜法则"：比赛进入上半场或下半场的最后2分钟内，如果出现双方比分的差距少于2分(不含2分)时，则比赛剩余时间无效，首先取得2分(含2分)以上优势者获得该半场比赛胜利，该半场比赛应时结束。

(2)胜一回合。

从一方发球开始，到裁判鸣哨死球时结束，为一回合。

第一，发球方如果赢得该回合，则得分。

第二，接发方如果赢得该回合，则获得发球权。

(3)得分。

①发球方赢得一回合得1分的情况。

第一，对方违例。

第二，对方击球未落在本方界内。

第三，本方男队员击出的球落在对方界内后未被对方触及直接第二次触及地面、固定物或其他物件。

第四，本方拦网的球落在本方界外。

第五，本方拦网的球落在对方界内后未被对方触及直接第二次触及地面、固定物或其他物件。

②得2分的情况。

第一，对方被黄牌或红牌警告。

第二，本方女队员击出的球(不含拦网)无论是否经对方拦网落在对方界内后未被对方触及直接第二次触及地面、固定物或其他物体。

(4)弃权。

第一，某队被召唤后拒绝比赛，则宣判该队弃权。

第二，某队无正当理由而未准时到达比赛场区，则宣判该队弃权。

第三，某队无法组成2男2女的比赛阵容，则宣判该队弃权。

第四，某队在上半场被判为弃权，则对方以积分3：0，小分两个半场均40：0的比分获胜，但是，被判弃权时该队如果落后对方超过40分，则以当时比分作为上半场最后比分，下半场判为40：0；下半场被判为弃权，上半场比分和积分均有效，下半场对方获得2个积分，小分为40：0，但是，被判弃权时该队如果落后对方超过40分，则以当时比分作为下半场最后比分。

2. 比赛时间

第一，国际和联的正式比赛为上下两个半场，每半场分为两节，第一、第二节为上半场，第三、第四节为下半场，每节净时9分钟，总计净时36分钟。本规则10.1.2、10.3和12.2情况除外。

第二，如果每一节比赛的结束时间已到而球尚在正常运行，则比赛自动延续到裁判官鸣笛判定该回合结束时结束本节比赛。

第三，裁判官鸣笛开始比赛，计时员开始计时；裁判官鸣笛中止比赛，计时员停止计时。裁判官鸣笛开始比赛和鸣笛中止比赛之间的时间，称为：净时。

第四，裁判官鸣笛结束一节比赛和鸣笛开始下一节比赛之间的时间为节间休息时间。第一、第二节间和第三、第四节间休息2分钟，第二、第三节间休息9分钟。

3. 比赛的组织

(1)决定发球权、场区和比赛服装。

国际和联的正式比赛，需要首先确定积分优者。统计比较双方所有运动员(最多10名)的总积分，总积分高者为积分优者。如果比赛双方队伍总积分相等，则比较积分最高的一名运动员；如果两队积分最高的一名运动员积分相等，则比较次一名运动员的积分，直至比较出差别。如果所有运动员积分均相等，则抽签决定积分优者。在比赛开始前的领队会上由技术代表主持抽签，双方教练员或指定的代表参加。积分优者上半场比赛场地和运动队区为记录台右侧(裁判官左侧对面)，下半场为记录台左侧(裁判官右侧对面），并优先选择开场发球/接发球权和比赛服装。

（2）准备活动。

在比赛开始前，如另有场地提供比赛队进行活动，则他们可以比赛场地活动6分钟，如果没有，则活动9分钟。准备活动同时进行。

（3）开始阵容。

第一，每个队必须始终保持4名队员进行比赛，其中男运动员2人，女运动员2人。

第二，上、下半场比赛开始前，教练员必须及时地将首发名单的发球顺序登记在顺序表上，签字后交给记录员。

第三，未列入首发名单的队员，为替补队员。

第四，顺序表一经交给记录员，除正常换人外，名单不得改变。

（4）发球顺序。

①每节的首先发球。

第一，第一节由选定发球权的队首先发球，第三节则由另一队首先发球。

第二，第二节和第四节视为上一节比赛的延续，阵容和发球顺序不变。

第三，上、下半场比赛开始后，队员的轮转发球次序应按顺序表登记的顺序进行，直至半场比赛结束。

②运动员发球顺序。

球队获得发球权后，首先由女A运动员发球，如果本回合胜出，则女A继续发球，直至失去发球权；球队再次得到发球权后由男A运动员发球，而后是女B、男B，接着是女A，如此循环，直至半场比赛结束。替换上场的运动员，其发球次序按照被替换下场运动员的位次进行。

③发球轮转错误。

没有按照轮转次序进行发球判为发球轮转错误违例。

其中，某队发球后到下一回合发球前被发现发球轮转次序错误，则判该队发球错误违例，丢掉发球权，队员的轮转次序被纠正。如发现多个轮次发球顺序均错误，则判该队最后回合发球错误违例，之前比分有效，队员的轮转次序被纠正。

此外，上、下半场比赛开始前，场上如有一名或更多队员没有登记在顺序表上，必须按顺序表进行纠正，不予判罚。如果教练员要保持未登记的队员在场上，他必须请求正常的换人，并登记在记分表上。

（4）比赛的正常间断。

正常的比赛间断有"暂停"和"换人"。

①正常间断的次数。

每半场的比赛中，每队最多请求3次暂停和8人次换人。如果比赛开始执行"二二决胜法则"时，则记录台马上执行1次技术暂停，继续比赛后视为第二、第四节比赛的延续，但至比赛结束期间每队可以增加 1 次暂停的请求。

②请求正常间断。

第一，只有教练员和场上队长可以请求间断。

请求暂停或换人必须向记录台提出申请并作出相应的手势，由记录台在比赛成死球后、裁判官鸣笛允许发球前，提示裁判官予以执行。国际和联世界比赛中，记录台必须先使用蜂鸣器然后做出相应的手势。

第二，一节开始前请求换人是允许的，但应计算在正常换人次数之内。

(5)换人的限制。

第一，每半场每队最多可换 8 人次，一人上场替换一人下场计为 1 人次。可以同时换一人或多人。

第二，运动员只能同性替换，即男运动员只能替换男运动员，女运动员只能替换女运动员。

第三，一名运动员可以多次替换场上任何一名同性运动员。

(6)换人的程序。

第一，换人必须在换人区内进行。

第二，在请求换人时，队员须向记录台递交有教练员签字的换人表，然后坐在换人区做好进场准备。

第三，记录员收到运动员递交的换人表后，在紧接着的一次裁判官鸣笛中止比赛时，通知裁判官并进行换人程序。记录员登记完毕后，示意裁判官比赛可以继续进行。

第四，如果运动队一次替换不止一名的运动员，替换时队员一对对相继进行。

(7)延误比赛。

①延误比赛的类型。

一个队拖延比赛继续进行的不当行为为延误比赛，具体包括以下几种情况。

第一，延误换人时间。

第二，在裁判官鸣笛恢复比赛后，拖延暂停时间。

第三，请求不合法的换人。

第四，再次提出不符合规定的请求。

第五，球队成员拖延比赛的继续进行。

②对延误比赛的判罚。

第一，"延误警告"和"延误判罚"是对全队的延误比赛的判罚。

第二，在一场比赛中，对一个队的成员的第一次延误比赛，予以"延误警告"。

第三，在一场比赛中，同一队的任何成员造成不论任何类型的第二次以及其后的延误比赛，都予以"延误犯规"，给予黄牌警告。

四、比赛行为

1. 比赛的状态

(1)比赛的开始。

裁判官鸣笛允许发球队员发球时比赛开始。

(2)比赛的中止。

裁判官鸣笛即为比赛的中止。

(3)界内球。

击出的球触及对方比赛场地(含界线)为界内球。

(4)界外球。

第一,击出的球触及对方比赛场地(含界线)以外的地面。

第二,击出的球触及比赛场地外物体(标志杆、网绳、网柱、球网标志带或本方比赛场区上空障碍物等除外)、对方比赛场区上空障碍物或非场上比赛队员。

第三,球的整体或部分从过网区以外过网。

第四,球的整体从网下空间穿过。

(5)发球。

队员在发球区用非上肢将球击出而进入比赛的行为被称为发球。

第一,发出的球须未经本方其他队员触碰,整体从过网区或风流眼通过进入对方比赛场地,否则判发球违例。

第二,裁判官检查发球队员已持球在手,而且双方队员已做好比赛准备时,鸣笛允许发球。

第三,球被发球员抛出、抛起或撤离后,进入比赛状态。

第四,球只能被抛出、抛起或撤离一次,否则判发球违例。但拍球或在手中摆弄球是允许的。

第五,发球队员在发球时或发球起跳时,不得踏及比赛场地(包括端线)和发球区以外地面,否则判发球违例。但发球后可以踏及或落在比赛场地内或发球区以外。

第六,发球队员必须在裁判官鸣笛允许发球后5秒钟内将球发出,否则判发球延误违例。

第七,裁判官鸣笛允许发球前的发球无效。

(6)拦网。

队员靠近球网,将手伸向高于球网处阻挡对方来球的动作被称为拦网。

①拦网的触球。

第一,在一个动作中,球可以连续(迅速而连贯地)触及一名或更多名的拦网队员。

第二,拦网的触球不算作球队击球的次数。

②拦网后球出界的判罚。

第一，拦网后球落在对方内场区界线外，判拦网方击球出界。

第二，拦网后球落在本方场区界线外，判拦网的对方击球出界。

思考题

1. 和球是怎样出现？

2. 和球运动有哪些基本技术？

3. 和球竞赛的主要规则是什么？

第九章　乒乓球

第一节　乒乓球运动概述

乒乓球运动是 19 世纪后期创始于英国，从网球运动直接派生而来的。

最早关于乒乓球运动的文字记载是在 1880 年英国的一家体育器材用具公司刊登的乒乓球器材广告上，当时还不叫"乒乓球"，而是以"高西马"等奇特的名称在英国盛行。

在 1890 年。英格兰的一位退休的越野跑运动员詹姆斯·吉布（James Gibb）到美国旅游时，偶然发现了一种用赛璐珞制成的空心玩具球，弹跳力很强，于是产生了用这种小球来替代软木球和橡胶球的想法。他把这种球带回英国后，就将这种球稍加改进，并逐步在英国和世界各地推广起来。或许因为赛璐珞球在桌上被羊皮纸拍打来打去发出了"乒乒乓乓"的声音，英国一家体育用品公司模拟其声，首先用"乒乓"（Ping-Pong）二字作了广告上的商品名称。至此，乒乓球才开始有了如此之名。到了 1926 年，早已成立的英国乒乓球（Pong-Pong）协会发现"乒乓"二字是商业注册名称，加之原乒乓球协会缺乏代表性，因而便解散了原组织，重新成立了"桌上网球"（Table Tennis）协会。自此，"桌上网球"这个名字一直沿用至今。国际乒联至今仍采用这个名称。中文中的乒乓球是从声音上得名；日本称其为桌球则与原意更为相近。

1904 年，上海四马路一家文具店的经理王道平，从日本买来 10 套乒乓球器材，摆在店中，还亲自做打球表演并介绍在日本看到的打乒乓球的情况，从此我国开始有了乒乓球活动。

1926 年 12 月，在英国伦敦举行的第一届欧洲乒乓球锦标赛期间，会议正式通过了成立国际乒乓球联合会的决议和国际乒联的章程，讨论了乒乓球规则，推选英国乒协的负责人伊沃·蒙塔古为国际乒联的第一任主席。

世界乒乓球锦标赛自 1926 年以后每年举行一次，1940—1946 年因第二次世界大战而中断。1957 年以后，改为每两年举行一次，至 2010 年共举行了 50 届。

奥运小知识

1. 乒乓球首次被列为奥运会正式项目是在 1988 年的汉城奥运会上。

2. 邓亚萍在乒乓球项目上，获得了 14 个世界冠军，4 个奥运会冠军，被誉为是乒乓球历史上最伟大的女子选手。

3. 瓦尔德内尔、孔令辉、刘国梁、王楠、张怡宁是目前世界上获得乒乓球项目上的大满贯的几名选手。

第二节　乒乓球运动的基本技术

乒乓球技术主要有握拍法、准备姿势、基本步法、发球与接发球、挡球与推挡球、攻球、搓球、削球、左推右攻、推挡侧身攻、发球抢攻等。

一、握拍法

1. 直式握拍法

图 9-1 所示的直拍握法的特点是正反手都用球拍的同一面击球，一般情况下，不需两面转换，出手较快；正手攻球快速有力，攻斜、直线球时拍形变化不大，对手不易判断，便于从速度、球路和力量上取得主动；手腕动作灵活，发球可作较多变化。但反手攻球时，因受身体阻碍较难掌握，不易起重板；攻削交替时手法变化大，影响击球速度和准确性；防守时照顾面积较小。

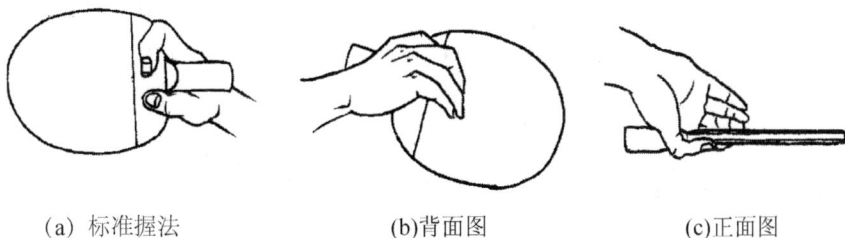

(a) 标准握法　　　　　(b)背面图　　　　　(c)正面图

图 9-1

2. 横式握拍法

图 9-2 所示的横拍握法的特点是照顾的面积比直拍大，攻球和削球时握拍的手法变化不大；反手攻球不受身体阻碍，便于发力；削球时用力方便，便于发挥手臂的力量和掌握旋转变化。但在不定期击左右两面来球时，需要转动拍面，动作大，影响摆臂速度；攻直线球时，动作容易被对方识破；台内正手攻球较难掌握。

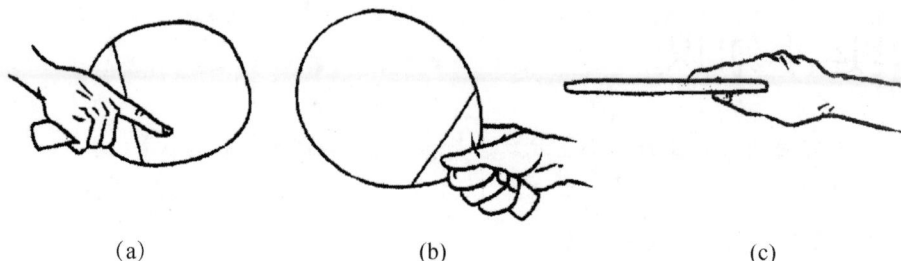

(a)　　　　　　　　　(b)　　　　　　　　　(c)

图 9-2

3. 握拍应该注意的问题

(1)握拍不能过大、过小或太深、太浅，以免影响手腕动作的灵活性和击球的发力。

(2)不论直握或横握，在准备击球前或击球后，手指不要用力握拍。这样，一方面便于使拍形恢复准备击球的状态；另一方面也可使手的各部分肌肉及时放松，以免由于握拍过紧而造成手腕、前臂的僵硬。

(3)握拍法易犯错误和纠正方法，如表9-1所示。

表 9-1　握拍法

序号	易犯错误	原因	现象	纠正方法
1	握拍过深	握拍概念不清	妨碍拍形调节	①建立正确的握拍法概念 ②体会正确的握拍方法 ③在挥拍练习时，强化正确动作
2	握拍过浅	握拍概念不清	①不利于控制拍形 ②影响击球发力	①建立正确的握拍法概念 ②体会正确的握拍方法 ③在挥拍练习时，强化正确动作
3	拍后三指过屈	握拍概念不清	①妨碍拍形调节 ②影响击球发力	练习时，在拍后适当位置作一标记，限定三指位置
4	拍后三指张开	握拍概念不清	①妨碍拍形调节 ②不便于反手击球	①建立正确的握拍法概念 ②体会正确的握拍方法 ③在挥拍练习时，强化正确动作

二、基本姿态

确的基本姿态应该是两脚平行站立(脚尖指向平行)，提踵、前脚掌内侧用力着地，两脚间距比肩稍宽。两膝微屈并稍内扣，上体略前倾，重心置于两脚之间，注视来球。以右手握拍为例，持拍向左成半横状，使手臂保持自然弯曲，置于身体右侧，肘略外张，手腕放松，将球拍向左成半横状，使拍形保持自然后仰。球拍置于腹前，离身

20～30厘米。做到"注视来球，上体微倾，屈膝提踵，重心居中"。

两脚开立比肩略宽是为了保持身体重心的稳定性。两脚脚尖指向同一方向，并快速起到移动，有着重要的作用，它可以直接蹬地起动，从而缩短步法移动的时间。

准备姿势易犯错误和纠正方法，如表9-2所示。

表9-2　准备姿势

编号	易犯错误	原因	现象	纠正方法
1	站位过近	站位概念不清	不利于还击长球	①建立正确的站位概念 ②进行多球、对打练习时，在台端地面上标明基本站位的范围
2	两脚距离过窄	基本姿势概念不清	影响身体的稳定性不利于击球发力	在挥拍、多球和对打练习中强化正确的基本姿势
3	两脚距离过宽	基本姿势概念不清	不利于快速引拍及挥拍击球	在挥拍、多球和对打练习中强化正确的基本姿势
4	全脚掌着站立	基本姿势概念不清	身体重心太靠后	在挥拍、多球和对打练习中强化正确的基本姿势
5	执拍手上臂与躯干夹得过紧	基本姿势概念不清	①肩膀肌肉过紧 ②不利于正确完成引拍动作	练习时，在躯干右侧捆一块较轻的物体，防止夹上臂
6	执拍手前臂下垂	基本姿势概念不清	不利于及时起动和快速移动	紧贴台端站立，进行各种挥拍练习，防止垂臂吊拍

三、基本步法

1. 单步

击球时，以一脚的前脚掌为轴，另一脚向前或向左、右移动一步，身体重心也随之移到摆动腿上，然后挥臂击球。来球距身体较近时常用这种步法。

2. 跨步

击球时，以一脚向前、向后、向右的不同来球方向跨出一大步，身体重心随即移动到摆动腿上，另一脚迅速跟上，以便保持在最佳的距离上。一般在来球离身体较远、速度较快，可借助对方力量击球时，使用这种步法。

3. 并步

移动时，先以与来球异方向的脚向另一只脚并一步，然后以与来球同方向的脚再向来球的方向迈一步迎击来球。由于并步移动范围大，能保持重心稳定，一般在来球速度不算太快时可以使用。如削球的左右移动、快攻、拉弧圈球等，就常用这种步法。

4．跳步

以与来球异方向的脚先起动，用力蹬地，两脚一同离地向左或向右移动。蹬地脚先落地，另一脚跟着落地，站稳后击球。这种步法照顾范围比单步大。小跳步还可用来作为还原步法，调整攻球的位置。通常与单步、跨步综合运用。

5．交叉步

击球时，以靠近来球方向的脚作为支撑脚，远离来球方向的脚迅速向来球方向在体前跨出一大步，腰和髋关节随势将支撑脚带向来球方向，在支撑脚落地前的瞬间击球，运用交叉步接短球或削突击来球较多。

步法易犯错误和纠正方法，如表9-3所示。

表9-3　步法

编号	易犯错误	原因	现象	纠正方法
1	起动移步时，身体重心未移至蹬地脚上	身体重心转移不及时	影响起动速度和位移速度	反复进行各种步法练习，体会身体重心转换
2	移动过程中身体重心起伏太大	身体移动时向下蹬地过大	移步时两脚离地太高，影响位移速度和击球的平稳	反复进行各种步法强度练习，移动时两脚贴近地面，身体重心平衡

四、发球

发球技术是乒乓球的重要技术，是乒乓球前三板技术之首，是唯一的由运动员完全根据自己意志，以适合的力量、速度、旋转、线路、角度击到对方台面任何合法位置的技术。发球技术的总体要求如下。

第一，出手突然，且能用相似的手法发出不同落点、不同旋转的球。

第二，落点准确，并将速度快、旋转强很好地结合起来。

第三，要配套，发球要把自己的打法特点和抢攻紧密结合起来。

1．发正手平击球

特点：速度一般，基本不旋转或略有上旋，是掌握其他复杂发球的基础技术，初学者首先要学会的发球就是这种。

(1)击球前。

①选位：左脚稍稍向前，身体略向右转，左手掌心托球置于身体右侧前方。

②引拍：左手将球向上抛起，同时右臂内旋，使拍面角度稍前倾，向身体右后方引拍。

③迎球：右臂从身体右后方向右前方挥动。

（2）击球时。

当球从高点下降至稍高于球网时，击球中上部向左前方发力。球击出后第一落点在球台中间。

（3）击球后。

手臂继续向左前方随势挥动，迅速还原。

（4）发力部位以前臂为主，动作过程中身体重心从右脚移至左脚。

2. 发正手下旋球

特点：球速较慢、旋转变化大。由于发球手法近似，能通过旋转变化迷惑对方，使其不易判断球的旋转强度，造成回击时下网、出界或出高球。正手下旋球的动作方法如下。

（1）击球前。

①选位：左脚稍向前，身体略向右偏倾，左手掌心托球置于身体右前方。

②引拍：左手将球向上抛起，同时右臂直握拍手腕作屈，横握拍手腕略向外伸展。

③迎球：右臂从身体右后上方向左前下方挥动。

（2）击球时：当球从高点下降至稍高于或平于网高时，前臂加速向左前下方发力，同时直握拍手腕作屈同时内收，击球中下部向底部摩擦。球击出后第一落点接近于球网，如图9-3所示。

（3）击球后：手臂继续向左前下方随势挥拍，迅速还原。

（4）发力部位以前臂和手腕为主，动作过程中身体重心从右脚移至左脚。

图 9-3

3. 反手发球技术

反手发球的动作方法如下。

（1）击球前。

①选位：右脚稍向前或平站，身体略向左转，左手掌心托球置于身体左侧前方。

②引拍：左手将球向上抛起，同时右臂外旋，使拍面角度稍前倾，向身体右后方引拍。

③迎球：右臂从身体后方向前方挥动。

（2）击球时：当球从高点下降至稍高于球网时，击球中上部向右前方发力。球击出后第一落点在球台中央。

（3）击球后：手臂和手腕继续向右前方随势挥动，迅速还原。

(4)发力主要部位以前臂为主，动作过程中身体重心从左脚移至右脚。

4. 反手发下旋加转球

反手下旋加转球的动作方法如下。

(1)击球前。

①选位：右脚稍向前或平站，身体略向左偏斜，左手掌心托球置于身体左前方。

②引拍：左手将球向上抛起，同时右臂内旋，直握拍手腕作屈，横握拍手腕向外展，使拍面角度后仰，向身体左后上方引拍。

③右臂从身体左后上方向右后前下方挥动。

(2)击球时：当球从高点下降至稍高于或平于网高时，前臂加速向左前下方发力，同时直握拍手腕作伸，横握拍手腕作内收，击球中下部向底部摩擦。球击出后第一落点接近球网。

(3)击球后：手臂继续向右前下方随势挥动，迅速还原。

(4)发力部位以前臂和手腕为主，动作过程中身体重心从左脚移至右脚。

(5)特点：同正手发下旋加转球与不转球，多用于横拍。

发球技术动作易犯错误和纠正方法，如表9-4所示。

表9-4　发球

编号	易犯错误	原因	现象	纠正方法
1	发球犯规	不懂规则，平时要求不严	判罚失分	学习规则，严格按照规则要求进行练习
2	击球点过高或过低	击球点的位置不清；击球动作与抛球动作配合不协调	发球准确性差，球易出界或下网	明确击球点的位置，反复进行正确的击球练习
3	发球时的触拍部位不准确	抛球不稳定，调节控制拍形能力差	发球准确性差，发球质量不高	弄清各种发球的触拍部位，反复进行练习，提高触拍部位的准确性，加强手上调节
4	球发出后的第一落点位置不当	第一落点位置概念不清	发球不过网或发球出界	弄清第一落点位置，要求击球点正确，调节好击球时的拍面角度

五、攻球

1. 反手攻球

随着当今乒乓球运动的发展，反手攻球已是常用运动员的打法，是进攻类型运动员不可缺少的一项技术。比赛中运用反手攻球，常可以发动威力强大的全台进攻，大大加强了攻势。虽然掌握起来比较困难，尤其是对直拍运动员，但展望乒乓球运动的未来，它将是必备的技术之一。

反手攻球的特点是：站位近、动作小、球速快、路线活、带上旋，击球点在台内，回球具有突击性，是对付台内球并争取主动的一种攻球技术。

（1）击球前。

①选位：站位靠近球台。左方大角度开球时，上左脚；中间或偏右开球时，上右脚。

②引拍：手臂自然弯曲，前臂伸向台内，根据来球旋转强弱程度，手臂相应内旋或外旋，调整拍面角度。

③迎球：前臂向前挥动。

（2）击球时：当球跳至高点期，下旋强时，前臂、手腕向前上方发力，拍面稍后仰击球中下部；下旋弱时，前臂、手腕向前发力，拍面垂直击球中部。

（3）击球后：随势挥臂动作小，迅速还原成击球前的准备姿势。

（4）发力主要部位以前臂、手腕为主，动作过程中身体重心放在迎球时上步的脚上。

2. 正手攻球

正手攻球是乒乓球攻球技术的重要组成部分。具有快速有力的特点，能体现积极主动快速进攻的指导思想。比赛时，正手攻球运用得好，就能使自己处于主动地位，使对方处于被动地位。因此，无论什么打法的运动员，都必须很好的掌握这项技术。

正手攻球的特点是：站位近、动作小、球速快、路线活、带上旋，击球点在台内，回球具有突击性，是对付台内球并争取主动的一种攻球技术。

（1）击球前。

①选位：站位靠近球台，右方来球时上右脚，中间或偏左方向来球时上左脚。

②引拍：手臂自然弯曲迎前，前臂伸向台内，根据来球旋转程度手臂相应的作内旋或外旋，调整拍面角度。

③迎球：前臂、手腕向前挥动。

（2）击球时：当来球跳至高点期，下旋强时拍面稍后仰，击球中下部，前臂、手腕向前上方发力。下旋弱时拍面垂直，击球中部，前臂、手腕向前为主，适当向上用力。上旋时拍面稍前倾，击球中上部，手臂直接向前用力。

（3）击球后：随势挥臂动作小，迅速还原。

（4）发力主要部位以前臂、手腕为主，动作过程中身体重心放置在迎球时上步的脚上。

攻球技术动作易犯错误和纠正方法，如表9-5所示。

表 9-5　攻球

编号	易犯错误	现象	纠正方法
1	正手攻球时，手腕下垂使球拍与前臂成垂直	击球时，动作僵硬、不协调	球拍拍柄向左，做徒手模仿练习
2	正手攻球时，手腕上挺使球拍与前臂成一条直线	击球时，动作僵硬、不协调	握拍时，手腕放松，做徒手模仿练习
3	正手攻球时，抬肘关节	击球时，动作僵硬、不协调	手臂放松，肘关节下垂，做近台快攻练习
4	判断球的落点不准，引拍动作不到位	击球落空	先做还击发球练习，再做还击连续挡球的练习
5	击球后，球拍立即停止不前	动作不协调	用多球练习改进动作

六、搓球

搓球技术是近台还击下旋球的一种基本技术。由于回球路线较短，缺乏前进力，多在台内，因而可造成对方传球困难。另外，搓球又比较稳健，旋转和落点变化也较多，故可用作过渡技术，用以寻找进攻机会。搓球动作与削球相似，又比较易学，是削球必须掌握的入门技术。

击球前：右脚前移，身体离台 40 厘米。引拍时手臂自然弯曲并内旋使拍面角度稍后仰，后仰动作小，前臂向左上方提起，将球拍引至身体左前上方。迎球时手臂向右前下方迎球。

击球时：当来球跳至上升期，利用手臂前送的力量，借助对方来球前进力，前臂、手腕向右前下方用力，拍面稍后仰，击球中下部。

击球后：手臂继续向前下方随势挥动，迅速还原成击球前的准备姿势。

发力主要部位以手臂为主，并借力还击；运动过程中身体重心从左脚移至右脚。

搓球技术动作易犯错误和纠正方法，如表 9-6 所示。

表 9-6　搓球

易犯错误	现象	纠正方法
球拍没有上引，击球时前臂由上向下动作不明显	回球下旋力不强	反复进行前臂和手腕先向上引再向下切的挥拍模仿练习
击球时，拍面后仰不够	球出界或下网	练习用慢搓回击对方发来的下旋球，体会拍面后仰前送

易犯错误	现象	纠正方法
击球时，球拍与球接触的部位不准，没击到球的中下部不高	回球准确性差，质量	做对搓练习，体会拍面在球下降期击球中下部的动作
击球后，前臂前送不够	球不过网	二人做慢搓练习，体会击球后手臂前送动作

七、弧圈球

弧圈球技术是一种带有强烈上旋的攻球技术，它能够制造适当的弧线，回击低而强烈的下旋球。命中率高，落台后前冲力大，攻击力强，比赛中既可主动攻击，又可在相持或被动时作为过渡技术。在回击低球和下旋球时比较稳健，故比快攻有更多的发力进攻时机。

高水平的弧圈球对快攻以及削球等各种打法，都具有较大的"杀伤力"。由于横拍正、反手拉弧圈球都很方便，所以，以弧圈球为主打法的运动员多半执横拍。而握直拍反手拉弧圈球时，球拍的前倾角度较难达到要求。弧圈球根据击球位置的不同可划分为正手弧圈球，反手弧圈球，侧身弧圈球；根据击球方法和弧线高度的不同可划分为加转弧圈球(也叫高吊弧圈球)和前冲弧圈球。

正手弧圈球是直拍、横拍弧圈型打法和直拍、横拍快攻结合弧圈打法的主要技术之一。

1. 正手加转弧圈球

正手加转弧圈球与一般攻球技术相比较，站位稍远，动作稍大，球速稍慢，弧线曲度大，上旋特别强，第一弧线较高，第二弧线较低，落台后前冲并向下滑落。对方回击不当，容易出高球或出界。一般用它对付下旋球，可创造扣杀机会。

正手加转弧圈球的动作方法如下。

(1)击球前。

①站位离台约60厘米。左脚稍前，身体重心放在右脚上，两膝微屈，收腹含胸，身体略向右转。

②引拍：右肩下沉，右臂自然弯曲，前臂后引并下沉，将拍引至身体右后下方，同时，前臂内旋，使拍面微前倾。

③迎球：待来球弹起飞到高点期时，在上臂带动下，以前臂为主向上兼向前挥拍迎球(与此同时，右侧腰、髋向左上方转动)。

(2)击球时：在来球的下降期，以前倾拍形击球的中部偏上。球拍击球瞬间，右脚前掌蹬地，右侧腰、髋向左上方转动以助力，前臂在上臂带动下向上兼向左前方发力摩擦击球。同时，还要充分利用手腕的力量，使球强烈上旋。

(3)击球后：手和臂顺势向左前上方挥动，并迅速还原成准备姿势。动作过程中，身体重心从右脚移到左脚上。

2. 正手前冲弧圈球

正手前冲弧圈球的弧线低而长，上旋强，球速快，有一定力量，弹起后前冲力大，并向下滑，是弧圈球运动员的主要得分手段。

球拍自然引至身体与台面同高，拍形前倾与水平面成35°～40°夹角。当球从台面弹起还未达到高点时，腰部向左转功，手臂向前上方挥动，上臂带动下臂加速内收，手腕略微转动，在高点期用拍摩擦球的中上部，使之成为较低的弧线落至对方的台面上，击球后重心移至左脚上。

弧圈球技术动作易犯错误和纠正方法，如表9-7所示。

表 9-7

编号	易犯错误	现象	纠正方法
1	引拍动作不够大，重心较高	回球上旋力不强	挥拍练习，引拍时要降低重心
2	击球时碰撞多摩擦少	回球上旋力不强	在接下旋发球中改进动作，注意体会摩擦击球动作
3	击球时，拍形掌握不好，球拍与球接触的部位不对	球下网或球出界	在接发球或多球练习中改进动作
4	击球时，判断来球路线不准或击球时间不对	击球落空	加强对来球的判断能力，利用多球练习改进动作

第三节　乒乓球运动的基本战术

一、乒乓球基本战术

1. 发球、接发球抢攻战术

(1)发球抢攻战术。

发球抢攻是我国乒乓球运动员的重要战术之一。近年来，世界各种类型打法的运动员都越来越重视发球抢攻战术。

发球抢攻的战术意识首先是尽量争取发球直接得分；其次是迫使对方回球质量不高，从而赢得有力进攻机会；最后才是迫使对方接发球不具备杀伤力，从而方便自己进行抢攻。

（2）接发球战术。

接发球技术由某一单项攻（冲）球技术所形成，进攻性强，可变接发球的被动地位为主动地位，也可直接得分，是乒乓球运动各种打法特别是进攻型打法的主要战术。常用的接发球战术主要有以下几种。

①用快拨、快推或拉球回击，争取形成对攻的相持局面。

②用快搓摆短回接，使对方难以发力抢攻或抢位。

③对各种侧旋、上旋或不强烈的下旋短球，可用"快点"技术回接。"快点"突然性强，回球速度快并且路线变化多，对付欧洲的弧圈型打法选手，往往效果明显。

④接发球抢攻或抢位。

以上4种接发球战术，在比赛中可视场上具体情况结合起来运用。采用多种回接方法，给对手制造出各种困难，使其无法适应，从而破坏其发球抢攻或抢位的意图。

2. 对攻战术

对攻，是进攻型打法选手互相对垒时常采用的一项重要战术。快攻类打法，主要是依靠正手攻球、反手攻球、反手推挡或快拨技术，充分发挥快速多变的特点，以达到调动对方、有效攻球的目的；弧圈类打法，主要是依靠正、反手两面弧圈球技术，充分发挥旋转的威力，以达到牵制对方、增加攻击效力的目的。

常用的战术有：攻对方两角；侧身攻；攻追身；轻与重的结合；攻防结合。

3. 拉攻战术

拉攻战术的特点是：连续正手快拉以创造进攻机会，机会出现后，采用突击和扣杀的手段来得分。拉攻战术是快攻打法对付削球类打法的主要战术之一。

拉攻战术的方法如下。

（1）正手拉球后过渡为扣杀。

（2）反手拉球后过渡为扣杀（一般为两面进攻型运动员遇到反手位大角度的削球时所采用）。

4. 搓攻战术

搓攻战术是进攻型选手的一项辅助战术，主要是利用搓球的旋转和落点变化，为进攻创造机会。但搓球次数要适宜（不可过多），一般快搓一两板就组织进攻。

常用的搓攻战术确以下几种。

（1）搓球落点变化，伺机进行突击。

（2）搓球转与不转相结合，变化落点伺机突击。

（3）搓拉与落点变化相结合，伺机突击。

5. 削攻结合战术

削攻结合战术的特点是：由削球和攻球结合而成，常以逼对方两个大角加转削球为主，伺机反攻，如图9-4所示；或以转、低、稳、变的削球，迫使对手在走动中拉攻，使其回球质量不高，从中寻找机会反攻。这种战术有"稳、逼、变、凶、攻"的特点，是攻削结合打法的主要战术。

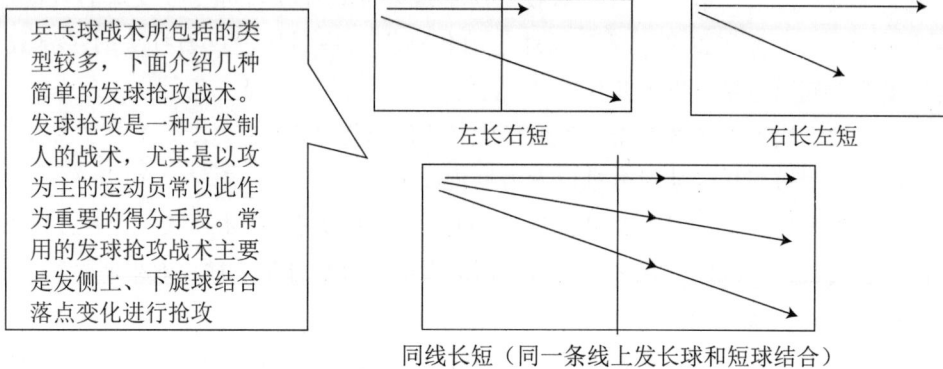

乒乓球战术所包括的类型较多，下面介绍几种简单的发球抢攻战术。发球抢攻是一种先发制人的战术，尤其是以攻为主的运动员常以此作为重要的得分手段。常用的发球抢攻战术主要是发侧上、下旋球结合落点变化进行抢攻

左长右短

右长左短

同线长短（同一条线上发长球和短球结合）

图 9-4

二、乒乓球专项素质练习

1. 速度练习

同一只手摸球台两角，30 秒为一组，如图 9-5 所示。

2. 灵敏练习

沿台变向跑一周，要求始终面向一个方向，如图 9-6 所示。

图 9-5

图 9-6

第四节　乒乓球竞赛的主要规则

一、场地和器材

1. 场地

比赛场地不得小于 14 米长，7 米宽，4 米高（国内一般比赛可缩小为长 12 米，宽 6 米，高 3.5 米，基层比赛还可酌情缩小）比赛场地须用 0.75 米高的深色挡板围起来，同临近的场地及观众隔开。地板不得呈淡色，或有明显的反光。台面的照明度应均匀，不得小于 400 勒克斯，光源不得低于 4 米。

2. 球台

球台的上层表面叫作比赛台面，应为与水平面平行的长方形，长 2.74 米，宽 1.525 米，球台高 0.76 米。

3. 球网装置

球网应悬挂在一根绳子上，绳子两端系在高 15.25 厘米的直立网柱上，网柱外缘离开边线外缘的距离为 15.25 厘米，整个球网的顶端距离比赛台面 15.25 厘米。

4. 球

球应为圆球体，直径为 40 毫米，球重 2.7 克。球应用赛璐珞或类似的材料制成，呈白色、黄色或橙色，且无光泽。

5. 球拍

(1)球拍的大小、形状和重量不限，但底板应平整、坚硬。

(2)用来击球的拍面应用一层倾粒向外的普通颗粒胶覆盖，连同黏合剂厚度不超过 2 毫米；或用颗粒向内或向外的海绵胶覆盖，连同黏合剂，厚度不超过 4 毫米。

(3)底板、底板中的任何夹层、覆盖物以及黏合层均应为厚度均匀的一个整体。

(4)球拍两面不论是否有覆盖物，必须无光泽，且一面为鲜红色，另一面为黑色。拍身边缘上的包边应无光泽，不得呈白色。

二、主要规则

1. 合法发球

(1)发球时，球应放在不执拍的手的手掌上，手掌张开并伸平。球应是静止的，在发球方的端线之后和比赛台面的水平面之上。

(2)发球员须用手把球几乎垂直地向上抛起，不得使球旋转，并使球在离开不执拍的手的手掌之后上升不少于 16 厘米。

(3)当球从抛起的最高点下降时，发球员方可击球，使球首先触及本方台区，然后越过或绕过球网装置，再触及接发球员的台区。在双打中，球应先触及发球员和接发球员的右半区。

(4)从抛球前球静止的最后一瞬间到击球时，球和球拍应在比赛台面的水平面之上。

(5)击球时，球应在发球方的端线之后，但不能超过发球员身体(手臂、头、腿除外)离端线最远的部分。

(6)运动员发球时，有责任让裁判员或副裁判员看清他是否按照合法发球的规定发球。

2. 合法还击

对方发球或还击后，本方运动员必须击球，使球直接越过或绕过球网装置，或触及球网装置后，再触及对方台区。

3．重发球

出现下列情况应判重发球。

（1）如果发球员发出的球，在越过或绕过球网装置时，触及球网装置，此后成为合法发球或被接发球员或其同伴阻挡。

（2）如果接发球员或同伴未准备好时，球已发出，而且接发球员或其同伴均没有企图击球。

（3）由于发生了运动员无法控制的干扰，而使运动员未能合法发球、合法还击。

（4）裁判员或副裁判员暂停比赛。

（5）在双打时，运动员错发、错接。

4．得分

除被判重发球，下列情况下运动员得 1 分。

（1）对方运动员未能合法发球。

（2）对方运动员未能合法还击。

（3）运动员在发球或还击后，对方运动员在击球前，球触及了球网装置以外的任何东西。

（4）对方击球后，该球越过本方端线而没有触及本方台区。

（5）对方阻挡或连击。

（6）对方运动员或他穿戴的任何东西使球台移动。

（7）对方运动员或他穿戴的任何东西触及球网装置；对方运动员不执拍的手触及比赛台面。

5．一局比赛

在一局比赛中，先得 11 分的一方为胜方，10 平后，先多得 2 分的一方为胜方。

6．一场比赛

一场比赛应采用 7 局 4 胜制或 5 局 3 胜制，一场比赛应连续进行。但在局与局之间，运动员有权要求不超过 2 分钟的休息时间。

▶▶ 思考题

1．简述乒乓球的起源及发展。

2．乒乓球运动的基本技术有哪些？

3．乒乓球运动的基本战术有哪几种？

4．乒乓球运动的竞赛规则是什么？

第十章　羽毛球

第一节　羽毛球运动概述

一、运动的起源

现代羽毛球运动诞生在英国，由网球派生而来。1870 年，出现了用羽毛、软木做的球和穿弦的球拍。1873 年，英国伯爵鲍弗特在格拉斯哥郡伯明顿镇的庄园里进行了一次羽毛球游戏表演，从此，羽毛球运动便逐渐开展起来，"伯明顿"（Badminton）即成了羽毛球的英文名字。那时的活动场地是葫芦形，两头宽中间窄，窄处挂网，直至 1901 年才改作长方形。

1875 年，世界上第一部羽毛球比赛规则出现于印度的普那。3 年后，英国又制定了更趋完善和统一的规则，并且这些规则大多沿用至今。

世界羽毛球赛事分为 7 个等级，奥运会（包括男单、女单、男双、女双和男女混合 5 个单项），汤姆期杯赛（世界男子团体锦标赛）、尤伯杯赛（世界女子团体锦标赛）、苏迪曼杯赛（世界混合团体锦标赛）和世界羽毛球锦标赛（个人单项）均为 7 星级的赛事。

羽毛球运动简单易学，设备简单，老少皆宜，并且运动量可根据个人年龄、体质、运动水平和场地环境而定。

进行羽毛球运动时，由于要不停地进行脚步移动、跳跃、转体、挥拍，因此，经常从事羽毛球运动可增强锻炼者上肢、下肢和腰部肌肉的力量，加快锻炼者全身血液循环，以及增强锻炼者心血管系统和呼吸系统的功能。

二、羽毛球场地与器材的基本要求

1. 羽毛球场地

球场长度是 13.40 米，单打球场宽 5.18 米，双打球场宽 6.10 米。

2. 场地线

球场必须有清楚的界线，场地线宽均为 40 毫米，场地线的颜色最好是白色、黄色或其他容易辨别的颜色。所有场地线都是它所确定区域的组成部分。

3. 场地空间、四周环境

球场上空 12 米以内，球场四周 2 米以内，不得有任何障碍物（包括相邻的两个球场）。

4. 网柱

网柱高 1.55 米，双打场地网柱应放置在双打边线的中点上，单打场地网柱应放置在单打边线的中点上。

5. 羽毛球

羽毛球重 4.74～5.50 克，应有 16 根羽毛插在半球形的软木托上；羽毛球底部为圆形，球托直径 25～28 毫米；羽毛在顶部围成圆形，直径 58～68 毫米；羽毛应用线或其他适宜材料扎牢。

6. 球拍

羽毛球拍用木料、铝合金或碳素纤维等质地轻而坚实，并富有弹性的材料制作而成。球拍由拍头、拍弦面、联结喉、拍杆、拍柄组成。拍框总长度不超过 680 毫米，宽不超过 230 毫米；拍弦面应是平的，用拍弦穿过拍头十字交叉或用其他形式编制而成，编制样式应保持一致；拍弦面长不超过 280 毫米，宽不超过 220 毫米。

第二节 羽毛球运动的基本技术

羽毛球的基本技术主要由手法和步法两大部分组成。其中，手法包括握拍、发球和击球，步法包括上网步法、后退步法和左右移动步法等。

一、握拍法

最基本的握拍法有正手握拍法和反手握拍法两种，下面以右手握拍为例。

1. 正手握拍法

凡从身体右侧来球至头顶应用正手握拍法击球。虎口对准拍柄上方侧内沿，小指、无名指和中指并握，食指稍分开，大拇指与中指靠近。

2. 反手握拍法

凡从身体左侧的来球，运动员应先转身（背对网）后击球，用反手握拍法，即在正手握拍的基础上，拇指和食指将拍柄稍外转，拇指顶贴在拍柄内侧的宽面上。

二、发球与接发球

1. 发球

发球有正手发球和反手发球两种。按球在空中飞行的弧线义可将发球分为发高远球、发平高球、发平快球、发网前球和发旋转飘球等。

2. 接发球

如果说发球发得好是走向胜利的开始，那么接发球接得好则是走向胜利的第一步。发球方要利用多变的发球手乱接球方的阵脚，争取主动，而接发球方则是通过多变的接发球破坏对方的企图。

三、击球法

1. 高远球

高远球可以逼迫对方退离中心位置，到底线去击球，削弱对方进攻威力，消耗对方的体力。高远球的滞空时间长，易于争取时间，可摆脱被动局面。

2. 吊球

把对方击来的球从后场轻巧地还击到对方的网前地区，叫吊球。它是调动对方、打乱对方阵脚、配合战术的一种击球技术。在后场进攻中，常和高远球、杀球结合运用。如能做到这 3 种击球的前期动作一致，就能造成对方判断上的失误，以巧取胜。

3. 杀球

杀球即把高球在尽量高的击球点上用力扣压下去，这种球力度大、弧线直、下落快，是一种主要的进攻技术。杀球技术有正手杀球、反手杀球和绕头顶杀球。

4. 放网前球

将对方的吊球或网前球用球拍轻轻一托，使球一过网顶就朝下坠落。

5. 搓球

搓球是发网前球技术的一种发展。它动作细腻，击球点较高，利用"搓""切""挑"的动作，摩擦球托底部，使球改变在空中的正常运行轨道，产生沿横轴翻转或纵轴旋转越过网顶，给对方回击造成困难，从而为自己创造进攻的机会。

6. 推球

推球与网前球的假动作相配合，在引诱对手上网时，突然将球快速推到后场底角。利用这种进攻技术，常能直接得分。

7. 勾球

在网前回击对角线球叫勾球。它和搓球、推球结合起来运用，常能达到声东击西的作用。

8. 扑球

当对方发网前球或回击网前球，球越过网顶时，弧度较高，运动员迅速上步在网前举拍扑杀，谓之扑球。扑球用力有轻有重，飞行的弧线较短，落地较快，常使对方挽救不及，它是双打中常用的一种进攻技术。

9. 挑高球

挑高球是把对方击来的吊球或网前球挑高，回击到对方的后场去，这是在比较被动的情况下采取的一种防守技术。

10. 抽球

抽球是击球平飞过网的一种打法。抽击时，击球点在肩部以下的两侧，是下手击球速度较快的一项进攻技术，在双打中运用最多。

11. 接杀球

接杀球是转守为攻的打法，分为挡网前球、抽后场球和挑高球。

四、步法

羽毛球的步法要快速灵活，才能有效地控制全场。单个步子有蹬步、跨步、垫步、蹬跨步、蹬转步、交叉步、并步、小碎步、腾跳步等。由这些步法组成上网、后退、两侧移动和起跳腾空等综合步法。从中心位置起动，移动到任何击球位置，一般不超过3步。

以右手持拍者为例，说明几种综合步法。

1. 上网步法

南中心位置起动，不论正手球或反手球，根据来球的远近，可采用1步、2步或3步上网击球。但最后一步总是要求右脚在前，重心落在右脚上。

2. 后退步法

由中心位置后退，根据来球的远近，可采用1步、2步或3步后退击球。最后一步是右脚在后，重心在右脚上。若用反手部位击球，左脚退后一步，上身需向左转，右脚再跨出一步。

3. 两侧移动步法

向右侧移动时，若来球较近，用左脚掌内侧起蹬，右脚同时向右侧转跨一大步；若来球较远，左脚可向右垫一小步再起蹬，右脚同时向右侧转跨一大步。向左侧移动时，若来球较近，用右脚掌内侧起蹬，左脚同时向左侧转跨一大步；若来球较远，左脚可先向左侧移半步，上体向左转身的同时右脚向左（前交叉）跨大步。

4. 起跳腾空步法

步子到位后，为争取战机和更高的击球点，用单脚或双脚起跳，居高临下，凌空一击。

第三节　羽毛球运动的基本战术

战术是根据对手的技术、打法、体力和思想意志等因素，从发挥自己的长处，弥补自己的短处出发，为争取比赛胜利而采取的各种策略。

一、单打战术

1. 发球抢攻

从发球的第一拍起，争取控制对方，攻杀得分。一般以发网前低球结合平快球、平高球，争取第三拍主动边攻。

2. 攻后场

对后场还击力量较差的对手，可以攻后场底线两角，乘机进攻。

3. 攻前场

对基本功差的选手，可将其引到网前，争取得分。

4. 打四方球

若对手步法较慢，体力稍差，技术不全面，可以快速准确的落点攻击对方场区的四个角落，伺机向空当进攻。

5. 杀吊上网

当对手打来后场离球，先以杀球配合吊球把球下压，落点要选择在场区的两条边线附近，使对手被动回球。若对手还击网前球时，迅速上网搓球、勾球或平推球，创造在中后场大力扣杀的机会。

6. 守中反攻

先以高远球诱使对方进攻，在对手强攻不下、疏于防守时，即可突击进攻，或在对手体力下降、速度缓慢时，再发动进攻。

二、双打战术

1. 发球、接发球战术

双打的发球往往是决定胜负的关键。发球要根据对方情况，选择好站位，注意球路、落点的变化，争取主动。因双打的发球线比单打短76厘米不利于发高球，往往以发网前球为主。接发球时如判断起动快，有较好的出手手法，可以扑球使对方被动，或是以搓球、推球获得主动进攻的机会。

2. 攻人(2打1)

集中攻击对方有明显弱点的队员。当另一队员前来协助时，露出空隙，可攻空隙；若另一名队员放松警惕时，可攻其不备。

3. 攻中路

当对方处于并排防守站位时，可攻对方两人的中间。当对方前后站位时，就可把球下压或轻推在两边线半场处。

4. 攻后场

遇到后场扣杀能力差的对手，可采用平高球、推平球、接杀挑底线，把对方一人紧逼在底线两角移动。当对手被动还击时，大力扑杀。如另一对手后退支援时，即可攻网前空当。

5. 后攻前封

当本方处于主动进攻前后站位时，后场队员逢高球必杀，迫使对手接杀挡网前，为本方前场队员创造封网扑杀机会。前场队员要积极封锁前场，迫使对方被动挑高球，遇挑高球不到后场，就会为本方创造得分机会。

6. 守中反攻

在防守中寻找反攻的机会，以达到摆脱被动局面转为主动进攻局面的目的。待到有利时机就运用反抽或挡网前回击对方的杀球，从守中反攻，争得主动权。

第四节　羽毛球竞赛的主要规则

一、球场场地线

所有场地线都是它所确定区域的组成部分。

二、挑边

比赛前，双方应掷挑边器。赢的一方选择先发球或先接发球以及一个场区。

三、计分

一场比赛应以三局两胜定胜负。

(1)比赛采用每球得分制，谁得分谁发球。

(2)所有比赛得 21 分的一方胜一局。

(3)20 分平以后，须超出对手两分方可判定获胜，如到 30 分还没分出胜负时，先到 30 分者获胜。

(4)下一局开始时由上一局的胜方先发球。

四、交换场区

以下情况运动员应交换场区：第一局结束；第三局开始；第三局中当领先一方先

到 11 分。运动员未按规定交换场区，发现后立即交换，已得分数无效。

五、合法发球

(1)发球时任何一方都不允许延误发球。

(2)发球员和接发球员都必须站在各自发球区内发球和接发球，脚不能触及发球区的界；两脚必须都有一部分与地面接触，不得移动，直至将球发出。

(3)发球员的球拍必须先击中球托，与此同时整个球要低于发球员的腰部。

(4)击球瞬间，球拍杆应指向下方，从而使整个拍头明显低于发球员的整个握拍手部。

(5)发球开始后，发球员的球拍必须连续向前挥动，直至将球发出。

(6)发出的球必须向上飞行过网，如果不受拦截，应落入接发球员的发球区内。

(7)一旦双方运动员站好位置，发球员的球拍头第一次向前挥动即为发球开始。

(8)发球员须在接发球员准备好后才能发球，如果接发球员已试图接发球则被认为已做好准备。

(9)一旦发球开始，球被发球员的球拍触及或落地即为发球结束。

(10)双打比赛，发球员或接发球员的同伴站位不限，但不得阻挡对方发球员或接发球员的视线。

六、单打

(1)发球员的分数为 0 或双数时，双方运动员均应在各自的右发球区发球或接发球。

(2)发球员的分数为单数时，双方运动员均应在各自的左发球区发球或接发球。

(3)如"再赛"，发球员应以该局的总得分，按上述(1)和(2)的规定站位。

(4)球发出后，由发球员和接发球员交替对击直至"违例"或"死球"。接发球员违例或因球触及接发球员场区内的地面而成死球，发球员就得 1 分。随后，发球员再从另一发球区发球。

(5)发球员违例或闪球触及发球员场区内的地面而成死球，发球员即失去发球权。随后，接发球员成了发球员，双方均不得分。

七、双打

(1)一局比赛开始双方分数为零时，都应从右发球区发球。

(2)只有接发球员才能接发球；如果他的同伴去接球或被球触及，发球方得 1 分。

(3)自发球被回击后，由发球方的任何一人击球，然后由接发方的任何一人击球，如此往返直至死球。

(4)自发球被回击后，运动员可以从网的各自一方任何位置击球。

(5)接发球方违例或因球触及接发球方场区内的地面而成死球，发球方得1分，原发球员继续发球。

(6)发球方违例或因球触及发球方场区内的地面而成死球，接发球方得分，并同时获得发球权，双方均不得分。

(7)每局开始首先发球的运动员，在该局本方得分为0时右侧发球，发球方得分换位发球，接发球方得分发球方位置不变。

(8)运动员不得有发球顺序错误和接发球顺序错误，或在同一局比赛中连续二次接发球。

(9)一局胜方中的任一运动员可在下一局先发球，负方中的任一运动员可先接发球。

八、发球区错误

以下情况为发球区错误：发球顺序错误；从错误的发球区发球；在错误的接发球区准备接发球，且球已发出。

发球区错误的处理如下。

(1)如果错误在下一次发球击出前发现，应重发球；只有一方错误并输了这一回合，则错误不予纠正。

(2)如果错误在下一次发球击出前未被发现，则错误不予纠正。

(3)如果因发球区错误而"重发球"，则该回合无效，纠正错误重发球。

(4)如果发球区错误未被纠正，比赛也应继续进行，并且不改变运动员的新发球区和新发球顺序。

九、违例

有以下4种情况发生即为违例。

(1)发球不合法；发球员发球时未击中球；发球时，球过网后挂在网上或停在网顶等。

(2)比赛时，球落在球场界线外；球从网孔或网下穿过；球不过网；球碰屋顶、天花板或四周墙壁；球触及运动员的身体或衣服；球触及场外其他人或物体；比赛时，球拍与球的最初接触点不在击球者网的这一方(击球者击球后，球拍可以随球过网)。

(3)比赛进行中，运动员球拍、身体或衣服触及网或网的支撑物；运动员的球拍或身体从网上侵入对方场区(不妨碍对方的击球后随球挥动)；运动员的球拍或身体从网下侵入对方场区，妨碍对方或使对方分散注意力；妨碍对方，如阻挡对方紧靠球网的合法击球；比赛时，运动员故意分散对疗注意力的任何举动，如喊叫、故作姿态等。

(4)击球时，球夹在或停滞在拍上紧接着又被拖带；同一运动员两次挥拍连续击中球两次；对方两名运动员连续各击中球一次；球触及运动员球拍后继续向其后场飞行；

运动员严重违反或一再违反规则的规定。

十、重发球

(1)遇到不能预见或意外的情况，应重发球。

(2)除发球外，球过网后挂在网上或停在网顶，应重发球。

(3)发球时，发球员和接发球员同时违例，应重发球。

(4)发球员在接发球员未做好准备时发球，应重发球。

(5)比赛进行中，球托与球的其他部分完全分离，应重发球。

(6)司线员未看清，裁判员也不能做出决定时，应重发球。

(7)"重发球"时，最后一次发球无效，原发球员重新发球。

十一、死球

下列情况为死球：球撞网并挂在网上，或停在网顶；球撞网或网柱后开始在击球者一方落向地面；球触及地面；"违例"或"重发球"已被宣判。

十二、间歇

比赛的第二局与第三局之间应允许有不超过 5 分钟的间歇。

(1)遇有不是运动员所能控制的情况，裁判员可根据需要暂停比赛。如果比赛暂停，已得分数有效，续赛时由该分数算起。

(2)不允许运动员为恢复体力或喘息，或接受场外指导而中断比赛。

(3)比赛时不允许运动员接受指导。

(4)在一场比赛中，运动员未经裁判员同意，不得离开场地。

(5)只有裁判员能暂停比赛。

十三、警告

(1)对已被警告过的一方判违例。

(2)对严重违反或屡犯者判违例并立即向裁判长报告，裁判长有权取消其比赛资格。

(3)未设裁判长时，竞赛负责人有权取消违犯者的比赛资格。

▸▸ 思考题

1. 简述单打战术和打法。

2. 简述双打战术和打法。

3. 简述比赛中的再赛规定。

4. 简述合法发球。

5. 发球区错误如何处理？

6. 简述何时应该重发球。

7. 简述羽毛球击球方法。

8. 简述羽毛球场地和器材要求。

第十一章　网球

第一节　网球的起源与发展

网球是世界上最流行的运动项目之一。现代网球运动一般包括室内网球和室外网球两种形式，是一项 2 人或 4 人在中间隔一道网的场地上用球拍往返拍击一个有弹性的橡皮小球的球类运动，场地分为草地、塑胶场地和红土地。国际网联和国家体委颁布的《网球竞赛规则》中规定，一片标准网球场地的占地面积不小于 36.6 米（长）×18.3 米（宽），这也是标准网球场地四周围挡网或室内建筑内墙面的净尺寸。在这个面积内，有效双打场地的标准尺寸是：23.77 米（长）×10.98 米（宽），在每条端线后应留有的余地不少于 6.40 米，在每条边线外应留有的余地不少于 3.66 米。在球场安装网柱，两柱中心测量，柱间距是 12.80 米，网柱顶端距地面是 0.914 米。如果是两片或两片以上相连而建的并行网球场地，相邻场地边线之间的距离不少于 4.0 米。如果是室内网球场，端线 6.40 米以外的上空净高不低于 6.40 米，室内屋顶在球网上空的净高不低于 11.50 米。

网球场地及其分区如图 11-1 所示。

一、网球运动的起源

网球起源于法国。早在 12—13 世纪，法国传教士用手掌击打一种小球来娱乐，当时，这种游戏被称作"掌球戏"。据说这种游戏是两个人进行的，每人各执一个球拍，球场的周围筑有围墙，球撞到墙上后被弹回去，然后过网。因此，无论从使用的场地和器具上，还是从进行游戏的方法上，它与现代网球运动都有许多相似之处，所以有人把它看作网球运动的原始形态。

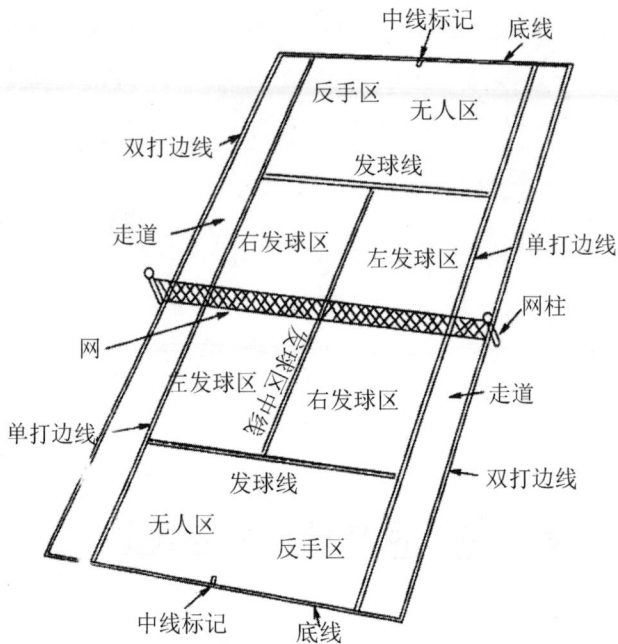

图 11-1

二、网球运动的传播和发展

14 世纪中叶，这种游戏传入英国，当时球的表面是用绒布做的。19 世纪，人们发明了用线编制的网球拍，场地也已成雏形，并制定了相应的比赛规则。1873 年，英国菲茨德尔少校改进了早期的网球打法，规定了网球的大小和高低，创造了简易的草地网球比赛。1877 年 7 月举行了第一届温布尔登草地网球锦标赛。1881 年，英国草地网球协会成立，制定了一系列规则，使网球成为有章可循的体育运动，并列为体育比赛项目。至此，现代网球正式形成，并很快在欧美盛行起来，成为一项深受人们喜爱的室外体育运动。

1885 年左右，网球运动传入我国上海、广州等地，并首先在教会学校中开展。新中国成立后，我国网球运动有了较快的发展。1980 年我国被国际网球联合会接纳为正式会员。

三、网球运动的特点

1. 网球具有独特的健身价值

网球运动是一项老少皆宜的活动，从 8～9 岁的儿童，到 60～70 岁的老人都可以根据个人体力情况进行锻炼。同时，网球运动是一项技术、战术与体能并重的项目，对身心的全面发展都有很高的锻炼价值。据测，一场较高水平的比赛，时间可以持续3～5 小时，发球时速可达 200 千米，抽击球的速度可达 100 千米，击球达上千次。可想而知，没有良好的爆发力、力量和耐力是难以胜任的。同时，坚强的信心、非凡的勇气、强烈的竞争意识都对运动员的个性心理品质的培养起到良好的作用。长期坚持网球活动，青年人能够保持青春活力和健美的形态，老年人能保持旺盛的精力、延迟衰老、延年益寿、情绪饱满。网球是隔网的对抗项目，没有身体接触，安全、文雅。另外，打网球需要有一个对手或球友，这样可通过打网球增进友谊、加强团结、交流球艺、开展社交活动。

2. 网球具有独特的欣赏价值

网球比赛之所以有其独特的欣赏价值，不仅仅因为它是一种技巧性很强的对抗比赛，还因为它的"网球精神"。网球比赛跑动场面大，对抗激烈，且又在露天进行，运动员的体力消耗很大。规则规定，平分后要连胜两分才算取胜一局，平局后要连胜两局才算取胜一盘，否则要无休止地比赛。可见，网球比赛中选手不但要勇敢拼搏，而且还要有坚韧不拔的精神。因此，网球比赛不仅是力量、技术和战术的较量，也是心理素质的较量。总之，网球运动既是一种消遣、一种增进健康的手段，也是一种艺术追求和享受，还是一种扣人心弦的竞赛项目。打网球，文明、高雅、动作优美，每出一次好球，打出弦音，使人感觉兴奋异常、愉快无比。人们在欣赏网球运动时，也会有一种力的感受、雅的体验、美的熏陶，而这些正是网球运动所特有的魅力。

四、网球赛事

温布尔顿网球锦标赛、法国网球公开赛、美国网球公开赛、澳大利亚网球公开赛，被称为世界 4 大网球公开赛，是每年一届的最为重要的世界性网球单项比赛。世界各地的职业选手均视获得这 4 大比赛桂冠为最高荣誉。

1. 温布尔顿网球锦标赛

温布尔顿网球锦标赛是现代网球史上最早的比赛，由全英俱乐部和英国草地网球协会于 1877 年创办。首次正式比赛在该俱乐部位于伦敦西南郊的温布尔顿总部举行，名为"全英草地网球锦标赛"。首届比赛只设男子单打，冠军奖杯叫"挑战者杯"。1879年增加了男子双打，1884 年增加了女子单打，1899 年又增加了女子双打和混合双打。1901 年才接受国外选手参赛，当时只限于英国自治领地的小国参加，1905 年正式开放，美、法等国选手参加比赛。1922 年进行了两项改革，一项是修建可容纳 1.5 万观众的中央球场，另一项是废除了"挑战赛"，从这一年起要取得冠军，男子必须从第 1轮打起，连胜 7 场比赛，女子必须连胜 8 场比赛。1968 年国际网联同意职业选手参加该项比赛，同时组织者还募集巨额奖金，吸引全世界一流好手参加，故竞技水平逐年提高。凡夺得各个单项比赛第 1 名的，即为该项目的世界冠军。因此，比赛期间高手云集，争夺十分激烈，它体现了网球技术的最高水平和发展趋势。

2. 法国网球公开赛

法国网球公开赛是与温布尔顿锦标赛一样，在世界网坛上享有盛名的传统比赛。

它始于 1891 年，比温布尔顿锦标赛晚 14 年，通常在每年 5 月下旬至 8 月上旬举行，是继澳大利亚公开赛之后，当年第二个进行的公开赛。比赛地点设在巴黎西部一座叫罗兰—卡罗斯的大型体育场内。自从 1927 年该地成了法国网球公开赛赛场后，一直成为世界著名网球运动员向往的圣地，获得这个公开赛桂冠的选手，与温布尔顿冠军一样名震世界。法国公开赛已经 100 周年，在过去百年，除两次世界大战被停赛 11 年外，其余 90 年均每年举行一届。开始只限本国人参加，到 1925 年后对外开放，成为公开赛。该比赛规定每场比赛采用 5 局 3 胜淘汰制，罗兰-卡罗斯球场属慢速红土球场，利于底线对抗，所以一场比赛打上 4 小时是习以为常的。在这样的球场要获得优胜是不容易的，运动员要求有超群的技术和惊人的毅力。获男子单打锦标赛冠军最多的是瑞典选手博格，他在 1974—1981 年 8 年中，6 次夺冠。女子单打锦标赛中，埃弗特、纳英拉蒂诺娃、格拉英等当代明星都夺过该奖杯。而埃弗特在 1974—1986 年的 12 年间，曾 7 次夺冠，创造了这个公开赛的纪录。

3. 美国网球公开赛

美国网球公开赛首届比赛只有男子单打，于 1881 年在美国罗得岛新港举行，每年举办一届，通常在 8—9 月开始名为"全美冠军赛"，1915 年起移至纽约林山进行比赛，1970 年改名为美国网球公开赛。1968 年被列为四大公开赛之一，是一年中最后举行的大赛。由于美国网球的地位和高额奖金，以及中速硬地场地，吸引了众多选手参加。它的影响虽比不上温布尔顿锦标赛，却高于澳大利亚甚至法国公开赛。

4. 澳大利亚网球公开赛

澳大利亚网球公开赛是四大公开赛中最晚创建的赛事，从 1905 年创办至今也已经有 100 年历史，比赛场地在墨尔本，安排在 1—2 月举行，它是每年四大公开赛中最早开赛的。由于比赛场地远离欧美大陆，赛事又在年初举行，时值当地盛夏，欧美选手都不愿去参加比赛，因此它是最缺乏吸引力的赛文。一直到 1968 年，国际网球职业化，它被列为四大公开赛之一以后，得分和奖金均高于一般巡回赛事，其身价才有所抬高。

第二节　网球运动的基本技术

一、握拍法

在所有的网球技术中，最基本的仍是握拍法，它能直接影响球拍面接触球的角度。目前世界上流行的握拍法有 3 种：大陆式、东方式和西方式。

1. 大陆式握拍法

大陆式握拍法起源于欧洲大陆，故得此名。这种握拍法还被称为"榔头"式握拍法，因为采用这种握拍法时，食指根部压在与拍面水平的那个平面上，拍面的角度几乎与地面垂直，所以仿佛在用拍框的侧面钉钉子一样。大陆式握拍法适合用来击打任何类型的球，但在发球、打截击球、过顶球、削球以及防守球时采用这种握拍效果更好。

正确握法是，由拇指与食指形成 V 形，虎口放在拍柄的上半面与左上斜面的交界线上，手掌根部贴住上平面，食指与其余 3 个手指稍分开。

此握拍法对处理低球很适合，对于上网截击也很有利，对处理网前球和处理齐腰的高球同样方便，适合于臂力、腕力都较强的人。但是这种握拍姿势对于过高的来球，不易控制拍面，因手握在拍柄的上方，故打高球不太方便。大陆式握拍法对正、反手击球都无须变换握拍，而始终如一，如图 11-2 所示。

2. 东方式握拍法

东方式握拍法因广泛使用于美国东部的沙土场地而得名。分正手和反手两种握法。

东方式正手握拍法亦称"握手式"握拍法，拍面与地面垂直，手握拍柄类似与人握手一样。准确地说，用握拍手的虎口对正拍柄右上侧楞，手掌根与拍柄右斜面紧贴，拇指垫握住拍柄的左垂直面，食指稍离中指，食指下关节压住拍柄右垂直面，五指握紧拍柄。这种握法能增大正手击球的力量，如图 11-3 所示。

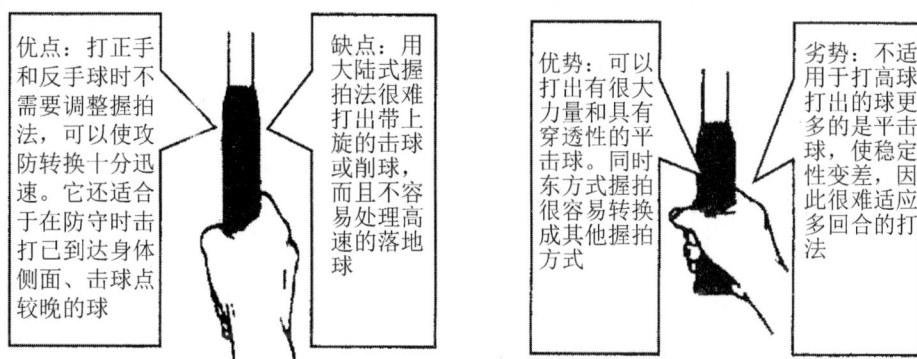

| 优点：打正手和反手球时不需要调整握拍法，可以使攻防转换十分迅速。它还适合于在防守时击打已到达身体侧面、击球点较晚的球 | 缺点：用大陆式握拍法很难打出带上旋的击球或削球，而且不容易处理高速的落地球 |
| 优势：可以打出很大力量和具有穿透性的平击球。同时东方式握拍很容易转换成其他握拍方式 | 劣势：不适用于打高球，打出的球更多的是平击球，使稳定性变差，因此很难适应多回合的打法 |

图 11-2　　　　　　　　　　　　　　　图 11-3

东方式反手握拍法：从正手握拍法把手向左转动 1/4 即转动 90°，使虎口正对拍柄左侧楞面，即用手掌根压住拍柄的左上斜面，拇指直贴在拍柄的左垂直面上，食指下关节压住拍柄右上斜面。正、反手变换握拍，当球打到另一侧，仍须变换握拍法迎击。变换握拍始于准备运动时，用左手扶住球拍颈部，在球拍向后摆动准备击球之前，握拍必须调整完毕，如图 11-4 所示。

双手反手握拍法：使拍面处于大陆式和东方式反手握拍的中间位置，然后用另一只手以东方式正手握拍法放在持拍手的前方，如图 11-5 所示。

东方式握拍法非常适宜初学者进行底线正、反拍击球。对各种高和旋转的球有较广的适应性，击球的时候用力方便，运用灵活，能打出强有力的正手击球。但反手击球的时候有换握的动作，对于初学者不太习惯。

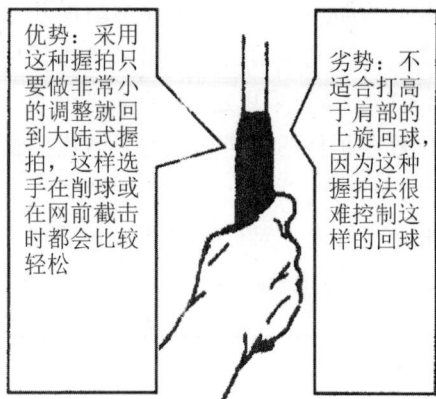

优势：采用这种握拍只要做非常小的调整就回到大陆式握拍，这样选手在削球或在网前截击时都会比较轻松

劣势：不适合打高于肩部的上旋回球，因为这种握拍法很难控制这样的回球

图 11-4

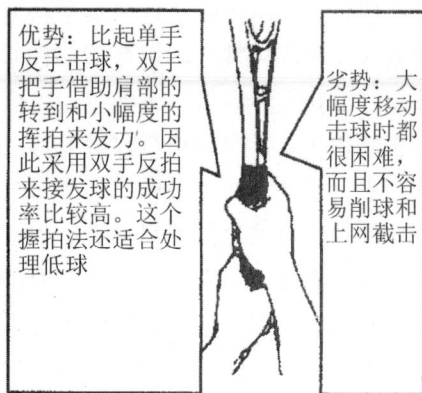

优势：比起单手反手击球，双手把手借助肩部的转到和小幅度的挥拍来发力。因此采用双手反拍来接发球的成功率比较高。这个握拍法还适合处理低球

劣势：大幅度移动击球时都很困难，而且不容易削球和上网截击

图 11-5

3. 西方式握拍法

西方式握拍法是在美国两部加利福尼亚州的水泥硬地球场上发展起来的。这种握法的正反手击球都使用网拍同一个面，在软式网球中多采用这种握法。

西方式正手握拍法：拍面与地面平行，用手从拍上面抓住拍柄，手掌根贴在拍柄右下斜面，拇指和食指都不前伸，拇指压在拍柄上部小平面，食指下关节握住拍柄的右下斜面，如图 11-6 所示。

半西方式正手握拍以东方式握拍相同，然后逆时针方向（左手握拍则顺时针方向旋转）旋转球拍，使食指根部压在下一条拍棱上，如图 11-7 所示。

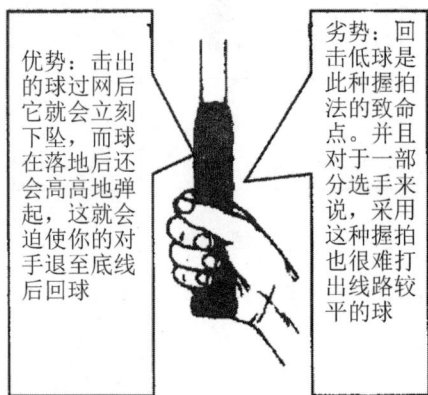

优势：击出的球过网后它就会立刻下坠，而球在落地后还会高高地弹起，这就会迫使你的对手退至底线后回球

劣势：回击低球是此种握拍法的致命点。并且对于一部分选手来说，采用这种握拍也很难打出线路较平的球

图 11-6

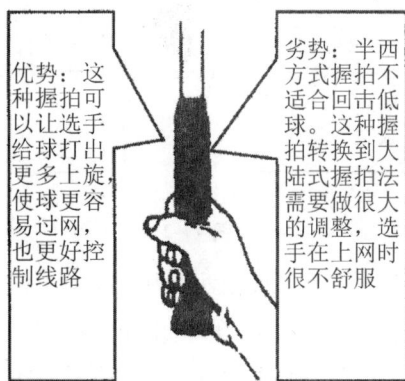

优势：这种握拍可以让选手给球打出更多上旋，使球更容易过网，也更好控制线路

劣势：半西方式握拍不适合回击低球。这种握拍转换到大陆式握拍法需要做很大的调整，选手在上网时很不舒服

图 11-7

西方式握拍法，是一种很"极端"的握法，手腕的位置迫使拍面强烈地击打球的后部，从而产生更多的上旋。可以让击出的球恰好过网，但过网后球就会立刻下坠，而球在落地后还会高高地弹起，这就会迫使对手退至底线后回球。这种握拍比其他任何一种正手握拍法的击球点都要更高更远。正是因为西方式握拍法对高球的良好控制，因此许多选手和青少年都很青睐这种握拍法。回击低球是此种握拍法的致命点，对截击球和低飞来球特别是反手近网球极不方便。这就是许多采用这种握拍的职业选手在

球速较快、球的反弹较低的硬地或草地场上比赛时表现得不尽如人意的原因。同时，需要以更快的挥拍动作来给球加上必要的旋转，否则，击出的球就会既没有速度也没有深度。对于一部分选手来说，采用这种握拍也很难打出线路较平的球。

正确的握拍方法是学好网球的基础，无论是东方式、西方式，还是大陆式，只要掌握任何一种握拍方法都能打出一手好球。如正手东方式握法，以右手为例，左手捏着拍颈，拍头向上置于身体前，右手掌平贴在拍弦上，再沿拍颈向下滑动，直到拍柄处，手指围绕拍柄握拢。手掌在球拍的后面，但是和拍面在一个平面上，其目的是为了能握紧球拍和抵制球的冲击力。另外，还应将食指与其余指头分开形成"勾扳机"式，这样既增大了握拍面积提高了稳定性，又增大了出球的准确性及出球的距离。但初学者在练习过程中，握拍方法会由当初的东方式慢慢地变成西方式，这种方式的握拍方法在击打体前较远的球或低球时非常不方便，因此教练员应早发现、早纠正。另外，也可在练习者持拍手的手背上贴一标识，让练习者在击球过程中眼睛能看到标识（标识向上）。

二、基本步法

提起步法，或许大家想到跑动中才有步法，其实网球站位截击这样的非跑动中的击球也是需要良好步法的。网前截击除了借助于来球的力量之外，在很大程度上是通过脚步来实现由身体重心、前臂的力量转换，来达到对球的控制。如果站在网前只是利用上身动作来完成截击，恐怕无论是从球的力量上还是落点上都差强人意。另外，网前小球以及高压球的处理都需要建立在良好步法的基础上。下面介绍一下几种常见的步法。

1. 交叉步

当一次击球过后，要迅速退回场地中准备下次击球时，交叉步是最好的选择。当向着场地中央移动时，尽可能保持肩膀平行于球网，重心保持在两腿间，两腿呈交叉状向侧面跨步。如果向右侧移动，应先跨左腿在右腿前；相反同理。当因要处理离距离很远的球而需要做大幅度移动时（如近网短球或大角度的来球），那就先侧身，然后疾速向球的方向奔跑。但如果每次击球都使用这样的步法，就会限制变向的能力，而且容易导致错误地运用步法。

2. 滑步

准备击球或击球后回位的距离较短时，多数球员都会采用滑步。面对球网，将外侧的腿向所要移动的方向滑动。内侧腿向外侧腿移动时，两腿在空中接触（注：依个人习惯，也可不接触），然后进入准备击球状态。提示：当球处于比较靠近身体位置时推荐使用这种步法；如果球距离身体很远，可以使用跑动范围较大的交叉步。

3. 碎步

在挥拍击球前用碎步调整可处于最佳的击球位置。一些顶级职业选手在挥拍击打落地球前，都会通过碎步来调整到理想的击球位置。多数业余选手通常只满足于移动到击球位置的附近，这样有时会导致需要弯腰，或伸长胳膊去够球，要不就只能拼命去做非常规的击球动作。提示：尽管击球可以过网，但它未必能达到所期望的效果。通过碎步来调整到最佳的击球位置，将会大大提高击球的潜能。

4. 跳步

在每次击球前，特别是进行网前截击的时候，球员应该使用分隔步法。从准备状态开始，当对手开始挥拍时，膝盖弯曲，做一个小跳跃（高度不要超过5厘米），双脚的前脚掌着地（略宽于肩）。这样会保持一个适当的站位，很容易向对手下一次击球的方向突然起动。

在比赛中，很少有球直接送到身边，能很舒服地不用调整步法即可击球。大多情况下，需要不断地移动，迅速站稳，等待击球。因此场上的移动步法也是非常重要的，除了一般的跑动外，常见的还有滑步法、左右交叉步法、跨步击球法和移动三步击球步法。

（1）滑步步法。

多常用于前后移动不太远的正反手击球。请注意一点，滑步的同时，应提前引拍，最好做到保持向后引拍的姿势移动。具体的步法要点是，向前移动时，蹬出右脚的同时，向前跨出左脚，连续向前即形成前滑步步法；向后移动时，左脚后蹬的同时，向后迈出右脚，连续形成后滑步步法。

（2）左右交叉步法。

多常用在两侧边线附近的来球。向右移动时，向右转体，左脚先向右前方跨出，交叉于右脚外侧前方，再跨出右脚；继续跨出左脚于右脚外侧，反复向右交叉移动，就是右交叉步步法。向左移动，方法与向右移动一样。

（3）移动三步击球步法。

移动三步击球步法的练习要点是：重点强调提前引拍；可利用第三步的落脚点来调整最佳击球点的位置。

练习方法：由同伴发出指令，练习者接受到向正拍方向移动的指令时左腿迅速向击球方向迈出第一步，右腿跟进第二步时必须完成引拍，待左腿继续踏上第三步时即要开始球拍前挥击球动作，如图11-8所示。向反拍疗向移动则先迈右腿。

对于初学者而言，适当地降低重心是保证人稳和球稳的重要手段。然而大部分初学者在正拍击球练习时，往往重心在后、过高，这是网球初学者击球时普遍存在的身体特征。来球时，不是积极移动去保持正面对网，而是站在原地等球；当来球离身体稍远时，不是快速移动到位后再击球，而是站在原地向前伸臂"够"着击球，这就往往击不到球或击不正球；当来球离身体稍近时，只能破坏身体平衡去击球，从而无法完成击球动作。因此，应把准备姿势和步法移动练习与正拍击球技术相结合，这样才能为更好地学习正拍技术创造条件。另外。在对方击球的一瞬间，不管是开放式打法还是闭合式打法，练习者一定要做分腿跳，移动方向的异侧脚先落地，这样有利于重心的转移，在提高稳定性的同时还能有蓄力的过程。其练习方法是：先掌握原地击球，然后移动1～2米击球，最后是跑动击球。

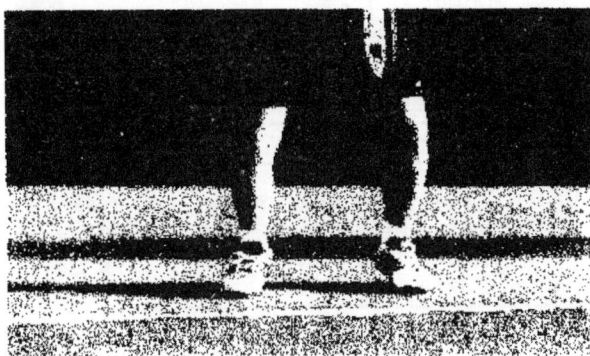

图 11-8

三、基本击球技术

1. 正手击球的步法及特点

底线正拍击球是整个网球技术中的一项重要进攻技术，其动作要点如图11-9所示。从实践中来看：底线正拍击球的机会多于底线反拍击球，而且动作比较舒展，因而击球有力，速度也比较快。

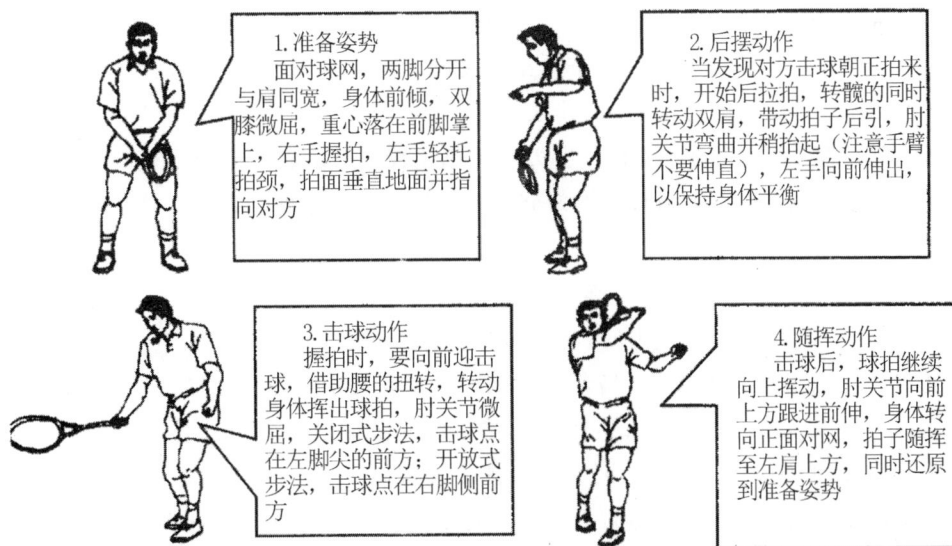

1. 准备姿势
面对球网，两脚分开与肩同宽，身体前倾，双膝微屈，重心落在前脚掌上，右手握拍，左手轻托拍颈，拍面垂直地面并指向对方

2. 后摆动作
当发现对方击球朝正拍来时，开始后拉拍，转髋的同时转动双肩，带动拍子后引，肘关节弯曲并稍抬起（注意手臂不要伸直），左手向前伸出，以保持身体平衡

3. 击球动作
握拍时，要向前迎击球，借助腰的扭转，转动身体挥出球拍，肘关节微屈，关闭式步法，击球点在左脚尖的前方；开放式步法，击球点在右脚侧前方

4. 随挥动作
击球后，球拍继续向上挥动，肘关节向前上方跟进前伸，身体转向正面对网，拍子随挥至左肩上方，同时还原到准备姿势

图 11-9

2. 反手击球的步法及特点

反拍上旋球击球法使球在空中的运行特点及落地后的弹跳特点，与底线正拍上旋球相似。如果运动员能熟练地掌握底线反拍上旋球技术，就能在比赛中的相峙对拉时

争得主动，给对手出其不意的进攻，为下一次进攻得分创造有利条件。反手击球的步法、动作如图 11-10 所示。

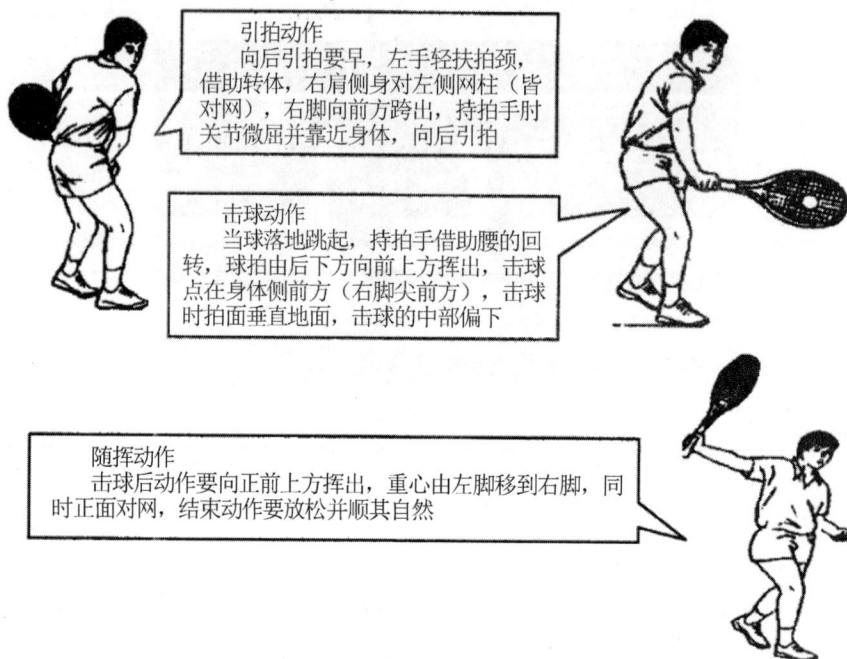

引拍动作
向后引拍要早，左手轻扶拍颈，借助转体，右肩侧身对左侧网柱（皆对网），右脚向前方跨出，持拍手肘关节微屈并靠近身体，向后引拍

击球动作
当球落地跳起，持拍手借助腰的回转，球拍由后下方向前上方挥出，击球点在身体侧前方（右脚尖前方），击球时拍面垂直地面，击球的中部偏下

随挥动作
击球后动作要向正前上方挥出，重心由左脚移到右脚，同时正面对网，结束动作要放松并顺其自然

图 11-10

3. 底线双手反拍抽击球

由于双手反拍抽击球如同底线正拍击球一样，可以打出高质量、高难度的进攻球，因此也受到不少名运动员的青睐。其步法、动作要点如图 11-11 所示。双手反拍击球，不论来球高低，都便于对球施加上旋，发力击球也比较容易，能够弥补反拍击球力量不足的弱点。双手反拍击球，有两种基本站姿：一种是侧对来球站立，另一种是双脚对球网开放式站立。握拍右手在下时，用东方式反拍握法；右手在上时，用东方式正拍握法。

初学者应注意挥拍路线。正确的挥拍路线将直接影响击球的效果，而身体（肩、腰、髋）的转动是影响挥拍路线的直接因素。不管采用的是开放式打法还是关闭式打法，正确的击球用力都是靠腿、臀部、躯干、手臂以及手腕的全身协调发力来完成的。如果身体不转或转动不够，将直接影响挥拍路线的击球用力。初学者在挥拍路线上存在着不同程度的毛病，其主要原因就是身体不转或转动不够。因此，初学者在学习过程中应加强对转肩、转腰、转髋以及控拍方法的练习。纠正身体不内转、挥拍不完整的方法有：多做挥拍练习，要求挥拍结束的时候拍柄底部标识向前；可用"吊球"及手抛球击挡网的练习，由于不用考虑落点，练习者可专心击球；将球放存底线上，练习者用球拍框抵住球，身体保持击球一瞬间的状态，准备好后，将球挑过网，这样既解决了身协调用力，又解决了内转及挥拍路线完整的问题。

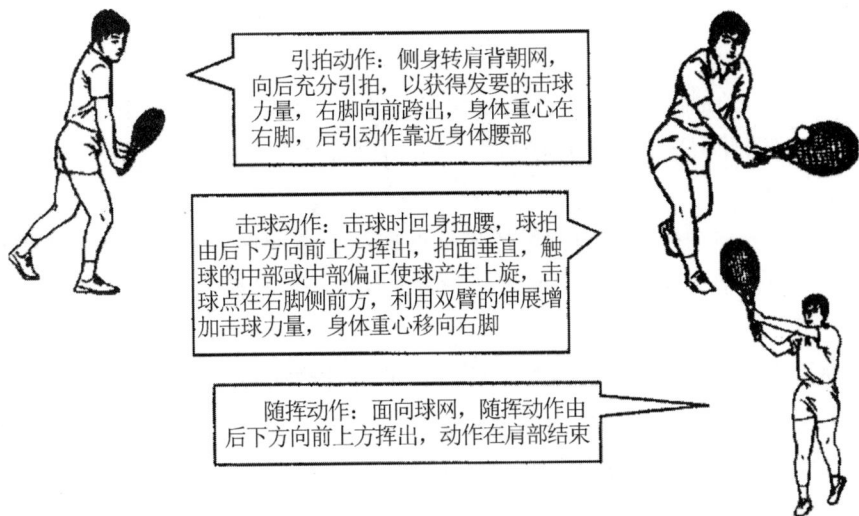

引拍动作：侧身转肩背朝网，向后充分引拍，以获得发要的击球力量，右脚向前跨出，身体重心在右脚，后引动作靠近身体腰部

击球动作：击球时回身扭腰，球拍由后下方向前上方挥出，拍面垂直，触球的中部或中部偏正使球产生上旋，击球点在右脚侧前方，利用双臂的伸展增加击球力量，身体重心移向右脚

随挥动作：面向球网，随挥动作由后下方向前上方挥出，动作在肩部结束

图 11-11

四、基本发球技术

在现代网球运动中，发球技术是非常重要的，是唯一由自己掌握的击球法。它可以不受对方制约，在较大的程度上能够发挥出个人的特点，用以控制对方，为自己的进攻创造有利条件。为此，要求运动员必须比较全面地掌握各种发球技术，以利于在比赛中争取主动。

发球时，不论是在右区还是在左区发球，都要保持右脚的脚尖指向右网柱，并且两脚尖的连线指向相应的发球区。开始挥拍前，重心在前脚，然后随向下、向后同时将重心后移，再随着上举球拍向前蹬腿，利用重心前后移动的力量来增加发球速度。另一种是后脚靠近前脚的发球步法。随着上举球拍的结束，准备向上击球之前，让后脚靠近前脚，平稳地向前移动重心，保持双脚同时向上发力击球。

1. 准备姿势

采用大陆式或东方式反手握拍法，侧身站立在端线外中场标记旁，左肩对着左边网柱，面向右边网柱，两脚分开约与肩同宽，左脚与端线成 45°，与端线平行，重心在左脚上。左手持球轻托球拍在腰部，拍头指向前方。

2. 抛球与后摆

抛球与后摆拉摆动作是同步开始的，持球手拇指、食指和中指 3 指，轻轻拖住球，掌心向上，当球拍从身后向头上方做大弧度摆动，身体做转体、屈膝、展肩时持球手柔和地在身前左脚前上举，直至伸直高及头顶。此时右肘向后外展约同肩高，拍头指向天空，左侧腰、胯成弓形，身体重心随着抛球开始先移向右脚，然后平稳的开始前移，此时，肩与球网成直角。

3. 击球动作

当左手抛出球时,球拍继续向上摆起,这时候持拍手的肘关节放松,可以使向前转动的身体和右肩自动地让手臂和身体充分伸展。当身体向前上方伸展击球时,肩、手臂已经回转,双肩与球网平行。挥拍击球时,持拍手腕带动小臂有一个内旋的"鞭打"动作。

4. 随挥动作

球发出后,身体向体内倾斜,保持连续的向前上方伸展的随挥动作。球拍挥至身体的左侧重心移向前方,做到完美自然地跟进并保持身体平衡。

下面介绍 3 种常见的基本发球。

第一种,平击发球。平击发球技术特点:平击发球在各类发球中是球速最快的发球法,平击发球力量大,落地后弹跳低,给对方威胁最大,但同时命中率较低,多采用在第一发球。其动作要点与步法如图 11-12 所示。

准备动作:在右区发球时,站立的位置要靠近中点;在左区发球时,要站在离中点约1.5米处。左脚与端线处成45°,右脚与端线平行,两脚分开与肩同宽,左脚与端线保持5厘米左右的距离,左肩侧对球网,起初重心放在右脚,把球和球拍放在身体前面胸部的高度

抛球与引拍:抛球时整个手臂向着身体的右前上方抬起,利用手臂向上惯性使球平稳的离开手指,尽可能让球垂直向上,抛球应偏向右前方,抛球高度应是握拍的手臂充分伸展时球拍的顶部,并在球上升到最高点将要下降的一瞬间击球,挥拍从前方开始,从下向后上方摆起,同时做屈膝、转体、展肩的动作,后摆完成时,拍头在头后指向天,身体重心随着抛球先移向后脚,后摆动作完成后重心开始前移

挥拍击球:前挥击球挥拍时好像要把球拍甩出去一样,越放松动作就越协调完整,右肘伸直高抬拍头指向天上,当球落到击球点的瞬间,迅速击球后上脚,手臂与身体充分伸展,眼睛盯信球,此时身体重心前移,身体面对球网

随挥动作:击球后继续保持完整地向前上方伸展的随挥动作,挥拍到身体的左下方,右脚跨过端线进入场区,发完球要尽快调整所处的位置,准备接对方回击的球

图 11-12

握拍法：一般采用大陆式握法，有些初学者也可采用东方式正拍握法。

站位：前脚与端线约成 45°，后脚与端线平行。

第二种，切削发球。这是一种以右侧旋转（略带下旋）为主的发球法，由球的右上往左下切削击球。由于切削发球的飞行轨迹及弹跳方向固定，该发球不但球速快，威胁大，而且容易提高发球命中率。为此被世界各国多数运动员所采纳。

发球时把球抛到右侧斜上方，球拍快速从右侧中上方至左下方挥动。击球部位在球的中部偏右侧，使球产生右侧旋转。

第三种，上旋发球。这是以上旋为主，侧旋为辅的发球法。由于球的上旋成分多于切削发球，使球产生一个明显的从上向下的弧形飞行轨迹过网，发力越强，旋转成分越多，弧形就越大，命中率也越高；落地后高反弹到对方的左侧，迫使对方离位接球，给对方造成很大压力，同时为发球上网带来足够的时间。

发上旋球时把球抛到头后偏左的位置，击球时身体尽量后仰成弓形，利用杠杆力量对球加旋转，球拍快速从左向右上方挥动，从下向上擦击球的背面，并向右带出，使球产生右侧上旋。

五、接发球技术

接发球是比赛较难掌握的技术，要接好发球必须掌握比较全面的基本战术。接发球之前无法判断对方发球的方向、旋转、力量和速度。对手将球发出后就要迅速作出判断和反应，并且选择恰当的击球方式来完成接发球动作。接发球站位一般位于端线附近，力求在接发球时向前移动击球。在接发球的全过程中眼睛要始终注视来球，一直到完成还击动作。要认真观察对方的抛球动作，这样有利于判断发球的方向和旋转。

接发球时应注意：对方第一次发球时多采用大力发球，站位应偏后一些。第二次发球可略向前移。接大力发球时引拍动作不要过大，要控制好拍面角度并紧握球拍。还击球之前要观察对方的行动，选择回球的线路和落点。

击球时急于发力是初学者较常见的现象。特别是有点基础的人，对打能打上几个回合时，就想打出大力球来。可由于他们的基本功不够扎实，控制球的能力还远远不够。握拍及挥拍路线没有达到运作自动化，如果用力较大，打出时必然失误较多。长此下去对初学者以后的球技进步是有很大阻碍的。因此要求初学者特别是有一点基础的人，应以打多回合球为主，不要甩力过大，要重视基本功的练习。

六、截击球

当球还没落地并在空中飞行时（高压球除外），被凌空打掉，称为截击，亦称拦网。截击球在现代网球比赛中，是一项重要的得分手段，近网截击的站位比中场截击要靠前，位于发球线前 1.5 米距离，它是在中场截击基础上的网前得分的主要手段。近网截击时，如判断落点准确、击球果断，能给对方以致命地一击。为使自己的技术水平更具全面和有威力，必须掌握好近网截击球技术。

近网截击动作要领

1. 正手截击球

截击球时站在网前 2.5～3 米的位置，准备姿势与一般击球基本相同，但球拍要举得高一些，约与眼部同高，截击球时后摆动作要小，击球点保持在身体前方，拍触球瞬间手腕固定，用力紧握球拍，略加向前推击的动作，截击较近的球，左脚跨出一小步，截击较远的球要跨出一大步。

2. 反手截击球

准备姿势同正手截击球。击球点要比正手截击球靠前一些，因此要及早跨出右脚，重心也要移到右脚上。击球时手腕固定，用力紧握球拍，拍面稍前倾，触球中上部。击球后右臂伸展，向前下方压送。

3. 截击球的步法特点

正手截击球，针对 3 种不同情况的来球，有 3 种步法：第一种是恰好在正手击球位置的来球，同正手击球步法一样，向前跨出左脚，侧对来球迎击；第二种是稍远离身体的来球，采用左脚跨过右脚的步法击球；第三种是直接奔向身体的来球，要迅速后撤右脚，再顶住右脚用重心前移来挡击球。截击球步法和动作如图 11-13 所示。反手截击球步法与正手截击球步法相同，只是左右脚相反运动即可。

引拍动作：判断清楚对方来球的质量，包括球速、球离网高度及球的角度，以便于迅速起动调整位置，控制拍面

击球动作：后摆动作小，身体重心向前，转体同时带动完成后摆动作，击球点在身体侧前方。击球时左脚应向侧前方跨出。同时重心落在左脚上，肘关节与身体距离不应太远（除扑击球外），以便顶住重球

随挥动作：动作短促简单，随球动作小，并迅速准备下一板截击球

图 11-13

七、高压球

高压球的动作与发球动作相似，只有没有向后拉摆的挥拍动作，而是直接把球拍引向头后。高压球要求及时侧身，早举拍看准来球，找准击球点。

高压球的步法特点：高压球时，一定要保持侧对来球，右脚与底线平行，左脚尖稍指向右网柱。常用的高压球步法有两种：一种是向后侧滑步法，另一种是侧后交叉移动步法。

八、挑高球和放短球

挑高球是指使还击的球越过对手头顶落入对方场区。挑高球可有效的迫使上网的对手后退。

放短球一般是在网前突然回击进网短球，使活动在底线的对手来不及还击。放短球时，要求多用手腕动作，且带有削击。

第三节　网球运动的基本战术

一、网球单打基本战术

单打战术的运用要有独立作战的能力，头脑冷静，适应能力强，既能控制球路、不轻易失球，又能积极发力进攻。在战术运用上要根据自己的技术特点及场上的条件灵活运用。单打战术一般分为发球战术、接发球战术、上网战术、底线结合上网战术和底线战术 5 种。

1. 发球战术

发球不受对方支配，可通过力量、速度和准确性达到得分目的；针对对方弱点，攻击薄弱环节；利用不同的发球方式，随球上网截击；运用相似手法，发不同性能的球，使对方不易捉摸；利用外界自然条件(如风向、阳光、硬地和草地等)发球，给对方接发球制造困难。

(1)发球站位。发第一区时，尽量接近中心线，发直线球逼对方反拍；发第二区时，站位可距中心线稍远，便于以更大斜线发到对方反拍区，扩大自己正拍防守区域。

(2)第一次发球。多用大力平击发球使对方造成接发球失误，或用切削发球，上旋发球打落点，发至对方防守较差的地区。

(3)第二次发球。重点在准确，力求凶狠，打落点，多用切削发球或上旋发球。

(4)上网的发球。大力平击发球和上旋发球后上网。但大力平击发球后，对方回球快，而且身体不易掌握平衡，常来不及上网，故利用上旋发球上网的居多。

2. 接发球战术

接发球一般是出于被动地位，但处理得好就能减少被动，甚至化被动为主动。

（1）接发球站位。站在对方可能把球发到的角度的角分线上。当对方发向外或向内旋转的球时，要靠近旋转方向一点。此为，应尽量站在底线内半米左右处，压制对方，自己上网。

（2）接发球击球方法。一般采用平击抽球，将球回击到对方底线两角；也可运用旋转使球旋向两边线外，造成对方左右奔跑；或运用切削球打到近网两角，或运用挑高球挑过发球上网者头顶等。

3. 上网战术

上网战术指在发球或接发球后，冲到离网较近的位置，不等对方回击的球落地便进行空中截击或高压的一种战术。

（1）上网时机。多用于第一次发球。发上旋球后，借球在空中飞行时间长，对方难于回击之机上网截击。若抽击球后上网，则出球要斜、要深、要重，或接近中央地带。

（2）上网站位。尽可能站到距离网约 2 米处。近网则进攻威胁性大，封网角度小，防守控制面积大。此时，站位应在对方可能的击球角度的角分线上。

4. 底线战术

底线战术以进攻型打法为前提，用快速力量、准确、凶狠取胜对方，使看来是防守性的打法具有攻击性。常用的有逼右攻左、逼左攻右，攻击对方弱点或打对方不喜欢打的球。

5. 底线结合上网技术

（1）底线正反拍必须具有进攻性和较大威胁。

（2）用凶狠抽击球（如上旋球）拉开对方，及时上网。

（3）具有较好的预测、判断能力，击球果断、有力，随之上网。

（4）底线抽击球在斜、深、重的情况下使对方被动，紧跟着上步做抽杀。

（5）既考虑积极上网，又要提防对方的破网打发。

（6）上网击球主要采用截击球和高压球，此时还要熟练掌握反弹球，以落点为主应付被动情况，争取第二次截击。

二、网球双打基本战术

双打比赛，站位一般是正拍好的站右边，反拍好的站左边，理想的是一个右手握拍一个左手握拍。双打有其特定的战术，不能用单打战术代替。

1. 发球战术

（1）发球站位。发球者站在底线后面的中线与边线之间的一半处，比单打站位稍靠边线，因为另一边有同伴防守，同时可使发出的斜线球角度更大。

（2）第一发球。第一发球要求大力、凶狠、准确，掌握上网主动权。常用大力上旋球发对方反手区，压制其进攻力量和回击角度，也可用大力平击发球，迫使对方回击高球，以便上网扣杀。

（3）同伴站位。在离网 2～3 米，离边线 3 米左右处，把守半边场区，伺机截击或高压击球。

2．接发球战术

（1）接发球站位。站在对方可能把球发到角度的角分线上。

（2）回击法。平击、切削、旋转 3 种交替运用，使对方捉摸不定。球要过网低、角度斜、落点深。压制对方上网，利用时机自己上网。

（3）同伴站位。站在发球线附近，比发球者站得稍后一些，随时注意场上变化。

3．网前比赛战术

当 4 人均上网时，短兵相接，要求反应灵敏，动作迅速，有较高的技术水平。

（1）站位。上网位置在离网 2～3 米处，两人各站半场中间稍靠中线位置。这样站位，便于进退和防"中间球"。

（2）同伴之间配合原则。来球在两人之间，由正拍击球者回击；球在两人之间，又是斜线球时，由距离近的运动员迎击；挑高球在两人之间，由正拍击球者进行高压；对方接发球回击过来的是中场球，由上网运动员争取截击，发球运动员随时准备补漏；情况复杂时，通过呼叫"我的""你的"互相照应；上网运动员左右移动时，底线同伴要移动位置。

（3）灵活机动变化战术。比赛中还要分析彼此情况，制定战术，以己之长，攻彼之短，灵活机动地变化战术，出奇制胜。

4．底线比赛战术

双打应争取机会上网，一旦被压在底线，只能考虑防守，伺机反攻，或诱使对方失误。可用挑高球，回击短而低的球，或打平击直线球快速穿过对方中央场区，或运用侧旋直线球打对方两侧。

第四节　网球竞赛的主要规则

一、网球比赛计分规则

1．盘数

4 大公开赛和戴维斯杯网球男子单打和网球男子双打采取 5 盘 3 胜制，其余都是 3 盘 2 胜制。网球女子单打、网球女子双打和混合双打采取 3 盘 2 胜制。

2．局与盘

（1）局。运动员每胜一球得 1 分，先得 4 分者胜一局。但遇双方各得 3 分时，则为

"平分"。"平分"后，一方先得 1 分时，为"接球占先"或"发球占先"。"占先"后再得一分，才算胜一局；如一方"占先"后，对方又得 1 分，则仍为"平分"。依此类推，直到一方在"平分"后净胜 2 分才能结束该局。

(2)盘。网球比赛，一方先胜 6 局为胜一盘。但遇双方各得 5 局时，一方必须净胜 2 局才算胜一盘。

3. 决胜局计分制

先得 7 分者为胜该局及该盘。若分数成 6 平时，比赛须到某方净胜 2 分时止。决胜局应全部采用数字计分。

在每盘的局数为 6 平时，有以下两种计分制。

(1)长盘制：一方净胜两局为胜 1 盘。

(2)短盘制：决胜盘除外，除非赛前另有规定，一般应按以下办法执行。

①先得 7 分者为胜该局及该盘(若分数为 6 平时，一方须净胜 2 分)。

②首先发球员发第 1 分球，对方发第 2、3 分球，然后轮流发 2 分球，直到比赛结束。

③第 1 分球在右区发，第 2 分球在左区发，第 3 分球在右区发。

④每 6 分球和决胜局结束都要交换场地。

短盘制的计分规则如下。

(1)第 1 个球(0∶0)，发球员 A 发 1 分球，1 分球之后换发球。

(2)第 2、3 个球(报 1∶0 或 0∶1，不报 15∶0 或 0∶15)，由 B 发球，B 连发两分球后换发球，先从左区发球。

(3)第 4、5 个球(报 3∶0 或 1∶2，2∶1，不报 40∶0 或 15∶30，30∶15)，由 A 发球，A 连发两球后换发球，先从左区发球。

(4)第 6、7 个球(报 3∶3 或 2∶4，4∶2 或 1∶5，5∶1 或 6∶0，0∶6)，由 B 发 1 分球之后交换场地，若比赛未结束，B 继续发第 7 个球。

(5)比分打到 5∶5，6∶6，7∶7，8∶8……时，需连胜 2 分才能决定谁为胜方。但在记分表上则统一写为 7∶6。

(6)决胜局打完之后，双方队员交换场地。

二、其他

1. 发球

(1)发球前的规定。

发球员在发球前应先站在端线后、中点和边线的假定延长线之间的区域里，用手将球向空中任何方向抛起，在球接触地面以前，用球拍击球(仅能用一只手的运动员，可用球拍将球抛起)。球拍与球接触时，就算完成球的发送。

（2）发球时的规定。

发球员在整个发球动作中，不得通过行走或跑动改变原来的位置，两脚只准站在规定位置，不得触及其他区域。

（3）发球员的位置。

①每局开始，先从右区端线后发球，得或失1分后，应换到左区发球。

②发出的球应从网上越过，落到对角的对方发球区内，或其周围的线上。

（4）发球失误。

发球失误包括：未击中球；发出的球，在落地前触及固定物（球网、中心带和网边白布除外）；违反发球站位规定。发球员第一次发球失误后，应在原发球位置上进行第二次发球。

（5）发球无效。

发球触网后，仍然落到对方发球区内，接球员未做好接球准备时，应重发球。

（6）交换发球。

第一局比赛终了，接球员成为发球员，发球成为接球。以后每局终了，均依次互相交换，直至比赛结束。

2. 交换场地

下列3种情况时交换场地：每盘的第1、3、5等单数局结束后；每盘结束后双方局数之和为单数；决胜局比分相加为6或6的倍数。

3. 失分

发生下列任何一种情况，均判失分。

①在球第二次着地前未能还击过网。

②还击的球触及对方场区界线以外的地面、固定物或其他物件。

③还击空中球失败。

④故意用球拍触球超过1次。

⑤运动员的身体、球拍在发球期间触及球网。

⑥过网击球。

⑦抛拍击球。

▸▸ 思考题

1. 简述现代网球发展情况以及目前的男女优秀选手的技术特点。

2. 简述目前世界上网球的最高水平赛事。

3. 正反手握拍时，分别说明手与拍位置的关系。

4. 网球中的移动步伐分哪几种？

5. 简述发球的动作要领、动作顺序以及注意事项。

6. 简述网球中的几种击球方法。

7. 简述网球单打的基本战术。

8. 简述网球双打中的选手站位特点。

9. 简述网球发球时的比赛规则。

10. 简述网球计分方法。

第十二章　毽球

第一节　毽球运动概述

一、毽球运动的起源

据历史文献和出土文物证明，踢毽子起源于我国汉代，盛行于六朝、隋、唐。明、清时期，踢毽子进一步发展，关于踢毽子的记载也就更多了。明代进士、我国历史上有名的散文学家刘侗在《帝京景物略》中写道："杨柳儿青放空锤，杨柳儿死踢毽子。"踢毽子已成为民谚的内容，而且发展到数人同踢的技巧运动。至清末踢毽子已达到鼎盛时期，参加的人越来越多，不仅用来锻炼身体，作养生之道，而且把踢毽子和书画、下棋、放风筝、养花鸟、唱二黄等并提，一些人以会踢毽子而自荣。因此，踢毽子的活动更加广泛，特别是青少年参加者更为普遍，当时就有这样的童谣："一个毽儿，踢两半儿，打花鼓，绕花线儿，里踢外拐，八仙过海，九十九，一百。"说明踢毽子已经到了相当普及的程度。民间踢毽爱好者更是用功苦练，以口传身授的方法代代相传。以北京为例，每遇城乡庙会，各路能手，步行相聚，观摩、比赛，培养新手，甚是热闹。

毽球从我国古老的民间踢毽子游戏演变而来，是中国民族传统体育宝库中的一颗灿烂的明珠。它在花毽的趣味性、观赏性、健身性基础上，增加了对抗性，集羽毛球的场地、排球的规则、足球的技术为一体，是一种隔网相争的体育项目，深受人民群众的喜爱。

1984 年，原国家体委将毽球列为正式比赛项目，并组织了全国毽球邀请赛。在政府和体育部门的倡导下，毽球运动在北京、湖北、山东、广东、上海、陕西、河南、山西及东北各省广泛开展，各地相继组织了各种类型的毽球比赛，越来越多的人民群众参加到了这项活动之中，充分显示了毽球运动的强大生命力。

第二节 毽球运动的基本技术

一、盘踢

1. 简要介绍

用足内侧互换踢毽，膝关节向外张，大腿向外转动，稍有上摆，不要过大，髋和膝关节放松，小腿向上摆，踢毽时踝关节发力。踢起的毽子一般不超过下颏。

2. 练习方法

一般人的左足没有右足灵活，没有踢过毽子的人，右足也能踢一两次，所以，练习时左足先开始为宜，即先用左足踢起一次，要求垂直，用手接住，右足再踢一次用手接住，较熟练后，连续踢。左右足都可连续踢后，改为左右两足各踢一次接住、各踢两次接住、各踢三次、各踢四次……接住，灵活熟练后就不用再接，踢的次数越多越好。

二、磕踢

1. 简要介绍

用两腿膝盖互换将毽子磕起（撞起）的踢法。髋关节、膝关节放松，小腿自然下垂，膝关节发力，将毽子磕起，大腿不要外张或里扣，踢起的毽子一般不超过下颏。

2. 练习方法

练习时，用手抛起不超过下颏的毽子，用膝盖磕起（撞起），然后用手接住，同盘踢的练习方法一样，形成一磕一接，熟练后不用手抛毽，改用盘踢，形成一磕一盘，协调后两膝互换，踢的次数越多越好。

三、拐踢

1. 简要介绍

用两足外侧互换踢毽，大腿放松，小腿发力向体后斜上方摆动，勾足尖，踢毽时大腿不得摆到体前，小腿向体后斜上方摆动不要过高，毽子和足外侧相碰的一刹那，踢毽脚的内侧离地面一般不越过 30 厘米，踢起的毽子高度随意。

2. 练习方法

练习时，可像盘踢一样，采用一踢一接的练习方法。为了避免动作出错误，练习时，踢毽脚一侧可向墙或树木等，身体与墙距离约与体宽相同，如果踢毽脚踢时碰到墙或树木，便是错误动作。

四、绷踢

1. 简要介绍

有的地方叫"绷尖"，是用两足尖外三趾部分互换踢毽，单足踢毽也可以。绷踢能踢起即将落地的毽子，毽子被踝关节的发力一绷而起，所以叫绷踢。其动作是，大腿向前抬起，和身体成为$150°\sim160°$夹角，小腿向前摆动，髋关节、膝关节要放松，踝关节的发力，要在踢毽子的一刹那，足尖外三趾向上猛地用力，将毽勾起。踢起的毽子高低都可，但应避免忽高忽低，为以后的花样踢法打下基础。

2. 练习方法

练习时，可采用盘踢的一踢一接的练习方法，但在开始练习时要踢得低一些，一般不超过腰部，再低一些更好，这样能踢的次数多一些。为了避免动作出错误，练习时可面向墙壁或树木，距离约与体同宽，如练习时踢毽脚碰到了墙或树木，便是错误动作，原因是膝关节没有放松，大腿抬得过高。

第三节　毽球运动的主要规则

一、场地设施与器材

1. 场地

(1)场地面积。

比赛场地采用羽毛场双打场地，长 11.88 米，宽 6.1 米。场地上空 6 米以内(由地面计算)和场地四周 2 米以内不得有障碍物。

(2)界线。

比赛场地应按平面图画出清晰的界限，线宽 4 厘米，线的宽度包括在场地面积之内。较长的两条边界叫边线，较短的叫端线。连接场地两边线的中点与端线平行的线叫中线。中线将场地分为均等的两个场区。在中线两侧各画一条与中线平行的线叫限制线(此线包括在限制区内)。中线至限制线的距离为 2 米。

(3)发球区。

距两端线中点两侧各 1 米处向场外各画一条长 20 厘米与端线垂直的短线叫发球区线(此线不包括在发球区内)。发球区线向后无限延长的区域叫发球区。

2. 球网

(1)球网的规格。

球网长 7 米，宽 76 厘米，网孔 2 厘米见方。球网上沿缝有 4 厘米宽的双层白布，用绳穿起，将球网张挂在网柱上。球网必须挂在中线的垂直上空。球网为深绿色。网柱安在中线以外，距边线 50 厘米处。

（2）球网的高度。

球网的中部顶端距地面垂直高度为 1.60 米（男子），1.50 米（女子）。网的两端距地面的垂直高度必须相等，两端的高度与中间的高度相差不得超过 2 厘米。

（3）标志杆与标志带。

在球网的两端，垂直于边线和中线交接处，各系有一条宽 4 厘米，长 76 厘米的白色带子，叫标志带。在球网上连接标志带外侧应系有两根有韧性的杆，叫标志杆。两杆内侧相距 6 米。标志杆长 1.20 米，直径 1 厘米，用玻璃纤维或类似的材料制成。标志杆应高出球网上沿 44 厘米，并用鲜明对比的颜色画上 10 厘米长的格纹。

3. 毽球

毽球由毽毛、毽垫等构成。毽毛为四支白色或彩色鹅羽成十字形插在毛管内，没支羽毛宽 3.20～3.50 厘米。毽垫直径 3.80～4 厘米，厚 1.30～1.50 厘米。毛管高 2.50 厘米。

毽球的高度为 13～15 厘米。毽球的重量为 13～15 克。

4. 比赛队员的组成

比赛队由 6 人组成，上场队员 3 人，其中队长 1 人（左臂应佩带明显标志）。比赛前，各队应将参赛队员（包括替补队员）的姓名、号码登记在记分表上。未登记的队员不得参加比赛。

也可因时、因地、因人制宜，增加单人、双人毽球赛，规则与 3 人制大体相同，记分可采取直接得分法。

教练员和替补队员应坐在指定的位置上。

5. 队员的场上位置

（1）双方队员必须站在本方场区内。

站在靠近球网的两名队员从左至右分别为 3 号位和 2 号位队员，靠近端线的队员为 1 号队员。场上队员的位置必须与登记的轮转顺序相符合。

（2）发球的位置。

发球的一方，2、3 号位的队员在发球队员的前方，彼此间相距不得少于两米。球发出后，双方队员可以在本方场区内任意交换位置。

（3）每局比赛结束之前，队员的轮转顺序不得调换。

6. 教练员和队长

第一，比赛成死球时，教练员和队长有权要求暂停或换人。在暂停时间内，教练员可以进行场外指导，但不得进入场区。

第二，比赛进行中，场上队长有权向裁判提出询问或要求解释，但必须服从裁判的最终判决。

7. 服装

第一，比赛队员应穿着整齐划一的运动服和毽球鞋或运动鞋。

第二，场上队员上衣的前后须有明显的号码，号码颜色须一致，并与上衣颜色有明显的区别。号码应清晰可见，背后的号码至少高 20 厘米，胸前的号码至少高 10 厘米，笔画至少宽 2 厘米，同队队员不得使用重复号码。队员不得穿戴任何危及其他队员的服饰。

8. 比赛局数和场区选择

第一，比赛采用三局两胜制，第三局采取每球得分制。

第二，比赛前选择场区或发球权。第一局结束后双方交换场地和发球权。

第三，决胜局开始前，正裁判员召集双方队长重新选择场区或发球权。决胜局比赛中，任何一队先得 8 分时两队应交换场地。交换时，不得进行场外指导。交换场区后，双方队员的轮转位置不得变换。经记录员查对后，由原发球队员继续发球。如未及时交换场区，一旦裁判员或一方队长发现时，应立即交换。比分不变。

9. 暂停

第一，比赛成死球时，教练员或队长可以向裁判员要求暂停。

第二，暂停时，教练员可以在场地外进行指导，但场上队员不得出场，也不得与场外其他任何人讲话，场外人员不得进入场内。

第三，每局比赛中，每队可以要求两次暂停，每次暂停时间不得超过 30 秒。某队在一局中请求第三次暂停，应判该队失发球权或对方得 1 分。

10. 换人

第一，在比赛中成死球时，教练员或队长可以向裁判员要求换人。换人时，场外人员不得向队员进行指导，场内队员不得离开场地。

第二，每个队员在每一局比赛中换人不得超过三人次。

第三，替补队员在上场前，应在记录台附近做好准备，换人时间不得超过 15 秒，否则判该队一次暂停。如该队在该局已暂停过两次，则判该队失发球权或对方得一分。

第四，教练员或队长要求换人时，应向裁判员报告下场和上场队员的号码。

第五，比赛中因故被取消比赛资格的队员，不能继续参加该场比赛，可由替补队员替换。如该队在该局已换人三人次，或场外无人替换时，则判为负局。

11. 局间间隙

一局比赛结束，下局比赛开始前，中间最多可有 2 分钟时间，供两队交换场地、换人和记录员登记号码，双方教练员在不影响上述工作的情况下，可以进行场外指导。

12. 发球

（1）发球。

发球队员须站在本方发球区内，用手持球，将球抛起，用脚踢向对方场区，使比赛进行。发球队员必须在发球区内发球，在球发出后才能进入场区。发球时 2、3 号队员不得有任何掩护动作，否则，判由对方发球。

（2）发球失误。

发生下列情况之一时，即判为发球失误。

第一，队员发球时，踏及端线或发球区线及其延长线。

第二，球未过网、触网或触及标志杆。

第三，球从网下穿过。

第四，球从标志及其延长高度以外过网。

第五，球触及任何障碍物，或在进入对方场区前触及本队队员。

第六，球落在界外。

第七，发球延误时间超过 5 秒。

第八，裁判员鸣哨后球坠落在地上。

注意，当发生以上发球失误情况时，应判失发球权，由对方发球。

（3）重发球。

发生下列情况之一时，须重发球。

第一，在比赛进行中，球挂在网上（最后一次击球挂网除外）。

第二，在比赛进行中，毽毛和毽垫在飞行时脱离。

第三，在裁判员鸣哨之前发球。

第四，在比赛进行中，其他人或物品进入场区。

（4）发球次序错误。

当球发出后，裁判员发现队发球次序错误，则判该队失发球权，并恢复正确位置。如犯规队已得分，应取消队因该次发球次序错误所得的分数。

13. 轮转顺序

第一，某队取得发球权时，应先按顺时针方向轮转一个位置，然后由轮转到 1 号位队员发球。

第二，新的一局开始前，可以变换本队队员的轮转顺序，并填好位置表交给记录员。

14. 比赛进行中的击球与附加动作

第一，每队在将球踢入对方场区前，在本方场区最多只能有三人次共击球四次。

第二，每个队员可以连续击球两次。

第三，不得用手、臂触球。但防守队员在手臂下垂不离开躯干的前提下，拦网时手球不判违例。

第四，球不得明显地停留在队员身体的任何部位。

注意，以上提到的四条均为违例，判由对方发球或得 1 分。

15. 网上球

在比赛进行中球触及两标志杆以内的球网为好球，球触标志杆为失误。

16. 触网

第一，比赛进行中，队员身体任何部位触及两标志杆以内的球网，均为触网违例。

第二，队员击球后，触及标志杆或标志杆以外的球网、网柱、网绳或其他物体，不为违例。

17. 进入对方场区和空间

第一，过网击球为犯规。

第二，比赛进行中，身体任何部位不得进入对方场区的空间。

第三，队员若用头攻球时，必须在限制线以外，但落地时两脚可落在限制线以内。防守队员在限制区内，头部无意识触球过网不判违例。

第四，在比赛进行中，除脚以外，身体任何部位不得触及中线。脚不得完全越过中线。

18. 死球与中断比赛

第一，球触地及违例为死球。

第二，有以下情况须中断比赛：其他人或物品进入比赛场区；更换损坏的器材；运动员发生意外事故等。发生以上情况，裁判员应鸣哨，中断比赛和恢复比赛。

19. 计胜方法

第一，接发球队失误，应判对方得1分；发球队失误，则判由对方发球。

第二，某队得15分并至少比对方队得多2分时，则为胜一局。如比分是14比14，比赛应继续进行，直至某队领先2分，方为胜一局。

20. 判定和申诉

第一，一场比赛中，正裁判员的判定是最终判决。

第二，只有场上队长可以对裁判员的判罚当场提出询问或要求解释，正裁判员应及时予以解释。

第三，申述比赛队对裁判员的判罚有争议，比赛时必须服从裁判员的裁判，比赛后可向仲裁委员会提出书面申诉。正裁判员亦应向仲裁委员会提出书面报告。

思考题

1. 简述毽球的起源。

2. 毽球运动有哪些基本技术？

3. 毽球运动的主要规则是什么？

第十三章　田径健身运动

第一节　田径健身运动概述

"田径运动"一词来源于英国。大约在 19 世纪初，英国人把在运动场跑道上进行的赛跑和在运动场中间进行的跳跃、投掷比赛称之为 track and field。track 原意是"小路"（径），field 原意是"旧地"。19 世纪末，欧美体育传入中国，并把 track and field 译为"田径赛"，以后称之为"田径运动"。

虽然当时英国人把在运动场跑道上进行的赛跑和在运动场中间进行的跳跃、投掷比赛称之为 track and field，但是对于非竞赛（即锻炼身体的）走、跑、跳跃、投掷等身体练习并没有另定名称，也统称为 track and field，因此，田径运动具有两重性质，即竞技和锻炼身体手段的属性。

人们通常把田径运动的内容概括为走、跑、跳和投 4 种运动形式，这恰是人类维持正常生活的基本活动能力，也是人类健康生存的基本条件或基本生活能力。人们进入了发达社会后，生产力高度发展，已经从原始社会时依靠基本技能获取生活资料中解脱出来，但人们永远也不会从依靠基本运动能力去提高人类生存质量、提高生存效率、改善生存条件中摆脱出来。正因为田径运动能有效地发展速度、力量、耐力、灵敏和协调性等身体素质，增强体质，获得运动技能，提高运动能力，培养意志品质，所以，高度发达的社会才十分重视田径运动的健身价值，田径健身运动已经成为人类文化中的重要组成部分。

田径健身运动是以健身为目标的走、跑、跳跃、投掷的练习或运动方式的总和。田径健身运动以健康为目标，以现代科学技术和运动与健康基础理论为基础，全面发展人的基础运动能力。与田径竞技运动相比，田径健身运动有着自身的特点。

第一，田径健身运动不是以竞技（夺标）为目的，而是以健康为最终目的。

第二，田径健身运动内容极为丰富，凡是人以自身能力进行的走、跑、跳跃、投掷等自然动作的练习，都可以成为田径健身练习内容。

第三，田径健身运动规则简便，不受规则限制，因此能够为大多数人所接受，可以个人进行，也可集体进行。

第四，田径健身运动的练习负荷可以随练习者年龄、性别和身体状况进行自我控制和调节，以最适宜的健身锻炼负荷进行练习，常年坚持，老少皆宜。

第五，田径健身运动可全面发展人体的力量、速度、耐力、灵敏、柔韧等素质。

第六，田径健身运动对运动场地、器材的要求不高，可随时随地进行。

第二节　田径健身运动的内容

一、健身走

1. 自然、正确的走姿

自然正确的走姿是躯干正直，自然挺胸，头部与躯干保持一致，目视前方，两臂靠近体侧自然前后摆动；迈步时，膝关节和脚尖都正对前方，两脚内线基本是沿一条直线向前迈步；脚着地时，以脚跟先着地并过渡到全脚掌；脚着地后，脚尖向前略偏外，如图 13-1 所示。

图 13-1

2. 健身走的方式

走的练习方法主要有：足尖走、足跟走、弓箭步走、半蹲走、倒步、负重走、疾走、散步走等。

3. 健身走的几种锻炼方法

(1)自然步行 15 分钟，接着转换为快一点步行 10～15 分钟，最后以自然步行 5～10 分钟结束。

(2)自然步行 15 分钟，然后转为快步走 20～25 分钟，再恢复到自然行走 10 分钟，最后慢步走 5～10 分钟结束。

(3)慢走 10 分钟，接自然走 10 分钟，再接快步走 15～20 分钟，恢复到慢走 10 分钟结束。

（4）慢步走 10 分钟，接自然走 10 分钟，再转快步走 25～30 分钟，最后恢复慢走 10 分钟结束。

（5）慢步行走 10 分钟，接快步走 40～50 分钟，然后自然行走 10 分钟结束。

二、健身跑

1. 有氧健身跑

（1）慢速放松跑。

速度快慢，可根据自己的体质而定，体弱者可以比走步稍快一些，体质好的可以更快一些。

以保持有氧代谢为前提，跑的过程中心跳的频率以每分钟不超过 180 次减去自己的年龄数为宜。呼吸以不喘大气为宜，在跑步一开始就应该注意呼吸的深、长、细、缓，有节奏，吸气时鼓腹，这就很自然地形成腹式呼吸。

全身肌肉放松，以轻快的步伐，双臂自然放松摆动。运动时间以每天 20～30 分钟为宜，刚开始时少一点也可以，应注意循序渐进，每星期跑 5～6 次，也可以隔 1 天 1 次。必须长年坚持，持之以恒。

（2）原地跑。

在雨大、雪大或冰冻天，不方便出门跑步时，可以将住宅或居室作为健身房采用原地跑步法。跑的时间可长可短，这完全取决于本人的可能和需求。可以根据跑步的速度专门挑选最合拍的音乐，在音乐声伴奏下进行锻炼。

（3）变速跑。

变速跑就是在跑的过程中快跑一阵后，再慢跑一阵，快跑与慢跑交替进行的跑法。这是适合体质较好的长跑爱好者的跑法。这样变速跑不但能够有效地提高肌肉有氧代谢的能力，而且也能积极地改善肌肉进行无氧代谢的能力。不仅对一般耐力发展有好处，而且也能提高机体的速度耐力素质，对提高人体机能大有益处。变速跑可根据自己的情况随时改变速度。

（4）走、跑交替。

走、跑交替是指在跑的过程中，跑一阵，再走一阵，跑与走交替进行的跑法。此法适合体质较弱者。

（5）倒跑。

倒跑是反序运动中的一个健身项目，是与平时正常跑步方向、顺序相反的跑。倒跑时，上体正直稍向后，抬头挺胸，双眼平视，双手半握拳，全身放松，身体不要左右摇摆。倒跑是一种自我控制速度，随意轻松自如的跑。

（6）侧身滑步跑。

侧身滑步跑，即向左跑或向右跑。向左跑时，右脚先从左脚之前向左移动一次，左脚则从右脚之后向左移动一步，右脚再从左脚之后向左跑一步，左脚则从右脚之前向左跑一步，如此为一复步。向右跑时，左、右脚的方向相反。不管向左跑还是向右跑，左右脚都要在一条线上行进。可先向左跑10～20复步，再向右跑10～20复步，根据自身情况适当延长或缩短距离。

(7)慢跑。

慢跑注意事项如下。

第一，跑的力量不可太大，也不可太小，一切都要以自己体力为基准来调整。

第二，跑的时间至少要有20分钟，此即为合乎自我体力的慢跑速度。若想慢跑20分钟以上，不要速度太快。

第三，最理想的是每天慢跑1次，如做不到，每周至少也要2～3次。

第四，空腹时和刚吃完饭时不要进行慢跑。一般餐后休息30～60分钟再进行慢跑。

2. 发展速度的快跑

发展快速跑的辅助性练习方法如下。

(1)持哑铃摆臂，如图13-2所示。

(2)原地高抬腿跑，如图13-3所示。

(3)支撑高抬腿跑，如图13-4所示。

(4)上台阶高抬腿跑，如图13-5所示。

要领：两脚前后开立、手持哑铃屈臂成90°，前后大幅度摆动

持哑铃摆臂

图13-2

要领：直立提踵，左腿高抬与地平、右腿蹬地伸髋、膝、踝，两臂前后摆。
左脚下压脚扒地，右腿高抬与地平。两腿交替多次重复

原地高抬腿

图13-3

要领：手扶助木斜支撑、右腿屈膝高抬。下压落原地、左腿重复右腿做

支撑高抬腿跑

图13-4

要领：大腿高抬，膝放松，小腿后折，加快高抬腿与下压扒地速度，上体保持正直、稳定

上台阶高抬腿跑

图13-5

（5）下坡途中跑，如图 13-6 所示。

（6）牵引跑，如图 13-7 所示。

要领：途中跑技术阶段的重点是加快步频、增加步长。下坡跑时要体会省力、协调，放松技术以利提高步频与步长

下坡途中跑

图 13-6

要领：步长加大和步频加快，要在牵引的控制下逐渐适应。保持正确的途中跑技术动作

牵引跑

图 13-7

三、健身跳跃

1. 培养远跳能力的锻炼方法

（1）原地远跳。

①立定跳远，如图 13-8 所示。

要领：两脚开立，两臂协调预摆几次，两腿用力蹬伸，收腹举腿前伸落地

立定跳远

图 13-8

②原地立定跳远跳过橡皮筋，如图 13-9 所示。

要领：橡皮筋两端固定在标枪上，高度为30厘米左右，距橡皮筋60厘米处站立，立定跳远时尽量使大腿向胸前靠，同时使两腿尽量越过橡皮筋

原地立定跳远跳过橡皮筋

图 13-9

③原地两级蛙跳，如图 13-10 所示。

要领：跳箱高30～50距沙坑1.5米站在跳箱上，两臂预摆，用力向前跳起，收腹举腿落沙坑

原地两级蛙跳

图 13-10

（2）行进间跳跃。

①向前单足跳，如图 13-11 所示。

要领：单脚连续向前大幅度远跳，两臂前后配合摆动。左、右腿交换练习

向前单足跳

图 13-11

②跨步跳，如图 13-12 所示。

要领：腿积极前摆，蹬地，在空中形成大跨步，并保持片刻停留时间，接着前摆腿迅速落地，为下一次跨步跳做准备

跨步跳

图 13-12

③连续兔跳，如图 13-13 所示。

连续兔跳

要领：全蹲或半蹲，两手体扣互握，身体正直，两腿用力蹬地向前跳进，连续进行练习

图 13-13

④跑 3～5 步蹲踞式跳远，如图 13-14 所示。

要领：跑动起跳后在腾空步的基础上，两腿并拢收腹举腿前伸落地

跳3～5步蹲踞式跳远

图 13-14

⑤连续单脚跳过实心球，如图 13-15 所示。

⑤连续单脚、双脚跳台阶，如图 13-16 所示。

要领：实心球间隔2～2.5米，设置15个左右，双腿连续向前快速跳过实心球

连续单脚跳过实心球

图 13-15

要领：20级左右台阶，单足跳每次跳越3～4级，双足跳每次跳2～3级

连续单、双脚跳台阶

图 13-16

⑦连续起跳越过障碍，如图 13-17 所示。

要领：障碍高30～50厘米。助跑，距障碍2米左右处起跳腾空越过障碍

连续起跳越过障碍

图 13-17

2. 培养高跳能力的锻炼方法

(1)原地高跳。

①原地蹲起跳，如图 13-18 所示。

②团身收腹跳，如图 13-19 所示。

要领：全蹲或半蹲，两臂后摆迅速向前上摆，同时双腿用力向上跳起，使人体尽可能获得最高的腾空高度

原地蹲地跳

图 13-18

要领：原地半蹲跳起，两腿并拢屈膝团身，大腿尽量触及胸部，两臂协调配合摆动

团身收腹跳

图 13-19

③原地单足换腿跳，如图 13-20 所示。

④原地跳高起跳，如图 13-21 所示。

要领：一腿蹬伸跳起，另一腿向上摆动，腾空时摆动腿下放两腿并拢。起跳腿落地，摆动腿上步起跳

原地单足换腿跳

图 13-20

要领：两腿前后开立，起跳腿在前，摆动腿左后，做跳高起跳练习

原地跳高起跳

图 13-21

（2）行进间高跳。

①跳深练习，如图 13-22 所示。

要领：跳箱高 60～100 厘米，栏架高 84～100 厘米，栏架距跳箱 2 米左右，站在跳箱上两腿并拢跳下，接着继续跳起越过栏架

跳深练习

图 13-22

②助跑摸高，如图 13-23 所示。

要领：直线或弧线助跑起跳，单手或用头触及悬挂物

助跑摸高

图 13-23

③连续助跑起跳摸高，如图 13-24 所示。

要领：放置多个悬挂物或利用自然环境，按照一定的要求连续助跑摸高

连续助跑起跳摸高

图 13-24

四、健身投掷

1. 原地抛球（铅球或实心球）

（1）俯身抓握球，如图 13-25 所示。

（2）绕身传接球，如图 13-26 所示。

要领：两脚左右开立，上体前屈，单手抓住铅球。上臂抬起后放手，球下落中用手再抓住

俯身抓握球

图 13-25

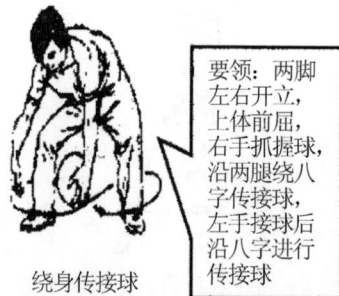

要领：两脚左右开立，上体前屈，右手抓握球，沿两腿绕八字传接球，左手接球后沿八字进行传接球

绕身传接球

图 13-26

（3）体后向左右抛接球，如图 13-27 所示。

（4）单手抛双手接球，如图 13-28 所示。

要领：两脚左右开立，右手握实心球于身后，两腿屈膝蹬伸，手在身后向左肩方向抛球，换手练习

体后向左右抛接球

图 13-27

要领：两脚左右开立，右手握球于体侧，向左上方抛球，双手接住后，换手练习

单手抛双手接球

图 13-28

（5）身后双手抛球，如图 13-29 所示。

（6）颈后抛球，如图 13-30 所示。

要领：双手握球于体后，两腿屈膝蹬伸，上体前摆，双手随之向上抛球，经身后至体前，双手接住球

身后双手抛球

图 13-29

要领：屈膝下蹲，双手持球于头后，双腿蹬伸将球向上抛起，然后双手上举接住

颈后抛球

图 13-30

（7）仰卧起身抛球，如图 13-31 所示。

（8）俯卧颈后抛球，如图 13-32 所示。

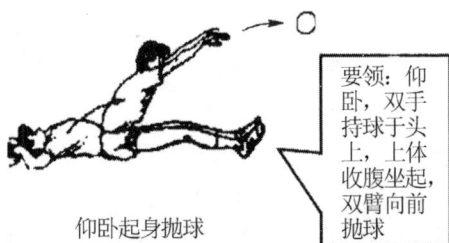

要领：仰卧，双手持球于头上，上体收腹坐起，双臂向前抛球

仰卧起身抛球

图 13-31

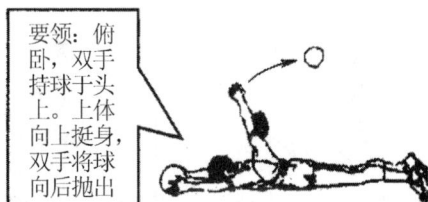

要领：俯卧，双手持球于头上。上体向上挺身，双手将球向后抛出

俯卧颈后抛球

图 13-32

（9）原地正面推球，如图 13-33 所示。

（10）原地侧身推球，如图 13-34 所示。

要领:面对投掷方向,两脚前后开立,右手持球于颈侧。上体略右转,然后双腿蹬伸,上体转向投掷方向,持球手臂将球掷出

原地正面推球

图 13-33

要领:侧对投掷方向,两脚左右开立,右手持球于颈侧。右腿弯曲,上体前倾右转,然后右腿用力蹬伸,向左转体,带动投掷蹬手臂半球向左前方掷出

原地侧身推球

图 13-34

(11)原地后抛球,如图 13-35 所示。

(12)跨下后上方抛球,如图 13-36 所示。

要领:两脚左右开立,背对投掷方向,双手握球于头上。屈膝,双臂前下摆于两脚内侧,然后两腿用力蹬伸,上体扣摆,双臂将球向后抛出

原地后抛球

图 13-35

要领:两脚左右开立,双手持球于头上。上体前屈,双手将球经跨下向后上方抛出

跨下后上方抛球

图 13-36

2. 运动中抛球

(1)向前垫一步上抛球,如图 13-37 所示。

(2)前垫步下手抛球,如图 13-38 所示。

(3)侧向垫步抛球,如图 13-39 所示。

要领:两脚前后站立,双手持球于头上。一脚前跨步,另一脚向前垫一步支撑,躯干前摆,双臂将球向前抛出

向前垫一步上抛球

图 13-37

要领:两脚前后开立,双手握球于体侧。右脚前跨一步,然后左脚前跨支撑,右腿蹬地送髋带动手臂,将球向前上方抛出

前垫步下手抛球

图 13-38

要领:左肩侧对投掷方向,右手持球于体侧,双脚向前垫步,右腿蹬伸,上体侧摆,右臂将球向左上方抛出

侧向垫步抛球

图 13-39

(4)正面上一步推球,如图 13-40 所示。

正面上一步推球

图 13-40

要领：面对投掷方向，两脚开立，右手持球于颈侧。左脚上一步支撑，身体随之右转，接着右腿快速蹬地转髋，上体转动带动手臂将球推出

第三节　田径专项身体素质练习

一、发展有氧慢跑的方法

定时跑：慢跑 30 分钟。

定距跑：慢跑 3 000～5 000 米。

反复跑：600～800 米。

变速跑：400～600 米前半程放松慢跑，后半程加快节奏。

越野跑：20～60 分钟。

"法莱克"跑：在自然条件下，不拘形式地跑。快慢交替，饶有兴趣。通常在草地、树林、山丘小径等自然环境中进行重复跑、加速跑等，并混合在游戏中进行。一般跑 5～15 千米。

二、发展速度的方法

(1)起跑后跑 20 米、30 米、50 米、60 米。

(2)站立式起跑，用较大的速度跑 20 米、30 米、40 米。

(3)行进间跑 20 米、50 米。

(4)放松大步跑 0～150 米、100～200 米。

(5)顺风快跑 30～60 米。

(6)下坡跑 30～60 米，坡度不宜过大。

(7)加速跑 40～60 米或 80～100 米。

(8)原地高抬腿跑 10～15 秒。

三、发展跳跃的方法

(1)负重杠铃半蹲，要领：肩负 30～60 千克的杠铃，腰背正直，两手扶住杠铃半蹲跳起。

(2)负重杠铃全蹲跳，要领：肩负 20～50 千克的杠铃腰背正直，两手扶住杠铃全蹲跳起。

(3)壶铃深蹲跳，要领：壶铃重 10 千克，双手体前提住壶铃，两腿自然分开深蹲，两腿用力蹬地向上跳远。

(4)负沙包立定跳远，要领：肩负沙包，半蹲开始，用力向前立定跳。

第四节　田径竞赛的主要规则

一、田径竞赛项目规则要点

1. 短跑、中长跑的名次判定

在田径比赛中，所有赛跑项目参赛者的名次取决于其身体躯干(不包括头、颈、臂、腿、手或足)抵达终点线后沿垂直面为止时的顺序，先到达者名次列前。在任一赛次中，按成绩录取进入下一赛次时如遇运动员成绩相等，则终点摄像主裁判应考虑有关运动员的 1/1 000 秒的实际成绩。如果成绩依然相等，则有关运动员均应进入下一赛次。如实际条件不允许，应抽签决定进入下一赛次的人选。在决赛中第一名成绩相同，裁判长有权决定是否重赛，若无条件重赛，则并列第一，至于其他名次成绩相同，按并列处理。

2. 短跑及中长跑的起跑

在国际赛事中，400 米及 400 米以下各项竞赛(包括 4×200 米及 4×400 米接力第一棒)，必须采用蹲踞式起跑及起跑器。

发令员口令为"各就位"(on your marks)、"预备"(set)，最后发令枪响。在"各就位"(on your marks)及"预备"(set)口令之后，参赛者应立即完成有关动作，否则属起跑犯规。如果有运动员抢跑，发令员就会宣布起跑犯规。对第一次起跑犯规的运动员应取消比赛资格，除了全能项目之外，每项比赛只允许一次起跑犯规而运动员不被取消资格，之后每次起跑犯规的运动员均将被取消该项目的比赛资格。

全能比赛中，如果一名运动员两次起跑犯规，将被取消比赛资格。

除此以外，在"各就位"口令发出后，以声音或动作扰乱他人，也判为起跑犯规。在枪声响起前有任何起跑动作，均属起跑犯规。如因仪器或其他原因而非运动员造成的起跑犯规，应向所有运动员出示绿牌。

各就各位后，运动员不能用手、脚接触起跑线或起跑线前地面。

400 米以上(不含 400 米)的径赛项目，均采取站立式起跑。发令员口令为"各就位"，当所有参赛者在起跑线后准备妥当静止后，便可鸣枪开始比赛。

3. 分道跑

在分道跑和部分分道跑的径赛项目中，参赛者越出跑道，或冲撞、阻碍其他参赛者，会被取消资格。如果参赛者被推出或挤出指定的跑道，只要未获得实际利益也未影响他人，可不取消其参赛资格。同样，任何参赛者在直道中越出其跑道或在弯道中越出其跑道的外侧，只要没有获得实际利益及阻碍他人，均不算犯规。

4. 赛次和分组

径赛一般分为第一轮（Round 1）、第二轮（Round 2）、半决赛（semi-finals）和决赛（finals）4 个赛次。而赛次的安排和分组，以及每一赛次的录取人数等将根据报名参加比赛的人数决定。预赛分组时要尽可能把成绩好的运动员平均分配到不同的小组中去。在其后的各轮比赛中，分组依据运动员在前一轮的比赛成绩。如果可能，相同国家或地区的运动员应分开。

5. 分道

运动员在所有短跑、跨栏和 4×100 米接力赛中自始至终都必须在自己的跑道里。800 米和 4×400 米接力赛，在自己的跑道里起跑，当运动员通过抢道标志线以后才能离开自己的跑道，切入里道。运动员的跑道由技术代表抽签确定。第二轮开始的各轮比赛，跑道的选择还需依据运动员在上一轮的比赛结果，如排名前 4 位的运动员抽签后分别占据第 3、4、5、6 跑道，第 5、6 名成队抽签排定 7、8 道，排列后两名的运动员成队，抽签排定 1、2 道。

6. 接力赛

4×100 米接力跑是分道进行的，接棒者可以在接力区前 10 米内起跑。

接力赛中，运动员必须在 20 米的接力区内完成交接棒。"接力区内"的判定是根据接力棒的位置，而不是根据参赛者的身体或四肢的位置。

在 4×400 米接力跑中，第一棒全程及第二棒的第一弯道是分道跑，第二棒运动员要跑至抢道线后方可自由抢道。第一棒的传接必须在参赛者指定的跑道内进行，其余各棒的传接，裁判员根据第二及第三棒运动员通过 200 米起点处的先后，按次序让其第三及第四棒的队友在接力区内，由内至外排列等候接棒。所有接棒者均不可在接力区外起跑。

接力棒必须拿在手上，直到比赛结束为止。完成交接棒后，运动员应留在本队的跑道中以免因影响他人而被取消比赛资格。任何人掉了棒，必须由其本人拾回，而且要在不影响别人的情况下，方可越出自己的跑道以拾回接力棒。

7. 跨栏

各参赛者必须在自己的跑道内完成比赛，当参赛者跨越栏架时，若其腿或足从低于栏架顶的水平线跨越，或跨越并非自己赛道上的栏架，或故意以手或足撞倒任何栏架，均应取消其参赛资格。

8. 风速

在 100 米、200 米和 100 米栏、110 米栏比赛中，如果顺风超过 2 米/秒，运动员创造的成绩就不能成为新的纪录。

9. 公路赛

奥运会公路赛包括男、女 20 千米竞走、男 50 千米竞走以及男、女马拉松比赛。

起跑：当发令员召集运动员到出发线以后，运动员按抽签排定的顺序排列。发令员枪响以后比赛开始，任何人两次抢跑都会被取消比赛资格。

取胜：躯干第一个触到终点线的运动员为优胜者。

饮料站：在比赛的起点和终点应提供水和其他饮料，在比赛路线上每隔 5 千米设置一个饮料站。每一个饮料站内分别设有组委会提供的饮料和运动员自己准备的饮料。在两个饮料站之间还要设置饮水用水站，运动员经过时可以取饮用水，还可以取浸了水的海绵为身体降温。除了已经设置的站点之外，运动员不能从比赛线路的其他地方获得饮料，否则将被取消比赛资格。

10. 竞走

竞走比赛有两个核心规则。首先，竞走运动员必须始终保持至少有一只脚与地面接触。其次，前腿从着地的一瞬间起直到垂直位置必须始终伸直，膝关节不能弯曲。

比赛中有 6～9 名专职的竞走裁判员监督运动员。按规则规定，他们不能借助任何设备帮助判断，只能依靠自己的眼睛来判断运动员是否犯规。当竞走裁判员看到竞走运动员的动作有违反竞走技术的迹象时，应予以黄牌警告，并在赛后报告给主裁判。当运动员的行进方式违反竞走技术的规定，表现出肉眼可见的腾空或膝关节弯曲时，竞走裁判员须将一张红卡送交竞走主裁判。当竞走主裁判收到针对同一名运动员的三张来自不同竞走裁判员的红卡时，该运动员即被取消比赛资格，并由主裁判或主裁判助理向其出示红牌通知运动员。

二、田赛项目规则要点

1. 比赛方法

奥运会田赛项目的比赛通常先分两组进行及格赛，通过及格标准的直接进入决赛，如达到及格标准的运动员人数不足 12 人，不足的人数按及格赛成绩递补。远度项目决赛前 3 轮比赛的顺序抽签决定。决赛前 3 轮比赛结束后，按成绩取前 8 名运动员进行最后 3 轮比赛；第 4、5 轮比赛排序按前 3 轮成绩的倒序排列，第 6 轮比赛排序则按前 5 轮成绩的倒序排列，成绩最好的在最后跳（掷）。

2. 有效成绩

(1)除犯规外，跳跃远度项目比赛中，运动员每次试跳的成绩均为有效成绩。

(2)除犯规外，高度项目比赛中，运动员每次跳过的高度为有效成绩。

(3)投掷项目比赛除犯规以外，当运动员投出的器械完全落在落地区内(不包括落地区边线)才算有效，丈瞳成绩时从距离投掷区最近的落地点算起。其中标枪必须是枪尖首先触地成绩才算有效。

3. 录取名次

远度项目比赛结束以后，以运动员最好的一次试跳(掷)成绩，包括因第一名成绩相等而进行的决名次赛的成绩，作为最后的决定成绩判定名次，成绩好者列前。如成绩相等，按下列规定解决。

(1)在远度项目比赛中，如出现最好成绩相等，则以第二好成绩来确定名次，依此类推，直到最后一个成绩

(2)如果还是相同，除了第一名以外，可以并列；如果涉及第一名成绩相同，必须让这些涉及第一名的运动员继续比赛，直到决出第一名为止。

在高度项目比赛中，如出现最好成绩相等，则按以下规定解决。

(1)在出现成绩相等的高度上，试跳次数较少者名次列前。

(2)如成绩仍然相等，则在包括最后跳过的高度在内的全赛全部比赛中，试跳失败次数较少者名次列前。

(3)如成绩仍相等，当涉及第一名时，在成绩相等的运动员间进行决名次跳，除非根据比赛前规定的技术规程或在比赛中根据技术代表的决定。如不能决定名次跳，包括相关运动员决定不再进行试跳的比赛任何阶段，成绩相等的运动员的名次并列。

注：本规则(3)适用全部项目。

4. 犯规

(1)跳远、三级跳远有下列之一情况即判犯规。

①运动员以身体任何部位触及起跳线之前的地面。

②从起跳板两端之外起跳，无论是否超过起跳线的延长线。

③触及起跳线和落地区之间的地面。

④在落地过程中触及落地区以外的地面，而落地区外的触地点较落地区内的最近触地点更靠近起跳线。

⑤离开落地区时，运动员在落地区外地面的第一触地点较落地区内最近触地点和在落地区内因身体失去平衡而留下的任何痕迹更靠近起跳线。

⑥在助跑或跳跃中采用任何空翻姿势。

⑦还未通知该运动员试跳，而进行试跳，不管是否成功，都应判该次试跳失败。

⑧无故错过该次试跳顺序。

⑨无故延误时限。比赛时，运动员无故延误时间，即不准参加该次跳，以失败论处。

如果在比赛中再次无故延误比赛时间，即取消该运动员的比赛资格，但在此之前的比赛成绩仍然有效。每次试跳的时限为1分钟，只有当一名运动员连续两次试跳时，其试跳时限为2分钟。在时限只剩最后15秒时，计时员举黄旗示意，当时限到时，落

下黄旗，主裁判应判定运动员该次试跳失败。如时限到的同时，运动员已开始试跳，应允许其进行该次试跳。当裁判员通知运动员试跳开始后，运动员才决定免跳，当时限已过时，应判为该次试跳失败。

三级跳远运动员的三跳顺序是一次单足跳、一次跨步跳和一次跳跃。单足跳时应用起跳腿落地，跨步跳时用另一条腿（摆动腿）落地，然后完成跳跃动作。

(2)跳高有下列之一情况即判犯规。

①使用双脚起跳。

②由于运动员的试跳动作致使横杆未能停留在横杆托上。

③在越过横杆之前，身体触及立柱前沿垂直面以外的地面或落地区。但如果裁判员认为运动员并没有受益，则不应由此而判该次试跳失败。

④无故延误时限。

⑤当裁判员通知运动员试跳开始后，运动员才决定免跳，当时限已过时，应判该次试跳失败。

⑥试跳时，运动员有意用手或手指把即将从横杆托上掉下的横杆放回。

⑦无故错过该次试跳顺序。

(3)撑竿跳高有下列之一情况即判犯规。

①试跳后，由于运动员的试跳动作致使横杆未能停留在横杆托上。

②在越过横杆之前，运动员的身体或所用撑竿的任何部位触及插斗前壁上沿垂直面以外的地面或落地区。

③起跳离地后，将原来握在下方的手移握至上方的手以上或原来握在上方的手向上移握。

④试跳时，运动员用手稳定横杆或将横杆放回。

⑤无故延误时限。

⑥当裁判员通知运动员试跳开始后，运动员才决定免跳，当时限已过时，应判为该次试跳失败。

⑦当裁判员根据运动员登记的架距调整好架距后，计时员已开始计时，运动员再提出调整架距，则再次调整架距的时间应计入运动员的试跳时间内，如因此而超出试跳时限，则应判定试跳失败。

⑧无故错过该次试跳顺序。

⑨试跳中，当撑竿不是朝远离横杆或撑竿跳高架方向倾倒时，如有人接触撑竿，而有关裁判长认为，如果撑竿不被接触，将会碰落横杆，则应判为此次试跳失败。

(4)在投掷项目比赛过程中，运动员如果有下列违反规则的行为，则会被判犯规，成绩无效。

①超出时间限制。

②投掷铅球和标枪技术不符合规则规定（规则要求铅球和标枪必须由单手从肩上掷

出）。

③在投掷过程中，身体和器械的任何一部分不得触及投掷圈铁网上沿或圈外的地面和标枪投掷弧、延长线以及线以外地面任何一部分，包括铅球抵趾板的上面，否则即为投掷失败。

落地前，不能在投掷后转身完全背对其投出的标枪。完成投掷后，链球、铁饼和铅球运动员必须从投掷圈后半圈的延长线后面退出。标枪运动员必须从投掷弧以及延长线以后退出。

⑤在没有犯规的情况下，参赛者可以中止已开始的试掷动作，将器材放下以后暂时离开投掷区，并重新开始，但是必须在规定的时限内完成投掷。

⑥参赛者可以在比赛期间离开比赛区域，但必须由裁判员许可并由裁判员陪伴。

⑦比赛过程中，运动员不能在比赛场地使用以下电子设备：摄像机、便携式录放机、收音机、CD机、报话机、手机、MP3以及类似的电子设备。

5. 裁判员的旗示

在跳跃项目比赛中，通常有一名主裁判手中持有红、白旗帜各一面，用来示意运动员试跳是否成功。举红旗表示试跳失败，成绩无效；举白旗表示成功，成绩有效。

在投掷项目比赛中，通常有两名主裁判手中持有红、白旗帜各一面，用来示意运动员试投是否成功。举红旗表示试投失败，成绩无效；举白旗表示成功，成绩有效。其中一名站在投掷区附近的称为内场主裁判，主要判定运动员在试投过程中是否犯规；另一名在落地区内的称为外场主裁判，主要判定器械落地点是否有效。

6. 田赛成绩实时显示牌

在国际或国内大型田径运动会中，通常会在赛场显著的位置摆放一块电子显示牌，用来及时显示当前比赛项目的一些基本情况。跳跃、投掷前显示将要试跳、试投的运动员的号码、姓名、国家（或地区）代码以及试跳、试投次数，该运动员前几轮的最好成绩和目前暂列的名次，本次比赛前几轮的最好成绩，试跳、投掷结束后会显示出该运动员本次试跳、试投的成绩。

7. 全能项目竞赛规则要点

全能比赛需按照顺序进行各个项目比赛，所有比赛的场地和器材以及比赛规则与单项比赛基本相同，但有一些小差别：运动员在单项赛跑项目中第二次及之后抢跑的运动员都要被罚出比赛，但全能比赛是一个人两次抢跑才处罚。新的世界纪录或奥运会纪录要求比赛时风速不能超过2米/秒，全能比赛则不超过4米/秒。在跳远和投掷项目中，每个运动员只能试跳（掷）3次。在跳高单项比赛中的每轮比赛后，横杆升高不得少于2厘米，而全能跳高比赛中始终升高3厘米；撑竿跳高单项比赛每次至少升高5厘米，而全能比赛中始终升高10厘米。

(1)分组、分道和比赛顺序。

全能项目最后一项比赛的分组，应将倒数第二项比赛后积分领先的运动员分在一组。其他项目抽签决定。

（2）录取名次。

全能比赛以最后所有项目的总积分最多者为胜。如果 1 名或多名运动员总分相等，该相等情况涉及任何名次，将按下列程序判定名次。

①得分较高的单项数量多者为优胜。

②如仍然成绩相等，则以任何一个单项得分最高为优胜。

③如再次成绩相等，则以第二得分高的单项分数较高者名次列前并以此类推。

▸▸ 思考题

1. 田径健身运动的特点有哪些？

2. 田径健身运动有哪些内容？

3. 简述田径健身运动的素质练习方法。

4. 简述田径竞赛主要规则。

第十四章　形体

第一节　形体概述

一、形体的概念

形体是指人体的外在表现，它是一门艺术，人体只有在四肢、躯干、头部及头部五官的合理配合下才能显示出姿态美、体态美、线条美和外部形态与内部情感的和谐统一美。它既注重外在美的训练，又注重内在美的情操培养。练习者在优美、动听的音乐伴奏下，经常性地进行形体训练，可使身心得到全面发展，有利于培养健美的体态和高雅的气质，使形体更富有艺术魅力。

二、人体美的形体要求

第一，头部五官端正、面部红润、眼光有神、头发光泽、颈部挺直而灵活，并与头部配合协渊。

第二，双肩对称，男宽女窄。

第三，两臂修长，两臂之长与身高相等。

第四，胸部宽厚，比例协调，男性胸肌圆隆，女性乳房丰满，挺而不垂。

第五，腰部是连接上下体的主柱，呈现圆柱形，细而有力。

第六，腹部应扁平

第七，臀部圆满，微显上翘，不下坠，男性鼓实，女性健而隆起。

第八，大腿修长，小腿长而腓肠肌位置高，并稍突出。

第九，人体骨骼发育正常，无畸形，身体各部位比例匀称。

第十，男子形体强调上肢力量及肌肉发达，整个体形呈倒梯形；女子形体强调身体比例匀称，线条流畅，整个体形呈曲线形。均匀的体形与正确的姿态能塑造形体美。

三、形体美的内容

形体美的内容很广泛，主要包括体形美、姿态美和气质美。

1. 体形美

人体形态的协调优美，主要体现在躯体的左右对称，四肢的长短均衡上。通俗地讲就是人的整体指数（身高、体重）和人体各部分合理适当的比例关系（如身高、腿长、三围等）。形体美具体有一些客观的指数，即身长、体重、坐高的比例，颈围、胸围、腰围、臀围、大腿围、小腿围等之间的大小关系。如果这些围度和长度的指数符合黄金分割，这样的身体形态被认为是最美的。

2. 姿态美

姿态美可以反映一个人的内心世界，它不仅本身就是美的造型，而且可以弥补体形上的某些不足。姿态美着重反映在站姿、坐姿、走姿以及举手投足之间的动作上，首先是站、坐、行的基本姿态，如优雅、端庄的坐姿可以弥补其他方面的一些缺陷，而体现出美的一面；其次是身体各部位的姿态，如手臂和腿的姿态美化、身体韵味等。

3. 气质美

气质通常指人的典型而稳定的个性特征、风格和气度，它是人内在的文化素质和艺术修养通过外在的身体动作和语言进行展现，是内在美的一种自然、真实的流露，所以气质是内在美和外在美的有机结合，内在美是气质的灵魂，外在美是气质的外衣。

体形美、姿态美、气质美，是形体美的核心，形体的完美正确的身体姿态可以促进人体外形的完美，这在某种程度上反映一个人的精神面貌的气质。

四、形体训练的基本内容

1. 基本姿态练习

人的基本姿态是指：坐、立、行、卧。当这些基本姿态呈现在眼前时会给人一种感觉，如：身体形态所显示的端庄、挺拔、高雅，给人的印象是赏心悦目的美感（包括日常活动的全部）。由于一个人的姿态具有较强的可塑性，也可具有一定的稳定性，通过一定的训练，可以改变诸多不良体态，如：斜肩、含胸、松垮、行走时屈膝晃体、步伐拖沓等。

2. 基本素质训练

形体基本素质练习是形体训练最重要的内容之一，在练习中可采用单人练习和双人配合练习两种形式。通过大量的练习，可对人体的肩、胸、腰、腹、腿等部位进行训练，以提高人体的支撑能力和柔韧性。为塑造良好的人体形态，改善形体的控制力打下良好的基础。形体基本功练习的内容较多，在训练时，应本着从易到难，从简单到复杂的原则。同时也要注意自己和配合者的承受能力，不能超负荷，以免发生伤害事故。

3. 基本形态控制练习

基本形态控制练习是对练习者身体形态进行系统训练的专门练习，是提高和改善人体形态控制能力的重要内容。是通过徒手、把杆、双人姿态等大量动作的训练，进一步改变身体形态的原始状态，逐步形成正确的站姿、坐姿、走姿，提高形体动作的灵活性。这部分练习比较简单，个别动作要求比较严格，训练必须从严要求、持之以恒。

五、形体训练的特点

形体练习与其他体育项目相比较，具有不同的特点，只有了解了这些特点，才能更充分地发挥形体练习的作用，有目的、有针对性地选择练习方法，达到有效锻炼身体的目的。

1. 符合学生追求美的愿望

爱美是人的天性。当今时代，青少年不仅要求身体健康，还要求更健美。形体练习就是把"美"的意蕴有意识地注入练习中去，以人体科学为基础，通过各种练习手段和方法，提高肌肉控制力、动作表现力以及协调性、灵活性等，从而获得健美的体态、健康的体魄。符合学生追求美的愿望。

2. 具有一定的艺术性要求

形体训练的动作要求准确、协调、幅度大、节奏感强、姿态优美，以其丰富多彩的练习内容及形体美的表达形式、舒展优美的姿态和矫健匀称的体型，无论是局部练习还是整体练习都应充分体现美的韵律、美的感觉。音乐是形体训练的灵魂，根据不同风格的乐曲，选择创造出不同风格、形式的形体训练动作，可以提高练习者的音乐素养，培养良好气质和修养。

3. 可以培养人的内在气质

体育造就人体美不单纯在于塑造形体，还在于通过锻炼将开朗、豁达、真诚、进取等精神灌注到人的心灵中，使人的动作和姿态富有美的韵味，从而真正展示出人体的文化素质。一般来讲，经过系统形体练习的青少年，除了身材匀称外还表现在举止得体，坐、立、行落落大方，能够充分展示出青少年蓬勃向上的青春活力。通过形体练习获得的形体美能够反映出一个人的精神面貌与气质，是展现人的内在美的一个窗口。

六、身体美的基本标准

身体姿态包括：站、行、坐、卧。

站：正确、健美的站立姿态应该是头颅、躯干和脚的纵轴在一条垂直线上，挺胸、收腹、梗颈，两臂自然下垂，形成一种优美挺拔的形态，这样，人体固有脊柱形态的曲线也就表现出来了。

行：除了保持站立时正确、优美的姿态外，躯体移动应正直、平稳，不僵又不呆板，两臂自然下垂，摆动协调，膝盖正对前方，脚尖略微向外侧，落地时脚跟着地过渡到脚掌，两脚后跟几乎在一条直线上，两腿交替前移的弯曲程度不要太大，步伐稳健均匀。

坐：优美的坐姿应保持挺胸收腹，四肢摆放也要规矩端正，不能摆得太开、太大。

卧：良好的卧姿对于心血管、呼吸系统在安静状态下的工作起保证作用，并有助于消除肌肉疲劳。为避免心脏受压，一般朝右侧卧为最好，为防止局部受压发麻甚至出现痉挛的现象，仰卧也是一种好的卧姿，但不要把手放在胸上，以免压迫心脏。

当然遗传和社会环境的影响是形成上述正确优美姿态的一个重要因素，但是后天的培养教育，尤其是采用科学的锻炼方法，选择合适的体育项目进行锻炼，对形成优美体态更有效果。

七、女性形体美的十大标准

女性的身高与体重、四肢与躯干等部位的比例为多少才合乎健美的标准呢？专家给出的测量标准如下。

(1)上、下身比例：以肚脐为界，上下身比例应为 5∶8，符合"黄金分割律"。

(2)胸围：由腋下沿胸部的上方最丰满处测量胸围，应为身高的一半。

(3)腰围：在正常情况下，量腰围的最细部位。腰围应较胸围小 20 厘米。

(4)髋围：在体前耻骨平行于臀部最大部位，髋围应较胸围大 4 厘米。

(5)大腿围：在大腿的最上部位，臀折线下。大腿围应较腰围小 10 厘米。

(6)小腿围：在小腿最丰满处。小腿围较大腿围小 20 厘米。

(7)足颈围：在足颈的最细部位。足颈围较小腿围小 10 厘米。

(8)上臂围：在肩关节与肘关节之间的中部。上臂围应等于大腿围的一半。

(9)颈围：在颈的中部最细处。颈围与小腿围相等。

(10)肩宽：两臂峰之间的距离。肩宽等于胸围的一半减 4 厘米。

从感官上看，女性形体美又可分为以下 3 个方面。

①骨骼美在于匀称、适度，即站立时头颈、躯干和脚的纵轴在同一垂直线上；肩稍宽，头、躯干、四肢的比例以及头、颈、胸的连接适度。

②肌肉美在于富有弹性和协调性。过胖、过瘦或肩、臀、胸部的细小无力，以及由于某种原因造成的身体某部分肌肉的过于瘦弱或过于发达，都不能称为肌肉美。

③肤色美在于细腻、白皙、柔韧、有光泽，摸起来有天鹅绒之感，看上去像浅粉玫瑰色的为最佳。

第二节　形体的基本训练

一、身体的方位、脚位和手位

1. 身体的方位

在进行基础练习前，首先要有明确的方向概念，即身体的方位。一般以学生为基点，以面对教师的方向为正前方，称第一方位，简称∠1，向右转45°为第二方位，即∠2，依此类推，共8个方位，如图14-1所示。

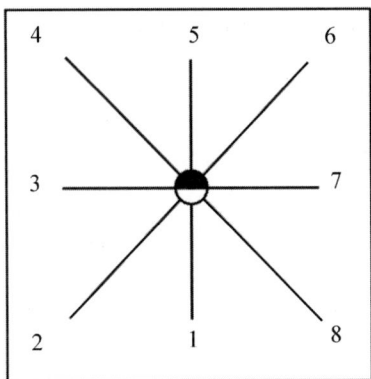

图 14-1

2. 脚位

脚位的正确与否，直接影响到身体姿态和技术的准确性。

(1)芭蕾舞脚位。

一位，两脚完全向外打开，脚跟并拢，两脚成一直线，重心在两脚。

二位，仍保持一位，但两脚间距约一脚，重心在两脚中间。

三位，两脚平行，两脚跟前后相叠，脚尖向侧。

四位，两脚前后平行，之间相距一脚，重心在两脚之间。

五位，类似四位，但两脚全部重叠，两腿伸直夹紧。

(2)古典舞脚位。

正前位，两脚并拢，不要外开，重心在两脚。

八字位，两脚跟靠拢，脚尖各向斜前方，两脚尖相距约一脚。

丁字位，一脚跟靠于另一脚内侧中部，呈丁字形，重心在两脚。

脚好比"地基"，因此，在做各种脚位练习时，要求身体直，沉肩，提胸立腰，全脚掌着地，重心落在两脚上。

3. 手臂基本位置

手位练习时，要求手指自然伸直，关节柔软，拇指与中指稍向里，手腕保持弧形。男生手形与女生基本相似，只是拇指略张开一些。

一位，两臂弧形下垂于体前，掌心向上，两手指相距 7 厘米左右，手臂稍稍离开身体，手臂保持从肩开始的柔和的圆形线条，头竖直。

二位，从一位开始，两臂抬至臂的高度，肘部架起，掌心向内，头偏向左侧。

三位，两臂上举，掌心向内，头竖直，平稳。

四位，一臂上举，另一臂落至二位，头竖直，眼平视。

五位，一臂上举，另一臂向前伸长的同时向旁打开，头侧转。

六位，上举臂落至二位，另一臂侧举，视线由上至下看手心。

七位，两臂侧举稍低于肩，掌心向前，视线随手。

二、柔韧性动作的练习

在形体练习中，有很多动作是以身体各环节的屈、伸或扭转来完成的。由躯干的弯曲和扭转构成多曲线的身体造型，显示了人体的自然美，大幅度的分腿动作增加了自由肢体的动态美。

1. 躯干同向弯曲

（1）动作做法。

上体前屈：双脚站立或蹲立，含胸弓背屈髋，上体前屈成圆背姿势，低头。由站立（点地立、跪立）开始，上体向前，屈髋、挺胸贴腿稍抬头。

上体侧屈：由站立（点地立、跪立）开始，上体向侧面弯曲，稍抬头。

上体后屈：由站立（点地立、跪立或弓步）开始，上体向后弯曲，抬头。

（2）技术要点。

①上体弯曲时，下肢肌肉收紧作为牢固的支撑。

②上体先放松拉长，再按髋、腰、胸、颈的顺序做弯曲动作。由屈到伸时动作顺序相同。

③上体后屈时背部肌肉收紧，臀肌和两肩胛相对收缩，髋向上顶，抬头，使躯干与腿结成环形。

④上体侧屈和挺胸前屈的动作要尽量向远伸，充分拉长，以增加弯曲的幅度。

2. 躯干反向弯曲和扭转

（1）动作做法。

①头部和髋部向同一方向移动，胸部向相反方向移动，构成 S 形的多曲线姿态。

②以腰为轴，肩、胸和髋向相反的方向转动，形成扭转姿态，如图 14-2 所示。

（2）技术要点。

①躯干 S 形反向弯曲时，髋部的弯曲方向与颈胸部相反，腰部放松，尽量增大反

向弯曲的幅度，保持身体平衡。

②扭转动作要固定下肢，放松腰部，肩胸做平行转动。

图 14-2

3. 劈腿动作(劈叉)

(1)动作做法。

前后劈腿：由四位站立开始，直腿向前滑动分腿至前腿后部、后腿前部全部贴地；上体正直，如图 14-3(a)所示。

横劈腿：由二位站立开始，两腿旋外，脚尖向侧面，直腿向两侧滑动分腿至两腿贴地，两脚跟与臀部在一条横线上，如图 14-3(b)所示。

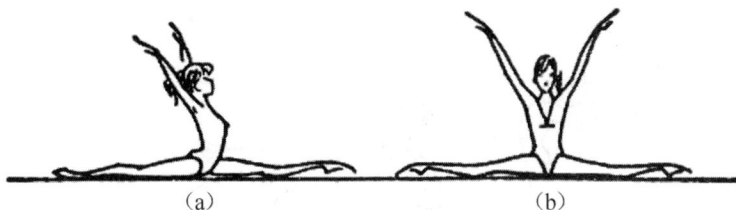

(a)　　　　　　　　　(b)

图 14-3

(2)技术要点。

两腿充分绷直，保持外开，髋关节放松。

三、波浪动作

波浪动作以柔软、活泼、圆润的内在弹性感以及外部的多曲线形成了优美的形态及丰富的表现力。

1. 手臂波浪

(1)动作做法。

肩、肘、腕、手指各关节依次弯曲，并随之依次伸展，形成波浪形动作，手臂波浪幅度可大可小。

(2)技术要点。

由靠近躯干的部位开始起动。整个手臂必须放松地将动力传递到手指尖。波峰随弯曲的关节而移动。在同一时间，某一关节弯曲，而另一关节正在伸展。

在手臂波浪中，肘关节除屈伸动作之外，正要随波峰的移动而上下(或左右)移动。

2. 躯干波浪

躯干波浪开掘了人体中间部位的表现力，是对躯干弯曲伸展动作的美化，充分体现了身体曲线的自然美。

(1)躯干向前波浪。

跪立，由上体依次后屈开始，用力向前上方挺髋、挺胸，向后抬头，经上体后屈依次还原成正直，波峰在体前向上移动，如图14-4所示。

图 14-4

(2)躯干向后波浪。

跪立，由上体依次后屈开始，髋、腰、胸、颈依次向前弯曲，波峰在体后向上移动，如图14-5所示。

图 14-5

(3)躯干向侧波浪。

跪立，髋、腰、胸、颈各关节依次向侧弯曲，并随之依次向侧上方挺出，波峰在体侧推移。

躯干各关节的屈伸是依次、连贯的周期性推移动作，各环节依次向波浪方向画圆。在波浪进行中，头、胸、髋形成反向弯曲和位移。反向运动的幅度大，波浪幅度也大。

3. 全身波浪

整个身体参与波浪的动作为全身波浪。

(1)向前波浪。

由身体前屈开始起动，踝、膝、髋、腹、胸、下颏依次向前上方转动，经上体后屈姿势，随之依次伸直还原成直立，波峰在体前由下向上推移，如图14-6所示。

图 14-6

(2)向后波浪。

由身体后屈开始起动，屈髋、收腹、含胸、低头至上体依次前屈，波峰在体后由下向上推移，如图 14-7 所示。

图 14-7

(3)向侧波浪。

由上体左侧屈开始起动，右腿屈膝，经两腿屈膝向左顶髋，两腿依次蹬直，向左挺胸、抬头至上体右侧屈，波峰在左侧向上推移，如图 14-8 所示。

图 14-8

四、转体动作

在形体练习动作中，有各种单脚转体、双脚旋转和以身体其他部位为支撑的旋转。

1. 单脚转体

(1)侧吸腿转体。

由右脚前点地,两臂左侧举开始,经屈膝向右腿移重心,蹬直起踵立,以右脚支撑向右转体360°或720°,左腿屈膝侧下举,同时右臂向右摆经侧举至两臂下举。

(2)单腿屈膝前举转体。

由左腿在前点站立,两臂右侧举开始,经屈膝向左腿移重心的同时左臂侧摆至侧举,右腿由后屈膝向前摆动,左腿蹬地起踵立的同时两臂上举至三位,保持屈膝前举姿态向左转体360°或更多。

(3)单腿屈膝后举转体。

由左腿在前点地立,两臂右侧举开始,经屈膝向左腿移重心的同时两臂向左水平摆至左臂侧举,右臂上举,左腿蹬地踵立,右腿屈膝后举,保持姿态以左脚支撑向左转体360°或更多。

2. 双脚旋转

以两脚的前脚掌为支点,向右(左)转动180°、270°或360°。转体时提起踵,两脚夹紧,上体正直,挺胸夹背,紧腹收臀,使肩、髋保持在一个平面上绕身体的纵轴旋转。

3. 移动中转体

(1)平转。

平转是两脚在一条直线上移动的连续转体动作,每步旋转180°,连续转体360°为一次平转。

(2)侧吸腿平转。

这是两脚在移动中连续做单脚转体的动作。

动作做法:左脚站立,右脚前点地,目视右侧,左臂侧举,右臂前举;右腿向右划弧,向右侧上步起踵站立,右臂摆至侧举,左腿屈膝侧举,脚尖触右膝内侧,膝关节向外。以右脚为支点向右转体270°,同时左臂向内靠近右臂成二位姿态;右脚继续向右转体90°,左脚在右脚后落地并稍屈膝,右腿前下举,左臂侧举,右臂前举。

侧吸腿平转技术要点如下。

①双脚平转时身体平直像一扇门,两脚夹紧,两脚以小步在一条直线上移动,每步转体180°。

②侧吸腿平转时重心在单脚上,转体结束时换另一脚支撑,转体时保持开胯姿态。

③平转时前半周目视转体正前方一固定目标,后半周快速转头(平甩),超前转向目标。

④练习连续2~3次平转的动作。

4. 翻身

翻身是身体绕复合轴转动的动作,其动作形式很多。这里主要介绍踏步翻身。

(1)动作做法。

预备：右脚在后的踏步立，稍屈膝，上体前倾，两臂预先向左摆动。

目视前下方一固定标记，上体固定在向前斜的垂面上，两臂在垂面上依次向右快速摆臂(抡臂)。同时，以前脚掌为轴蹬腿转髋，挺腹，挺胸，身体各部分依次转动。上体随手臂摆的力量保持弯曲状态，经左侧屈、后屈、右侧屈、前屈翻转一周，如图14-9所示。

图 14-9

(2)技术要点。

转动时，胸以上部位保持在接近水平(与地面平行)的位置上翻转。

两臂在垂面上依次抡动成一直线，带动上体翻转。

翻身前半部两腿由屈到伸，后半部分由伸到屈。

五、跳跃动作

跳跃动作多种多样，快速灵巧的小跳能够有效地训练跳的基本技术，大幅度的跳跃转体、跳跃结环成了跳跃的难度动作。

1. 原地小跳

(1)直体跳。

自然站立(或一位、二位、五位、并步立)，两手叉腰成预备姿势，经屈膝后两腿蹬地跳起，空中身体绷直，落地屈膝缓冲。

(2)交换跳。

五位交换跳：预备时五位站立，两手叉腰，经屈膝后两腿蹬地跳起，空中两腿快速向前后交换位置1~2次，落地成五位，屈膝缓冲。

二、五位交换跳：预备时五位站立，两手叉腰，经屈膝后两脚蹬地跳起，空中保持五位收紧，落地时两腿分开成二位半蹲。由二位跳起，空中保持二位，落地时并腿成五位半蹲。

2. 交换腿跳

(1)向前交换腿跳。

左腿向前一步蹬地跳的同时，右腿向前摆腿，左脚离地后快速向前摆腿，空中两腿上下交换。两臂向外大绕环，右脚落地，左腿前举。

（2）向后交换腿跳。

右腿向前一步，经屈膝后蹬地跳起。同时，上体稍前倾，左腿向后摆起。接着右腿向后摆起，空中两腿上下交换，两臂摆至侧后举。左脚落地并稍屈膝，右腿后举，如图 14-10 所示。

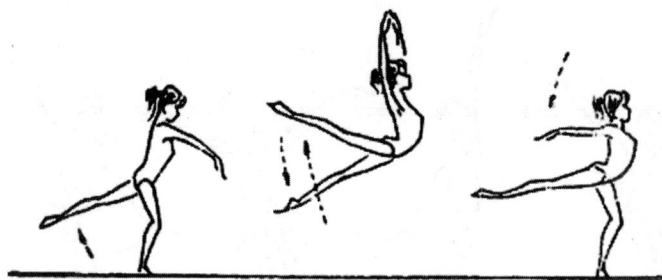

图 14-10

六、把杆练习

手扶把杆进行身体姿态练习，不仅能够培养规范化的身体姿态，而且能有效地发展腿部和躯干部位的韧性、力量和平衡能力。借助把杆进行慢动作和分解动作练习，能够发展细腻的肌肉感觉，有利于掌握技术细节，建立正确的动作概念。把杆练习是身体动作训练中不可缺少的形体基本功练习内容。

1. 扶把杆站立

站立是各种动作的基础，没有稳定的站立就不可能完成优美的舞姿造型和稳定的转体。站立的基本姿势是立正，在此基础上可变换各种姿势。具体包括双手扶把和单手扶把。

（1）动作做法。

①脚成各种位置做直腿站立、起踵立或屈膝站立。

②单腿站立，另一腿脚尖在前、侧、后点地。

③单腿站立（或踵立、屈膝站立），另一腿向前、侧、后伸直或屈膝举起至 45°、90°、135°以上。

④一腿屈膝，另一腿伸直，两腿迈开（弓步）。

（2）技术要点。

①保持脚位准确，从大腿开始整个腿旋外，重心稳，下体正直。

②基本站立时，全脚掌锥地而立，直膝开髋向上提，使脚尖、膝关节与髋关节在一条直线上，立腰，紧腹收臀，挺胸夹背，两肩下沉，脖子梗直，使上体姿态挺拔。

③起踵立时脚跟尽量抬高，以前脚掌大脚趾一侧支撑，脚跟向前顶，内踝顶直，使小腿与脚面在一垂线上。

④屈膝半蹲时臀部对准脚跟，两膝对准脚尖，立腰。

⑤点地立时支撑腿脚尖向外，动力腿绷直旋外。前点地时脚面向外，脚跟向上顶，脚尖在正前方点地。后点地时脚面向外，脚跟向里，脚尖在正后方点地，侧点地时脚面向上，脚跟向前顶，脚尖在正侧方点地。

⑥单腿站立时，重心在支撑腿上，保持腿的外开，自由腿通过腰腿肌力的控制在空中保持一定姿态，上肢协调配合，维持平衡。

2. 蹲

蹲属于支撑腿屈伸的动作，有半蹲和全蹲。蹲也是跳的起动动作。蹲的练习能有效增强腿部力量和控制平衡的能力。

(1)动作做法。

半蹲：预备时脚站立成一位(二位、三位、四位、五位或正步)，1～4拍，屈膝下蹲至膝关节角度大于90°，5～8拍，腿伸直至直立。

全蹲：1～4拍，屈膝下蹲于半蹲姿势，5～8拍，继续屈膝下蹲，同时脚跟抬起，下蹲至膝关节弯曲小于90°。

单腿蹲：预备时由一位或五位站立开始，一腿屈膝向侧上提至踝关节，并贴支撑腿小腿下部，脚跟向前。1～4拍，支撑腿屈膝下蹲至半蹲；5～8拍，支撑腿伸直至直立。

(2)技术要点。

①保持准确的脚位，两膝对准脚尖的方向，臀部对准脚跟的方向，上体正直。

②动作柔和连贯，向下时被动屈腿，向上时主动伸腿，全蹲至最大幅度时不松髋、不掉臀、不停顿。

③双腿蹲重心在两腿间，单腿蹲重心在支撑腿上，保持平衡。

3. 擦地

擦地是摆动腿起动，脚向前、侧、后经过地面擦出和收回的过程。

(1)一位侧擦。

预备时双手(或单手)扶把，一位站立；1～2拍，右脚全脚掌贴地直腿向侧滑动擦出，随之脚面绷直，脚跟离地向上顶，滑至右脚尖在正侧方点地；3～4拍，脚放松，脚掌贴地直腿擦地收回至一位。

(2)五位擦地。

预备时左手(或双手)扶把杆，五位站立；1～2拍，右脚直腿向前(侧、后)滑动擦出，随之抬脚跟、脚尖滑至右脚尖在前(侧、后)方点地；3～4拍，右脚放松，脚掌贴地，直腿擦地收回至五位。

(3)技术要点。

①擦地时支撑腿保持外开，伸直向上立髋，重心在支撑腿上，上体正直，摆动腿一侧髋关节放松，保持整个腿伸直和旋外，灵活地自由运动。

②向前擦出时脚跟主动向前顶，向后擦出时脚尖主动向后伸，侧向擦出时脚面向上，脚跟主动向前顶，保持外开，至点地位置时踝关节和脚面充分绷直，小腿与脚面脚尖成一直线，由前点收回时脚尖经四位平行擦地收回；由后点收回时脚跟经四位平行擦地收回；由侧点收回时经二位直腿擦地收回。

4. 踢腿

踢腿运行的幅度有大有小，小踢腿以训练腿快速绷直的感觉和摆腿的速度为目的；大踢腿以发展腿部的柔韧、灵活、力量和速度，加大下肢运动幅度为目的。

(1)小踢腿。

预备时单(双)手扶把，五位站立；1~4拍，前(后)腿快速擦地，并有力地绷直，向前、侧(后)踢出，急停在25°位置上；2~8拍，摆动腿向下经点地位置擦地收回。

(2)大踢腿。

预备时左侧对把杆，左手扶把，五位站立或起踵立；1~4拍，右腿直膝擦地，用力向前、侧(后)上方踢起135°以上；2~8拍，右脚轻轻落下至点地位置，右脚擦地收回至五位。

(3)技术要点。

①小踢腿擦地绷脚踢出地面之后，摆动腿伸肌收紧，使腿急停在25°位置上。

②腿踢出后，摆动腿髋关节放松，利用惯性继续上摆，过水平部位之后快速收腹(后腿背肌收紧)，使腿上摆到极点。前踢对鼻尖、侧踢对耳朵、后踢对后脑，保持正确的方向，如图14-11所示。

图 14-11

③踢腿时，支撑腿用力蹬直，固定髋部，做牢固的支撑，使重心稳定。

5. 屈伸

通过腿的屈伸练习增加腿部力量、韧性、关节灵活性和控制平衡的能力，增加腿的柔美感觉、灵活性和表现力。

(1)摆动腿屈伸。

预备时单(双)手扶把一位站立，右腿侧摆；1~2拍，右腿屈膝收小腿至右脚外踝并贴左小腿前部，右脚跟向前；3~4拍，右腿保持膝向外，向前(侧、后)45°或25°方向柔和而充分地伸直。

（2）两腿同时屈伸。

预备时左手扶把五位站立，右腿向侧擦地举起至25°或45°（侧下举）；1～2拍，左腿屈膝半蹲的同时，右腿屈膝，右脚贴左小腿前部；3～4拍，左腿伸直的同时，右腿向侧（前、后）下方伸直。

6. 压腿

（1）向前压腿。

预备时面对（或斜对）把杆，右腿绷直旋外放在把杆上，手臂上举（或左手扶把，右臂上举），立腰向前屈髋，以腹、胸、下颏依次贴右腿，手臂同脚尖方向，接着还原成预备姿势，如图 14-12 所示。

（2）向侧压腿。

预备时左侧对（或斜对）把杆，左腿伸直放在把杆上，脚面向上，两臂侧举（或右臂侧举，左手扶把）。右臂向上使上体拉长，并向左侧屈髋，左肩后部贴左腿。接着，立腰还原成预备姿势，如图 14-13 所示。

（3）向后压腿。

预备时背对把杆或右侧对把杆，左腿后举，将脚背放在把杆上，两腿伸直，上体正直；臂上举，挺胸立腰后抓；臂上举，挺胸抬头，上体后屈，同时，支撑腿屈膝下蹲，使两腿开度加大，如图 14-14 所示。

图 14-12　　　　　　　　图 14-13　　　　　　　　图 14-14

7. 练习注意事项

（1）扶把杆做动作时要精确细致，在每个动作中，身体各部分的姿势、神态、用力感觉都必须清楚，表达准确无误，做到标准、规范、熟练。

（2）扶把杆做动作时身体重心应放在支撑脚上（压腿除外），轻轻扶把，身体其他部位不可靠在把杆上。

（3）把杆练习要注意动静交替、紧张与放松交替、两腿交替、变换方向交替、不同类型的动作交替。静力性动作之间要以动力性动作调节，大强度练习中间要安排放松动作。

（4）把杆练习的音乐伴奏要完全符合动作的节奏和力度变化，通过优美合拍的音乐使枯燥的基本动作变得富有韵味和情趣。

（5）在练习中要根据不同的水平选择不同的练习内容，在基本掌握了各类动作之后，可按照由简到繁、由远及近、动静交替、两侧交替、紧张与放松相交替、活动量由小到大再到小的原则，将各类动作编成组合动作进行练习。

▸▸ 思考题

1. 形体训练的基本内容有哪些？
2. 身体美的基本标准是什么？

第十五章　健美操

第一节　健美操运动概述

一、健美操运动的起源与发展

健美操运动起源于生活及人们对人体健美的追求，它是集音乐、舞蹈、体操、美学于一体的新兴的体育运动，是随着现代科技发展，人类走向高效率、快节奏的信息时代的产物。

现代健美操源于美国黑人的爵士和土风舞，它节奏欢快，运动部位全面，对人体有着较好的锻炼效果。近十几年来，世界各地都在用徒手操和现代舞结合方式进行锻炼，其主要目的是促进身体健美和愉悦身心。

20 世纪 80 年代以来，健美操以其强大的生命力风靡世界。美国是对现代健美操的发展具有较大影响的国家，代表人物是电影明星简·方达。她为了追求健美的身体曾用过"节食减肥""自导呕吐法""服用减肥药"等方法，结果把身体弄得很虚弱。后来，她在 20 世纪 70 年代总结编排了一套健美操，坚持锻炼，收到了理想的健美效果。在此基础上她编写了《简·方达健身法》，1981 年出版后，在全球范围内引起了轰动。

健美操不仅在美国、英国、法国等国家迅速发展，在苏联和东欧国家也相当普及，在亚洲地区，日本、菲律宾、新加坡等国家和地区也建有许多健美操活动中心及健身俱乐部。

20 世纪 70 年代末，健美操传到我国。目前，健美操已成为我国各级各类学校体育课或课外活动中一项深受师生欢迎的教学内容和锻炼方式。1992 年国务院颁布了《全民健身疾患实施纲要》，健美操成为全民健身的重要项目之一。1992 年 9 月中国健美操协会在北京成立。1992 年 2 月，中国大学生体协健美操、艺术体操分会在北京成立，这些都标志着我国健美操运动已进入一个崭新的发展阶段。

二、健美操的价值

第一，健身。增强肌肉和内脏器官的功能，发展人体的灵活性和柔韧性，促进身体的正常发育。

第二，健心。保持和焕发青春活力。健美操动作优美、有力、奔放、自由，有情趣并且有表现力，在音乐旋律的协调配合下，给人以轻松欢快之感和积极向上的精神面貌。

第三，健美。能减去脂肪，增加肌肉。

第四，健脑。促进脑机能的健康发展。健美锻炼的感情表现极为轻松自如、活泼愉快、充满青春活力，具有一种执着追求的感情色彩。

第五，经过体形、姿态、动作美的锻炼，将美的素质、美的情操、美的心灵体现在生活之中，使人的举止、言行、处事、气质、风度更为高雅，仪表更为端庄。

第二节　健美操的基本技术与动作组合

一、基本技术动作

1. 手的基本动作

健美操中的手形有很多种，是从芭蕾舞、现代舞、迪斯科、武术中吸收和发展的。手形是手臂动作的延伸和表现，运用得好，会使健美操动作更加丰富多彩，生动活泼，更具有感染力。

(1)并拢式。五指伸直，相互并拢。大拇指微屈，指关节贴于食指旁。

(2)分开式。五指用力伸直，充分张开。

(3)芭蕾手式。五指微屈，后三指并拢，稍内收，拇指内扣。

(4)拳式。握拳，拇指在外，指关节弯曲，紧贴于食指和中指。

(5)立拳式。五指伸直，手掌用力向上跷。

(6)西班牙舞手式。五指用力，小指、无名指、中指自掌指关节处依次屈指，拇指稍内扣。

2. 脚的基本动作

(1)踏步。大腿抬平，小腿自然下垂，落地时用前脚掌过渡到全脚掌，两臂前后自然摆动，身体保持自然。

(2)开合跳。跳起分开落地，髋部、脚尖外开，膝关节在同方向弯曲。蹬地还原时，脚跟并拢，膝缓冲。动作要起伏，连贯有弹性。

(3)前踢腿跳。动力腿屈膝后摆，两膝之间要并拢，前弹时不要过分用力，膝关节、髋关节运动伸展要有控制，然后换腿做。

（4）后踢腿跳。一腿屈膝后摆，骺和膝在一条线上，跑跳过程中，膝踝关节充分缓冲，手臂可自然摆动。

（5）吸腿跳。膝抬起，大腿平行地面，小腿垂直于地面，脚面绷直，落地时由脚尖过渡到脚跟。两腿交替进行。跳起时，脚离地，身体保持自然。

（6）踢腿跳。一腿前踢，腿要抬平或更高，膝盖伸直，收腹立腰。落地还原到位。两腿交替进行。

第三节　健美操徒手基本动作

一、头颈动作

头颈动作有前屈、后屈、左屈、右屈、左转、右转、左右侧绕、绕环。

形式：屈、转、平移、绕及绕环。

方向：向前、向后、向左、向右、绕及绕环。

要求：做时节奏一定要慢，上肢保持正直。

二、肩部动作

肩部动作其主要形式如下。

单肩——提、沉、首、展、绕。

双肩——绕环、振。

方向：向前后绕与绕环。

要求：提肩、沉肩时两肩在同一额状面尽量上下运动，收肩、展肩时幅度要大，肩部要平。

三、上肢运动

手形动作有分掌、合掌、拳。

手臂动作的主要形式如下。

举——直臂、屈臂、单臂、双臂。

屈伸——同时、依次。

摆动——同时、依次、交叉。

绕与绕环——同时单臂、双臂、大绕、中绕、小绕。

方向：前、后、左、右、上、下。

要求：做臂的举、屈伸时，肩下沉做臂的摆动、绕及绕环，肩拉开用力。

四、胸部动作

形式：含、展、振。

要求：收腹、立腰。

五、腰部动作

形式：展、转、绕与绕环。

方向：前、后、左、右。

要求：腰前屈、转时、上体立直，绕腰与绕环时慢。

六、髋部动作

形式：顶、提、摆、绕与绕环。

方向：前、后、左、右。

要求：髋部练习时上体放松。

七、地上基本姿态

形式：坐——直角坐、分腿坐、跪坐、盘腿坐。

卧——仰卧、俯卧、侧卧。

撑——仰撑、俯撑、跪撑。

要求：做各种动作时，收腹、立腰、挺胸。做撑动作时，腰背紧张。

八、七种基本脚步动作

(1)踏步。传统的低强度步伐，要求脚尖、脚跟落地圆滑。

(2)后踢腿跑。相对于踏步是高强度动作，要求髋和膝在一条线上，脚在后。

(3)弹踢腿跳。低的膝关节和髋关节运动、伸展要有控制(不生硬)。

(4)吸腿跳。上体(头至臂)正直吸腿，膝关节最低 90°。脚尖必须伸直，正确的落地技术是脚尖过渡到脚跟。

(5)踢腿跳。只在髋部运动前或侧进行，允许一些向外的旋转，支撑腿可以轻微弯曲，踢起腿必须伸直。

(6)开合跳。分腿时，髋部外开，膝关节在同方向弯曲，并腿时，脚可平行落地或外开并腿动作落地，但必须有控制。

(7)弓步跳。上体(重心)必须在两腿之间，脚向前和平行，弓步膝关节在主力腿的脚上。

九、组合动作

组合动作分 A 组、B 组、C 组和 D 组。

1. A 组动作

(1)第一个八拍：1、2、3 右脚开始踏步，5、6 向左并步，7、8 向右并步。

(2)第二个八拍：1、2、3 右脚开始踏步，5、6 向右并步，7、8 向右并步。

2. B 组动作

(1)第一个八拍：1、2 左脚向前弓步，3、4 还原，5~8 同 1~4 反向。

(2)第二个八拍：1 左脚向前弓步，2 还原，3 右脚向前弓步，4 还原，5~8 同 1~4。

3. C 组动作

(1)第一个八拍：1、2 向左并步，3 向左一部，4 吸右腿，5~8 同 1~4。

(2)第二个八拍重复第一个八拍。

4. D 组动作

(1)第一个八拍：1、2、3、4 左 V 字步一次，5~8 开合跳两次。

(2)第二个八拍：1、2、3、4 右 V 字步一次，5~8 开合跳两次。

练习时请使用 A＋B＋C＋D 的方法，即学会了 A，再学习 B，重复 A＋B。继续学会 C，重复 A＋B＋C，再继续学会 D，再重复 A＋B＋C＋D 的学习方法。这种方法练习有氧操好记、好学，能使动作不间断。

第四节　健美操的创编原则与步骤

一、健美操的创编原则

1. 针对性

健美操应针对不同的任务、对象、年龄、性别、职业、身体状况、运动水平、文化层次以及练习者的生理、心理、爱好和接受能力、参与健美活动的需要，切合实际、有所侧重、有的放矢地进行健美操的创编，做到因人而异、有目的性。健美操可根据不同的锻炼目的分为形体健美操、减肥操、矫正操、保健操等，在创编时应该根据练习者的不同目的有所侧重。

2. 科学性

每套健美操运动的创编都应严格遵循运动的胜利解剖规律。每次运动的负荷应由小到大，动作由简到繁，强度由弱到强，逐步增加身体负荷。当达到并保持一定负荷后再逐步恢复到平静状态，使心血管系统、呼吸系统、消化系统和内脏器官功能得到改善。

一般成套的健美操是由引导过渡、基本操、放松操 3 部分组成。第一部分为引导过渡，包括深呼吸、踏步、伸展运动等，目的是为身体、心理进入基本操部分做好准备，同时了解音乐节奏、速度、风格，调适心理状态。第二部分为基本操，是成套健美操的主要部分，一般从人体的头或足开始，即头颈—上肢—肩—胸—躯干—下肢—全身—跳跃，由局部到整体，高潮在跳跃运动。第三部分为调整放松动作，一般为踏步和全身放松调整。动作速度渐慢，伴以深呼吸，使心率逐渐恢复到平静状态。

3. 全面性

创编成套健美操，要充分动员整个机体参与运动。使身体各部位的肌肉、关节、韧带及内脏器官得到全面发展。成套健美操动作一般包括头、颈、肩、腰、髋、腹、背和上、下肢运动。在每个部位尽可能全面运动的基础上，应重视编排健美操的不对称动作。

4. 创新性

创新是健美操的生命。没有创新就没有健美操的发展，因此，创新性是健美操创编的一项重要原则。首先要丰富自己，了解国内外健美操发展的现状和趋势，深刻理解健美操的精髓。然后根据健美的特点及编操的对象，创编出既有健美价值又有美学价值，既有观赏价值又有表演价值，新颖、独特的健美操。健美操的创新应从多方面着手，如动作的创新(包括方向的变化，线路的变化，对称与不对称动作，长短、曲直的搭配)；音乐的创新(包括特殊制作、特殊合成)；动作链接的创新、队形路线变化的创新及难度创新等。

5. 动作与音乐的一致性

健美操是表现音乐的一种手段。动作是诠释音乐的一种身体语言，音乐的选择决定了整套健美操的风格。因此在创编健美操时，要根据音乐的背景、民族习俗、文化特点，尽量设计出既能充分表现音乐，又不失健美操特点的动作，使音乐旋律与动作形象融为一体，达到音乐和身体动作相互促进和互相表现的效果，否则即失去了健美操的艺术价值。

二、健美操的创编步骤

1. 创编前的准备

(1)明确创编的目的、任务、要求。

(2)了解练习者多方面的情况(年龄、性别、身体状况、运动基础)。

(3)了解锻炼时间、场地、器材设备等条件。

(4)学习观看有关健美操的文字资料和音像资料。

2. 制订总体方案

在了解多方面情况的基础上，确定所编操的类别(健身、表演、竞赛)、风格(民族或爵士、优美或刚劲)、难度(大、中、小)、长度(若干个八拍)、速度(N拍或10秒)、设计操的结构顺序、主要动作类型(如头的屈、伸、绕及绕环)。

3. 选择音乐、编排动作

选择合适的音乐，通过剪裁和制作，使之适应总体设计方案的要求。在比较熟悉、理解音乐后，根据健美操创编原则，试着编排成套健美操的具体动作，要求所编动作与伴奏音乐和谐统一，并用速记或图解的方法记录下来。

4. 练习与调整

按设计好的动作进行练习。在练习过程中进行多方面的检查，包括运动量和强度的测试、对整套操结构顺序的合理性和艺术性的检查等。根据测试结果、练习者的反馈信息及创编者的观察研究，对操进行适当修改和调整。

5. 撰写文字说明

此项是为了保留材料，以便在今后的教学研究或相互交流中采用。文字说明应简明扼要，术语正确，绘图应形象逼真，方向清晰。

▸▸ 思考题

1. 简述健美操运动的起源、发展及其价值。
2. 简述健美操运动的基本技术与动作组合。
3. 简述健美操徒手基本动作。
4. 简述健美操创编原则。

第十六章 体育舞蹈

第一节 体育舞蹈概述

体育舞蹈也称国际标准交谊舞,是体育运动项目之一,是以男女为伴的一种步行式双人舞的竞赛项目,分两个系列,10个舞种。其中摩登舞系列含有华尔兹、维也纳华尔兹、探戈、狐步和快步,拉丁舞系列包括伦巴、恰恰恰、桑巴、牛仔和斗牛。每个舞种均有各自舞曲、舞步及风格。

一、体育舞蹈起源与发展

体育舞蹈的前身是交际舞,起源于欧洲、拉丁美洲,经历圈舞、对舞、集体舞等民间舞蹈的演变过程,成为流传广泛的社交舞蹈。1924年,由英国皇家舞蹈教师协会发起的欧美舞蹈界人士在广泛研究传统宫廷舞、交谊舞和拉美国家的各式土风舞的基础上,对此进行了规范和美化加工,于1925年正式颁布了华尔兹(慢三步)、探戈、狐步、快步等舞种的步伐,总称摩登舞。

1950年,由英国摩登舞国际理事会主办了首届世界性的大赛——黑池舞蹈节,并把规范后的舞蹈命名为国际标准交谊舞,我国简称"国标"。此后每年的五月底,在英国的"黑池"都举办一届世界性的大赛。

同际标准交谊舞通过比赛在世界各地不断推广,其自身也得到了发展。1960年英国皇家舞蹈教师协会又整理了拉丁舞蹈,也将它纳入国际标准交谊舞范畴。这样就形成了具有统一舞步的两大系列10个舞种的国际标准交谊舞。

体育舞蹈的发展离不开体育舞蹈组织的管理、组织以及推广工作。目前国际上存在两个国际体育舞蹈组织:世悍舞蹈及体育舞蹈理事会和国际体育舞蹈联合会。

世界舞蹈及体育舞蹈理事会(World Dance and Dancesport Council,WDDSC)。于1950年9月22日在英国苏格兰的爱丁堡成立,现有52个会员协会,注册地为英国伦敦，主要管理职业体育舞蹈事务和比赛。

国际体育舞蹈联合会（International Dancesport Federation，IDSF）。1935 年成立于布拉格，现有 79 个会员协会，注册地为瑞士洛桑，主要管理业余体育舞蹈事务和比赛。该组织于 1997 年获得国际奥委会的正式承认，并且成为唯一的代表体育舞蹈的国际组织。1992 年体育舞蹈被国际奥委会列入比赛项目，2000 年成为悉尼奥运会表演项目。我国国家体育总局已正式公布 2006 年把它列入全国体育大会比赛项目、2008 年奥运会表演项目、2010 年亚运会项目。目前，世界各国将国际标准交谊舞易名为"体育舞蹈"，国际标准交谊舞成为体育运动项目之一。

两个组织拟将合并成立世界舞蹈运动联合会（WDSF）。

国际标准交谊舞于 20 世纪 30 年代传入中国，自 1986 年正式引进后，发展迅速。1991 年 5 月，中国体育舞蹈运动协会成立。中国现在是世界舞蹈及体育舞蹈理事会（WDDSC）的准会员，国际体育舞蹈联合会的正式会员。协会至今举办了一系列的国内国际体育舞蹈大赛。

近年来，"国际标准交谊舞"已统一称为"体育舞蹈"。虽然交谊舞历尽沧桑改名换姓，舞姿舞步日趋规范严谨，与传统的交谊舞比较已发生了根本变化，但是万变不离其宗，其源头仍然是交谊舞。

二、体育舞蹈的分类和特点

体育舞蹈按舞蹈的风格和技术结构，分为摩登舞和拉丁舞两大类。按竞赛项目可分成 3 类：摩登舞、拉丁舞和团体舞。

其中摩登舞包括华尔兹、维也纳华尔兹、探戈、狐步和快步。拉丁舞包括伦巴、恰恰恰、桑巴、牛仔和斗牛舞。

体育舞蹈是由属于文艺范畴的舞蹈演变而来的体育项目，因此，它是兼有文艺和体育特点的边缘项目，是以竞赛为目的，具有自娱性和表演观赏性的竞技舞蹈。它具有以下 3 大特点。

1. 严格的规范性

规范性首先表现在体育舞蹈是一个完整的舞蹈系统，它是经过数百年历史的锤炼，几代人的加工而成的。其次表现在技术的规范性上，它严格到多一分嫌过，少一点欠火。

2. 表演观赏性

体育舞蹈融音乐、舞蹈、服装、风度、体态美于一体，既有观赏的价值又有参与的可能，被认为是一种"真正的艺术"。

3. 体育性

(1)竞技性。竞技性即比成绩、拿冠军、为国争光。

(2)锻炼价值。科研人员研究体育舞蹈对人体生理和心理的作用显示：华尔兹最高平均心率为 142.8 次/分，探戈舞最高平均心率为 142.6 次/分，恰恰恰最高平均心率为 145.2 次/分，牛仔舞最高平均心率为 172.8 次/分，可见，体育舞蹈促进人体生理变化的作用是明显的。它是陶冶情操、锻炼体魄的一种极好的形式。

三、体育舞蹈的价值

体育舞蹈运动是一项新兴的体育项目，是体育与舞蹈的结合，具有运动与艺术的双重性。因此体育舞蹈极富时代气息，具有健身价值、欣赏价值和社会价值。

1. 健身价值

(1)健美体形。经常参加体育舞蹈锻炼，可以对人的形体进行"生物学"改造，使体形符合一定的健美标准。还可以减肥瘦身，保持健美的体形和良好的体态。

(2)健身。长期进行体育舞蹈锻炼，能使人的心肌发达，有效提高心肺机能。

(3)健心。经常参加体育舞蹈锻炼能使人调整身心，促进人际交往，消除情绪障碍，以取得心态平衡，保持乐观的心情，促进心理健康。

2. 观赏价值

体育舞蹈具有独特的艺术表演价值，给舞蹈者和观赏者以美的享受，提高人们的艺术修养和审美情趣。如体育舞蹈中表现出来的人体美、运动美、音乐美、服饰美、礼仪美等。

3. 社会价值

体育舞蹈是人们交流思想，抒发情感，消除障碍，相互沟通的最好形式之一。能把不同阶层、不同年龄、不同性别的人融合在一起。

第二节　体育舞蹈的基本技术动作

一、华尔兹(Walts)

1. 基本动作练习

华尔兹是三步舞，它的最大特点是左脚开步一定是左脚收步，右脚开步也一定是右脚收步，不论男女都是如此。

图 16-1 所示的华尔兹舞步有两个起步点，舞步数字分两种，一种有括弧；另一种没有括弧。两组数字分别代表两种步法。先看没有括弧的，自右上角的起步点起。

(1)右脚后退一步——快(1 拍)。

(2)左脚斜向后退一步——快(1 拍)。

(3)右脚向左脚拍合——快(1 拍)。

至此完成一个舞步。再看有括弧的那一级，自左下角的起步点起。

(1)左脚向前一步——快(1 拍)。

(2)右脚向前出一步——快(1 拍)。

(3)左脚再向右脚拍合——快(1 拍)。

若将这两组舞步循环,练习者舞步移动方式如图 16-1 所示,按照正四方形来移动。

2. 四种基本动作分析

图 16-2 共包括 4 幅分图,舞步的移动已经不呈正方形,而已变成另一种形式。

在图 16-2 中,四个角的 1、3 所示的舞步,是左脚向前进或后退的舞步,2、4 所示的舞步则是右脚前或后退的舞步。华尔兹的基本舞步,仅此 4 种。图 16-2 中左上图的舞步移动方式及说明如下。

(1)左脚向前一步——快(1 拍)。

(2)右脚沿左脚前进的右方移动,到达左脚后跟的适当距离点后,斜向右上方伸出——快(1 拍)。

(3)左脚向右脚拍合——快(1 拍)。

任何一种华尔兹舞步,几乎是用这 4 种舞步中的一种作准备舞步,因此这 4 种舞步非练熟不可。

华尔兹的第 2、第 3 步是整个舞步的精华,所以应经常注意这两个舞步的变化。

学习华尔兹的基本舞步时,最易犯的错误是在第 2、第 3 步时不作斜出,而作横出平行拍合,这一点在节拍上虽无错,但舞步却不准确,还是按图 16-2 所示的方式练习为好。

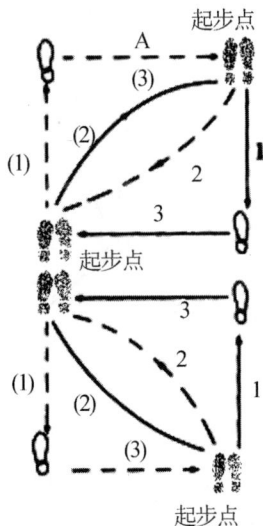

图 16-1

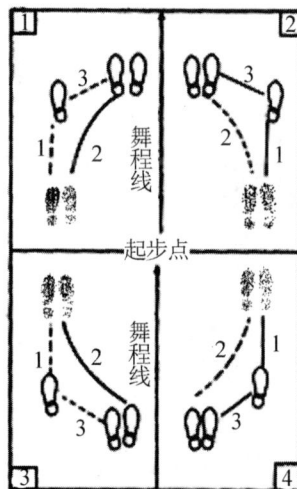

图 16-2

3. 左转与右转

图 16-3 是两种华尔兹的转身示范,不论是右转身还是左转身,基本上与图 16-3 中 A,B 两种转身法一样。

整个华尔兹的舞程，几乎是在旋转中进行，因此，如果转身方法不认识清楚，学的时候是有困难的。

图 16-3A 是右转身舞步。一般人都感到左转比右转要自然而方便，所以在练图 16-3 的舞步时，A 图要多练习一些。

（1）A 图舞步移动方式及说明如下。

①右脚向前伸出一步——快（1 扣）。

②右脚伸出时用脚掌移动，左脚要配合这种移动——快（1 拍）。

③右脚向左脚拍合——快（1 拍）。

（2）B 图舞步移动方式及说明如下。

①左脚伸出一步——快（1 拍）。

②右脚经过左脚后，左脚同时用脚掌左移转配合，同时右脚再向前伸到合适地点——快（1 拍）。

③左脚向右脚拍合——快（1 拍）。

4. 左转身

左转身一共有 6 步。1～3 为一段，4～6 为一段。1～3 与左转与右转练习的舞步差不多，不过第 3 步转身时的角度更尖锐一点。

整个左转的节拍是：快、快、快、快、快、快。每一拍开一步，一共 6 步。

图 16-4 所示的左转身舞步的移动方式及说明如下。

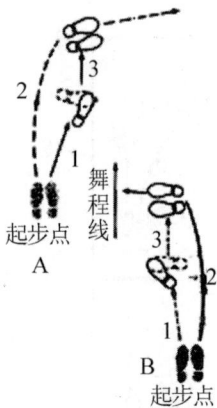

图 16-3

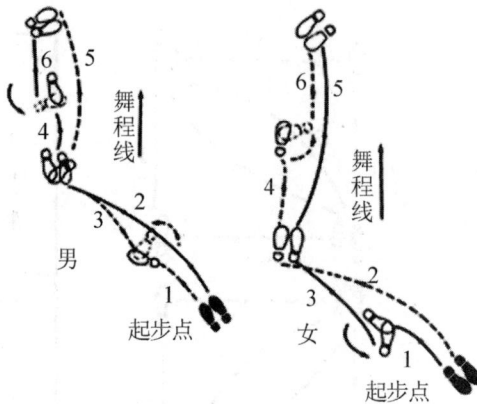

图 16-4

（1）男左脚向前伸出一步之后，同时用脚掌贴地面而转；女右脚向后退一步，用脚掌贴地而转，身体同时转向左——快（1 拍）。

（2）男右脚自左脚之后横过，配合左脚贴地转向，到达合适地点；女左脚横过右脚之前，到达合适地点，此时，右脚仍在移转当中——快（1 拍）。

（3）男左脚向右脚拍合，女右脚向左脚拍合——快（1 拍）。

（4）男第一步是左脚先出，现在是右脚先出，所以第 4 步先用右脚后退一步，同时脚掌贴地而转；女左脚向前伸出一步——快（1拍）。

（5）男左脚自右脚之前横过，到达合适地点；女左脚用脚掌贴地向左移转，同时右脚自左脚之后横过，到达合适地点——快（1拍）。

（6）男右脚向左脚拍合，女左脚向右脚拍合——快（1拍）。

5. 右转身

右转身与左转身一样，也是由6步组成，第1步至第3步是一段，第4步至第6步又是一段，但两段不可分割。

整个右转身舞步的节拍是快、快、快、快、快、快，一共6拍，每拍一步，共6步。

图16-5所示的右转身舞步的移动方式及说明如下。

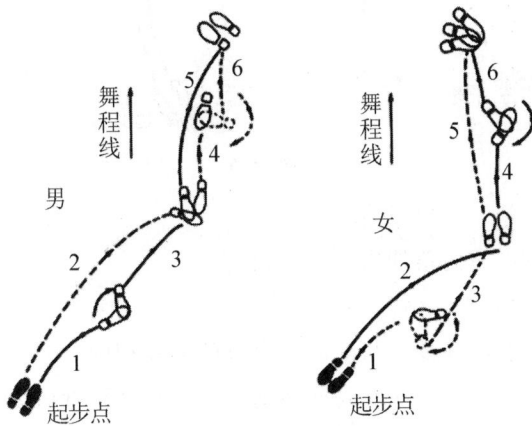

图 16-5

（1）男右脚向前伸出一步，到达合适地点时，用脚掌贴地而转；女左脚向后退一步——快（1拍）。

（2）男右脚在转时，左脚同时配合转身，右脚仍用脚掌贴地而转；女右脚横过左脚之前，到达合适地点，此时左脚仍在贴地而转中——快（1拍）。

（3）男右脚向左脚拍合，女左脚向右脚拍合——快（1拍）。

（4）男左脚向后退一步，用脚掌贴地向右转；女右脚向前迈一步，同时向右贴地而转——快（1拍）。

（5）男左脚用脚掌贴地右转时右脚同时移动，并在左脚之前横过，到达合适地点；女左脚横过右脚之后，到达合适地点时，右脚仍在旋转当中——快（1拍）。

（6）男左脚向右脚拍合，女右脚向左脚拍合——快（1拍）。

6. 摇步

摇步是合适的过场舞步。摇步是前后左右地摇步，这里，给出一种前后摇步的方式，练习者掌握了以后，可自行改变摇步的方向，以配合舞池中的实际情形。

整个舞步的节拍是：快、快、快、快、快、快，一共6拍，每拍一步，共6步。

但除了第 1、第 2、第 3 步是实实在在的 3 步外，4、5、6 步仅仅是两步，第 6 步不过是重心的转移而已。

图 16-6 所示的步法说明如下。

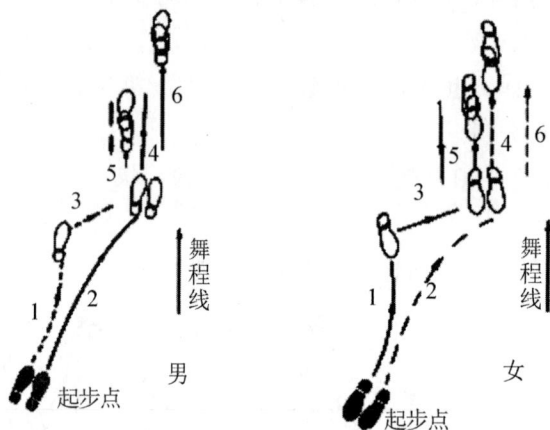

图 16-6

(1)男左脚向前一步——快(1 拍)。

(2)男右脚沿左脚向右向角伸出——快(1 拍)。

(3)男左脚向右脚拍合——快(1 拍)。

女子的第 1、第 2、第 3 步，与前面练习过的舞步相同。

(4)男右脚向前伸出一步；女左脚向后退一步，身体跟着后退——快(1 拍)。

(5)男左脚伸出一半就停止，身体处在静止状态中，但其实并不静止，仅是下一步向后退过程中的小休状态；女右脚后退半步，配合左脚的后退，重心在右脚——快(1 拍)。

(6)男右脚又稍退迁就，重心开始是集中在右脚，到后来又集中在左脚；女身体向前，脚步不动，重心移向左脚——快(1 拍)。

7. 后退转换舞步

华尔兹在舞程进行中，大部分时间是在不停地旋转，但也有一些舞步不一定要急速地旋转，而是用直线舞步进行，这就是后退转换舞步。节拍是：快、快、快、快、快、快、快，共 6 拍，每拍一步，共 6 步。

图 16-7 所示的步法说明如下。

(1)男左脚后退一步，直线式的后退；女右脚向前一大步——快(1 拍)。

(2)男右脚跟着也后退一步，也是直线式后退；女左脚也向前一步——快(1 拍)。

(3)男左脚再直线式的后退一步，步子不应开得太大，否则就不成为舞步，而成为走路了；女右脚经过左脚向前一小步——快(1 拍)。

(4)男右脚向后退一步，到达合适地点时，用脚掌贴地移转；女左脚向前一大步，脚掌贴地移转，移转方向请看图 16-7 中的虚点指示线——快(1 拍)。

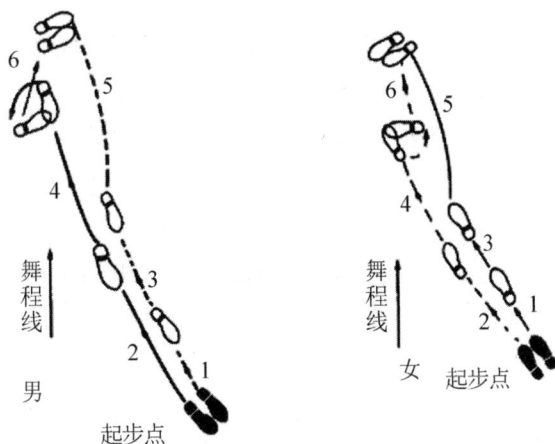

图 16-7

(5)男左脚横过右脚之前，再向左平伸；女右脚在左脚之后横过——快（1拍）。

(6)男右脚向左脚拍合，女左脚向右脚拍合——快（1拍）。

8. 向右急转

向右急转在舞程进行中共有6步，第1～3步做一个右转身；第4～6步做一个180°反方向转身。

整个舞步的节拍是：快、快、快、快、快、快，共6拍，每拍一步，共6步。

图16-8 所示的步法说明如下。

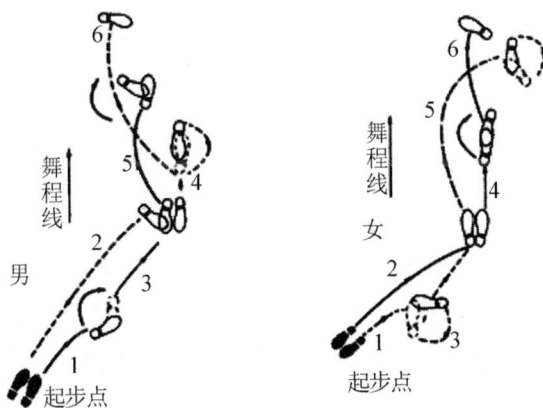

图 16-8

(1)男右脚向前进一步，用脚掌贴地而转，同时左脚在右脚之后横过配合右脚移动；女左脚向后退一步，用脚掌贴地移转——快（1拍）。

(2)男左脚在右脚贴地移转时，应顺势自后横过到达合适地点；女右脚横过左脚之前，再向前伸出——快（1拍）。

(3)男右脚向左脚拍合的时间非常之短，右脚几乎移到拍合点，左脚就要后退；女左脚向右脚拍合——快（1拍）。

（4）男左脚向后退一步，用脚掌贴地作反方向移转，请细看图16-8中虚线；女右脚向前伸一步，用脚掌贴地作整个身体180°转向——快（1拍）。

（5）图16-8中男子这一步的移动方向指示线是一半圆形，事实上这一步必须作半圆形移转，否则不可能转得平顺；女左脚同时在右脚之后横过，再向前伸到达合适地点，仍旧不停地用脚掌贴地而转——快（1拍）。

（6）男右脚到达合适地点，仍用脚掌贴地而转，左脚则在右脚之后横过，再横向平伸出一步；女右脚经过左脚旁，向前伸出一步——快（1拍）。

9. 左转侧退舞步

左转侧退步看上去似有9步，但实际上前3步和后6步是分开的，前3步并没有什么特别之处，特别之处是在第4～9步，其中主要是：第4～6步三步比较新颖。

整个舞步的节拍是：快、快、快、快、快、快、快、快、快，共9拍，每拍一步，共9步。

图16-9所示的步法说明如下。

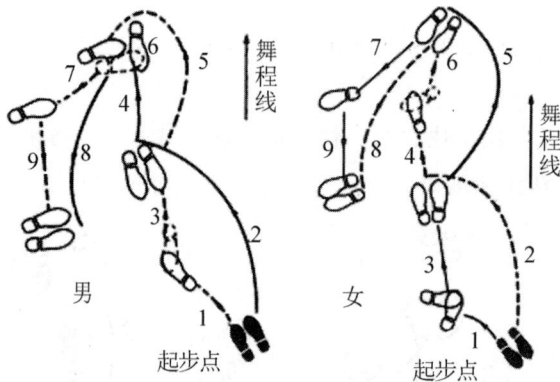

图 16-9

（1）男左脚向前一步，脚掌贴地而转；女右脚后退一步——快（1拍）。

（2）男右脚横过左脚到达合适地点；女左脚经右脚之前，横出一步——快（1拍）。

（3）男左脚向右脚拍合，女右脚向左脚拍合——快（1拍）。

（4）男右脚向后一步；女左脚伸出一步，用脚掌贴地而转——快（1拍）。

（5）男左脚横过右脚，到达合适地点；女右脚横过左脚之后到达合适地点——快（1拍）。

（6）男右脚向左脚拍合，女左脚向右脚拍合——快（1拍）。

（7）男左脚后退一步，女右脚向前一步——快（1拍）。

（8）男右脚沿左脚移动方向贴着左脚向后斜退一步，女左脚斜向后方退一步——快（1拍）。

(9)男左脚向右脚拍合，女右脚向左脚拍合——快(1拍)。

10. 后退锁步

后退锁步在华尔兹中是一种简单的花式舞步。整个舞步的节拍是：快、快、快、快、快、快，共6拍，每拍一步，共6步。

图16-10所示的步法说明如下。

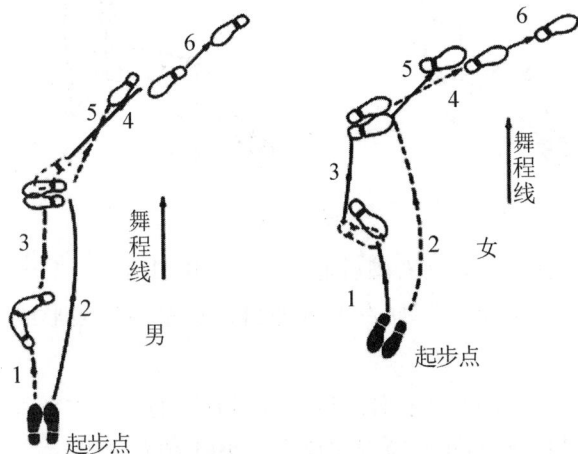

图 16-10

(1)男左脚向前一步，同时左脚掌贴地而转，整个身体都移转方向；女右脚向后退一步，用脚掌移转，整个身体一起移转方向——快(1拍)。

(2)男右脚横过左脚后方，再向右移出，到达合适地点；女左脚横过右脚之前，再向左方移出——快(1拍)。

(3)男左脚向右脚拍合，女右脚向左脚拍合——快(1拍)。

(4)男右脚后退一大步，是直线的后退；女左脚向前一大步，直线向前——快(1拍)。

(5)男左脚在右脚之右后退。左脚不能后退到超过右脚所在的位置，只能到达右脚之前右方就要停止，在图16-10中可以看到这种情形。女右脚伸向左脚左后方(注意：这一步和正常相反，正常应该伸向左前方)——快(1拍)。

(6)男右脚后退一步，女左脚向前伸出一步——快(1拍)。

11. 后退前进舞步

后退前进舞步是一种有趣的舞步。整个舞步的节拍是：快、快、快、快、快、快、快、快、快，共9拍，每拍一步，共9步。

图16-11所示的步法说明如下。

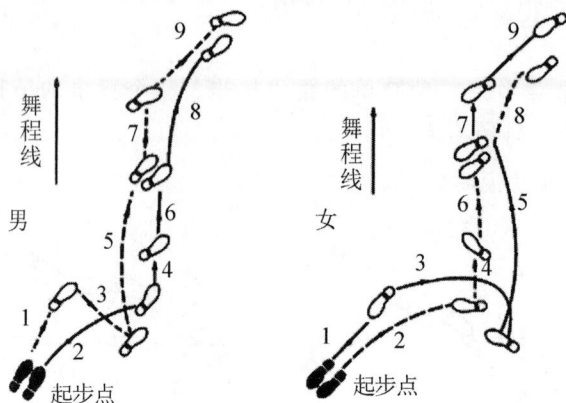

图 16-11

(1)男左脚直线向前一步，女右脚后退一步——快(1拍)。

(2)男右脚沿左脚前进方向，向右上方伸出；女左脚作弧形线后退一步——快(1拍)。

(3)男左脚并未伸前，而是在右脚之后横过到右脚的右后方就算一步；女右脚在左脚之旁经过，一直后退，恰与正常位置相反——快(1拍)。

(4)男右脚横出一步，这一步是不能大步移出的，因为左脚在后方是处在反正常的位置中，右脚移动会受到阻碍；女左脚横出一步，因右脚与左脚正处在反常的位置上——快(1拍)。

(5)男左脚自右脚后横过，向右横出一步；女右脚在左脚后面横过一步——快(1拍)。

(6)男右脚向左脚拍合，女左脚向右脚拍合——快(1拍)。

(7)男左脚向左上方横出一步，女右脚横出一步——快(1拍)。

(8)男右脚沿左脚的左方向前伸出一步；女左脚沿着右脚经过的路线，向后退一步——快(1拍)。

(9)男左脚向前进一步，这一步仅到右脚的前半步就要停止；女右脚又向后退一步，这步不宜过大，只到达左脚的左后方少许即可——快(1拍)。

12. 华尔兹易犯错误及纠正方法

(1)进步和退步时只会单一的用屈膝出步，基本功掌握太少，也是由于不懂得用脚尖跳舞的道理。

(2)不是以身体来引导舞伴，而是用手带，以至于肩膀耸起，导致重心高升，舞步不稳，中心线偏离，影响舞步。

(3)两人达不到合二为一，还是两个形体，女伴无感觉，只是用腿来跟随，发力不一致。

二、恰恰恰(Cha—Cha—Cha)

1. 基本动作

恰恰恰舞步步法如图 16-12 所示的步法说明如下。

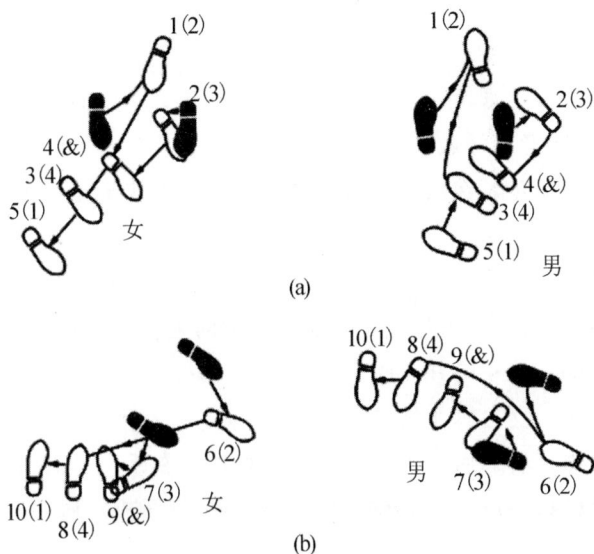

图 16-12

(1)男左脚前进,女右脚后退。

(2)男重心移回右脚,女重心移回左脚。

(3)男左脚横步,女右脚横步。

(4)男右脚向左脚并步,踮脚跟双膝稍弯;女左脚向右脚并步,踮脚跟双膝稍弯。

(5)男左脚横步,直膝;女右脚横步,直膝。

(6)男右脚后退,女左脚前进。

(7)男左脚原地踏一步,女右脚原地踏一步。

(8)男右脚横步,女左脚横步。

(9)男左脚向右脚并步,踮脚跟双膝稍弯;女右脚向左脚并步,踮脚跟双膝稍弯。

(10)男右脚横步,直膝;女左脚横步,直膝。

2. 叉形步(手对手)

叉形步也称"扫步"或"手对手",在并合步时舞伴应双手相拉或手掌相对。初学者必须这样做,如达到中级水平,动作熟练后,则不必要每次都手掌相对。

从闭式舞姿开始,图 16-13 所示的步法说明如下。

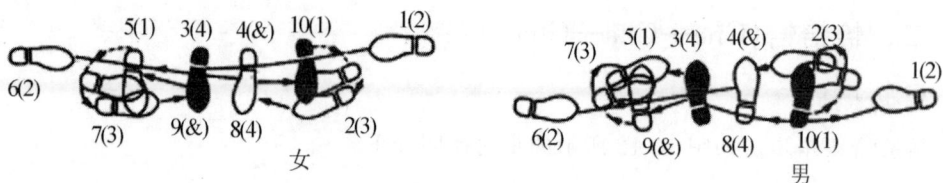

图 16-13

(1)男左转 1/4 周，左脚后退，左手向旁打开与女伴成右肩并肩位；女右转 1/4 周，右脚后退，右手向旁打开成右肩并肩位。

(2)男右脚原地踏一步，在后半拍时准备右转；女左脚原地踏一步，在后半拍时准备左转。

(3)男右转 1/4 周，左脚横步，左手与女伴右手相拉或指尖向上，掌心相贴；女左转 1/4 周，右脚横步，右手与男伴左手相拉或指尖向上，掌心相贴。

(4)男右脚并左脚，女左脚并右脚。

(5)男左脚小横步，女右脚小横步。

(6)男右转 1/4 周，右脚后退，左手与女伴相拉，右手向旁打开成左肩并肩位；女左转 1/4 周，左脚后退，右手与男伴相拉，左手向旁打开成左肩并肩位。

(7)男左脚原地踏一步，后半拍准备左转；女右脚原地踏一步，后半拍准备右转。

(8)男左转 1/4 周，右脚横步，双手与女伴相拉；女右转 1/4 周，左脚横步，双手与男伴相拉。

(9)男左脚并右脚，女右脚并左脚。

(10)男右脚横步，然后再反复左脚后退；女左脚横步，然后再反复右脚后退。

3. 正、反并进步(纽约步)

正、反并进步是在散式舞基础上，第一步向前进。它和叉形步不同之处在于叉形步的第一步是向后退，而并进步第一步是向前进，一次是反的并进，另一次是正的并进。

从闭式舞姿开始，图 16-14 所示的步法说明如下。

(1)男右转 1/4 周，左脚前进，左肩并肩位；女左转 1/4 周，右脚前进，左肩并肩位。

(2)男右脚原地踏一步，后半拍准备左转；女左脚原地踏一步，后半拍准备右转。

(3)男左转 1/4 周，左脚横步；女右转 1/4 周，右脚横步。

(4)男右脚并左脚，女左脚并右脚。

(5)男左脚横步，准备左转；女右脚横步，准备右转。

(6)男左转 1/4 周，右脚前进，右肩并肩位；女右转 1/4 周，左脚前进，右肩并肩位。

(7)男左脚原地踏一步，后半拍准备右转；女右脚原地踏一步，后半拍准备左转。

(8)男右转 1/4 周，右脚横步；女左转 1/4 周，左脚横步。

（9）男左脚并右脚，女右脚并左脚。

（10）男右脚横步，女左脚横步。下面可从头反复做。

4. 点转

点转是指动力脚交叉在主力脚前面，右脚脚掌为轴的转身，转动时重心主要在前脚。一般情况下都是男女舞伴同时转，如图 16-15 所示。

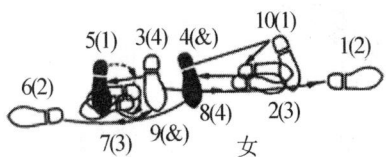

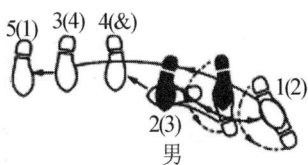

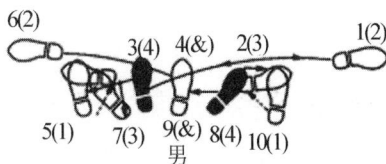

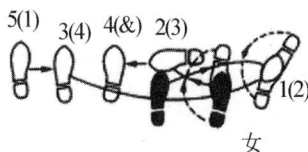

图 16-14　　　　　　　　　　　　图 16-15

（1）男右脚进左脚前交叉，脚跟离地；女左脚进右脚前交叉，脚跟离地。

（2）男双脚掌为轴左转，在转时，重心偏向右脚；女双脚掌为轴，右转时，重心偏向左脚。

（3）男继续左转，重心在左脚；女继续右转，重心在右脚。

（4）男左转一周完成，与女伴相对，右脚横步；女右转一周完成，与男伴相对，左脚横步。

（5）男左脚并右脚，女右脚并左脚。

（6）男右脚横步，女左脚横步。

5. 扇形步

恰恰恰中最基本的扇形步是从闭式舞姿开始的，男伴在基本步的前半部分向左转动了 1/8 周，然后带领女伴左转，两人同时打开成扇形步，最后形成舞姿时两人身体形成的角度约为 135°左右，不要打开成 180°。

从闭式舞姿开始，如图 16-16 所示的步法。

男女伴同做基本步的前半部分，在并合步时向左移转 1/8 周。

（1）男右脚后退，右转 1/8 周；女左脚前进，准备左转。

（2）男左脚原地踏一步，身体左转 1/4 周；女右脚横步稍后，左转。

（3）男右脚横步，女左脚后退。

（4）男左脚并右脚，女右脚并左脚。

（5）男右脚横步稍前，打开成扇形步；女左脚横步稍前。

6. 曲棍步

在扇形步位上开始做，余下步法如下。

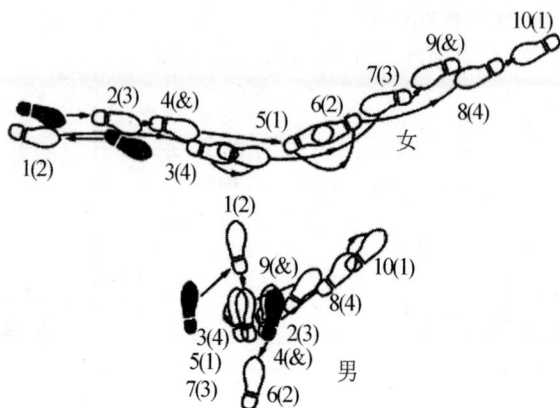

图 16-16

（1）男左脚前进；女右脚向左脚许步，右脚掌、脚跟用力踏下，拧胯，左脚跟抬起，重心在右脚。

（2）男右脚原地踏一步，女左脚前进。

（3）男左脚横步，女右脚前进。

（4）男右脚并左脚，左手上抬；女左脚掌踏在右脚后。

（5）男左脚横步，女右脚前进。

（6）男右脚后退，略向右转；女左脚前进。

（7）男左脚原地踏，并向右转，与前一步共转 1/8 周，左手带女伴在后半拍向左转；女右脚前进，后半拍左转 1/2 周。

（8）男右脚前进；女左脚横步稍后，继续左转，共转 5/8 周。

（9）男左脚掌并在右脚跟后，女右脚后退交叉在左脚前。

（10）男右脚前进，直膝；女左脚后退，直膝。

7. 右陀螺转

右陀螺转是从闭式舞姿开始的，在这之前先从开式舞姿做一个基本步的前半部分，形成闭式舞姿，然后再接着做右陀螺转。图 16-17 所示的步法说明如下。

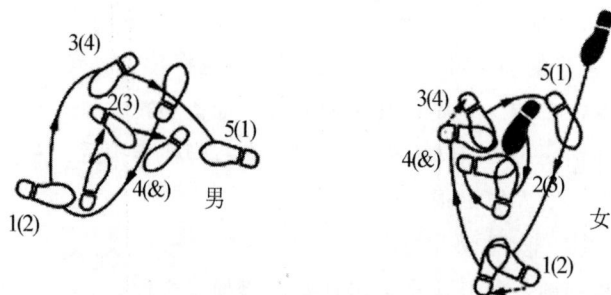

图 16-17

（1）男基本步的前半步，并合步时，向前移动；女基本步的前半步，并合步时向前走近男伴成闭式舞姿。

（2）男右脚掌踏在左脚后，脚尖外扭，左脚掌向右转；女左脚横步向右转。

（3）男左脚横步，继续右转；女右脚在左脚前交叉，继续右转。

（4）同第二步动作，男女继续右转。

（5）同第三步动作，男女继续右转。

（6）同第二步动作，男女右转一周完毕。

8. 闭式扭胯转

闭式扭胯转在闭式舞姿的扭胯动作基础上，前面先用右分展步来衔接，结束在扇形位。

图 16-18 所示的步法说明如下。

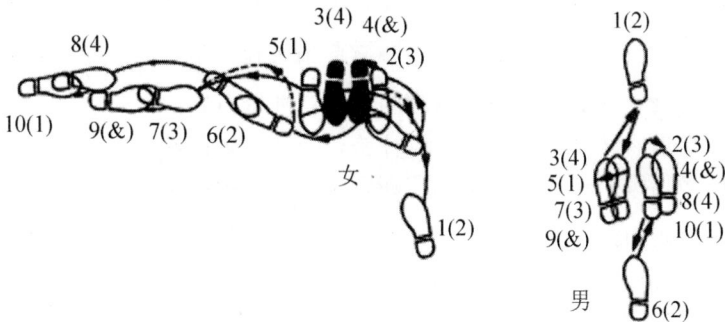

图 16-18

（1）男左脚向旁稍前打开分展式；女右脚后退，左脚掌为轴右转 1/2 周。

（2）男右脚原地踏一步；女左脚原地踏一步，准备左转。

（3）男左脚并右脚；女左脚掌为轴扭胯，左转 1/4 周，右脚向男伴外侧前进一小步。

（4）男右脚原地踏一步，女左脚并右脚。

（5）男左脚横步略前，左转 1/8 周；女扭胯右转 1/8 周，右脚横步略前。

（6）男右脚后退，带女伴转身；女左脚前进，左转 1/8 周。

（7）男左脚原地踏一步，左转 1/8 周；女右脚横步稍后，继续左转 1/4 周。

（8）男右脚横步；女左转 1/4 周，左脚后退。

（9）男左脚并右脚；女右脚向后退，在左脚前交叉。

（10）男右脚横步稍前，打开成扇形步；女左脚横步稍前，打开成扇形步，从第 7～10 步共转 3/8 周。

9. 阿莱曼娜

阿莱曼娜是在扇形步的基础上开始，女伴在男伴臂下右转一圈的动作，如图 16-19 所示。

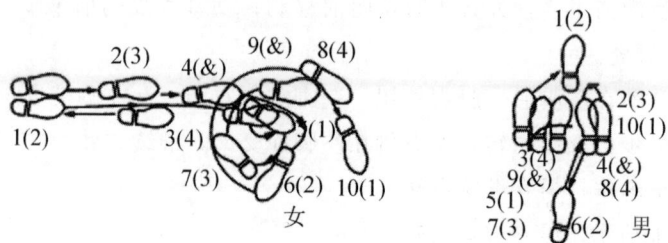

图 16-19

在扇形位上开始，作图 16-19 所示步法，其说明如下。

（1）男左脚前进；女右脚向左脚并步，右脚掌、脚跟用力踏下拧胯，左脚跟抬起，重心在右脚。

（2）男右脚原地踏一步，女左脚前进。

（3）男左脚横步，女右脚前进。

（4）男右脚并左脚；女左脚掌踏在右脚后，稍弯膝。

（5）男左脚横步；女右脚向男伴两脚间前进，准备右转。

（6）男右脚后退右转 1/8 周；女右脚拧胯，带动左脚前进，向右转 1/4 周。

（7）男左脚原地重心；女左脚重心，拧胯，带动右脚前进，继续右转。

（8）男右脚小步向前；女左脚前进，继续右转，走到男伴右侧。

（9）男左脚小步向右脚后并步，脚尖外开；女右脚踏在左脚后。

（10）男右脚小步向前进；女左脚稍前进，向右转 1/8 周，与男伴成闭式舞姿。

10. 螺旋步

这里介绍的是螺旋步的单一动作，在这动作之前最好是用闭式扭胯转来衔接。余下的步法按图 16-20 进行，其说明如下。

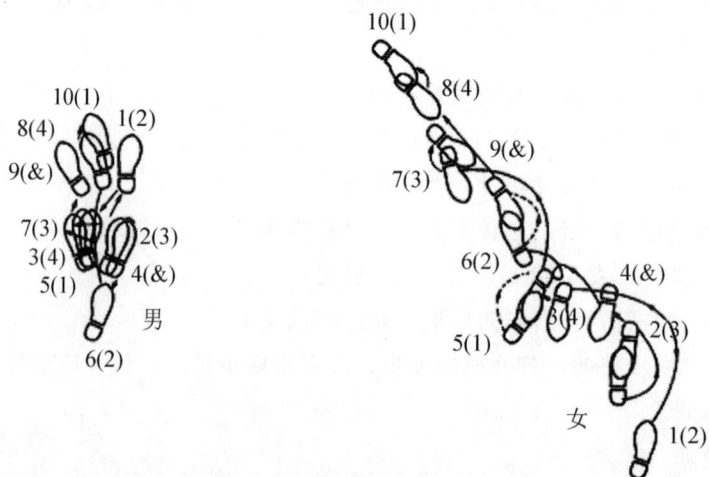

图 16-20

（1）男左脚前进成分展式；女右脚后退，右转 1/2 周。

（2）男右脚原地重心；女左脚原地重心，略向左转。

（3）男左脚横步，略左转；女右脚横步，左转 1/4 周，重心在右脚。

（4）男右脚向左脚稍并步，左手抬起带女伴转身；女仍以右脚为轴向左转，左脚收在右脚前，重心在右脚。

（5）男左脚向旁小横步，手带女伴完成转身动作；女继续旋转，完成全动作，从第 1～5 步共转一周，重心仍在左脚，左脚保持在右脚前。

（6）男右脚后退左转 1/8 周，左手慢慢放下带女伴继续左转；女左脚前进，左转 1/4 周。

（7）男左脚原地，重心前移；女右脚前进，在后半拍时左转 3/8 周，与男伴相对成开式舞姿。

（8）男右脚前进，女左脚后退。

（9）男左脚踏在右脚后，女右脚交叉收在左脚前。

（10）男右脚前进，女左脚后退。

11. 交叉基本转

这个动作男步的前半部就是女步的后半部，男步的后半部，也就是女步的前半部。具体步法如图 16-21 所示，说明如下。

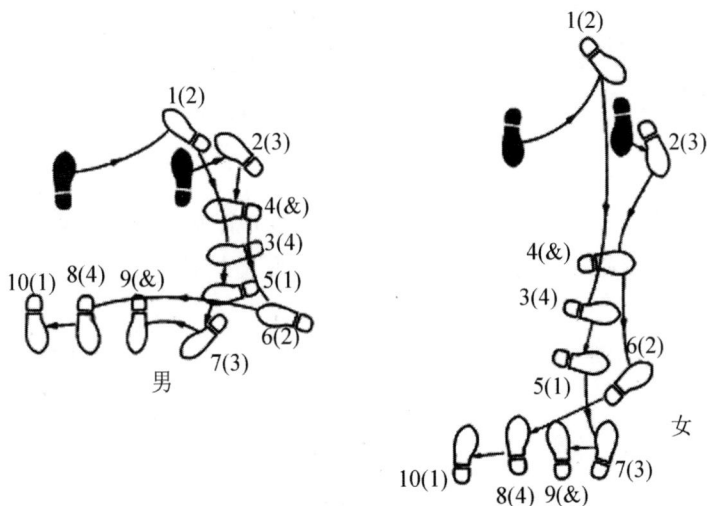

图 16-21

（1）男左脚交叉踏在右脚前，准备左转；女右脚交叉踏在左脚后，准备左转。

（2）男右脚后退一小步，左转；女左脚前进，左转。

（3）男左脚横步，左转；女右脚横步稍前，左转。

（4）男右脚靠近左脚，不完全并步，继续左转；女左脚靠近右脚，不完全并脚，继续左转。

（5）男左脚重心，左转；女右脚横步，从第（1）～（5）步共转 1/4 周。

（6）男右脚交叉踏在左脚后，继续左转；女左脚交叉踏在右脚前，继续左转。

（7）男左脚前进，继续左转；女右脚后退，继续左转。

（8）男右脚横步稍前，继续左转；女左脚横步稍后，继续左转。

（9）男左脚交叉踏在右脚前，继续左转，身体左倾；女右脚横步左转拧身，成左脚前交叉，身体右倾。

（10）男右脚横步继续左转；女左脚横步继续左转，从第（5）～（10）步共转 1/2 周。

12. 套索转

套索转为女伴做完右陀螺转或在男伴身右侧做螺旋步右转后，接着向男伴背后绕转一周的动作。由于男伴的手臂带领女伴转动时是经过自己的头上向右绕一圈，犹如牧人之甩动套马索，故名套索转。

从右陀螺转的最后一拍开始，余下步法按图 16-22 进行。图 16-22 步法说明如下。

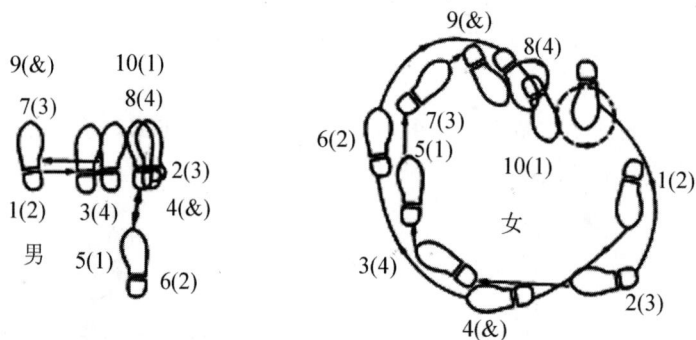

图 16-22

（1）男左脚横步，右转 1/8 周，左手向自己头右方带女伴绕转；女右脚前进。

（2）男右脚原地重心，略向左转，左手经自己头上方带女伴绕转；女左脚向男伴身后前进，右转。

（3）男左脚原地小踏一步，身稍左转，手继续带女伴走；女右脚前进向男伴身后绕走。

（4）男右脚稍后退，左转 1/8 周，左手放平；女左脚向前踏在右脚后。

（5）男左脚原地重心；女右脚前进，从男伴身后向男伴左侧行进。

（6）男右脚后退；女左脚前进，继续绕行。

（7）男左脚原地重心，女右脚向男伴身前行进。

（8）男右脚横步接左脚半并右脚，女左脚横步接右脚半并左脚。

（9）男右脚横步，女左脚横步。

13. 土耳其毛巾步

这是一组比较高级的舞步。舞伴在开式舞姿上开始此动作，右手交叉相握。步法如图 16-23 所示，说明如下。

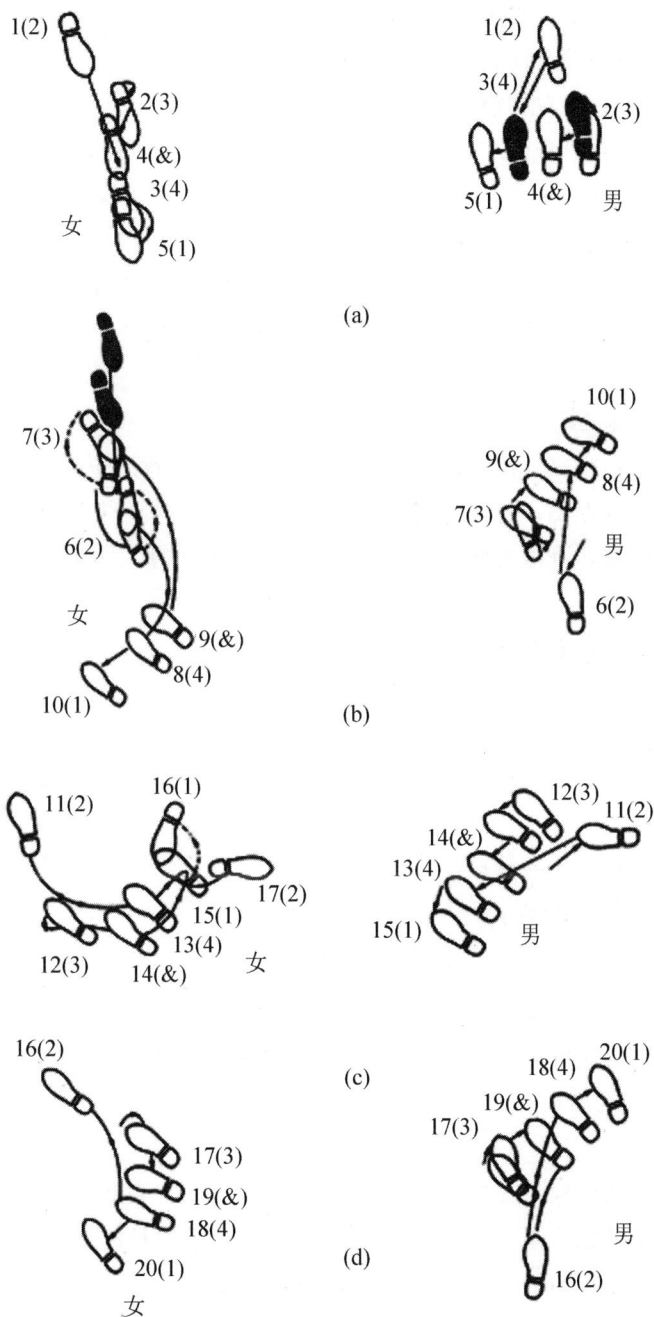

1(2)
2(3)
4(&)
3(4)
5(1)
女

1(2)
3(4)
2(3)
5(1)
4(&) 男

(a)

7(3)
6(2)
女
9(&)
8(4)
10(1)

10(1)
9(&)
8(4)
7(3)
6(2)
男

(b)

11(2)
16(1)
17(2)
15(1)
13(4)
12(3)
14(&) 女

12(3)
14(&)
13(4)
11(2)
15(1) 男

(c)

16(2)
17(3)
19(&)
18(4)
20(1)
女

18(4)
20(1)
19(&)
17(3)
16(2) 男

(d)

图 16-23

(1)男左脚前进，女右脚后退。

（2）男右脚原地重心，女左脚前进。

（3）男左脚后退一小步，女右脚前进。

（4）男右脚半并左脚，女左脚踏在右脚后。

（5）男左脚原地踏步，右手上引；女右脚前进，走进男伴。

（6）男右脚后退，带女伴右转；女左脚前进，在男伴臂下右转 1/2 周。

（7）男左脚原地；女右脚前进，向男伴身后绕转。

（8）男右脚小横步，身体左转 1/4 周；女左脚前进，继续绕转。

（9）男左脚向右脚半并步，带女伴向自己身后走，左手接握女伴左手；女右脚向左脚半并步，向男伴背后走。

（10）男右脚小横步，身体左转，左手放平，右手高举；女左脚横步走至男伴左侧。

（11）男左脚后踏，舞伴相对，双手交叉相握在身前（右手在上）；女右脚交叉踏在左脚前。

（12）男右脚原地重心，女左脚原地重心。

（13）男左脚小横步，身体右转；女右脚横步，向男伴背后走。

（14）男左脚半并左脚，身体转至正前；女左脚半并右脚，从男伴背后向其右侧走。

（15）男左脚横步，身体右转 1/8 周，左手放掉女伴右手；女右脚横步。

（16）男原地重心，带女伴转身；女右脚为轴向左拧转 1/2 周。

（17）男左脚后退；女左脚前进，左转 1/4 周。

（18）男左脚原地重心；女右脚前进，左转 1/2 周与男伴相对，重心在右脚。

（19）男右脚前进（图 16-23 中右脚正准备前进，尚未到位）；女左脚后退。

（20）男左脚向前踏在右脚后（图 16-23 中左脚在过程中尚未到位）；女右脚向后交叉踏在左脚前。

（21）男右脚前进，女左脚后退。

14. 恰恰恰易犯错误及纠正方法

我们在做锁步时，第 2 步总是膝盖弯曲的，而最后一步膝盖总是伸直的，没有高度的变化，没有"反弹"的动作。这是因为，在第 3 步中由于腿部的伸直而产生的臀部运动和骨盆的转移，正好调整了在第 2 步由于双膝弯曲而降低的高度。很多人恰恰恰舞跳的不好，问题就出在并合步的后 3 步上，主要是这 3 步的要领及其感觉掌握的不对。

跳向前的锁步的时候，在快滑步的第 2 步很多人在脚尖落地后，有一个很明显的似乎要把脚跟踩下的感觉，导致身体向后一顿，然后又把身体提高，这样跳感觉要领就都错了，导致这个向前的快滑步跳的不流畅，给人一种强烈的滞塞感。在跳向前的快滑步的时候，第 2 步后腿交叉的追赶前腿的步子脚法是脚趾球，而且脚趾球落地后一定要稳住，很快地把身体向前顶出，而不要有把脚跟踩下的动作。

第三节　体育舞蹈的运动损伤及处置方法

体育舞蹈运动损伤治疗如果不及时、不彻底，损伤组织可形成不同程度的粘连、纤维化或者瘢痕化，影响舞蹈动作的完成。简单的按摩和治疗可使肌肉放松，粘连松解，促进血肿、水肿吸收，调节肌肉的收缩与舒张，增强损伤部位的血液供应和修复能力。因此，舞者掌握一些治疗损伤的方法是必要的。

舞蹈运动损伤主要包括肌肉、肌腱、韧带、筋膜、关节囊和关节软骨的损伤，多为挫伤、软组织拉伤、关节扭伤、骨折、脱臼等。

挫伤：伤后第一天予以冷敷，24 小时后可热敷或活血化瘀酊剂外用，约 1 周后可吸收消失。较重的挫伤可用云南白药加白酒调敷伤处并包扎，每日 2～3 次，加理疗。

软组织拉伤：肌纤维撕裂而导致的损伤。主要是运动过度或热身不足造成，一旦出现痛感应立即停止运动，并在痛处敷上冰块和冷毛巾，保持 30 分钟，使小血管收缩，减少局部充血、水肿，切忌搓揉和热敷。

扭伤：由于关节部位突然过猛扭转，损伤了附在关节外面的韧带和肌腱。踝关节、膝关节、腕关节扭伤时，将扭伤部位垫高，先冷敷 2～3 天后再热敷。如扭伤部位肿胀，皮肤青紫或疼痛，可用陈醋半斤加热后用毛巾蘸敷伤处，每天 2～3 次，每次 10 分钟。

骨折：开放性骨折，不可用手回揉，以免引起骨髓炎，应用消毒纱布对伤口作初步包扎，止血后，再用平木板固定送医院处理。

脱臼：关节脱位。一旦发生脱臼，应保持安静，不可揉搓脱臼部位。如脱臼部位在髋部，应立即将伤者平卧送往医院。

第四节　体育舞蹈竞赛的主要规则

一、组织机构

国际舞蹈运动联合会是一切国际蹈运动的管理机构。

二、适用范围

本规则适用于 IDSF 及其会员组织举办的一切舞蹈比赛，内容包括标准舞、拉丁舞以及新流行舞、美洲风格舞、摇滚舞、老时代舞蹈及现代舞、拉美舞集成等。IDSF 主席团有权监督规则执行情况。

如有特殊情况，组织者应遵守 IDSF 主席团附加的规则。

三、舞蹈规则

1. 含义

(1)选手应是在 IDSF 下注册的各协会中的成员，他们有资格参加各协会举办的活动，但无物质收入。

(2)南 IDSF 组织活动颁发的奖金、旅费等费用，不应视为会员的物质收入。

(3)经国家组织同意，付给舞协基金会的钱不视为物质收入。

2. 奖金

凡由各种组织经办的颁发奖金的比赛项目必须先由 IDSF 出示书面同意意见方可办理。

国际性比赛奖金数额不应超过 IDSF 世界公开赛的数额。

3. 比赛服上的广告

由 IDSF 主办的比赛，可以允许给一家赞助者在服装上印制 40 平方厘米大小广告。广告放在男选手的服装左胸部或左袖子上。选手号码布的广告尺寸如下：高 6 厘米，长 21 厘米。在比赛号码做广告，尺寸不得超过整个号码的 20％。

四、选手资格

IDSF 主席团要求各国协会掌握尺度，当受到国家级会员的要求时，以便授予选手以选手的资格。

五、比赛等级

1. 世界冠军赛

(1)竞赛种类。

①标准舞(华尔兹、探戈、维也纳华尔兹、狐步、快步)。

②拉丁舞(桑巴、恰恰恰、伦巴、斗牛舞、牛仔舞)。

③十项舞(标准舞、拉丁舞)。

④队式舞(标准舞和拉丁舞)。

(2)邀请。邀请函应发给所有 IDSF 会员。

(3)注明参加人数。

①标准舞、拉丁舞冠军赛，每个 IDSF 会员可以提名两对选手。

②世界十项冠军赛，每个会员协会只可派一对选手。

③世界队式赛，每种舞每个会员国邀请一队参加。主办国和在上届比赛中进入决赛的国家加一队的名额。

2. 世界年长组冠军赛

(1)竞赛种类。标准舞 5 项。

(2)邀请。邀请函应发给所有 IDSF 会员国。

(3)注明参加人数。每个会员国可以提名两对选手。

(4)旅费。不负担旅费，主席、裁判费用情况参阅第 8 条。

(5)年龄限制。每位参赛选手必须年满 35 周岁。

3. 洲际冠军赛

(1)竞赛种类。

①标准舞 5 项。

②拉丁舞 5 项。

③十项舞(标准舞和拉丁舞)。

④队式舞(标准舞和拉丁舞)。

(2)邀请。邀请函应发给 IDSF 所有会员及相关的洲。以色列体协属于欧洲。

(3)注明参加人数。每个 IDSF 会员可以提名两对选手。洲际十项舞，每国只可派一对参加。洲际队式冠军赛，每国可派一队参加，主办国可以派第二队参加。

(4)旅费。

4. 次洲际冠军赛

(1)竞赛种类。

①标准舞 5 项。

②拉丁舞 5 项。

(2)邀请。邀请函应发给所有 IDSF 会员。

(3)注明参加人数。每个会员国可以选派 2 对选手，主办国可以多请一对选手参加。

(4)旅费。

5. 世界锦标赛

世界锦标赛的竞赛种类如下。

①超级世界杯赛。

②世界公开赛。IDSF 举办标准舞和拉丁舞世界公开赛，将提供奖金及 IDSF 电脑系统的世界排名表。

③国际公开赛。IDSF 举办标准舞和拉丁舞的国际公开赛，将提供 IDSF 电脑系统的世界排名表。

④对世界公开的比赛。凡在 IDSF 登记的会员国主办的面向国际的公开赛，将提供 IDSF 电脑系统的世界排名表。

6. 国际邀请赛

(1)定义。最少 4 个以上国家参加的、除去队式舞比赛以外的双人舞比赛即被认为是国际邀请赛。

(2)邀请。邀请函应发给所有 IDSF 会员。

(3)旅费。将由参赛国与主办者协商解决。

7. 国际邀请队式赛

(1)定义。最少 4 个以上国家参加的、名称为"国际队式比赛"的即可认为是国际邀请队式赛。

(2)邀请。除由 IDSF 主席团作出其他决定，邀请函应发给所有 IDSF 会员。

(3)旅费。应由参赛国及主办国之间协商。

8. 世界杯赛

(1)比赛种类。

①标准舞 5 项。

②拉丁舞 5 项。

③十项舞(标准舞、拉丁舞)。

(2)邀请。至少邀请 3 个洲际的 18 个以上会员国参加。如在欧洲以外地区举办，主席团将作相应安排。

(3)参赛资格。每个会员国只可派一对选手竞赛。

(4)旅费。

9. 洲际杯比赛

(1)竞赛种类。

①标准舞 5 项。

②拉丁舞 5 项。

③十项舞(标准舞和拉丁舞)。

(2)邀请。洲际杯必须邀请有关洲际十个以上会员组织参加。如在欧洲以外地区举办，主席团将做相应安排。

(3)参赛资格。每个会员组织只可派一对选手参赛。

(4)旅费。

10. 国际队式比赛

(1)比赛种类。

①标准舞 5 项。

②拉丁舞 5 项。

(2)邀请。国际队式比赛应由会员组织内部协办，但每个国家舞协只能举办一次。

(3)参赛资格及要求。

(4)旅费。应协商解决。

11. 公开赛

只有 IDSF 会员组织才能派员参赛，如果是非如上情况的选手参赛，应由主席团批准。

12. 允许的时间和速度

在各轮的各舞种比赛中，每种舞音乐的伴奏时间最少不少于1分半钟。维也纳华尔兹和牛仔舞最少不少于1分钟。

各种舞的速度如表16-1所示。

表 16-1　舞的速度　　　　　　　　　　　　　　　　　　小节/分钟

舞蹈	速度(小节/分钟)
华尔兹	30
桑巴	50
探戈	33
恰恰恰	30
维也纳华尔兹	60
伦巴	27
狐步	30
牛仔舞	44
快步	50
斗牛舞	62

13. 音乐

在所有 IDSF 比赛中，音乐必须与舞蹈相附，例如拉丁舞不得用迪斯科音乐伴奏。

六、组织竞赛的权利

(1)根据规则第1、第2、第3、第4、第6、第7条，主席团有权举办各类比赛，并征收管理费(参见财政条例)。

(2)第5条内的所有比赛，都必须在 IDSF 注册。这些比赛会员国有权选择举办国并由主办会员国自筹。

七、邀请

由比赛的主办国发出邀请，邀请必须带有 IDSF 注册的日期。

八、旅费

参赛选手、主席、裁判人员的最低旅费，应由主席团予以确定。应予先通知会员参赛费用的数目。

九、违禁药品

(1)严禁服用兴奋剂。服用兴奋剂或兜售兴奋剂都违反国际奥委会的有关规定。

(2)如果各会员国药检中心需要对参赛选手进行药检,应该服从药检中心检查。如拒绝进行药检,将被认为是"阳性",由此产生的后果由选手自己负责。

(3)任何"阳性"反应报告应马上报告主席团,应该通知各会员国组织对选手采取纪律处罚。

(4)任何帮助和唆使他人服用兴奋剂者,也将被视为违反违禁药品的管理办法,也将受到制裁。

十、裁判规定

(1)裁判长应由主席指定的人士担任,以指导IDSF授权的竞赛工作,如IDSF不予指派,则组织者从裁判中选出一名裁判长。

(2)第五条中第1、第2、第4、第a—c 7种比赛,至少有7名裁判;第3、第5、第6、第8比赛至少有5名裁判;队式比赛至少有3名裁判。

(3)IDSF举办的比赛,裁判必须具有IDSF颁发的国际裁判证书。

(4)参加第5条中第1—4a和b、第7和8种比赛的裁判,必须经IDSF主席团提名。

(5)在第5条中的第1~4、第7和8种比赛的裁判应邀请不同国家的裁判组成。

(6)所有国际比赛的裁判组织工作,必须在IDSF主席团指导下进行。

十一、比赛服装

对于IDSF举办的比赛第5条IDSF承认的比赛服装要求如下。

1. 标准舞

(1)少儿甲、乙组。

男孩:黑色或藏蓝色裤子,简单式样白衬衣,普通袖子和扣眼。

女孩:衬衫,单色女上装或简单式样单色女装。

不许用饰品和穿比赛服。不许穿高跟鞋,半高跟、大跟鞋高度不超过3.5厘米。

(2)少年甲、乙组。

男孩:套装应为黑色或深蓝色,燕尾服可适用于少年乙组,但不是必须。

女孩:比赛服。

(3)青年组。

男孩:套装应为黑色或蓝黑色,可以着燕尾服但不是硬性规定。

女孩:比赛服。

(4)成年组。

男子:燕尾服应为黑色或蓝黑色。

女子：比赛服。

（5）年长组。

与成年组同。

2. 拉丁舞

（1）少儿甲、乙组。

男孩：黑色或藏蓝色裤子，简单式样白衬衣，普通袖子和扣眼。

女孩：单色衬衫，单色圆领式衬衫或简单式样单色女装。不许穿高跟鞋，半高跟鞋高度不得超过 3.5 厘米。

（2）少年甲、乙组。

男孩：黑色或藏蓝色裤子，简单式样长袖白衬衣，黑色马甲和黑色领带可以任意选择。

女孩：必须穿衬衫和裤子，裤子应遮住臀部和肚脐，不能露股。

（3）青年组。

男孩：套装应为黑色或藏蓝色，黑色马甲和黑色领带可以任意选择，套服或马甲里面穿配套的长袖白衬衣。

女孩：必须穿衬衫和裤子，裤子应遮住臀部和肚脐，不能露股。

（4）成年组。

男子：比赛服应为黑色或深蓝色服饰，面料应与舞服的面料、颜色一致，可内着白色长袖衬衣。

女子：必须穿衬衫和裤子，裤子应遮住臀部和肚脐，不能露股。

对各年龄组所有女舞者的臀部必须覆盖，不得露出。

裁判长或 IDSF 的竞技部长有权取消不符合着装规定的选手参赛资格。对此，主席团可以剥夺违纪选手的比赛资格或停赛一段时间。

十二、不同国籍的舞者组对

不同国籍的舞者组成一对选手，参赛时一年以后可以代表另一国家。

十三、国际队式冠军赛

（1）队式冠军赛举办如下比赛。

①标准舞。

②拉丁舞。

（2）比赛服装。

①标准舞：男服必须是黑色和深蓝色套装。

②拉丁舞：男服可以选用多彩的，但整队必须整齐划一，不允许有特性，如采用道具等。

（3）在标准舞中，以各种舞的舞步为基础编排，其中自由选择的其他舞蹈，最多不得超过 16 小节，拉丁舞亦如此。

（4）在拉丁舞中，以各种舞的舞步为基础编排，其中自由选择的其他舞蹈，最多不得超过 16 小节，标准舞也如此。

（5）标准舞中的独舞应限制在每种舞 8 小节之内，而该类舞的总长度最多 24 小节，在拉丁舞中没有这种要求，因为该舞中独舞是其中一部分。任何舞中均不允许托举。

注：托举意味着舞伴之一借另一舞伴之力到达双脚同时离地之效果。

（6）在所有的冠军杯比赛中每队应包括 6～8 对选手，每名选手只能参加一个队的比赛。

（7）任何一队在冠军杯比赛中，可以保留 4 名替换队员。

（8）队式比赛的场上滞留时间不得超过 6 分钟。在这 6 分钟内，需有 4 分钟的表演，在开始和结束时要有明确的体现。

（9）选择有经验的裁判进行仲裁工作，不得少于从 7 个国家来的裁判来参加该项工作。

（10）可以使用音响和磁带。

（11）应给每支参赛队提供同等的时间使用排演厅进行排练，并要配以音乐伴奏。

（12）可以采用无记名方式指定主席。他必须参加排练并提醒易违章之处。如果再出现违例现象，他可以在与仲裁委员会商议后取消违例队的资格或成绩。

（13）在排练中使用的舞蹈动作和音乐伴奏在比赛中必须使用，比赛中不允许更换比赛服。

（14）如超过 5 个队参赛，必须有第二轮比赛。

十四、主席的权力

如以上规则没有规定到的部分，主席团可以做出决定。

十五、规则的适用

国家级会员协会应服从 IDSF 的全部比赛规则，并应以以上规则为标准制定各协会的章程。

▶ 思考题

1. 简述体育舞蹈的特点。
2. 简述体育舞蹈的价值。
3. 简述体育舞蹈的发展趋势。
4. 简述华尔兹、恰恰恰易发生的错误。
5. 简述体育舞蹈出现损伤后的处置方法。

第十七章　健身街舞

第一节　健身街舞概述

一、健身街舞的含义

街舞最早起源于撒哈拉以南的非洲，是爵士舞发展到 20 世纪 90 年代的产物，它的动作是由各种走、跑、跳组合而成，极富变化。并通过头、颈、肩、上肢、躯干等关节的屈伸、转动、绕环、摆振、波浪形扭动等连贯组合而成，各个动作都有其特定的健身效果，既注意了上肢与下肢、腹部与背部、头部与躯干动作的协调，又注意了组成各环节各部分独立运动。因此街舞不仅具有一般有氧运动改善心肺功能、减少脂肪、增强肌肉弹性、增强韧带柔韧性的功效，还具有协调人体各部位肌肉群，塑造优美体态，提高人体协调能力，陶冶美感的功能。

街舞，也称 hip-hop，它来自黑人街头舞蹈，所以，另一种叫法是 REETFUNK，特色是爆发力强，在舞动时，肢体所做的动作亦较其他舞蹈夸张。街舞因其轻松随意、自由个性和反叛精神而受到年轻人的喜欢。在过滤掉原有秆头舞蹈的痞味和夸张之后，街舞名正言顺地登上了大雅之堂——健身房。

跳街舞使人注意力集中，兴趣浓厚，动作优美、随意。同时，跳街舞还有瘦身功效，因为街舞是一种中低强度的有氧运动，在一小时的运动中，消耗全身脂肪的作用是相当强的。此外，街舞是一种小肌肉运动，经常练习能增加你全身的协调性，让你的身材比例更趋标准。

二、健身街舞的分类

在很多人的印象中，街舞好像就指那些玩技巧的 breaking。其实，街舞的类型是非常丰富的，而且街舞的类型随着街舞的发展内容在不断地丰富。街舞的精神就是要不断地创新，挑战自我。很多初学街舞的人如果对街舞类型还不是很熟悉，就应该花点时间对街舞类型认真的了解一下。这样，可以结合自己的特点和爱好来选择自己要学的街舞类型。下面就给大家介绍一下街舞的类型。

街舞从大的方面可以分为 breaking 和 hip-hop。

breaking 属于技巧型街舞，要求舞者要有很好的力量和韧性，这种舞蹈年轻人跳的比较多，他们通常都是做一些跟地板有关的动作，俗称地板动作，像 up rock（战斗舞）、foot-work（排腿）、spinning moves（power moves）（大地板）和 freeze 几个动作所组成。跳这种舞蹈的男生和女生分别称为 b-hoy 和 b-girl。

hip-hop 的技巧性就没有 breaking 那么强。但是 hip-hop 对舞者的协调性和舞感要求多一点。hip-hop 可以分成：Poping（机械舞）、Locking（锁舞）、Electric、Turbo、House 等多种风格。这种舞蹈没有太多技巧性和竞赛性，可能一开始没有受到很多年轻人的重视，不过现在这种状况有了很大的改变，很多 b-boy 也开始学习这些舞蹈，并且有很多跳的不错的舞者。

街舞的类型随着时间的推移在不断地丰富。大家在学习街舞之前最好是先了解一下街舞的类型，只有在了解街舞类型的前提下，才可以选择好比较适合自己的舞种。

三、健身街舞的作用

1. 学习街舞对学生学习文化知识的作用

在街舞选修课中的所有成员都来自大学生群体。然而，学生在日常课程紧张的同时没有足够的时间来学习街舞，因此，学校对上课的课程要进一步科学、合理、有效的加以调整。使学生在学习紧张的情况下，有闲暇时间参加街舞选修课学习，从而缓解他们学习中带来的压力。学校对上课的课程合理安排，还可以增加学生学习街舞的乐趣，丰富他们的课余生活，使大脑得到放松。学生在学习街舞时，时间、兴趣上得到满足的基础上，在街舞教师的教学中，要根据街舞的舞蹈风格、舞蹈动作，来确定该课程教学内容的重点。而大部分高校都确定了以积极向上且健康活泼的舞蹈风格为主要教学方向，再通过对不同团体和个人舞蹈风格的反复研究及筛选进行教学。那么通过比较分析各类舞蹈风格以及结合高校体育课程安排特点，可以认为街舞选修课的课程安排与高校体育的课程安排是相辅相成、遗缺互补的，对提高大学生学习文化知识的效率和质量有积极的促进作用。

2. 街舞在高校体育教学改革中的作用

目前，高校体育教学改革在完善的过程中，有的从教学的内容上做了大量的调整，有的在考试形式上作了一定的修改，有的在达标项目上进行了有效的取舍。因此，高校体育在教学改革的新阶段，街舞的兴起恰恰给高校体育教学注入了新的生机和活力。总之，为了适应新时期体育教学改革，大家都在不断地出对策、想办法，使高校体育教育变得更加生动、更加有效、更为学生喜爱。

街舞不仅能给我们带来超强的视觉享受，舞动的快感，它对健身也是起到很大作用的。

四、街舞的健身价值

街舞能很好地弥补其他健身项目的局限性，使锻炼更为全面。它也是非常好的有氧运动，连续跳 1 小时消耗的热量，相当于跑步 6 千米，它的减肥功效不言而喻，同时它还能提高身体协调能力。

爆发力强，多以绕环和小关节的运动为主，因此能较好地改善练习者的协调能力，并且使身体不常运动到的小关节和小肌肉群得以充分锻炼。练习者还可以根据自身的身体状况和运动基础，选择不同节奏的音乐来调整运动的强度。

五、补充

最后要补充的是国内一级 POPPER、BOKY 的一些观点。

手臂上的 POP 主要用到的是三头肌和桡侧腕短伸肌。可以尝试做这样的动作：5个手指扶住墙壁，然后用手心的位置去推墙（注意肘关节自然弯曲，不要用力打直）。在这个动作里用到的肌肉群，大致就是手臂上的 POP 位置。

胸部的肌肉是垂直向上走。需要注意的是，很少爆点会利用伸展关节来完成。所以反过来说，如果胸大肌不是向上走，势必会牵连脊椎关节的弯曲。另外，胸肌的 POP 和颈部肌肉的 POP 一般是同时完成的。胸肌往上走的时候，头部保持原来的位置或者略微下压，这样自然就压迫到脖子上的肌肉了，另外，怎么样去锻炼颈部的肌肉呢？大家尝试发两个音，一个是"噢"，这个口形张到最大的时候，很自然的可以绷紧胸锁乳头肌；另一个是"哈"，最大幅度去做的这个口形，可以绷紧肩胛提肌和肩胛舌骨肌。这 3 块肌肉是做颈部很重要的 POP 来源。

腿部的 POP，这是唯一的需要利用关节才能完成的 POP。因为膝盖自然弯曲的情况下很难绷紧大腿上的各部分肌肉。另外需要补充的是，下盘的 POP 不单单只靠大腿肌来完成。在一些特定的动作里，也会用到臀部和后腰肌肉上的 POP。

第二节　健身街舞运动的基本技术

一、手部练习的方法

把两只手摆成一个很像骑马的姿势，手指往下放，要有很轻松的感觉。

然后手腕往下压，可是手指头部分要往上，手腕向下压的时候注意观察小手臂有一个凹洞，就是轴那里有个小洞（反复那样练习就是了）。

练习当中，注意观察手的上半部分，肌肉有没有爆破出来，要是有，再看看胸部与手臂相连的那部分有没有跳动，还有背部的肌肉有没有跳动。手腕向下压时，胸前的肌肉稍微有点跳动的感觉，但要注意的是，不是胸部往前，而是胸肌向上跳动。要是有了上面的几点，那就是正确的手部练习方法。

要注意的是练手的时候肩部不要用力，用力的都在手腕上，手部的练习要配合上脚部的练习才好，这样才自然。

二、脚部 POP 的练习

脚步的 POP 其实也就是胯下的 POP，很多人都把它想的很复杂、很难练，其实胯下的练习比手部练习更加容易，只要别把它想的太复杂就可以了。尽量简单，越简单越好，需要注意的是利用膝盖。

（1）先站起来，然后膝盖向前稍微弯曲，有点像要坐下的感觉。

（2）从第一点所说的，慢慢从这个动作站起来，记得是慢慢地把脚打直，但别用力。

（3）慢慢地站起来，脚快要站直的时候，突然在这里用力快速把脚打直（也就是膝盖往后），这样反复练习就能达到胯下的 POP。记得千万别屁股用力或者往里收，那是不正确的练习方法，大家想的越简单越好。

脚部的练习要配合上手部的练习才好，这样才自然。

三、头部 POP 的练习

头部分的练习用文字很难解释清楚，其实也就是头部往 45°的方向用力来达到的一种效果。

经常在路上碰见熟人的时候都会叫一声"喂"，记得，头部的 POP 有点像"喂"的一声。当在叫别人"喂"的时候，头部会稍微向上点一下，那一"点"其实就是 POP 了，只是要用力在短时间内完成。

注意是先保持原来轻松的表情，突然叫别人"喂"的一声，反复练习就会学会头部的 POP。但是下颚别用力，是后脑勺用力。

四、胸部 POP 的练习

胸部不用练习。但是真正单一的胸震是需要练习的，练习方法是把腰挺直了，感觉到腰有点酸，注意提胸，然后慢慢放松的时候突然来个 POP。但是这个 POP 不是腰出力，腰挺直了只是为了 POP 的时候更漂亮。

第三节　健身街舞的竞赛项目及规则

一、比赛项目

1. 齐舞比赛

即集体舞蹈比赛。以舞蹈的编排、舞蹈的整齐度、动作的表现力、参赛服装的搭配、音乐的选用为评分标准。舞蹈长度为 3～8 分钟，人数 3～10 人。舞蹈编排、音乐、服装自定。

2. battle 比赛

即每场由两支队伍进行 breaking 的对抗。以每队队员动作的创意、流畅度和难度及规定动作(toprock、footwork、风车、托马斯、头转、1990)的掌握情况为评分标准，每场 battle 时间为 10 分钟，每队人数 5～8 人。参赛队可从齐舞和 battle 中任选一者参赛，也可两者都参加。

二、比赛规则

齐舞比赛实行预赛、决赛制，通过预赛决出 8 支队伍参加决赛，最后决出冠亚季军。

battle 实行小组淘汰制，预赛前进行抽签分组，每组两队，每组胜出者进入下轮比赛。由预赛决出 8 支队伍进入决赛，最后决出冠亚季军各一名。

三、街舞的注意事项

第一，根据美国运动医学会建议，每周应运动 3～5 次、每次运动 30～60 分钟，减肥的效果才比较明显。

第二，由于每个人的年龄、体能和健康状况不同，因此每个人的运动强度各不相同。

四、街舞小知识

街舞训练是小肌肉群的运动，它很好地弥补了其他健身项目的局限，使锻炼更全面，同时由于它的动作多出现在音乐的弱拍上，使动作的韵律更富于变化，强度更易于减肥健身，提高协调能力。

街舞在动作选择方面与西方流行街头的舞蹈有所不同，西方街舞形式随意，有些动作要求技巧性很强，如练习不当，对于身体某些部位可能会造成损害，为了达到科学、安全健身的目的，现在国内的街舞课程不选择高难度技巧动作，突出健身性、娱乐性、欣赏性，便于大众接受。

　　街舞的动作变化极其丰富，专业街舞教练在练习者掌握动作要领之后，在动作表现方面会给练习者更大的发挥空间，让他们听着动感强烈的音乐，按着自己的理解和个性去表现动作。这种独特的练习方式，更能激发练习者的热情，使他们充分展示自我，在忙碌之余，使疲惫的身心得以充分的放松。

▸▸ 思考题

1. 健身街舞是怎么发展起来的？
2. 健身街舞的种类有哪些？
3. 健身街舞的作用和价值是什么？
4. 在学习健身街舞时我们应该注意哪些问题？

第十八章　太极拳

第一节　太极拳运动概述

太极拳运动在学校有着广泛的群众基础，是深受广大学生所喜爱运动项目之一。

实践证明，太极拳是一种合乎生理规律的健身运动，是一种良好的养生保健方法。我国学者应用自然科学和社会科学研究的方法，从太极拳运动对人体的影响，得出了太极拳具有广泛的养生保健价值。

一、太极拳运动的起源

太极拳起源于中国，其动作刚柔相济，是一种既可技击防身，又能增强体质、防治疾病的传统拳术。太极拳历史悠久，流派众多，传播广泛，深受人们的喜爱。

1929 年扬州金一明的《三十二势长拳》中说："武当脱胎于少林，少林得法于禽经。"三国时期的名医华佗，模仿熊、虎、猿、鹿、鸟 5 种禽兽的动作，结合民间流传的保健运动，创编出了《五禽戏》，华佗因此被尊称为拳术开山始祖。

此后，拳术发展为外内两家：外家是以达摩禅师为祖的少林派，内家是以张三丰为祖的武当派。

太极拳最初是叫长拳、十三势，后来王宗岳根据《周易》阴阳动静的道理命其为太极拳。因为太极拳运动作势，任其自然，无中生有，所谓无极而太极也。

太极拳虽然在套路、推手架式、气动功力等方面各派有异，但都具有疏经活络、调和气血、营养腑脏、强筋壮骨的功效。太极拳作为拳术之一，早期曾称为"长拳""绵拳""十三势""软手"。至清朝乾隆年间（1736—1795 年），山西武术家王宗岳著《太极拳论》，才确定了太极拳的名称。"太极"一词源出《周易·系辞》，含有至高、至极、绝对、唯一的意思。

二、太极拳的传播与发展

中华人民共和国成立后，在杨式太极拳的基础上创编了简化24式和88式太极拳，对太极拳的传播和普及起到了重要作用。如今，打太极拳的人遍及全国。当前，仅北京市公园、街头和体育场就设有太极拳辅导站数百处，吸引了大批爱好者。卫生、教育、体育各部门都把太极拳列为重要项目来开展，出版了上百万册的太极拳书籍、挂图。太极拳在国外，也受到普遍欢迎。欧美、东南亚、日本等国家和地区，都有太极拳活动。据不完全统计，仅美国就已有30多种太极拳书籍出版，许多国家成立了太极拳协会等团体，积极与中国进行交流活动。太极拳作为中国特有的民族体育项目，已经引起很多国际朋友的兴趣和爱好。

三、太极拳运动的养生保健价值

1. 对神经系统的影响

神经系统是人体的"司令部"，人的一切活动都是在它的支配下进行的。神经系统是有机体内能够感受刺激，产生和传导兴奋，控制和调节各种生命活动并起主导作用的人体组成部分。神经系统在控制和调节机体的活动中，首先是借助各种感受器，接受人体内外环境的各种刺激信息，经周围神经传到脑和脊髓，通过脑和脊髓各级中枢的整合作用，再经周围神经传导到各效应器，控制和调节人体各系统进行活动。可见神经系统的功能：一个是使人体各系统形成一个对立统一的整体；另一个是使人体各系统与外界保持相对平衡，否则人体机能下降或发生病变，甚至会危及生命。

太极拳运动要求体松、心静和意识主导，可以调节大脑皮层的兴奋与抑制机制的转换。练习太极拳时可使大脑皮层运动区域的活动处于兴奋状态，使大脑皮层的其他区域因负诱导作用而处于抑制状态，所以人们在紧张的学习、工作之余练习太极拳可以变换大脑皮层的兴奋区域，从而使大脑得到较好的调节和休息。同时亦可以降低疾病在大脑皮层引起的病理兴奋，有助于被疾病病理兴奋所抑制或衰退的功能得到兴奋，使病状逐渐减轻或消失，从而达到较好的健身、祛病的功效。

2. 对运动系统的影响

运动系统是由骨、骨连结和骨骼肌等部分组成。骨是运动杠杆，骨连结起到枢纽作用，骨骼肌是运动的动力部分，三者联系密切。其主要功能是使人体在空间移动，使人体各部分相互关系发生变动，维持身体各部分以及整体的位置与姿势。此外，还支持体重，构成人体基本外形，保护脑髓和内脏器官，协调内脏器官进行活动等。如果人没有运动系统则无法生存。

太极拳特别强调以内中轴引动腰脊（外中轴），依次带动关节，使人体内外进行轻松、慢、圆的整体性武术运动。这样必然会对人体各系统特别是对腰和四肢都得到极其良好的刺激，增强其柔韧性、协调性和力量，将人体筋骨肌肉连的又有弹性又有力量，加强了关节和骨骼的固定性和平稳性，从而保证了关节和骨骼的正常活动。另外还将人体皮肤练的义松柔义细嫩，又光滑又红嫩，又有弹性又有韧性，又协调又自然，从而增强皮肤保护机体，使感觉灵敏；调节体温和水盐平衡，使毛细血管和毛孔畅通，增强分泌、排泄等能力，湿润皮肤。

太极拳缠绕螺旋的运动方式产生合理的生理负荷，使骨骼、关节、肌肉得到系统全面的锻炼，如骨密质增厚，骨径变粗，骨小梁的排列更加整齐规律。这些变化会增强骨的新陈代谢，在形态结构上产生良好效果。随着形态结构的变化，骨变得更加坚固，从而提高了抗折、抗压、抗扭转等性能。在太极拳练习中若配合桩功、静功练习，将起到事半功倍的效果。

3. 对呼吸系统和消化系统的影响

太极拳动作柔和缓慢，随着动作导引内气贯通五脏六腑。深、长、细、匀的腹式呼吸，是以膈肌活动为主的深长的呼吸运动，由于横膈膜上下移动的范围较大，致使胸腔容积增大，胸内负压增加，肺泡壁弹性纤维网被动拉长和收缩力增大，从而可以增强膈肌及辅助呼吸肌的力量和肺泡壁弹性纤维的弹性，改善肺组织的弹性，提高肺的全部潜在通气能力。太极拳的动作要与呼吸配合，动作与呼吸配合时听任自然，毫不勉强，日久自然气贯四梢，呼吸变慢，膈肌收缩和舒张能力提高，增大肺活量，防治各种慢性肺病。

太极拳运动的腹式呼吸，可以加大膈肌、腹肌的收缩和舒张，对肝脏、肠胃能起到自我按摩作用，提高肠胃的蠕动、消化和吸收的能力，改善人体内部的物质代谢，提高人体健康水平。

4. 对心血管系统及免疫系统的影响

人体循环系统是人体内部一套封闭系统，包括血脉系统和经络系统，主要功能是不断向全身各系统和部分、组织与细胞输送营养物质、氧气和激素，以及各种能量，以滋补营养和充能，并将其代谢产物，如二氧化碳和尿素等废物分别送到肺、肾、肠胃和皮肤等器官排除到体外，从而保证人体正常生命活动。由于太极拳使人体内外进行缓慢的螺旋形或圆弧形武术运动，人体各系统和各部分必然会得到轻柔挤压、揉搓和按摩的锻炼，增强人体循环系统的弹性、伸缩性、柔韧性和力量。当骨骼肌松弛时，静脉血管外周压力下降使静脉血管的容量增加，减轻心脏负担，毛细血管被动扩张，容量增加，随血液输送到组织的氧气、营养物质等也相应增加，促进了内环境的物质交换，对细胞新陈代谢有促进作用。由于太极拳运动强度减小，无氧代谢成分较少，引起机体疲劳的产物——乳酸也减少。研究证明，长时间、低强度运动可以使血管弹性扩张系数增加，加速主动脉排空，还可以改善微循环的作用，练习太极拳可以有效地降低血小板黏聚性，血浆黏度和纤维蛋白元含量，促进了机体内环境的相对稳定，起到活血化瘀作用；同时还可以显著提高血液酸碱平衡能力。实验证明，太极拳对人的心脏功能有明显提高作用。可使心肌纤维增粗，心壁增厚，收缩力增强，冠状动脉口径变粗，心脏容量和脉搏输出量增加。

太极拳运动作为缓和型的有氧练习，可以促进机体副交感神经活性增强，交感神经的活性下降，因而使机体对应激的敏感性下降，改善机体免疫功能。

5. 平衡阴阳，调和气血的作用

太极拳是按照太极理论和中医基本理论，按照人体阴阳五行运动的规律，通过经络沟通表里上下、联系脏腑器官、通行气血、滋养脏腑组织、感应传导、调节脏腑器官的机能活动，从而达到养生保健的作用，使人体保持正常的健康状态。经络是人体气血运行的通道，与人的生理病理关系密切。经络畅通则身体健康，经络不通则生疾病。太极拳的练习方式、途径虽不尽相同，但根本目的都在于练就充足的内气，并运行内气贯通十二经脉，奇经八脉，通大小周天，从而达到防病治病，强身健体的目的。

第二节　太极拳运动的基本动作

一、手形

太极拳的主要手形为拳、掌、勾3种。

1. 拳

握拳方法：四指并拢卷握，拇指紧扣中指的第二指节，但拳要虚握，手心略含空。

2. 掌

五指自然分开并微屈，虎口成圆形。掌心微含。

3. 勾

五指第一指节捏拢在一起，屈腕。唯需自然，不用力。

二、步形

24式太极拳中的4个步形。

1. 弓步

左脚向前一大步，脚尖微内扣，左腿屈膝半蹲；右腿挺膝伸直，脚尖内扣，两脚全脚着地。上体正对前方。

2. 马步

两脚平行开立（约为本人脚长的3倍），脚尖正对前方，屈膝半蹲，膝部不超过脚尖，大腿接近水平，全脚着地，身体重心落于两腿之间。

3. 仆步

两脚左右开立，左腿屈膝全蹲，大腿和小腿靠紧，臀部接近小腿，左脚全着地，脚尖和膝关节外展；右腿挺直平仆，脚尖里扣，全脚着地。

4. 虚步

两脚前后开立，右脚外展45°，屈膝半蹲；左脚脚跟离地，脚面绷平，脚尖稍微内扣，虚点地面，膝微屈。重心落在后腿上。

三、手法

1. 拳法

冲拳：拳自腰立拳向前打出，高不过肩，低不过胸，力达拳面。

搬拳：屈臂俯拳，自异侧而上，以肘关节为轴前臂翻至体前或体侧，手臂呈弧形。

贯拳：两拳自下经两侧，臂内旋向前圈贯与耳同高，拳眼斜朝下，两臂呈弧形。

2. 掌法

单推掌：拳须经耳旁臂内旋向前立掌推出，掌指高不过眼，力达掌根。

搂掌：掌自异侧经体前弧形下搂至膝外侧，掌心朝下，掌指朝前。

拦掌：掌经体侧向上，力掌向胸前拦，掌心朝异侧，掌指斜朝上。

平分掌：屈臂两掌交叉于胸前，两臂内旋经面前弧形向左、右分开，两掌高与耳平，两掌朝外，掌指朝上。

斜分掌：两手交叉或相抱，斜向上或前后分开。

云掌：分为立云掌和平云掌。立云掌是两掌在体前上下交替呈立圆运转。平云掌是掌心朝上，在体前或体侧呈平圆运转。

穿掌：侧掌或平掌沿体前、臂、腿穿伸，指尖与穿伸方向相同，力达指尖。

架掌：手臂内旋掌自下向前上架至头侧上方，臂呈弧形，掌心朝外，掌高过头。

抱拳：两掌合抱，两臂保持弧形，两腋须留有空隙。

插掌：一手自上向前弧形下插；臂自然伸直，掌指朝斜前下方。

捋：臂呈弧形，单手或双手向左（或右）侧后捋，臂须外旋或内旋，动作走弧形。

按：单掌或双掌自上而下为下按；自后经下向前弧形推出为前按。

3. 臂法

掤：屈臂呈弧形举于体前，掌心朝内，力达前臂外侧。

挤：一臂屈于胸前，另一手扶于屈臂手的腕部或前臂内侧，两臂同时前挤，臂撑圆，高不过肩。

各种手法变换都要走弧形路线，同时前臂做相应旋转，不可直来直去，生硬转折。要注意手法与身法、步法的协调配合，做到周身完整一气。肩、肘要松沉，手指要舒展，腕部要松活，既不可紧张僵直，又不可绵软无力。

4. 步法

上步：一腿支撑，另一腿提起经支撑腿内侧向前上步，脚跟先着地，随着重心前移，全脚着地。

退步：一腿支撑，另一腿经支撑腿内侧退一步，脚前掌先着地，随着重心后移，全脚着地。

侧行步（云手）：一腿支撑，另一腿提起侧向开步，脚前掌先着地，随着重心横移，全脚着地逐渐过渡为支撑腿；另一腿提起，向支撑腿内侧并步，仍须先以脚前掌，随着重心横移，全脚着地过渡为支撑腿；并步时两脚间距为10～20厘米。

摆步（搬拦捶）：一腿支撑，另一腿提起，小腿外旋，脚跟先着地，脚尖外摆而后全脚着地。

第三节　二十四式简化太极拳

预备姿势：身体自然直立，两臂自然下垂，下颏微回收，口微闭，上齿轻叩下齿，舌抵上腭，精神集中，全身放松（如图18-1所示）。

1. 起势

两脚开立：左脚向左迈出一步，两脚与肩同宽（如图18-2所示）。

两臂前举：两臂慢慢向前平举至两手高与肩平，两肘微下垂，两肩松沉，两手手心向下（如图18-3、图18-4所示）。

屈膝按掌：两腿慢慢屈膝成半蹲，随屈膝下蹲，两臂慢慢下落，两掌轻轻下按至与腹部同高（如图18-5所示）。

图 18-1　　　　图 18-2　　　　图 18-3　　　　图 18-4　　　　图 18-5

2. 左右野马分鬃

（1）左野马分鬃。

抱球收脚：上体微向右转至面向南偏西，身体重心置于右腿上。同时右手略上提收在胸前，右臂在右胸前平屈，右手手心向下，左手手心逐渐翻转向上，右臂屈肘向右下方划弧至与腹同高，两手手心上下相对，在胸前右侧成抱球状（如图18-6所示）。左脚收到右脚内侧，脚尖点地，眼看右手（如图18-7所示）。

转体迈步：上体向左转至面向南偏东，随之左脚向左前侧方迈出一步，脚跟着地；右腿保持原屈膝程度承担体重，两脚跟之间的横向距离约12厘米。随转体和左脚迈出，两手开始分别向右上、右下斜线分开，视线随左手移动（如图18-8、图18-9所示）。

弓步分手：上体继续向左转至面向东方；随转体左脚全脚掌逐渐踏实，左脚尖正向东方，左腿屈膝慢慢向前弓出，身体重心逐渐前移至偏于左腿，左膝与左脚尖上下相对在一条垂直线上；右腿自然伸直，右脚跟后蹬稍外展，成左弓步；随转体两手继续分别向左上、右下斜线分开，视线随左手移动，直至左手向左上移至体前，高与眼平；手心斜向上，展掌、舒指；右手向右下方落按于右胯旁，手心向下，指头朝前，最后眼看左手（如图18-10所示）。

图18-6　　　　图18-7　　　　图18-8　　　　图18-9　　　　图18-10

（2）右野马分鬃。

后坐翘脚：右腿屈膝，上体慢慢后坐，身体重心移至右腿；左脚尖翘起，同时上体微向左转，两手开始边翻掌边划弧，准备"抱球"，眼看左手（如图18-11所示）。

抱球跟脚：上体继续左转。同时两手继续划弧，左手在上，右手在下，在胸前左侧成抱球状。身体重心慢慢移至左腿；随即右脚跟进至左脚内侧，脚尖点地，眼看左手（如图18-12、图18-13所示）。

转体迈步：动作与左野马分鬃相同，只是左右式相反，且转体幅度稍小些（如图18-14所示）。

弓步分手：与左野马分鬃相同，只是左右式相反（如图18-15所示）。

图18-11　　　　图18-12　　　　图18-13　　　　图18-14　　　　图18-15

（3）左野马分鬃。

后坐翘脚、抱球跟脚：与右野马分鬃相同，只是左右相反（如图18-16、图18-17、图18-18所示）。

转体迈步、弓步分手：与左野马分鬃相同（如图18-19和图18-20所示）。

图18-16　　　　　图18-17　　　　　图18-18

3. 白鹤亮翅

跟步抱球：上体微向左转。右脚脚跟先离地，随即向前跟进半步，前脚掌着地，身体重心仍在左腿。同时左手翻掌向下，平屈于胸前；右手翻掌向上，向左方划弧至左腹前，两手手心上下相对，在胸前左侧成抱球状，眼看左手（如图18-21和图18-22所示）。

图 18-19　　　　图 18-20　　　　图 18-21　　　　图 18-22

后坐转体：上体微向右转，右脚全脚掌踏实，身体后坐，身体重心移至右腿。同时两手随转体开始向右上、左下分开，视线随右手移动（如图18-23所示）。

虚步分手：身体微向左转至面向前方。同时两手继续向右上、左下分开，右手上提停于额前右侧，手心斜向左后方，虎口朝上，展掌、舒指；左手下按至左胯前，手心向下，指尖朝前，坐腕、展掌、舒指。同时左脚稍向前移，脚前掌着地，膝部微屈成左虚步，眼看前方（如图18-24所示）。

4. 左右搂膝拗步

（1）左搂膝拗步。

转体落手：上体微向左转。同时右手微向右、向下翻掌，由额前下落至面前；左手开始外旋向上翻掌，眼看前方（如图18-25所示）。

图 18-23　　　　图 18-24　　　　图 18-25

转体收脚：上体向右转。随转体右手继续下落，经胯侧再向右后上方划弧至与耳同高，手心斜向上；左手由左胯侧向上经面前再向右下划弧至右肩前，肘部略低于腕部，手心斜向下。同时左脚收至右脚内侧，脚尖点地，身体重心在右腿，眼看右手，（如图18-26、图18-27和图18-28所示）。

迈步屈肘：上体微向左转。右腿保持原屈膝程度，身体重心仍在右腿；随转体，左脚向左前侧方迈出一步，脚跟着地，两脚跟的横向距离约30厘米。同时右臂屈肘将右手收至右耳侧，虎口对耳，掌心斜向左下方；左手下落至右腹前，手心向下。眼转看前方（如图18-29和图18-30所示）。

图 18-26　　　　　图 18-27　　　　　图 18-28　　　　　图 18-29　　　　　图 18-30

弓步推搂：上体继续左转至面向前方。左脚掌踏实，左腿弓屈，右腿自然伸直成左弓步；身体重心主要移至左腿，上体正直，松腰松胯。同时右手从耳侧向前推出，手指高与鼻平，推掌时沉肩垂肘，推到顶点时要坐腕、展掌、舒指'左手继续向前、向下、向左划弧由膝前搂过，按在左胯侧稍偏前，手心向下，指尖朝前，坐腕、展掌、舒指、眼看右手(如图 18-31 所示)。

(2)右搂膝拗步。

后坐跷脚：右腿屈膝，上体后坐，身体重心移至右腿；左腿自然伸直，左脚尖跷起，略向外撇；同时上体微向左转。同时两手放松，开始翻掌划弧，眼看右手(如图18-32 所示)。

转体跟脚：上体继续左转。同时左脚掌逐渐踏实，左腿屈膝前弓，重心移至左腿；右脚跟至左脚内侧，脚尖点地。同时两手继续划弧，左手由胯侧边向上翻掌、边向左后上方划弧至手与耳同高，手心斜向上；右手由右侧向上经面前向左下划弧至左肩前，肘部略低于腕部。手心斜向下，眼看左手(如图 18-33 和图 18-34 所示)。

图 18-31　　　　　图 18-32　　　　　图 18-33　　　　　图 18-34

迈步屈肘、弓步推搂：与左搂膝拗步相同，只是左右式相反(如图 18-35、图18-36和图 18-37 所示)。

图 18-35　　　　　图 18-36　　　　　图 18-37

（3）左搂膝拗步。

后坐跷脚、转体跟脚：与右搂膝拗步相同，只是左右式相反（如图 18-38、图18-39 和图 18-40 所示）。

图 18-38　　　　　　图 18-39　　　　　　图 18-40

迈步屈肘、弓步推搂：同前左搂膝拗步（如图 18-41、图 18-42 和图 18-43 所示）。

图 18-41　　　　　　图 18-42　　　　　　图 18-43

5. 手挥琵琶

跟步松手：身体重心移至左腿，右脚向前跟进半步，前脚掌着地（如图 18-44 所示）。

后坐挑掌：身体后坐，重心移至右腿，随右脚踏实上体稍向右转，左脚跟离地。随转体左掌由下向左、向上划弧挑至体前，掌心斜向前下方，高与鼻平；右臂屈肘回带，右手收至胸前，掌心斜向前下方，视线随右手移动（如图 18-45 所示）。

虚步合臂：上体微向左回转，但仍保持稍向右侧身状。同时，左脚稍向前移，脚跟着地，膝部微屈，成左虚步；两臂向里相合，左手心向右，高与鼻平；右手合在左前臂里侧，手心向左；两臂肘部均微屈，眼看左手（如图 18-46 所示）。

图 18-44　　　　　　图 18-45　　　　　　图 18-46

6. 左右倒卷肱

(1) 左倒卷肱。

转体撒手：上体微向右转。同时随转体右手边向上翻掌，边由下经右胯侧向右后上方划弧，平举至与耳同高，手心斜向上，肘部微屈；左手随之在体前翻掌向上。眼随转体先略向右肩再转向前看左手（如图18-47和图18-48所示）。

提膝屈肘：上体微向左回转。同时左腿屈膝轻轻提起，脚尖自然下垂，准备向后退步。同时右臂屈肘将右手收向耳侧，手心斜向前下方，眼看前方（如图18-49所示）。

退步错手：上体继续微向左转至朝前。同时左腿向后略偏左侧退步落下，前脚掌着地，身体重心仍在右腿。同时右手经耳侧开始向前推出，手心向前下方。左手开始向后收回，手心向上。右手在上、左手在下，两手在体前交错眼看右手（如图18-50所示）。

虚步推掌：身体重心后移至左腿，右脚以前脚掌为轴将脚扭正（成脚尖朝前），右膝微屈成右虚步。右臂沉肩垂肘，右掌继续前推，推到顶点时，手指高与鼻平。左掌继续向下、向后划弧收回至左胯侧，掌心向上，眼看右手（如图18-51所示）。

图18-47　　　　图18-48　　　　图18-49　　　　图18-50　　　　图18-51

(2) 右倒卷肱。

转体撒手：同时左手由左胯侧向左后上方划弧举至与耳同高，手心斜向上，肘部微屈，右手随之翻掌向上（如图18-52所示）。

提膝屈肘、退步错手、虚步推掌：与左倒卷肱中的动作相同，只是左右式相反（如图18-53、图18-54和图18-55所示）。

图18-52　　　　图18-53　　　　图18-54　　　　图18-55

(3) 左倒卷肱。

转体撒手：同右倒卷肱中的动作，只是左右式相反（如图18-56所示）。

提膝屈肘、退步错手、虚步推掌：与左倒卷肱中相同（如图18-57、图18-58和图18-59所示）。

图 18-56　　　　图 18-57　　　　图 18-58　　　　图 18-59

（4）右倒卷肱。

转体撤手、提膝屈肘、退步错手、虚步推掌：与前式右倒卷肱和左倒卷肱相同，方向相反（如图 18-60～图 18-63 所示）。

图 18-60　　　　图 18-61　　　　图 18-62　　　　图 18-63

7. 左揽雀尾

转体撤手：上体微向右转。同时右手由胯侧向右后上方划弧举至与肩同高，手心向右上方，肘部微屈；左手在体前放松成手心向下，两臂约成侧平举状。视线随转体向右方移动（如图 18-64 所示）。

抱球收脚：上体继续右转。同时右臂向胸前平屈，手心翻转向下；左前臂外旋，左手由体前划弧下落至右腹前，手心向上，两手上下相对成抱球状。同时左脚收至右脚内侧，脚尖点地；身体重心仍在右腿上，眼看右手（如图 18-65 和图 18-66 所示）。

迈步分手：上体微向左转。同时左脚向左前方迈出，脚跟着地，两脚脚跟横向距离不超过 10 厘米（如图 18-67 所示）。

图 18-64　　　　图 18-65　　　　图 18-66　　　　图 18-67

弓腿臂：左脚掌逐渐踏实，左腿屈膝前弓，右腿自然伸直，身体重心前移成左弓步。同时左臂平屈成弧形，腕高与肩平，手心向里；右手向右下方划弧落按于右胯旁，手心向下，四指朝前，眼看左前臂（如图 18-68 所示）。

转体伸臂：上体微向左转。随转体左前臂内旋，左手向左前方伸出，手心向下；右前臂外旋，右手经腹前向上、向左前伸至左前臂里侧，手心向上，眼看左手（如图18-69所示）。

转体后捋：上体向右转。同时随转体两手向下经腹前向右后上方划弧后捋，直至右手手心斜向上，高与耳平；同时右腿屈膝，身体后坐，身体重心逐渐移到右腿，眼看右手（如图18-70所示）。

转体搭手：上体向左转至面向前方。同时右臂屈肘将右手收回，手心向前，两肘部略低于腕部，眼看左腕（如图18-71所示）。

图 18-68　　　　图 18-69　　　　图 18-70　　　　图 18-71

弓腿前挤：左腿屈膝前弓，身体重心慢慢前移，右腿自然伸直成左弓步，同时左手心向里，右手心向前，双手与肩同高，向前慢慢挤出，两臂呈半圆形，眼看左手腕部（如图18-72所示）。

后坐收掌：左前臂内旋，左手向下翻掌，手心向下；右手手心转向下，经左腕上方向前伸出，随之两手左右分开，与肩同宽。然后右腿屈膝，上体慢慢后坐，身体重心移到右腿，左脚尖跷起。后坐的同时，两臂屈肘，两手沿弧线收至腹前，手心都向前下方。眼看前方（如图18-73、图18-74和图18-75所示）。

弓步按掌：左腿屈膝前弓，重心慢慢前移，右腿成左弓步，上体正直，松腰松胯。同时两手向上，向前沿弧线按出，与肩同宽，手心均向前，按到顶点时腕部高与肩平，眼看前方（如图18-76所示）。

图 18-72　　　图 18-73　　　图 18-74　　　图 18-75　　　图 18-76

8. 右揽雀尾

转体扣脚：右腿屈膝，上体后坐向右转身，身体重心移至右腿，同时右手掌心向外、经面前向右平行划弧至右侧，手心向前，两臂成侧平举状（如图18-77和图18-78所示）。

抱球收脚：左腿屈膝，身体重心移回左腿，上体微左转，右脚收至左脚内侧，脚尖点地。同时左臂向胸前平屈，手心向下；右手由体前右侧边向上翻掌边划弧下落至左腹前，手心向上；两手手心相对成抱球状，眼看左手（如图18-79和图18-80所示）。

图 18-77　　　　　　图 18-78　　　　　　图 18-79　　　　　　图 18-80

其余动作同左揽雀尾，只是左右式相反，如图18-81～18－90所示。

图 18-81　　　　图 18-82　　　　图 18-83　　　　图 18-84　　　　图 18-85

图 18-86　　　　图 18-87　　　　图 18-88　　　　图 18-89　　　　图 18-90

9. 单鞭

转体扣脚：上体后坐，重心移至左褪，右脚尖里扣。同时上体向左转，随转体左手经面前向左平行划弧至身体左侧，手心向左，指尖朝上，右手随转体向下经腹前向左划弧至左肋前，手心向后上方，视线随左手移动（如图18-91和图18-92所示）。

勾手收脚：上体右转至南偏两，右腿屈膝，重心移至右腿，左脚收至右脚里侧，脚尖点地。同时右手随转体向右上方划弧，手心由向里逐渐翻转向外，经面前至身体右侧变勾手，腕高与肩平，左手向下经腹前向右上划弧，手心逐渐转向里，最后停于右肩前。视线随右手移动，最后眼看右勾手（如图18-93和图18-94所示）。

转体迈步：上体微向左转，随之左脚向左前侧方（即正东中线略偏北侧）迈出，脚跟着地，脚尖略外撇，两脚脚跟横向距离不超过10厘米。同时左手随上体左转经面前平行划弧向左移动，手心逐渐向外翻转。在此动开始时，视线随左手移动（如图18-95所示）。

| 图 18-91 | 图 18-92 | 图 18-93 | 图 18-94 | 图 18-95 |

弓步推掌：上体继续左转至面向东稍偏北。随转体左脚全脚掌踏实，左腿屈膝前弓，成左弓步，同时随转体身体重心逐渐移向左腿，左掌慢慢翻转向前推出，最后手心向前，腕与肩平，坐腕、展掌、舒指。右臂在身体右后方，勾手与肩同高，视线随左手移动，最后眼看左手（如图 18-96 所示）。

10. 云手

(1)云手一。

转体扣脚：右腿屈膝，上体后坐，上体向右转至南偏西，左脚尖里扣朝向正南方，身体重心逐渐移向右腿。左手向下经腹前划弧至右肋前。视线由看左手转为平视前方（如图 18-97 和图 18-98 所示）。

转体撑掌：上体继续右转至面向西南。右勾手此时变掌外撑，掌心向西偏南，沉肩垂肘、坐腕、展掌、舒指，高度不变；左手由左肋前继续向上向右划弧至右肩前，掌心斜向里，眼看右手（如图 18-99 所示）。

转体云手：上体逐渐左转至面向南偏东，左腿慢慢屈膝，重心逐渐移向左腿，右脚逐渐离地。随转体左手经面前划弧至身体左侧，保持屈肘，手心斜向里，指尖高与鼻平；同时随转体右手向下划弧至腹前，掌心由向右逐渐翻转至斜向上。视线随左手移动（如图 18-100 所示）。

| 图 18-96 | 图 18-97 | 图 18-98 | 图 18-99 | 图 18-100 |

撑掌收步：上体继续向左转至面向东南。重心移至左腿；右脚前掌随即轻轻提起，收向左脚内侧（相距 10～12 厘米）轻轻落地，前脚掌先着地，全脚掌再踏实，同时左手翻掌外撑，腕与肩平，掌心向东偏南，右手由腹前继续向左上方划弧至左肩前，手心斜向里。视线随左手移动，最后眼看左手（如图 18-101 所示）。

(2)云手二。

转体云手：上体渐向右转至南偏西；重心移向右腿，左脚跟逐渐离地。同时右手（掌心向里、虎口朝上）随转体经面前平行划弧至身体右侧，掌心向左，腕与肩平；左手随转体向下向右经腹前划弧至右肋前，掌心由左逐渐翻转至斜向里。视线随右手移动(如图 18-102 和图 18-103 所示)。

图 18-101　　　　　　图 18-102　　　　　　图 18-103

撑掌出步：上体继续向右转至西南；重心移至右腿，左脚前掌随之轻轻提起，向左横跨一步，轻轻落下，前脚掌先着地，随即全脚踏实，同时右手翻掌外撑，掌心向西偏南，腕与肩平；左手由肋前继续向右上方划弧至右肩前，掌心斜向里。视线随右手移动，最后眼看右手(如图 18-104 所示)。

转体云手、撑掌收步：动作同云手一(如图 18-105 和图 18-106 所示)。

图 18-104　　　　　　图 18-105　　　　　　图 18-106

(3)云手三。

动作与云手一相同，最后右脚收近左脚落地时，脚尖微里扣，以便于接做单鞭的弓步(如图 18-107～图 18-111 所示)。

图 18-107　　　图 18-108　　　图 18-109　　　图 18-110　　　图 18-111

11. 单鞭

转体勾手：上体右转至南偏西。同时随转体右手经面前平行向右划弧至身体右侧，掌心由斜向里逐渐向外翻转至右前方变勾手；左手向下经腹前向右上划弧至右肩前，掌心由向左前方逐渐翻转至斜向里。同时随转体重心移至右腿，左脚跟轻轻离地。视线随右手移动，最后眼看右勾手(如图 18-112、图 18-113 和图 18-114 所示)。

图 18-112   图 18-113   图 18-114

转体迈步、弓步推掌：同前式单鞭（如图 18-115、图 18-116 所示）。

12. 高探马

跟步松手：身体重心继续前移，右脚向前跟进半步，前脚掌着地。同时左手逐渐放松成掌心向下，右勾手开始松开变掌。眼看左手（如图 18-117 所示）。

后坐翻掌：右脚全脚掌踏实，右腿屈膝后坐，身体重心移至右腿，左脚跟随之逐渐离地；同时上体微向右转。同时右勾手变掌，两手心翻转向上，两肘微屈。视线随转体移动（如图 18-118 所示）。

虚步推掌：上体微向左转至面向前方。同时左脚稍向前移，脚前掌着地，膝部微屈成左虚步，上体正直，松腰松胯。同时右臂屈肘，右手经耳侧向前推出，推到顶点，手心向前，高与眼平；左手收至左侧腰前，手心向上；眼看右手（如图 18-119 所示）。

图 18-115   图 18-116   图 18-117   图 18-118   图 18-119

13. 右蹬脚

穿掌提脚：上体微向右转，左手经右手腕背面向前穿出，两手交叉，手背相对，腕与肩平，左手心斜向后上、右手心斜向前下。同时左脚轻轻提起收向右腿里侧，眼看左手（如图 18-120 所示）。

迈步分手：上体微向左转。同时左脚向左前侧方迈出，脚跟着地，两脚跟横向距离约 10 厘米，脚尖向前。同时左手翻掌向外，两手开始向两侧划弧分开，视线随左手移动（如图 18-121 和图 18-122 所示）。

弓步抱手：上体继续微向左转。同时左脚掌踏实，左腿屈膝前弓，右腿自然伸直，身体重心前移成过渡左弓步，同时两手经两侧向腹前划弧，手心斜向里，肘部微屈，眼看右前方（如图 18-123 所示）。

跟步合抱：上体微向右转。同时右脚跟进至左脚内侧，脚尖点地。同时两手由腹前继续向上划弧交叉合抱于胸前，右手在外，手心均向里，眼看蹬脚前方（如图 18-124 所示）。

图 18-120　　　　图 18-121　　　　图 18-122　　　　图 18-123　　　　图 18-124

提膝分手：身体重心完全稳定在左腿，膝部微屈；右腿屈膝上提，脚尖自然下垂。同时两臂边翻掌边向右前、左后经面前划弧分开，手心转向外，跟看蹬脚前方（如图18-125 所示）。

蹬脚撑臂：右脚脚尖回勾向右前方慢慢蹬出，右腿蹬直，力在脚跟。同时两臂继续向右前、左后划弧平举撑开，肘部微屈，腕与肩平，手心均斜向外，眼看右手（如图18-126 所示）。

14. 双峰贯耳

收腿落手：右腿小腿收回，屈膝平举，脚尖自然下垂。左手由后向上、向前下落至体前，两手心均翻转向上，随之两手同时由体前向下划弧分落于右膝两侧，眼看前方（如图 18-127 和图 18-128 所示）。

迈步分手：右腿向前方落下，脚跟着地，脚尖向前，两脚跟横向距离不超过 10 厘米。同时两手继续下落至胯两侧，手心斜向前上，准备变拳，眼看前方（如图 18-129 所示）。

图 18-125　　　　图 18-126　　　　图 18-127　　　　图 18-128　　　　图 18-129

弓步贯拳：右脚掌逐渐踏实，右腿屈膝前弓，身体重心慢慢前移，左腿自然伸直成右弓步，同时两手握拳分别从两侧向上向前划弧贯至面前，沉肩垂肘，两臂保持弧持，两拳高与耳齐，相距 10～12 厘米，拳眼斜向内，呈钳形，眼看右拳（如图 18-130 所示）。

15. 转身左蹬脚

转体扣脚：左腿屈膝后坐，身体重心移至左腿，上体向左后转，右腿尖里扣 90°。同时两拳变掌，由上向左右划弧分至两侧平举，手心斜向外，肘部微屈，眼看左手（如图 18-131 和图 18-132 所示）。

收脚合抱：右腿屈膝后坐，身体重心再移到右腿，左脚收到右脚内侧，脚尖点地。

同时两手向下划弧经腹前再向上合抱于胸前，左手在外，手心均向里，眼看前方（如图18-133和图18-134所示）。

图 18-130　　　图 18-131　　　图 18-132　　　图 18-133　　　图 18-134

提膝分手：身体重心完全移于右腿，右膝微屈；左腿屈膝上提，脚尖自然下垂。同时两臂边翻掌边向左前、右后经面前划弧分开，手心转向外。眼看左前方蹬脚的方向（如图18-135所示）。

蹬脚撑臂：左脚脚尖回勾，向左前方慢慢蹬出，左腿蹬直，力在脚跟。同时两臂继续向左前、右后划弧平举撑开（如图18-136所示）。

16. 左下势独立

收腿勾手：左腿屈膝收回平屈（脚不可落地），随之上体向右转。同时右掌变勾手，左手向上、向右经面前划弧下落至右肩前，手心斜向后。眼看右勾手（如图18-137和图18-138所示）。

图 18-135　　　　图 18-136　　　　图 18-137　　　　图 18-138

蹲身仆步：右腿慢慢屈膝半蹲，重心仍在右腿，左脚下落向左侧偏后伸出，成左仆步；眼仍看右勾手（如图18-139所示）。

转体穿掌：重心仍在右腿上，左手一边向外翻转一边继续下落，沿左腿内侧划弧向前穿出，上体不要过于前俯，眼看左手（如图18-140所示）。

弓腿起身：身体重心前移，上体微左转向前起身，成为左弓步状。同时左臂继续向前穿，立掌挑起，手心斜向右；右勾手在身后下落，右臂伸直后举，勾尖转向上。眼看左手（如图18-141所示）。

提膝挑掌：重心继续前移，右腿慢慢屈膝提起，脚尖自然下垂，左腿微屈支撑体重成独立式，右勾手下落变掌，由后下方顺右腿外侧向前划弧挑起，屈臂置于右腿上方，手心斜向左，左手下落按于左胯旁，手心向下，四指朝前，眼看右手（如图18-142和图18-143所示）。

图 18-139　　　图 18-140　　　图 18-141　　　图 18-142　　　图 18-143

17. 右下势独立

落脚勾手：右脚下落于左脚右前方，以左脚前掌为轴脚跟内转，重心在左腿。左手向左后上方平举变勾手，腕与肩平，右手随转体经面前向左划弧至左肩前，手心斜向后（如图18至144和图18-145所示）。

蹲身仆步：左腿慢慢屈膝半蹲，右脚向右侧偏后伸出，成右仆步；右手开始下落前穿。眼仍看左勾手，如图18-146所示。

图 18-144　　　　　图 18-145　　　　　图 18-146

转体穿掌、弓腿起身、提膝挑掌：与左下势独立相同，只是左右式相反，如图18-147～图18-150所示。

图 18-147　　　图 18-148　　　图 18-149　　　图 18-150

18. 左右穿梭

(1)左穿梭。

落脚坐盘：左脚向前方稍偏左侧落地，脚尖外撇，脚跟先着地，随之身体重心略向前移，左脚踏实，身体微向左转，两腿屈膝成半坐盘式。同时两手画弧，准备抱球（如图18-151至图18-153所示）。

抱球跟脚：身体重心继续前移，由左腿支撑体重，右脚跟至左脚内侧，脚尖点地。同时上体继续微左转，两手左上右下在左胸前成抱球状，眼看左手（如图18-154所示）。

图 18-151　　　　　图 18-152　　　　　图 18-153　　　　　图 18-154

迈步滚球：身体右转。同时右脚向右前方迈出，脚跟着地，两脚跟的横向距离约 30 厘米，身体重心仍在左腿。同时右手一边翻掌一边画弧上举至面前，左手向左下画弧至左肋侧，两手动作如同将所抱之"球"加以翻滚状，眼看右前方（如图 18-155 和图 18-156 所示）。

弓步推架：右脚掌踏实，右腿屈膝前弓，重心前移，成右弓步，左手由肋侧经胸前向前上方推出，推到顶点时，手心向前；右手继续翻掌向上举架，停于右额前上方，眼看左手（如图 18-157 所示）。

（2）右穿梭。

后坐跷脚：上体微左转。同时左腿收屈，上体微后坐，右腿伸展，重心后移至左腿，右脚尖翘起微外撇，眼看左手（如图 18-158 所示）。

图 18-155　　　　　图 18-156　　　　　图 18-157　　　　　图 18-158

抱球跟脚：体微右转。同时身体重心前移至右腿，左脚跟进至右脚内侧，脚尖点地。同时两手右上左下在右胸前成抱球状，眼看右手（如图 18-159 和图 18-160 所示）。

迈步滚球、弓步推架：动作与左穿梭相同，只是左右式相反（如图 18-161、图 18-162 和图 18-163 所示）。

图 18-159　　　　图 18-160　　　　图 18-161　　　　图 18-162　　　　图 18-163

19．海底针

跟步松手：身体重心移至左腿，右脚向前跟进半步，前脚掌着地。同时两手放松并开始划弧下落。眼看右手(如图 18-164 所示)。

后坐提手：上体微向右转，右脚以前脚掌为轴，脚跟微内转，随即逐渐踏实，重心移至右腿，左脚脚跟随之离地。同时右手下落经右胯侧向后、向上抽提至耳侧，手心向左，指尖朝前；左手经体前向前、向下划弧下落至腹前，手心向下，指尖斜向右，眼看右前方(如图 18-165 所示)。

虚步插掌：上体微向左转至面向前方。同时右手从耳侧向斜前下方插下，手心向左，指尖朝前下，展掌、舒指；左手从腹前经左膝前划弧按在胯前左侧，手心向下，指尖朝前，坐腕、展掌、舒指。同时左脚稍前移，膝部微屈，脚前掌着地成左虚步，眼看前下方(如图 18-166 所示)。

图 18-164　　　　图 18-165　　　　图 18-166

20. 闪通臂

提手收脚：左脚提起收向右腿里侧。同时右手经体前上提至肩前，手心向左，指尖朝前，左手经胸前上提至右腕里侧下方，手心向右，指尖斜向上，眼看前方(如图18-167 所示)。

迈步分手：上体微右转。同时左脚向左前方迈出，脚跟着地，两脚跟横向距离不超过 10 厘米，身体重心仍在右腿。同时两手开始一边翻掌一边分别前推、上撑，眼看右前方(如图 18-168 所示)。

弓步推撑：上体微向左转至面向前方。左腿屈膝前弓，右腿自然伸直成左弓步同时左手一边翻掌一边向体前推出，手心向前，右手翻掌屈臂上撑在额右侧上方，手心斜向上(如图 18-169 所示)。

21. 转身搬拦捶

转体扣脚：右腿屈膝后坐，重心移至右腿，上体向右转，左脚尖尽量里扣。同时右手开始向后划弧下落，左手开始划弧上举，眼看右前方(如图 18-170 所示)。

图 18-167　　　图 18-168　　　图 18-169　　　图 18-170

坐身握拳：左腿屈膝后坐，重心移至左腿；右脚跟离地并以右脚前掌为轴微向内转。同时右手继续向下、向左划弧，在腹前屈臂握拳，拳心向下；左手继续屈臂上举，手在额左前上方，掌心斜向上方，眼看东偏北（如图18-171所示）。

踩脚搬拳：上体向右转至面向前方。同时右脚提起收回后不点地即向前垫步迈出，脚跟先着地随即全脚掌踏实，身体重心仍在左腿。同时右拳经胸前向体前翻转搬出，左手经右前臂外侧下落按于左胯旁，手心向下，指尖朝前，眼看右拳（如图18-172和图18-173所示）。

图18-171　　　　　　　图18-172　　　　　　　图18-173

转体旋臂：上体微向右转至南偏东。同时右腿屈膝，身体重心大部前移至右腿，随转体左腿屈膝，左脚跟离地。同时左掌经左侧向前上划弧拦出，手心斜向右下方；右拳经右侧内旋划弧收回，拳心转向下，右臂平屈于胸前右侧，肘略低于腕部。眼看右前方（如图18-174所示）。

上步拦掌：左脚向前迈出，脚跟着地，两脚脚跟横向距离不超过10厘米，身体重心落在右腿。同时上体微向左转至面向前方。同时左掌边外旋边继续向前上拦至顶点，右拳继续外旋外至右腰旁，拳心转向上。眼看左手（如图18-175和图18-176所示）。

弓步打拳：左脚屈膝前弓，重心慢慢前移，右腿自然伸直成左弓步，同时右拳一边内旋一边向前打出，眼看右拳（如图18-177所示）。

图18-174　　　　图18-175　　　　图18-176　　　　图18-177

22. 如封似闭

穿掌翻手：左手边翻掌向上边由右腕下向前伸出，右拳变掌并随之翻转向上，两手交叉，随即分开，与肩同宽，手心均向上，平举于体前，眼看前方（如图18-178和图18-179所示）。

后坐收掌：右腿屈膝，上体慢慢后坐，身体重心移到右腿，左脚尖跷起，眼看前方（如图18-180和图18-181所示）。

图 18-178　　　　　图 18-179　　　　　图 18-180　　　　　图 18-181

弓步按掌：左脚掌踏实，左腿屈膝前弓，身体重心慢慢前移，右腿自然伸直成左弓步，上体正直，松腰松胯。同时两手向上、向前推出，与肩同宽，手心均向前，按到顶点时，腕部高与肩平，沉肩垂肘，坐腕、展掌、舒指，眼看前方（如图 18-182 和图 18-183 所示）。

23. 十字手

退步分手：右腿屈膝后坐，身体重心移向右腿，并向右转体至朝南，左脚尖里扣，指向正南。同时右手开始经面前向右平摆划弧，眼看右手（如图 18-184 所示）。

图 18-182　　　　　图 18-183　　　　　图 18-184

弓腿分手：身体继续微向右转至朝南偏西，重心继续右移，右脚尖外撇，右腿弓屈，左腿自然伸直成右侧弓步。同时右手继续向右平摆划弧，成两臂侧平举状，两手手心斜向前，肘部微屈，眼看右手（如图 18-185 所示）。

坐腿扣脚：身体微向左转至朝南，重心慢慢移向左脚，右脚尖先里扣，随之右脚跟离地内转。同时两手开始向下、向里划弧，视线随右手移动（如图 18-186 所示）。

收脚合抱：身体重心移稳在左腿，右脚轻轻提起向左收回，在距离左脚约一肩宽处落地，前脚掌先着地，随即全脚掌踏实，脚尖朝前，随之身体慢慢直立。同时两手继续下落经腹前再向上划弧交叉合抱于胸前，右手在外，手心均向里，两臂撑圆，腕高与肩平，眼看前方（如图 18-187 所示）。

图 18-185　　　　　图 18-186　　　　　图 18-187

24. 收势

翻掌前撑：两手问外翻掌前撑（如图 18-188 所示）。

分手下落：两臂慢慢分开下落至两胯侧（如图 18-189 和图 18-190 所示）。

收脚还原：身体重心慢慢移至右腿，左脚脚跟先离地随即全脚轻轻提起收至脚旁，前脚掌先着地，随即全脚踏实（如图 18-191 所示）。

图 18-188　　　　图 18-189　　　　图 18-190　　　　图 18-191

第四节　太极拳运动的特点及练法规则

太极拳是我国宝贵的民族文化遗产，是我国武术宝库中的一颗明珠。它不仅内含高深的哲理，而且有莫测的技击作用，同时又是一项很好的医疗保健体育运动，深受广大人民的喜爱，现已风行海内外，研究者日益众多。太极拳最主要是稳静心性，使周身放松、呼吸均匀深长，其运动特点是举动轻灵，运行和缓，圆活连贯，用意不用力。太极拳运动是静中之动，动中存静意，虽动犹静，静中藏动机，一动一静，互为其根。静所以养脑力，长灵机，明智慧；动所以活气血，通经络，强筋骨，以静御动，内外兼修，一动无有不动，一静无有不静，此太极拳之道理也。

太极拳是蓄神养气的功夫，太极拳是练神、练意、练气、练灵感、练虚无变化的拳。因此掌握和领会太极拳练法要领，是练好太极拳、提高太极拳技能的关键。太极拳的练法要领，其基本规则可概括为以下几点。

一、立身中正

练习太极拳首先要讲究立身中正。所谓中正就是要使身躯不可前倾后仰，要保持尾闾和脊椎成一条直线，始终处于中正状态。拳经上所谓"尾闾中正神贯顶，满身轻利顶头悬"。尾闾中正则能稳定下盘重心，下盘重心不稳，运用中则易为人借力失势，受制于人。因此要做到立身中正，在内则必须精神内固，神不外驰，稳定心性。在外则必须拔，松腰塌胯。如此则自然保持立身中正的姿态。

二、安舒松静

太极拳是练神、练意、练虚灵的拳，练拳时始终保持精神安然舒适，体态轻松自然，松要松得彻底。要松透，松得毫无拘滞之力，松得百无所有。从预备式开始到整套拳的终了，在全部演练的过程中思想上都要摒除杂念，静如止水，精神集中，专心致志，澄心静虑。所谓一静无有不静，静可以保持其大脑神经的清醒灵敏，培养人的智慧聪明。拳经中所谓一羽不能加，蝇虫不能落，人不知我，我独知人的神明高深境界，正是在稳静、安静的练拳中悟出灵敏感应。

练太极拳还要求练时全身放松，但松而不懈，须贯以神气率领。放松要心先松，后松身。头颈、脊背、肩、腰、胯、膝、手、肘、腕、脚各部关节都须完全松开，松透，毫无拘滞之力，要大松大软。拳经所谓"一松百松，柔若百折若无骨"，百骸舒泰，气血畅通，神清骨爽，久之则内劲增长。最后将能生出极柔软化为极坚忍的松沉柔弹之内力，达到太极拳技能的上乘境界。

三、虚灵顶劲

练太极拳要求虚灵顶劲，神贯于顶。所谓虚灵顶劲即是头容正直，头顶的百会穴要向上轻轻顶起，好像一根绳索将头顶提悬似的，又好像头上顶着一碗水，不使它洒下来，此全是神意领着。下颚微收，颈部放松，舌舔上颚，时时保持灵醒轻妙的感觉。有头顶青天，脚踏黄泉的气概。但此全是意，不可用力向上顶劲。用力向上顶劲必然拘滞僵硬，失掉灵感，练拳时，只要时时保持了虚灵顶劲的感觉，自然精神能提得起，气血自然流通。

四、气沉丹田

练太极拳强调虚灵顶劲、气沉丹田，丹田在脐下三寸处，练习时用意识引导呼吸，将气用意沉下丹田。练习太极拳功夫有素的人，多是采用腹式呼吸。初学者切不可执意追求气沉丹田的效果，绝不能故意去憋气，以鼓荡腹部。须知气沉丹田是练太极拳全身松开后的自然结果，只要全身松开，安静舒松，先松其心，后松其身，心身俱松，气则自然下沉注入丹田，学者切记之。

五、松肩垂肘

松肩垂肘又叫沉肩坠肘，松肩者肩部放松向下沉塌，又叫塌肩。两肩忌耸起，耸起则意气上浮，妨碍内气的运行和气血的流畅。垂肘者即是肘部有松坠下沉之意，故练太极拳时，两臂绝不可挺直，臂部微屈，保持弧形，肘部松坠，感觉到有一种内在的沉劲，绵软沉重。这种沉劲外柔内刚，如棉裹铁。练好之后，入里透内，威力无穷。

六、含胸拔背

练太极拳强调要含胸拔背。所谓含胸者，即是胸部向内含虚，舒松自然，使气能沉于丹田，胸部不可外挺，外挺则气易阻滞，妨碍呼吸的畅通。但又不可故意内缩，故意内缩易成驼背，驼背则胸腔缩小，使横膈肌不能下降，妨碍呼吸和血液回流心脏，影响拳势动作和健康。含胸在太极拳技击中很重要，常运用于防守中含化对方来手之不可缺少的手法。

拔背者，即背部舒展，并向上拔伸，常须顶头方能拔背。头顶悬则背自拔，拳势气增魄壮，且拔背使气贴背面敛入骨，推手技击中，则力能由脊发，发人至远。

七、内外相合

练习太极拳要求上下相随，内外相合。所谓内者，行气用意。所谓外者，姿势动作的虚实变化；二者形神一体。不可分离，每一个动作姿势，都须与内在的神意紧密配合。意欲收则动作屈蓄，意欲放则动作伸展。并再配以呼吸的鼓荡，使动作随着呼吸的鼓荡以开合，使呼吸顺着动作的开合而吐纳。如此，则内外合一，内劲日生。

八、上下相随

练太极拳时，每一个动作都要求做到上下相随，协调完整。拳经所谓一动无有不动，一静无有不静，每一个动作都要以腰为轴，率动全身，绝不可局部自动，或先手动，后脚动。运动时须根于脚，发于腿，主宰拉腰而行于手指，足、腿、腰须完整一气，腰脊领动，手足随动，眼神随之，上下连贯，浑然一体。

九、用意不用力

练太极拳时要轻松自然，用意不用力，以养虚灵之气势，神明之感应。因此，以意行拳，注意意识在太极拳中至为重要，每一个动作的运行，都须贯以意识的指导。拳经所谓"意气君来骨肉臣"，即以意为主，不尚拙力，练太极拳全身松开，松透，大松大软，毫不用力；四肢百骸柔若无骨，节节贯串，以意领率，意之所至，气即至焉，力由意生，出动自然，不求拙劲，日久方能生出真正内劲，极柔极刚，无坚不摧。

十、迈步如猫行

太极拳的步法轻灵、稳健，要求提步松沉，落步平稳。要像猫行虎步一样，轻起轻落，不出声响。因此，步法的锻炼非常重要，如一脚提起向前迈步时，要先以腿胯放松，脚跟轻轻触地，然后踏实，松腰蹋胯，重心逐渐前移，迈出之腿，后腿松软，后脚慢慢提起向前轻轻迈出，所谓如临深渊，如履薄冰，上身保持中正，不可忽高忽低、有大的起伏，如此练步日久，自会增长健步松弹之劲，使其迈步犹如猫行之轻灵稳健。

十一、运动如抽丝

练太极拳很讲究拳味，因此，整套太极拳演练起来要沉厚庄重，动作要求沉着而不滞，轻灵而不飘浮，运动起来有如抽丝那样细微，那样平稳、均匀。要做到这一点，非全身放松，两臂沉坠，以意领动，细细体察不可。运动如抽丝一样细腻，迈步又如猫行一样轻灵。如此则自然拳昧淳厚，韵味无穷。

十二、相连不断

太极拳整套动作，演练起来连绵不断，如行云流水，抽丝挂线，如长江大河，滔滔不绝。以心行气，以气运身，劲断意不断，意断神可接，往复须有折叠，进退须有转换，周而复始，相连不断，自然气血周流，内气充盈。

十三、呼吸任自然

练太极拳要求呼吸深长，细匀。纯任自然，不必特意以呼吸配合动作，雅轩先师曾说："太极拳呼吸之道，主要是气沉丹田，鼓荡丹田内息，以与连绵不断之动作相应。因内息之鼓荡不停，亦自能抽动外面呼吸之气往来不辍，且深长细匀，如胶似漆。但我们并不去注意它，须让它自然出入，出则势开而放，入则势合而收，且身势开入收合到极点，或转换时，更往往与呼吸首尾呼应。详言之，如身势由合而开，气即随之由吸转呼。当开到极点时，则为一呼之尾，可能为一吸之首，当身势由开而合时，气即随之由呼转吸；当合到极点时，则为一吸之尾，亦可能为一呼之首，但有些姿势亦可能有开反气息吸人，合反气息呼出。又还有一开之中，可能不止一呼，须加一吸（即一开势呼起吸止），或须再加一呼（即一开势之中，两头呼中间吸）。一合之中，可能不止一吸，须加一呼，或须再加一吸。总而言之，动作不断，呼吸亦不断，动与息应，息与动连，如是而已。若必因定某动作配合吸，某一动作配合呼，则必机械呆板，恐非太极拳行气之道也"。又说："我不主张配合呼吸，而是主张自然呼吸，练拳自然了。呼吸会去配合上，切记，配合上了，一定会很自然。若专在配合上注意，反而配合不好，且往往练出病来。太极拳是气功，不错，但讲的是顺气、养气、自然之气，不是讲的努气、憋气、滞气、不自然之气。如一碗水，泼在地上，它自然会往低处流去，不要有主张地想水要往哪里流。太极拳是气功，更是自然之功。如有主张地叫水往哪里流，那就成了大不自然了……"议论非常精辟，太极拳这种与动作自然配合的呼吸方法，是非常合乎生理要求的，这种自然呼吸而达到的气沉丹田的效果，能使太极拳的动作更加轻灵沉稳，松柔自然。

十四、心性沉着

练太极拳时不仅要体松心静，呼吸自然，更须心性沉着，不可心浮气躁，面部要挂拳意，要有庄严端肃的气概，稳稳静静，沉沉着着地将一套太极拳形容出来。练后感觉神清气爽，满口津液，舒适泰然，假如杂念丛生，心烦意乱，则不能练出稳、静的功夫来。

十五、举行轻灵

练太极拳由于要求练时用意不用力，神贯于顶，气沉丹田，上有虚灵之气势，中有抽丝之运劲，下有猫行之平稳，中正不倚，松柔圆活，自然举动轻灵，虚实分明。

十六、运行和缓

太极拳以静御动，虽动犹静，以练神、练意、练虚灵为主旨。故整套太拳共计115式，须在稳静安舒，轻柔和缓中徐徐而行，速度以慢为好，慢到呼吸深长，气沉丹田，练时速度均匀，不快不慢，一手一势，仔细推敲、务求正确。学者须对要领默识、揣摩，细心领悟，再加之真正太极拳老师言传身教，可得其太极拳真谛。

▸ 思考题

1. 太极拳有什么养生保健价值？
2. 太极拳练法要注意哪几点？

第十九章　跆拳道

第一节　跆拳道运动的起源与发展

一、跆拳道的起源

跆拳道运动是一项起源于朝鲜半岛的古老而又新颖的竞技体育运动，是朝鲜民族在生产和生活基础上发展起来的一项运用手、脚技术和身体能力进行自身修炼和搏击格斗的传统体育项目。说它古老，是因为它在有记载的朝鲜民族史上已有 3000 多年的历史；说它新颖是因为跆拳道自 20 世纪 50 年代中期在朝鲜半岛重新崛起到现在，半个世纪以来，努力向世界传播，已经风靡全球，成为一项新颖的危技体育项目。跆拳道的内容十分丰富，但主要包括品势修炼(动作组合)、搏击格斗和功力检验三大部分。

跆拳道的"跆(TAE)"字，即脚踢、摔撞，意为像台风一样猛烈地、强劲地跳踢的"脚"；"拳(KWON)"字，即以拳头击打，意为将拳头用来进攻的武器；"道(DO)"，即艺术方法，是指人生的正确道路，在这里寓意使用手脚的方法和原理。跆拳道运动要求练习者不仅学习跆拳道的技术，更注重对跆拳道礼仪、道德修养的学习和遵从，每一次练习都要求"以礼始，以礼终"，培养人的礼仪，以及忍耐、谦虚和坚韧不拔的精神，这对青少年尤其具有特殊的教育意义。

跆拳道练习者身穿专用的白色跆拳道道服，代表不同段位的腰带进行训练和比赛。为了正确评价跆拳道的技术、人格、耐性、勇气、诚实性和精神，跆拳道分为十级和九段。初级选手从最低级十级开始依次往上到一级；高级选手从最低段开始依次往上到九段。一段到三段为学习阶段，四段到六段为步入行家阶段，从七段开始为精通技术和精神阶段。

区别跆拳道选手的级别主要从腰带上区分。

• 十级和九级为白带：表示空白，根本没有跆拳道知识，意味着入门阶段。

- 八级和七级为黄带：表示大地，草木在大地生根发芽，意味着学习阶段。
- 六级和五级为绿带：表示草木，成长中的绿色，意味着技术进步阶段。
- 四级和三级为蓝带：表示蓝天，草木向着蓝天茁壮成长，意味着技术达到相当高的阶段。
- 二级和一级为红带：表示危险，已具备相当威力，意味着克己和警告对手不要接近。
- 黑带：表示白色的对立，相对白色技术已经熟练，意味着黑暗中也能发挥自身能力。

区别跆拳道的段位还要看道服和肩章：一段至三段的道服衣边有黑色带条，四段以上道服的衣袖和裤腿两边有黑色带条。根据道服上的肩章和腰带上的罗马数字Ⅰ到Ⅳ可区分段位和级别。

跆拳道的比赛是分男女两个组别按体重分级进行的。由于跆拳道运动是以腿法为主要进攻手段，因而比赛时气氛紧张激烈，双方斗智斗勇，拳来腿往，高难动作精彩纷呈，充分展示了人的斗志，鼓舞人奋发向上的精神，陶冶人的道德情操，同时可以使人享受到打击艺术的美妙感觉。

二、跆拳道的发展

跆拳道的发展主要经历了以下 6 个阶段。

1. 古代的跆拳道雏形

原始社会时期，朝鲜民族大部分过着以农业为主的农耕生活，间或辅以狩猎为生。为了获得食物、抗击外来势力的入侵和抗御野兽的袭击，人们在反复的实践中逐渐发现了一些锻炼身体和参与战斗的方法，这些发自本能的发明，在社会进化的过程中逐步演化成有目的、有意识的斗技活动，形成了古代跆拳道的雏形。当时人们斗技的目的除了获得食物、抗击入侵和抵御野兽外，更多的是用于参加祭祀时展示力量的斗技大会，许多古书对这些祭祀斗技活动都有所记载，可见当时斗技相当盛行。

2. 朝鲜半岛三国时代的跆拳道形式

朝鲜半岛的三国时代是高句丽、新罗、和百济三国并存时期。大约在公元前一世纪，三国相继兴起，高句丽在朝鲜半岛北部，新罗在东南部，百济在西南部，为了争夺领土，三国之间战争不断，纷争四起，因此这个时期跆拳道迅速发展，以适应战争的需要。据古书记载："跆拳意指使用手和脚，磨炼四肢和身体的灵活用法，是武艺的基础。""剑术是以空手击倒对方的'手术'为基础。"可以看出，当时的练武之人在使刀剑之前就已经熟练地掌握了跆拳道，力求无论有无武器都能灵活运用手和脚战胜对手，成为优秀的武士。

3. 高丽时代的跆拳道

高丽是 918 年在朝鲜半岛建立的一个统一的国家。高丽王朝的军队勇敢善战，推翻了新罗王朝，建立了高丽王朝。高丽的忠惠王本人十分喜爱手博，便要求他的军队必须进行具有跆拳道特色的"手博"竞技运动练习。士兵们常用拳掌击打墙壁、木块及砖瓦，以磨炼手部的攻击能力。忠惠王还邀请了武艺超群的士兵金振郗到宫中表演手博技艺，在朝野上下极力推崇"手博"技艺，使跆拳道声望大振，受到广大民众的喜欢，并被规定为军队训练的必修项目。据《高丽史》记载，手博是高丽人普遍喜好的竞技项目之一。

4. 朝鲜时代的跆拳道

1392年，高丽王朝被李成桂建立的王朝取代，国号"朝鲜"。朝鲜时代由于推崇佛学，重文轻武，这一时期朝鲜的跆拳道技术没有受到官方的重视，但在民间却始终没有停止过"手博"和"跆跟"这些跆拳道的初始技艺活动。同时，军队也用"手博"和"跆跟"作为选择士兵的方法，一个人若想做武官，就必须在竞技时用"手博"或"跆跟"技艺打倒三人以上才行。在朝鲜时代，跆拳道的形式除了技艺得到发展外，在文字记载方面也有很大进展。1790年，正祖委派李德懋和学者朴齐家、白东修三人汇编了《武艺图谱通志》，这是跆拳道的代表作。在这部书中不仅收录了"手博""跆跟"的一些技法、动作图解和关于跆拳道的发展源流，而且还收录了多种武器的使用方法，并将很多其他域族的技击性很强的武术技艺融汇于跆拳道的技法之中，使跆拳道的源流在文字记录和理论上有了较科学的记载和记述。

5. 近代的跆拳道

1910年日本侵占朝鲜建立了殖民政府，一度下令禁止所有的朝鲜文化活动，跆拳道自然也在禁限之内。此期间，跆拳道技艺在朝鲜境内销声匿迹，只有靠流浪到日本和中国的跆拳道艺人将跆拳道与日本的武道和中国的武术融合在一起而传承下来，这反而使跆拳道技法得到充实和发展，逐渐形成了跆拳道新的技术体系。第二次世界大战后，朝鲜独立，国家的政治、社会面貌日益改观，自卫术也相应再度兴起，以前被迫流落异国他乡的许多朝鲜人也相继回归故里，同时也将各国的武道技艺带回本国，并进一步将这些技艺和跆拳道技法融于一体，去芜存精，融合发展，逐渐形成了现代跆拳道运动的基础体系。

6. 现代的跆拳道

1955年，跆拳道运动在经历了几千年的发展和充实之后，终于被跆拳道运动的领导人和组织者将朝鲜的自卫术统称为"跆拳道"，即现代跆拳道。1961年9月，韩国成立了唐手道协会，后更名为跆拳道协会，并成为全国运动会正式比赛项目。1966年，第一个国际组织——国际取得联盟（I. T. F）成立，崔泓熙任第一届主席。1973年5月，世界跆拳道联合会（W. T. F）在首尔成立，金云龙当选为主席。1975年，世界跆拳道联合会被国际体育联合会接纳为正式会员。1980年国际奥委会正式承认了世界跆拳道联合会。

在国际跆拳道联合会（简称世界跆联）被正式公认后的十多年中，跆拳道运动在全球得到了空前的发展，现在风行全球 150 多个国家和地区，参与练习者多达 7 000 万人，并在第 27 届悉尼奥运会上成为正式项目，现在在洲际和世界各级各类大赛上都可看到跆拳道的影子。

现在，世界上基本形成了以世界跆联为主体倡导的竞技跆拳道，其鲜明特点是以竞技为主，品势练习为辅。还有一种是国际跆联倡导的以品势修炼为主，竞技实战为辅的跆拳道运动。

第二节　跆拳道运动的特点及作用

一、跆拳道的特点

1. 以腿为主，手足并用

精湛多变的腿法是跆拳道有别于其他技击术的重要特征，腿法所占的比例高达 70％ 以上，因为腿的长度和力量是人体中最长、最大的，而且攻击时放长击远、威慑力大，因此提倡腿法的运用。腿的技法有很多种形式，可高可低，可近可远，可左可右，右直右屈，可转可旋，威胁力极大，是比赛时得分和实用制敌的有效方法。其次是手法，手臂的灵活性很好，可以自如地控制完成防守和进攻动作，同时也可以变化为拳、掌、肘、肩的多种用法，进行实战。在比赛中，手法往往只用于防守格挡，进攻时主要运动多变的腿法得分或重创对手，规则的导向作用也促使跆拳道向着腿法灵活多变的方向发展。在竞赛规则以外的跆拳道实战中，人体的一些主要关节部位亦可以用来做进攻的武器，或防守的盾牌，这是跆拳道技术的本质，如人体的手、肘、膝、脚等是节部位，是跆拳道实战中最常用、最有效的击打武器。

2. 方法简练，刚直硬打

不论是在比赛时还是在实战中，不论是腿法还是手法，跆拳道的进攻方法都是十分简捷而实效的。对抗时双方都是直接接触，以刚制刚，用简练硬朗的方法直接击打对方，多用连续快速的腿法组合进攻，而且，或拳或腿，速度快，变化多。防守的动作也是以拳、掌、手、臂直接格挡为主，随即是连续的反击动作。防守时很少使用躲闪防守法，追求刚来刚往，硬拼硬打，尽可能保持或缩短双方间的距离，以增加击打的有效性，在近距离拼斗中争取比赛或实战的胜利。

3. 内外兼修，功法独特

跆拳道以赤手空拳在专心致志情况下进行训练和比赛。长期训练手快脚疾，产生常人难以达到的破坏力，这就是内功和外力综合作用的效应。跆拳道理论认为，经过专门训练，人的关节部位能产生不可思议的威力，特别是拳、肘、膝和脚四个部位，尤以脚和手为甚。长期专门练习跆拳道，可以使人达到内外合一的程度，即内功和外力达到统一的巅峰。由于无法确定人体关节部位武器化的威力和潜力到底有多大，一般采用木板、砖瓦等无生命物体作为参照来进行测试，而不是以人体作为目标。

4. 以击破为测试功力的手段

跆拳道在向外推广时，大多是以一种击破的方式向人们展示其威猛无比的功夫，这种方法是用拳、掌或脚分别击碎木板、砖瓦，以此检验和测试练习者的功力程度。这种独特的方法现已成为跆拳道训练、晋级升级、表演比赛的一个主要内容。

5. 强调气势，发声扬威

无论品势还是竞技跆拳道，都要求在气势上给人以威严，多以发出洪亮并带有威慑力的声音来显示自己的能力，尤其是在竞技跆拳道比赛中，双方练习者都会以规则允许的发声来提高自己的斗志，借以在气势上压倒对手，甚至在出击时配合击打效果使裁判得以认可，争取在心理上战胜对手。所以，跆拳道练习者都要进行专门的发声练习。

6. 礼始礼终，培养良好道德品质

跆拳道给人们留下较深的印象是跆拳道练习者始终是在不同的场合行礼鞠躬。这是因为跆拳道练习者始终把"礼"作为训练内容，强调"礼始礼终"，即练习活动都要从礼开始，以礼结束，并突出爱国主义。要求跆拳道练习者在练习技术的同时，在道德修养方面也要不断提高自己。通过用行礼的方式向长辈、教练、老师、队友鞠躬施礼，使跆拳道练习者养成发自内心的行礼习惯，以养成恭敬谦虚、友好忍让的态度和互相学习的作风，并培养其坚韧不拔的意志品质。

二、跆拳道的作用

1. 改善和增强体质

跆拳道的技术动作是由全身协调配合，主要通过各种各样的腿法来表现。它能很好地促进人体的力量、速度、灵敏、耐力、协调等全面身体素质的发展，具有强身健体的作用。由于练习者在比赛和平时训练中要经常临场应变战术，或是快速进攻，或是主动后撤再反击，或是腾空劈腿，或是后踢接后旋踢，这对提高神经中枢的灵活性和支配各器官的能力，起着良好的作用。

2. 防身自卫

跆拳道运动直接接触对抗、较技斗力、攻防一体。在练习掌握各种攻防技法的同时，提高了人体神经系统的灵活性和反应能力以及各种运动素质，增强击打和抗击打能力。因此，在实践中自然掌握了实用技击术和防身自卫的本领。

3. 磨炼意志，提高品格的修养

跆拳道推崇"礼始礼终"的尚武精神。其宗旨是礼义廉耻，忍耐克己，百折不挠。通过跆拳道的训练，可以培养练习者坚韧不拔，勇敢无畏，顽强坚毅的意志品质，尤其讲究"未曾学艺先学礼，未曾习武先习德"。使练习者从开始就养成谦虚、宽容、礼让的高尚品德和尊师重道、讲礼守信、见义勇为的情操，并影响社会。

4. 娱乐观赏

跆拳道是一项对抗性很强的运动，比赛中双方选手不仅较力斗勇，而且讲究较技斗智，尤其是跆拳道精妙高超的腿法，具有极高的观赏价值。它不仅被视为勇敢者的运动，也给人以美的享受，赏心悦目，激发人的斗志，鼓舞人的奋发向上精神，达到娱乐的美感，陶冶人们的道德情操。

第三节　跆拳道运动的基本技术

一、礼仪

标准礼为鞠躬前为自然立正姿势，鞠躬时腰部前倾 15°，头部下倾 45°，两手握拳贴于双腿两侧。双方相互鞠躬。

二、实战姿势

动作方法：以左势为例（左脚在前为左势，右脚在前为右势），两脚开立步站立，两脚朝斜方向大约 35°，两脚开立与肩同宽。两手握拳，左拳在前，右拳在后，左手臂弯曲，肘关节夹角为 80°～100°。左拳与鼻同高，右手臂弯曲，肘关节夹角小于 80°，大小臂靠近右侧肋部，重心在两脚之间，两手紧护躯干以上部位。

三、步法

1. 上步

动作方法：实战姿势开始，以前脚掌为轴，后脚蹬地向前迈步，身体呈另一侧实战姿势。出脚时后脚用力蹬地，速度要快，并且迈步时贴近地面。

2. 退步

动作方法：实战姿势开始，以后脚为轴，前脚蹬地向后迈步，身体呈另一侧实战姿势。出脚时前脚用力蹬地，速度要快，并且迈步时贴近地面。

3. 前滑步

动作方法：实战姿势开始，前脚向前滑行一步，后脚随即蹬地跟上。

4. 后滑步

动作方法：实战姿势开始，后脚向后滑行一步，前脚掌随即蹬地跟上。

5. 原地跳换步

动作方法：实战姿势开始，两脚同时蹬地使身体腾空，空中两脚前后交换，同时转体，落地时身体姿势呈另一侧实战姿势。重心不宜起伏过大，尽量使重心平稳移动，两脚稍离地即可。

6.前(后)垫步

动作方法：实战姿势开始，后(前)脚向前(后)脚并拢的同时，前(后)脚蹬地向前(后)迈(退)步。仍成原来的实战姿势。

7.180°后撤步

动作方法：实战姿势开始，以后腿为轴，前腿蹬地向身后撤退180°呈实战姿势。注意后撤的方向。

四、基本腿法

1.前踢

(1)动作方法。以左势实战姿势开始；右脚向后蹬地，身体重心前移至左脚；右脚蹬地顺势屈膝提起，左脚以前脚掌为轴外旋约90°，同时，右腿迅速以膝关节为轴伸膝、送髋、顶髋，把小腿快速向前踢出，力达脚尖或前脚掌。踢击目标后右腿迅速放松弹回，落回原地仍呈左势实战姿势。

膝关节上提时大小腿折叠，膝关节夹紧，小腿和踝关节放松，有弹性。踢击时顺势往前送髋；高踢时往上送髋。进攻部位：腹部、肋部、胸部、颏部。

(2)常见错误及纠正方法。

①直腿上撩，大小腿没有折叠，膝关节不夹紧。

②上体后仰过大，失去平衡。

③踢击目标时向前用力，与推踢动作混淆。

(3)分解教学。

①从右势实战姿势开始(见图19-1)。

②左脚蹬地重心、前移至右脚，右脚支撑，左脚随蹬地屈膝上提膝关节，上体略后仰(见图19-2)。

③右脚以脚掌为轴外旋约90°，同时，左腿迅速伸膝向前上踢击，左腿上直，力达脚尖或前脚掌(见图19-3)。

④踢击目标后小腿快速放松回收，左脚落回呈左势实战姿势(见图19-4)。

图19-1　　　　图19-2　　　　图19-3　　　　图19-4

2. 横踢

(1)动作方法。右脚蹬地，重心移至左脚，右脚屈膝上提，两拳置之于胸前；左脚前脚掌辗地内旋，髋关节左转，左膝内扣；随即左脚掌继续内旋转180°，右脚膝关节向前抬至水平状态；小腿快速向左前横踢出；击打目标后迅速放松收回小腿。右脚落回呈实战姿势（见图19-5至图19-9）。

膝关节夹紧，向前提膝，尽量走直线；支撑脚外旋180°；髋关节往前顺，身体与大小腿成直线，严格注意击打的力点正脚背；踝关节放松，击打的感觉是"面团""鞭梢"。横踢攻击的主要部位：头部、胸部、腹部和肋部。

图 19-5

图 19-6

图 19-7

图 19-8

图 19-9

(2)常见错误及纠正方法。

①膝关节不夹紧，大小腿折叠不够。

②外摆的弧形太大。

③上身太直，太往前，重心往下落。

④踝关节不放松，脚内侧击打（应为正脚背）。

3. 后踢

(1)动作方法。以左脚掌为轴内旋约90°，上身旋转重心移到右脚，屈膝收腿直线提出，重心前移落下。

起腿后上身于小腿折叠成一团；动作延伸，用力延伸；转身，踢膝，出腿一次性完成，不能停顿；击打目标在正前方稍偏右。

（2）常见错误及纠正方法。

①上身，大小腿不折叠，直腿往上撩。

②转身，踢腿有停顿，不连贯。

③击打成弧线，旋转发力。

④肩和上身跟着旋转，容易被反击。

4．下劈

（1）动作方法。实战姿势开始。右脚蹬地，重心前移至左脚。同时，右腿以髋关节为轴屈膝上提，两手握拳置于胸前；随即充分送髋，上提膝关节至胸部，右小腿以膝关节为轴向上伸直，将右腿直举于体前，右脚过头。然后放松向下以右脚后跟（或脚掌）为力点劈击，一直到前面，呈实战姿势。

腿尽量往高、往头后举，要向上送髋，重心往高起；脚放松往前落，落地要有控制；起腿要快速、果断；踝关节要放松（见图19-10至图19-13）。劈腿的主要攻击部位有头项、脸部和锁骨。

图 19-10　　　　图 19-11　　　　图 19-12　　　　图 19-13

（2）常见错误及纠正方法。

①起腿不够高，不够充分，重心不往高起。

②踝关节紧张，往下压太用力。

③重心控制和腿控制不好，落地太重。

④上身后仰太多，应随重心一起前移，保持直立。

5．推踢

（1）动作方法。实战姿势开始。右脚蹬地，重心前移，右脚以髋关节为轴提膝前蹬，用右脚脚掌向前蹬推，力点在脚掌，推力向正前方。提膝后尽量收紧膝关节；重心往前移，利用身体的重量为力量；推的时候腿往前伸展、送髋；推的路线水平往前（见图19-14至图19-18）。推踢的攻击目标是腹部。

（2）常见错误及纠正疗法。

①收腿不紧，直腿起，容易被阻截。

②上身太直重心往下落，腿不能水平前推。

③上身过于后仰，重心不能前移，不利于衔接下一个技术。

图 19-14　　　　图 19-15　　　　图 19-16　　　　图 19-17　　　　图 19-18

6. 勾踢

(1)动作方法。从左势实战姿势开始，右脚向后蹬地，身体重心前移至左脚，左脚支撑，右腿屈膝提起；左脚以前脚掌为轴，脚跟向内旋转约180°，右腿膝关节内扣，右腿向左前方伸出，伸直后用脚掌向右侧用力屈膝鞭打，然后右腿顺势放松屈膝回收，落回原地呈实战姿势。

起腿后右腿屈膝抬过水平，然后内扣；右脚要随转体尽量向左前伸展；右脚掌向右鞭打时要屈膝扣小腿；鞭打后顺势放松(见图19-19至图19-22)。进攻部位：头部、面部、胸部。

(2)常见错误及纠正疗法。

①提膝后直接向前方伸直右腿。

②没有做膝内扣动作。

③鞭打后不放松，落地姿势改变。

图 19-19　　　　　图 19-20　　　　　图 19-21　　　　图 19-22

(3)分解教学。

①从左势实战姿势开始。

②右脚向后蹬地，身体重心前移至左脚，左脚支撑，右脚屈膝前提。

③左脚以前脚掌为轴，脚跟向内旋约180°，同时，右膝稍内扣。

④右腿伸膝，右腿向左前方伸直。右脚在屈膝扣小腿动作的带动下，向右用前脚掌做鞭打动作。

⑤右脚鞭打结束后，放松屈膝回收，落回原地呈左势实战姿势。

7. 双飞踢

(1)动作方法。两人从闭势实战姿势开始，攻方先用右横踢攻击对方左肋部，同时，左脚蹬地起跳，身体腾空右转，腾空高度在膝关节以上，但不宜过高；左脚起跳后在空中用左横踢迅速踢击对方胸部或腹部；左右脚交换，右脚落地支撑，左脚横踢目标后迅速前落，呈左势实战姿势。

右腿横踢目标的同时，左脚蹬地跳；左脚起跳后迅速随身体右转横踢目标；两腿在空中交换，右脚先落地。进攻部位：肋部、胸部、腹部、头部。

（2）常见错误及纠正方法。

①右横踢和左脚起跳时机不协调，或早或晚。应该先利用踢击沙袋练习右横踢同时左脚起跳的动作，熟练后再起左腿横踢。

②右横踢和左横踢之间间隔过长。可利用原地右横踢起跳左横踢空击练习，提高出腿和起跳的速度。

（3）分解教学。

①双方从闭势实际实战姿势开始。

②攻方起右腿向前横踢攻击目标。

③左脚同时蹬地起跳，在空中顺势交换两腿。

8. 后旋踢

（1）动作方法。实战姿势开始。两脚以两脚掌为轴均内旋约180°，身体之右转约90°，两拳置于胸前。上体右转，与双腿拧呈一定角度。右脚蹬地将蹬地的力量与上体拧转的力量全在一起，将右腿向后上以髋关节为轴直腿摆起，右腿继续向右后旋摆鞭打，同时上体向右转，带动右腿弧形摆至身体右侧，右腿屈膝回收；右脚落至右后呈实战姿势（见图19-23至图19-26）。

转身、旋转、踢腿连贯进行，一气呵成，中间没有停顿；击打点应在正前方，呈水平弧线；屈膝起腿的旋转速度要快；重心在原地旋转360°。后旋腿攻击的主要部位有要额和胸部。

图 19-23　　　　图 19-24　　　　图 19-25　　　　图 19-26

（2）常见错误及纠正方法。

①转身、踢腿时有停顿，二次发力。

②起腿太早，最高点不在正前方。

③上身往前、往侧、往下，推动平衡。

9. 旋风踢

动作方法：两人从闭势实战姿势开始，攻方左脚向右脚右侧前方跨一步，左脚内扣落地，身体向右旋转180°；左脚落地的同时右腿随身体继续右转向右后摆起，此时身体已转动360°，左脚蹬地起跳，顺势在空中用左横踢击打对方腹部后头部，右脚落地支撑。

攻方上步转体动作要迅速果断，左脚内扣落地时脚跟对敌；右脚随身体又转向后右侧摆起时不要太高，以能带动身体旋转起跳为宜；左脚蹬地起跳，身体腾空，但不过膝，目的是快速旋转出腿；左脚横踢时，右腿向下落地，要快落站稳，即横踢目标的同时右脚落地。

五、主要技术的脚靶训练法

不同技术动作的练习采用不同的拿靶方法。踢靶时要踢靶的中心，也称靶心位置，拿靶时拿靶柄的中间稍前端的部位。

1. 前踢

握靶柄的前端部位，靶面分别在水平位置的上下，靶柄后端与靶前边缘在持靶人的体前右、左方前踢时用正脚背踢击靶心位置，如果技术正确，部位准确，踢击的瞬间脚靶的两面相互撞击，会产生清脆洪亮的声音。

2. 横踢

握靶柄的前端，靶面与水平面成15°～45°的夹角，靶的两面分别指向左斜下和右斜上（踢另一侧时相反），靶的前边缘在前斜上方；整个靶位在人体前方。横踢分中段和上段两个高度，中段在腹胸之间，上段即为头的高度。踢击时用正脚背击打靶心，产生清脆洪亮的声音。

3. 劈踢

靶位在持靶人的体侧，握靶柄的前端，靶身和地面平行，靶面微向斜上方。另一种握法是靶柄指向上方，靶前边缘在下方，靶面与地面垂直。劈踢叫靶位与头同高，用脚掌击打脚靶发出清脆声响。

4. 侧踢和推踢

侧踢和推踢练习时的握靶方法，用单手握靶柄的中间，靶柄、靶前边缘水平面垂直，靶面面对踢靶人。

5. 后踢

后踢靶时有两种握靶方法，一种是单手靶，握靶柄的中间，靶柄、靶前边缘与地面垂直，靶面正对踢靶人，靶位在握靶人的身体侧面；另一种是双手靶，握靶人每只手各一个，两个靶心贴紧，靶位在握靶人的胸部以下和髋关节以上的位置。靶在握靶人的身体正前方。后踢时，分中、上两个高度。中段后踢时用双靶，上段后踢时用单靶，都是击打靶心的位置。

6. 后旋踢

后旋踢靶时有两种握靶方法,一种是单手靶;另一种是双手靶。单手握靶时,握靶柄的前端,靶柄与水平面垂直,靶面微向外侧倾斜,靶位在握靶人的正前方。双手握靶时,握靶柄的前端,两靶柄与水平面呈垂直方向,两靶分别面向左、右方向。两靶间隔约15厘米,向踢靶人的头部高后旋踢时用脚掌击打靶心位置,产生清脆洪亮的声音。

7. 冲拳攻击

握靶柄的前端,靶柄、靶前边缘与水平面成垂直方向,靶面微向内侧斜。用拳面击打靶心位置发出声音。

8. 打踢脚靶的注意事项

(1)踢打靶的中心位置。

(2)力量要穿透靶面向后延伸。

(3)握靶时手不要太放松。

(4)脚背、脚跟、脚掌和拳面要与靶面完全按触。

(5)踢靶前全身各个部位要放松,踢靶快捷有力。

(6)拳攻时要短促有力。

第四节 跆拳道运动的品势介绍

跆拳道品势路线示意如图 19-27 所示。

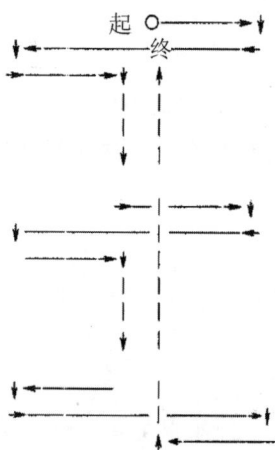

图 19-27

一、太极一章(图 19-28)

准备势：右脚向侧方向横跨一步，两脚与肩同宽，两腿自然站立；两手握拳置于身前，拳心向内；两眼平视前方。

图 19-28　太极一章

图 19-28 太极一章（续）

1. 右转身下截

动作方法：身体向左转 90°，前行步站立，同时，左手握拳向左下截，右拳收于腰间。收于腰间的拳，拳心向上。

2. 右顺步冲拳

动作方法：右脚向前一步呈前行步站立，同时右拳向前内旋平冲，左拳收于腰间。

3. 后转身下截

动作方法：右脚向后撤步，身体以左脚为轴，向右转体 180°，呈前行步站立；同时，右臂屈肘向下截拳。

4. 左顺步冲拳

动作方法：左脚向前进一步仍是前行步站立；同时，左拳向前内旋平冲，右拳收于腰间。

5. 左弓步下截

动作方法：身体右转 90°，左脚向侧方向移步，呈左弓步；同时，左臂向下截击，左手握拳，拳心向内，右拳收于腰间。

6. 左弓步冲拳

动作方法：两脚原地不动，右拳向前内旋平冲，左拳回收于腰间。

7. 右转身外格

动作方法：右脚向右移步，左脚以脚掌为轴原地内旋，脚尖转向右前方，身体随之右转；同时左拳前伸外格，拳心向上，右拳收于腰间。

8. 前进步冲拳

动作方法：左脚向前进一步呈前进步站立，右拳向前内旋平冲，左拳回收于腰间。

9. 后转身内格

动作方法：以右脚掌为轴，身体向左后转180°，随即左脚向前进步；同时，右臂向内格挡。

10. 右弓步冲拳

动作方法：右脚向前进一步呈右弓步，同时，左拳向前内旋平冲，右拳收于腰间。

11. 右弓步下截

动作方法：以左脚为轴，身体右转90°，右脚向前方向移动；右手握拳向右下截击，左拳收于腰间。

12. 右弓步冲拳

动作方法：两脚原地不动，左拳向前内旋平冲，右拳收于腰间，呈右弓步冲拳。

13. 左转身上架

动作方法：右脚不动，身体左转，左脚向前移步；同时左臂屈肘上架，置于额前，拳心向外，呈前行步站立。

14. 右前踢冲拳

动作方法：右脚蹬地，屈膝上提，以膝关节为轴伸膝前踢；左脚掌支撑，两臂屈肘置于体侧。右脚放松前落，呈前行步站立；同时，右拳向前内旋平冲，左拳收于腰间。

15. 后转身上架

动作方法：以左脚为轴，身体右转180°，右脚向前方向移步呈前行步；同时，右臂屈肘上架，横置于额前，拳心朝前。

16. 右前踢冲拳

动作方法：右脚支撑，左腿屈膝上提，以膝关节为轴伸膝向前上踢击；同时，两臂屈肘置于体侧，左脚前落呈前行步站立，左拳向前内旋平冲，右拳收于腰间。

17. 左弓步下截

动作方法：以右脚为轴，身体右转约90°，左脚向前方向上一步，呈左弓步；同时，左臂向左下方截击，右拳收于腰间。

18. 右弓步冲拳

动作方法：左脚不动，右脚向前上一步，呈右弓步；同时，右拳向前内旋平冲并发声，左拳收于腰间。

收势：以右脚为轴，身体向左后转180°，左脚后撤与右脚平行呈准备势。

二、太极二章(图19-29)

准备势：右脚向侧方向横跨一步，两脚与肩同宽，两腿自然站立；两手握拳置于身前，拳心向内；两眼平视前方。

图 19-29　太极二章

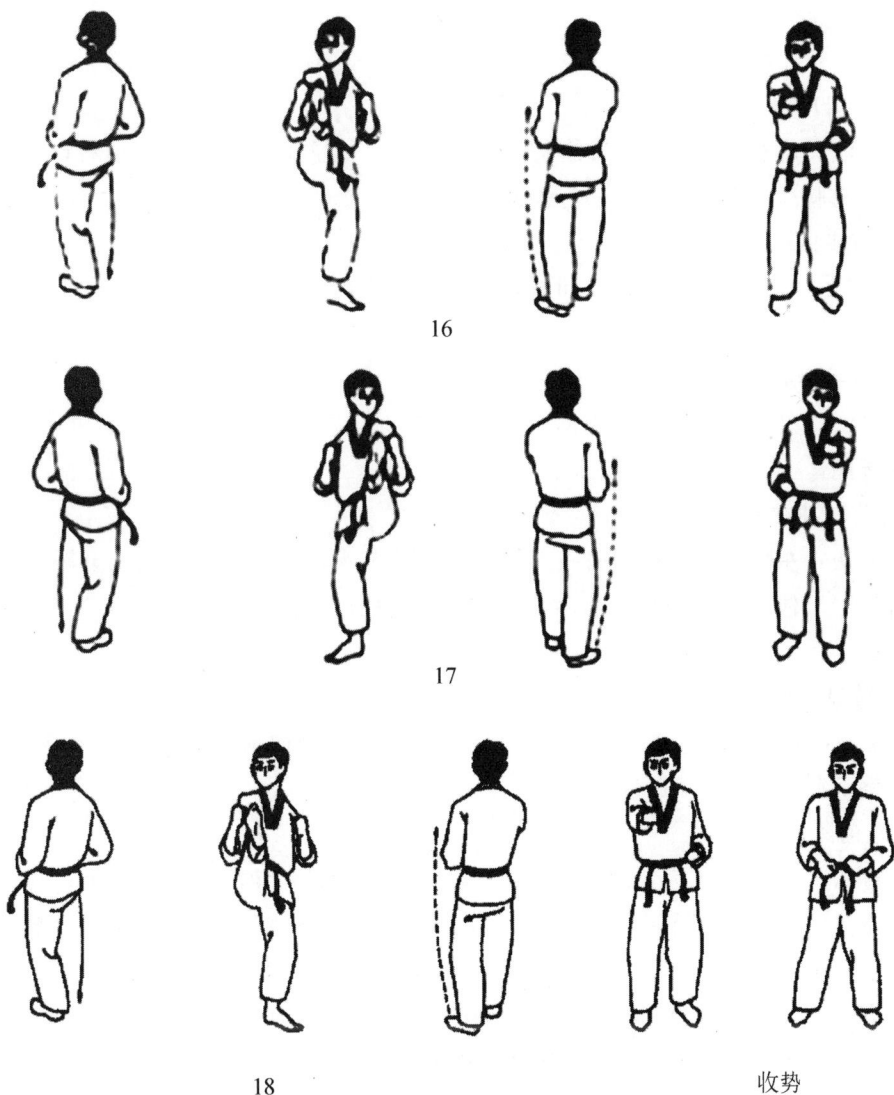

16

17

18

收势

图 19-29 太极二章(续)

1. 左转身下截

动作方法：身体左转呈前行步站立，面向前进方向；同时，左臂向左下方截击，右拳收于腰间。

2. 右顺步冲拳

动作方法：右脚向前进一步呈右弓步；同时，右拳向前内旋平冲，左拳回收于腰间。

3. 后转身下截

动作方法：以左脚掌为轴，身体右后转 180°；同时，右脚向前上一步呈前行步；右臂向右下截击，左拳收于腰间。

4. 左顺步冲拳

动作方法：左脚向前进一步呈左弓步；同时，左拳向前内旋平冲，右拳收于腰间。

5. 左转身内格

动作方法：以右脚掌为轴，身体左转 90°；同时，左脚向前移步；随即右臂屈肘内旋内格，拳与胸高，拳心向自己；左拳收于腰间。

6. 上右步内格

动作方法：右脚向前进一步；同时，左臂屈肘向内横格，拳与胸高，右拳回收于腰间。

7. 左转身下截

动作方法：以右脚掌为轴，身体左转 90°；同时，左脚向前移步，左臂左下截击，右拳置于腰间。

8. 右前踢冲拳

动作方法：左脚支撑，右脚屈膝上提，以膝关节为轴由屈到伸向前上方踢击，两臂屈肘自然置于体侧，右脚放松前落，呈右弓步；同时，右拳向前内旋平冲，左拳收于腰间。

9. 右转身下截

动作方法：以左脚掌为轴，身体向右后转 180°，右脚向前移步，呈前行步站立；同时，右拳下截，左拳收于腰间。

10. 左前蹬冲拳

动作方法：右脚支撑，左腿屈膝上提，以膝为轴由屈到伸向前上方踢击；两臂屈肘自然置于体侧，左脚放松前落，呈左弓步，同时左拳向前内旋平冲，右拳收于腰间。

11. 左转身上架

动作方法：以右脚掌为轴，身体左转 90°；同时，左脚向前移步，呈前行步站立；随即左臂屈肘上架，横置于额前，右拳收于腰间。

12. 进右步上架

动作方法：右脚向前进一步，同时，右臂自下而上屈肘上架，横置于额前，左拳回收于腰间。

13. 左后转身内格

动作方法：以右脚掌为轴，身体左后转 270°；同时，左脚向前移步；随即右臂屈肘向内格挡。

14. 右后转身内格

动作方法：以左脚掌为轴，身体向右后转 180°，右脚向前移步；左臂屈肘向内格挡，右拳收回腰间。

15. 右转身下截

动作方法：以右脚掌为轴，身体左转，同时左脚向前移步；即左臂向左下截击，右拳收于腰间。

16. 右前踢右冲拳

动作方法：左脚支撑，右腿屈膝上提，以膝关节为轴由屈到伸向前方踢击；两臂屈肘置于体侧。右脚放松前落呈前行步；同时，右拳向前内旋平冲，左拳收于腰间。

17. 左前踢左冲拳

动作方法：右脚支撑，左腿屈膝上提，以膝关节为轴由屈到伸向前上方踢击；两臂屈肘自然置于体侧。左脚放松前落呈前行步站立；同时，左拳向前内旋平冲，右拳收于腰间。

18. 右前踢右冲拳

动作方法：右脚放松前落呈前行步站立，右拳同时向前内旋平冲，随即冲拳大喝。左脚支撑，右腿屈膝上提，以膝为轴由屈到伸向前上方踢击；两臂屈肘自然置于体侧。

第五节　跆拳道竞赛的主要规则

一、比赛场地

比赛场地是 12 米×12 米水平的、无障碍物、正方形场地。比赛场地应有弹性垫子，必要时比赛场地可根据实际情况高出地面 50～60 厘米，为了安全，比赛台的支撑装置与地面的夹角要小于 30°。比赛区域的划分：

(1)12 米×12 米的比赛场地，中央 8 米×8 米的区域为比赛区，其余部分为警戒区。

(2)比赛区与警戒区的表面用两种不同颜色划分，同色时要用 5 厘米宽的白线区分。

(3)划分比赛区和警戒区的线称为警戒线，比赛场地最外边的线称为边界线。

二、运动员

(1)参加比赛的运动员必须穿戴中国跆协认可的道服和保护用具。

(2)比赛选手应戴好护身、头盔、护裆、护臂、护腿后进入比赛区，护裆、护臂、护腿应戴在道服里面。

三、重量级别

奥运会体重级别如表 17-1 所示。

表 17-1　奥运会体重级别对照表

男子		女子	
50 千克以下	蝇量级	49 千克以下	蝇量级
58～68 千克	鳍量级	49～57 千克	鳍量级
68～80 千克	中量级	57～67 千克	中量级
80 千克以上	重量级	67 千克以上	重量级

四、比赛时间

每场比赛分 3 局，每局比赛的时间为 3 分钟，局间休息 1 分钟。青年锦标赛每场比赛为 3 局，每局比赛为 2 分钟，局间休息 1 分钟。

五、称体重

(1)参加当日比赛的运动员在首场比赛开始前 1 小时必须称重完毕。

(2)称体重时男运动员着内裤，女运动员着内裤、胸罩，如运动员要求也可以裸体称重。

(3)第一次称重不合格时，在规定称重时间内，可以再给一次称重机会。

(4)为了避免称重不合格，组委会要准备一个与正式体重秤相同的体重秤，放在运动员驻地或附近供测试。

六、允许的技术和攻击的部位

1. 允许的技术

(1)拳的技术使用：拳的技术必须紧握拳，用拳正面的食指和中指部分击打。

(2)脚的技术使用：脚的技术必须用踝关节以下脚的前部击打。

2. 允许攻击的部位

(1)躯干。可用拳或脚的技术攻击髋骨以上至锁骨以下及两肋部，但背部没有被护具保护的部位禁止攻击。

(2)面部。从两耳向前的头颈的前部，只允许用脚的技术攻击。

3. 有效得分

(1)联单有效得分部位。

①躯干。躯干包括腹部和两肋部。

②面部。面部允许被攻击的部位。

(2)得分是使用允许的技术，准确有力地击中有效得分部位。但使用允许的技术，攻击被保护的非有效得分部位，击倒对方时，按得分计算。

(3)得分一次累加一分(+1)。

(4)比分为三局比赛得分总计。

(5)下列情况不计分。

①攻击后故意倒地。

②攻击后有犯规行为。

③使用任何犯规动作进攻。

七、犯规行为

(1)任何犯规行为将由主裁判判罚。

(2)如属于多重犯规时,选择最严重的一次处罚。

(3)处罚分为警告和扣分。

(4)警告两次扣一分(-1),警告次数为奇数时最后一次不计。

(5)扣分一次扣一分(-1)。

(6)判罚警告的犯规行为如下:

①接触行为:抓住对手;推对手;用躯干贴靠对手。

②消极行为:故意越出警戒线;转身背向对手逃避进攻;故意倒地;伪装受伤。

③攻击行为:用膝部顶撞对手;故意攻击对手裆部;故意蹬踏对手的腿部和脚;用掌或拳击打对手面部。

④不当行为:教练员或运动员示意得分或扣分;教练员或运动员有不文明语言或不得体行为;比赛中教练员离开规定位置。

(7)判罚扣分的犯规行为如下:

①接触行为:攻击倒地的对手;抓住对手进攻的脚故意将其摔倒。

②消极行为:越出边界线;故意拖延比赛时间。

③攻击行为:攻击倒地的对手;故意击打对手后脑或后背;用手重击对手面部。

④不当行为:教练员或运动员有过激的表示或行为。

(8)运动员违背竞赛规则和故意不服从裁判员时,主裁判有权直接判其"犯规败"。

(9)犯规累计扣3分(-3分)者,判其"犯规败"。

(10)警告和扣分按3局累计。

八、优势判定

(1)因扣分造成同分时,3局中得分多者获胜。

(2)除第一种情况出现同分外,即双方得分和(或)扣分均相同,主裁判根据3局的比赛情况判定占优者获胜。

(3)比赛中表现出的积极主动行为是优势判定的根据。

九、获胜方式

(1)击倒胜(KO胜)。

（2）主裁判终止比赛胜（胜）。

（3）比分或优势胜（判定胜）。

（4）对方弃权胜（弃权胜）。

（5）对方失去资格胜（失格胜。）

（6）主裁判判罚犯规胜（犯规胜）。

十、击倒

（1）被攻击后，除脚以外的身体任何部位着地。

（2）身体重心晃动，丧失继续比赛的能力或意识。

（3）主裁判判定其受到强烈击打而不能继续比赛时。

十一、击倒后的处理程序

运动员受到合理攻击被击倒时，主裁判将采取以下处理程序。

（1）主裁判发出"Kal—yeo"（分开）口令暂停比赛，并将进攻者置于远处。

（2）裁判大声向被击倒的运动员从 1 到 10 读表，每间隔 1 秒读 1 次，同时用手势显示。

（3）即使运动员在读秒过程中表示再战，主裁判也必须读到 8，使运动员获得休息，并确认运动员是否恢复，如已恢复就发出"Kal—yeo"（继续）口令继续比赛。

（4）主裁判读到 9 时，被击倒的运动员仍无再战表示，则宣布另一方 KO 胜。即使一局或整场比赛时间到，主裁判也要继续读表。

（5）双方运动员同时被击倒，如有任何一方尚未恢复，主裁判将继续读表。

（6）双方运动员同时被击倒，主裁判读到 10 后双方都不能再战，应按当时得分情况判定胜负。

（7）主裁判判定被击倒的一方不能继续比赛，可以不读表或在读表过程中直接判定另一方获胜。

十二、比赛结束后的处理

因被击中头部 KO 的运动员在 30 天内不得参加比赛。30 天后需经有资格的医生证明其已恢复参赛能力，方可参赛。

十三、比赛中断的处理程序

在一方或双方选手受伤时，主裁判可中断比赛，并采取以下处理程序。

（1）主裁判发出"Kal—yeo"（分开）口令暂停比赛并发出"Kye—shi"（计时）口令令计时员暂停比赛时间。

（2）允许运动员在 1 分钟内进行治疗。

（3）即使只受轻伤，1分钟后仍不示意再战，就判其负。

（4）由扣分犯规造成另一方受伤，1分钟后不能恢复比赛，判犯规者负。

（5）双方运动员同时被击倒，1分钟后都不能进行比赛时，按受伤前双方得分情况判定胜负。

（6）裁判判定一方明显神志不清并处于危险状态时，应立即中断比赛，安排急救。如果受伤害事故是由扣分犯规行为造成的，就判犯规者负；如果不是扣分犯规行为造成的，按当时双方犯规情况判定胜负。

思考题

1. 跆拳道运动精神是什么？对修炼者要求是什么？

2. 跆拳道运动特点是什么？

3. 横踢的技术要领是什么？

第二十章　花样跳绳

第一节　跳绳运动对人的锻炼作用

花样跳绳作为一项新兴的运动项目开始被人们所认识，它摒弃了传统跳绳的枯燥无味，并可加入许多新兴的元素，是一种极具观赏性的体育运动项目。花样跳绳的花样繁多，受到各种年龄层次的人喜欢。花样跳绳对人具有较好的锻炼作用，具体有以下两点。

第一，增强人的下肢弹跳能力。

跳绳是通过双腿不停地跳跃和双臂不停顿的摇摆来持续进行的。所以除了上、下肢的协调外，跳绳对下肢的弹跳训练起到了很好的作用。单脚垫跳、双脚垫跳、单双脚连跳、交换脚垫跳和连跳、屈腿跳、蹲跳、沙坑跳、弓步交换跳……这些花样跳绳的细节动作对提高人的前脚掌力量及脚踝蹬力起着重要作用。但注意，下肢脚掌动作要尽量准确，可适当用前脚掌或由全脚掌过渡到前脚掌蹬地跳，并用前脚掌或由前脚掌过渡到全脚掌着地交换练习，进而增强人的下肢弹跳能力。

第二，提升人的身体协调性。

跳绳运动是手、脚、绳协调配合的运动，任何一次配合不协调时，跳绳运动都将难以持续进行。因此，跳绳过程对身体协调性的要求很高。同时，跳绳运动是大脑协调指挥手、脚、腰腹、各肌肉、关节等部位的一种综合运动，其对传送信息的神经系统也是一种很好的锻炼。在进行花样跳绳时，要注意增强动作的节奏性，要尽量按节拍进行练习，以获得对身体协调性最大程度的提升。

第二节　花样跳绳运动的基本形态

具体来看，花样跳绳运动主要包含以下几种基本形态。

一、个人花样(Single Rope Freestyle)

个人花样是指一个人利用一根绳子做出各种花样动作的比赛项目。第五届亚洲跳绳比赛规则中把个人花样分为四个等级,五个类别花样,分别为:基本花样、交叉花样、多摇花样、特别动作花样、放绳花样。个人花样是跳绳的基本功,所需人数少,简单易学,容易上手,因此是普及跳绳首选的跳绳方法。

二、车轮跳(Chinese Wheel)

车轮跳是花样跳绳的一大特色,它是一种两人或两人以上相互配合轮流进行跳绳的新型跳绳方法。由于是轮流的进行跳绳,从侧面看就像车轮在转动,故得其名。世界跳绳联盟(FISAC-IRSF)比赛规则中称车轮跳为"Chinese Wheel"车轮跳花样繁多但难度系数较低,难学易练,打破了传统跳绳的单一性,跳起来活泼有趣,极具观赏性,是健身、减肥、塑身人士首选的有氧运动之一。

三、交互绳(Double Dutch)

世界跳绳联盟(FISAC-IRSF)比赛规则中这样描述交互绳:两名摇绳者分别握住两根绳子的末端,两根绳子向相同或相反方向依次打地,同时跳绳者在绳子做出各种技巧,跳绳者和摇绳者可以相互转换,摇绳者和跳绳者都会被评分。现在,交互绳已成为一项国际赛事,目前世界上三大交互绳比赛,分别是纽约交互绳大赛、日本交互绳大赛(DDCJ)和比利时交互绳大赛(DDCB),这三大比赛中会邀请世界上顶级的交互绳团队参加比赛,大约每年有10万名青少年参加交互绳比赛,后来沃克成立了美国交互绳联盟。交互绳花样难度非常高,融合了体操、街舞、健美操等元素,交互绳花样动作具有非常强的表演性和观赏性,也是世界跳绳比赛中关注度最高的一个比赛项目。

第三节　跳绳运动的主要规则

一、竞赛项目

1. 计时计数赛

(1)个人赛。

- 30秒速度单摇跳。
- 30秒间隔交叉单摇跳。
- 30秒速度双摇跳。
- 3分钟速度耐力单摇跳。

· 连续三摇跳(建议 12 周岁以上)。

(2)团体赛。

· 30 秒混双单摇跳。

· 4×30 秒单摇跳(接力)。

· 4×30 秒双摇跳(接力)。

· 4×45 秒双绳交互摇速度单摇跳(接力)。

· 10～12 人长绳"8"字跳。

2.花样赛

(1)花样跳绳(45～75 秒)。

(2)团体赛。

· 2 人花样跳绳(45～75 秒,每人一绳)。

· 4 人花样跳绳(45～75 秒,每人一绳)。

· 双绳交互摇 3 人跳绳(45～75 秒)。

· 双绳交互摇 4 人跳绳(45～75 秒)。

3.表演赛

表演赛时间为 3～6 分钟。

二、竞赛分组

按性别分为男子组、女子组、男女混合组。

按年龄分为儿童组(不满 12 周岁)、青少年组(12 周岁－17 周岁)、成人组(18 周岁及以上)。

三、比赛场地

第一,个人赛场地:计时计数赛场地为 4 米×4 米,花样赛场地为 9 米×9 米。团体赛场地:计时计数赛场地为 5 米×5 米,花样赛和表演赛场地为 12 米×12 米。

第二,正式比赛场地的地面须平整光滑,无影响比赛的隐患。比赛场地四周至少有 3 米宽的无障碍区;比赛区上空的无障碍空间,从地面至少高 4 米。

第三,比赛场地的界线宽为 5 厘米,线宽不包括在场地内,颜色应与场地有明显区别。

第四,裁判席设在裁判区内。裁判区为比赛场地周围 3 米区域,离观众席至少 2 米。

第五,在运动员比赛的同时,教练员与替补队员应在指定区域。

四、比赛器材

第一,比赛用绳及其他设施须经组委会审定。

第二,绳的长短、粗细、结构和重量不限,不得使用金属材料制作的绳具(手柄除外）。

第三，手柄的长短、粗细、颜色、形状、结构、材料和重量不限，也可使用不带手柄的绳具。

第四，比赛用绳不得有安全隐患和影响裁判员判断的饰物。

五、比赛服装

第一，各代表队参赛人员须统一比赛服装，男女运动员服装款式可以不同，但颜色应该统一。

第二，比赛服装。

第三，运动员上衣背部的中间位置应佩戴组织者指定的参赛号码布，号码布规格为不大于 24(高)厘米×20(宽)厘米的矩形。比赛服上可标有队名、赞助商标志，标志最大面积为 30 平方厘米。

第四，服装上不得带有不文雅及与本项运动相悖的设计或字样。

第五，不得佩戴妨碍比赛安全的任何饰物、挂件。

六、比赛口令及赛场礼仪

比赛开始与结束均以口令式鸣哨为信号，比赛开始口令为"裁判员准备——运动员准备——预备——跳(或哨音)"，结束口令为"停(或哨音)"，比赛中间会有阶段性时间提示，接力项目"换"口令下达后下一名运动员方可起跳。

运动员在听到点名时和完成比赛后，应向裁判长行礼。

七、比赛顺序

在裁判长的监督下，由编排记录组抽签决定比赛顺序。如有顶赛、决赛的比赛，其决赛的比赛顺序按照预赛成绩由低到高确定比赛顺序。若预赛名次相同，则由编排记录组抽签决定。

八、检录

运动员须在赛前 40 分钟到达指定地点报到，参加第一次检录，并检查服装和绳具。赛前 20 分钟进行第二次检录，赛前 10 分钟进行第三次检录。

九、弃权

第一，超过检录时间 5 分钟未到场按弃权论。

第二，超过比赛时间 3 分钟不能上场比赛，按弃权处理。

第三，比赛中运动员因受伤，治疗后仍不能继续比赛，则判受伤运动员弃权。

十、犯规与罚则

1. 提前摇绳或抢跳

在"开始"口令未下达前出现摇绳或抢跳，裁判员须重新开始比赛，并提出警告，对于两次抢跳的运动员取消本场比赛资格。

2. 踩线或出界犯规

(1)单摇、双摇速度赛：如运动员踩线或出界，裁判员须暂停比赛，让其回到原位后继续比赛，计数从运动员回到原位后继续开始比赛。

(2)三摇跳运动员失误、踩线、出界或出现其他犯规行为，比赛即告结束。

(3)花样赛与表演赛：踩线或出界犯规由裁判长扣除0.2分/次。

3. 转换犯规

(1)转换犯规是指在接力赛中"转换"口令未下达之前运动员开始转换。

(2)如出现转换犯规，比赛继续，记犯规1次。

(3)转换犯规1次将从成绩中扣除次数5次。

4. 时间犯规

(1)花样跳绳比赛时间不足45秒或超过75秒，视为犯规，判扣0.2分。

(2)三摇跳：运动员在听到开始比赛信号后10秒之内未能开始三摇跳，将从计数中扣除5次三摇跳。

5. 双绳交互摇花样跳

所有运动员须在比赛中以跳绳运动员身份完成至少3个技术运动，比赛即为有效。否则，视为犯规，少1个技术动作扣0.2分。

6. 判罚犯规由裁判长执行

计时计数赛中，犯规1次，扣除次数5次；花样赛和表演赛中，犯规1次，扣除0.2分。

▸▸ 思考题

1. 花样跳绳对人有什么样的锻炼作用？
2. 花样跳绳运动有哪些基本技术？
3. 花样跳绳运动的主要规则是什么？

第二十一章　冰上运动

第一节　冰上运动概述

一、冰上运动的含义

冰上运动是人们把特制的冰刀固定在鞋上，运动者借助这种冰鞋或其他器材，在人工或者天然的冰面上进行的一种运动。它主要包括速度滑冰、短道速度滑冰、花样滑冰、冰球和冰壶等。通常，人们所提及的滑冰运动是指速度滑冰、短道速度滑冰和花样滑冰。

根据教学的需要，本章节只介绍速度滑冰的基本技术、规则、运动损伤及处理和场地。

二、冰上运动的起源与发展

人类最早的冰上运动可追溯到远古新石器时代。据考证，冰上运动起源于荷兰。当时人们以木制的爬犁作为冰面上的运输工具，后来更易于滑行的兽骨替代了木头作为滑行工具。荷兰人将马骨磨成光滑的底面，用皮带将两头钻孔并打磨后的马骨绑在鞋上，借助手杖支撑滑行，这就是人类最原始的冰上滑行工具——骨制冰刀。不仅在荷兰，在瑞士、英国和斯堪的纳维亚等一些国家11、12世纪的早期文献中，也有关于将兽骨绑在脚上滑行于冰面的记载。虽然这些活动在当时只是一种游戏或简单的工作方式，但却为现代冰上运动的形成奠定了基础。

大约在1250年，荷兰人发明了铁制冰刀。因为这种冰刀比兽骨绑在鞋上滑行快很多，所以很快盛行于荷兰和欧洲的其他国家。随着社会的发展和人们文化生活水平的不断提高，冰上运动从娱乐到竞技不断发展并形成了项目繁多的现代冰上运动，而且各项目的规则日趋完善，技术也愈加完美。目前，速度滑冰、短道速度滑冰、花样滑冰、冰球和冰壶已被列为冬奥会项目。我国在短道速度滑冰、花样滑冰和冰壶项目上都取得了长足的进步，并且获得了多枚奥运会金牌。

1. 国际速滑运动概况

国际滑冰联合会(International Skating Union，ISU)，于 1892 年 7 月召开第一届代表大会。目前，速度滑冰运动已经发展到 70 多个国家。

1924 年在法国的夏蒙尼举行了第 1 届冬季奥林匹克运动会，速度滑冰被列为正式比赛项目。1960 年女子速滑项目被列入冬奥会。1994 年开始冬奥会不再与夏奥会同年举行。

1988 年后，随着室内 400 米场地在世界大赛中的广泛使用，世界纪录被频频打破。美国选手詹森于 1993 年 12 月 4 日和 1994 年 1 月 30 日分别以 35.92 秒和 35.76 秒的成绩连续两次创造男子 500 米世界纪录。挪威的考斯分别以 1：51.29、6：34.96 和 13：30.55 的成绩创造了 1 500 米、5 000 米阳 10 000 米的世界纪录，并包揽了第 17 届冬奥会这 3 项金牌。

1998—2002 年，在第 18、第 19 届冬奥会上，由于新式冰刀的使用，提高了蹬冰效果，使速滑运动成绩产生了巨大飞跃，男、女项目的冬奥会纪录和世界纪录全部被打破。

2. 中国速滑运动的发展与现状

新中国成立前，中国的滑冰运动没有大的发展。1949 年中华人民共和国成立后，在"发展体育运动，增强人民体质"的方针指导下，群众性冰上运动十分活跃，特别是速度滑冰开展得更为普及。

1953 年 2 月 15 至 19 日在哈尔滨举行了第 1 届全国冰上运动会。1957 年我国选手第一次参加世界速滑锦标赛。1959 年在哈尔滨召开第 1 届全国冬季运动会。1963 年我国男子优秀速滑运动员罗致焕获得世界锦标赛 1 500 米冠军，这是中国有史以来的第一个速滑世界冠军。1984 年我国选手第一次参加冬奥会比赛。1990 年 2 月我国女子速滑运动员王秀丽以 2：03.04 的成绩创造全国纪录并获得世界锦标赛 1 500 米金牌。这是我国第一个女子速滑世界冠军。1992 年 2 月 29 日我国著名选手叶乔波以 167.260 分的成绩获得女子短距离全能世界冠军，并在比赛中两次战胜美国短距离名将布莱尔夺得 1 000 米世界冠军。在同年的第 16 届冬奥会上，叶乔波夺得女子 500 米和 1 000 米两枚银牌，这是中国选手在冬奥会上获得的首枚奖牌。1993 年第 7 届全运会，速滑、短道速滑被列为全运会比赛项目。目前，中国速度滑冰运动的进步令人瞩目，短距离项目已进入世界先进行列，在 2003—2004 年度 ISU 世界杯速滑赛中，王曼利和于凤桐分别获得了女子 500 米和男子 1 000 米总决赛的冠军。2010 年，中国在第 15 届冬季奥运会上，获得了女子 1 500 米比赛的金牌。为我国短道速滑运动的发展过程写下了第一笔的传奇教练李琰，更是带领手下名将王蒙、周洋等人，在女子项目上为世界再一次书写了传奇。

3. 速度滑冰场地

速度滑冰场地如图 21-1 所示。

单位：米

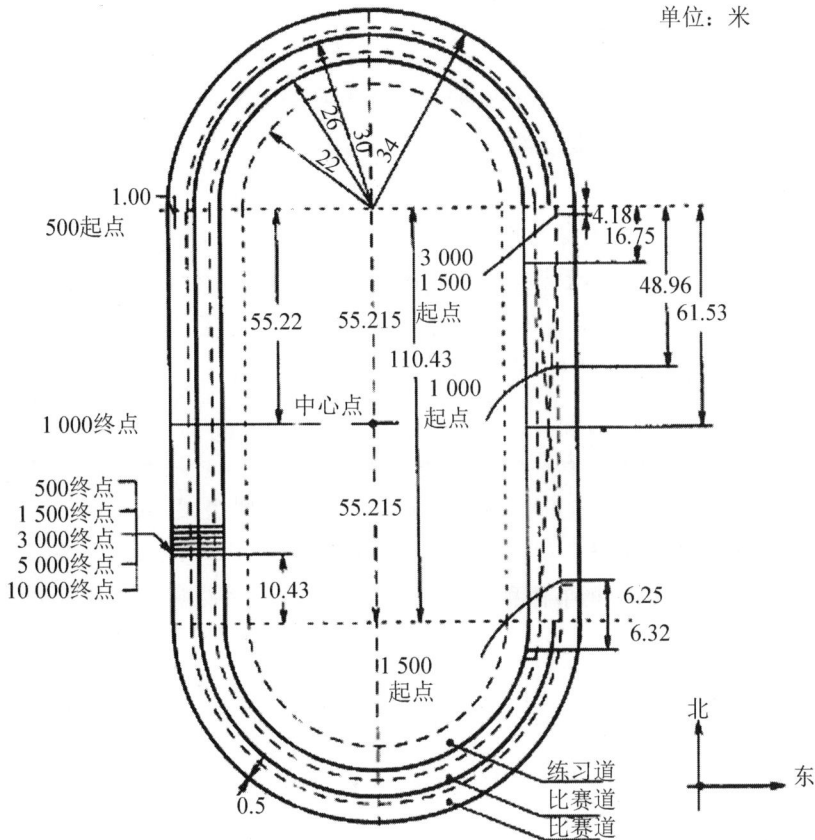

图 21-1

第二节　速度滑冰的基本技术

　　学习速度滑冰，必须掌握速滑运动的 3 项基本技术，即直道滑行、弯道滑行和起跑技术。初学者可以运用速滑运动的陆地练习法，即诱导动作和模仿动作开始练习。在基本掌握速度滑冰的技术动作后，在上冰之前，应当先在室外或者室内将冰鞋穿好，并尝试着站起来，看看能否保持得住身体的平衡，然后再小心地走到冰面上去（注意：是"走"到冰面上，而不要开始就滑行）。

　　在有跑道的速度滑冰场上，一定要严格地遵守冰场上的滑行规则，即始终要沿着逆时针方向滑行，绝对不允许朝向相反的方向滑跑，无论是在直道或者是在弯道上，都要记着这一点，否则，极容易发生冲撞事故。即使是在场地中央练习，也应当注意要沿着逆时针方向滑行。初学者要学会自我保护方法，兼顾左右的滑行者，应该与其他人员保持适当的距离。

一、直道滑行诱导动作

直道滑行诱导动作分为滑冰基本姿势练习和蹬冰收腿练习，主要目的是掌握滑冰的基本姿势和蹬冰方向及收腿方法。

1. 滑冰基本姿势

上体放松前倾，自然团身与地面平行或略高于臀部，腿部深屈，膝关节成 90°～110°，踝关节成 50°～70°，两臂放松置于背后，头微抬起，眼睛看着前方 5～10 米处，如图 21-2 所示。每次下蹲要静蹲 2～3 秒，再站起，站起后要挺胸。如此反复练习 5 次，每做 3～5 组练习后，休息一分钟，做放松走步练习。

2. 蹬冰收腿

在蹲屈姿势的基础上，做双脚轮流侧出和收腿的练习。脚侧出时脚内沿擦地，两脚平行，两脚尖在一条线上，侧出腿向后收到后位，大腿小腿与脚各成 90°，接着收回后位腿，至两脚并拢，换另一条腿重复上述动作（如图 21-3 所示）。一组双脚动作各做 5 次，做 3～5 组练习后，稍事休息。

二、倾倒

倾倒练习就是移动重心的练习，亦称之为蹬冰练习，重点是体会体重移动的方法；体会利用体重蹬冰的方法要领和全身协调配合动作（如图 21-4 所示）。

  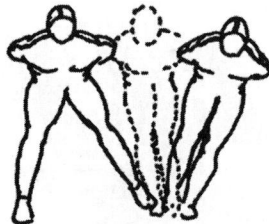

图 21-2　　　　　　图 21-3　　　　　　图 21-4

"蹲提倾蹬移，落并还原一"是对倾倒动作的形象描述。

1. 练习动作"蹲"

以滑冰的蹲踞动作为开始，体重置于蹬冰腿上（如右腿），浮腿（左腿）用大腿带动抬起小腿，脚离开地面。

2. 练习动作"倾"

头、膝、脚要保持三点一线，右腿为蹬冰腿时先自然向左倾斜与地面成 80°～75°，直到要跌倒为止。

3. 练习动作"蹬""移"结合

当身体倾斜至要跌倒的感觉时，体重控制在"蹬冰"腿上，当蹬地腿接近蹬直时，浮腿才能落在身体重心之下而着地。注意一定不要侧跨，否则就形成反支撑，这是最严重的错误动作。腿蹬地和上体移动要同时完成，这是滑冰中最核心的动作，一定要反复练习。

4. 练习动作"落""并"还原一

当蹬地腿接近伸直时浮腿才能落地，要达到使脚落在身体重心之下。只有浮腿、臀、上体同时移动，浮腿才能落在身体重心之下。浮腿落地后承担身体体重，原支撑脚离开地面抬起并向后做收腿动作到后位，收到与承担体重的腿并拢，还原到联系动作一"蹲"的部分，然后换腿，反复练习。

三、上冰前准备活动

在温度较低时，人体的各个肌群与关节，如果不做准备活动直接上冰，极容易发生外伤，所以在上冰前一定要做好热身活动

1. 热身

可先简单活动一下身体，并做 2～3 个直道滑行诱导练习，每个动作重复 8～10 次。每个练习间站起，做慢跑或跳跃。

2. 冰上热身

穿上冰鞋戴上刀套在冰上做如下 4 个练习。

(1)两刀正刃站立。

(2)向左和向右移动练习 2～3 次。

(3)外八字向前走 5～8 米，重复 2～3 次。

(4)两刀正刃站立扶物做蹲屈练习 5 次，重复 3～4 组。

当感觉身体发热(注意不能出汗)时，关节和肌肉已活动开，就可以上冰了。

四、速度滑冰直道滑跑

直道滑跑技术的结构，简单来说就是连续不断地做单蹬、单滑。从技术结构上看，叫作 4 个时期、6 个阶段、12 个动作。两腿的协调关系，相差 3 个动作。

时期：单腿支撑 1→双腿支撑 2→单腿支撑 3→双腿支撑 4。

阶段：惯性滑行 1→单腿蹬冰 2→双腿蹬冰 3→收腿 4→摆腿 5→下刀 6。

动作：左腿　惯性滑进 1→单腿蹬冰 2→双腿蹬冰 3→收腿 4→摆腿 5→下刀 6；

右腿　收腿 4→摆腿 5→下刀 6→惯性滑进 1→单腿蹬冰 2→双腿蹬冰 3。

1. 直道滑跑技术

在陆地上了解和掌握直道滑跑技术的动作结构顺序，也就是直道陆地模仿动作。陆地模仿动作和冰上直道滑跑动作相同，下面合并讲解。

（1）单蹬单滑接两脚并拢滑行的动作已经讲解过，把两脚并拢滑行的动作去掉，两脚交替、连续不断地做单蹬单滑。上冰前，先在陆地上做这一练习。

（2）单脚蹬冰要向侧后推冰、蹬冰，单脚滑行要用正刃滑得长一点，也就是滑行步伐要大些，100米的距离滑10个单步。优秀的速滑运动员，蹬一次冰可单脚滑行达100米以上。当练习到蹬一次冰可以滑行10米以上时，就可以正式学习直道滑跑技术了。上冰前，要在陆地做单脚静支撑练习10～20秒，重复3～4次。

（3）用以上两个动作的结合练习法来体会直道滑跑技术。

①蹬冰和下刀结合。表面上看就是一脚蹬冰另一脚做下刀动作，但从技术结构上看，这里有4个动作，蹬冰包含两个动作：单脚支撑蹬冰、双脚支撑蹬冰；下刀动作也包含两个动作：第一个动作是摆腿，如左（右）脚在单脚支撑蹬冰，右（左）脚同时在摆腿；第二个动作就是下刀，如左（右）蹬冰腿快要蹬直时，右（左）脚同时在做冰刀着冰动作。蹬冰和下刀结合的动作是速度滑冰、直道滑跑技术的核心，一定要反复练习。开始练习时，蹬冰的动作可以从"推"冰练起，用推冰的方法过渡到利用体重蹬冰。上冰前可在陆地上用扶物的方法清楚地体会一下上述4个动作。

②平衡滑行和收腿结合。平衡滑行，就是用单脚正刃在冰上滑行，与平衡滑行的同时，另一腿作收腿动作，也就是将蹬冰结合的腿，从侧位收到后位。上冰前可在陆地以扶物的方法体会平衡滑行和收腿的感觉。

两个结合动作学习的好坏，直接影响直道滑行技术的质量。

2. 直道滑跑技术详解

直道滑跑技术包括9个细节，即直道滑跑姿势、单腿支撑蹬冰、双腿支撑蹬冰、收腿、摆腿、冰刀着冰、惯性滑进、摆臂、全身配合。

（1）直道滑跑姿势。

直道滑跑姿势是上体前倾，支撑腿弯曲，双手放于背后（长距离多用背臂，短、中距离多用单摆臂或双摆臂），上体与冰面夹角为10°～15°（短距离为15°，长距离为10°），大腿与小腿的夹角为90°～110°（短距离为90°，长距离为110°），小腿与冰面的夹角为50°～70°（短距离为50°，长距离为70°）。这一特定的姿势是指单脚支撑蹬冰开始前的姿势，在直道滑跑过程中外形姿势相似，但3个角度是变化的。采用这种蹲屈姿势主要是为了减少迎面空气阻力，以增加腿部蹬冰时的有效伸展距离。

（2）单腿支撑蹬冰。

①单腿支撑蹬冰，也可以称为单腿支撑蹬冰阶段或单腿支撑蹬冰动作，是从惯性滑进结束起，到浮腿冰刀着冰止的动作。

②单腿支撑蹬冰作用是完成蹬冰动作中最初的蹬冰阶段，也是增速的最有效的蹬冰动作。

③单腿支撑蹬冰技术要领。利用全刀向侧蹬冰，使体重稳定地放在支撑腿上，利用体重和腿的伸展完成蹬冰动作。腿的伸展方法是先展，压膝踝，腿还没有完全伸直

时，完成单腿支撑蹬冰动作。

（3）双腿支撑蹬冰。

①双腿支撑蹬冰是从浮腿冰刀着冰起，到蹬冰腿结束蹬冰使冰刀离冰止的支撑蹬冰阶段。双腿支撑蹬冰不是双腿同时蹬冰，只是蹬冰腿在蹬冰，此时体重要控制在蹬冰腿上，浮腿在冰面上滑动并不承担体重。

②双腿支撑蹬冰的作用是完成高速中的加速蹬冰动作，并做到适时、准确的完成移交体重。

③双腿支撑蹬冰技术要领。在单腿支撑蹬冰的基础上，快速伸展蹬冰腿，膝踝关节充分伸直，以展踝结束双腿支撑蹬冰动作。

（4）收腿。

①收腿是指从蹬冰脚的冰刀离冰起，到变为浮腿的冰刀收到后位止（腿成为后拉姿势）的动作。

②收腿的作用是放松蹬冰后的浮腿，为摆腿做好准备。

③收腿的技术要领。利用蹬冰腿剩余的肌紧张和冰面的反弹力开始收腿，以屈膝为主，大小腿成一平面，膝内转将腿收到后位，与支撑腿靠拢。

（5）摆腿。

①摆腿是指浮腿冰刀从后位摆向身体总重心移动的方向起，到浮腿冰刀着冰止的动作。

②摆腿的作用。摆腿有助于加速移动身体总重心，利用摆腿的反作用力增加蹬冰腿的蹬冰力量。

③摆腿的技术要领。摆腿时以大腿带动小腿，膝盖领先以加速方向摆向新的滑跑方向。摆腿的节奏必须与蹬冰腿的节奏配合好。

（6）冰刀着冰。

①冰刀着冰是指从冰刀着冰起，到承接体重止。

②冰刀着冰的作用是确定下一个滑步的滑行方向，准确、适时的承接体重。

③冰刀着冰的技术要领。冰刀着冰的位置与蹬冰的刀靠边，并超前半刀长着冰，着冰方向与身体总重心新的运动方向一致，用冰刀的中后部以冰刀的外刃开始接触冰面，到冰刀转变为正刃时体重交给了新的支撑腿。

（7）惯性滑进。

①惯性滑进是指从承接体重起，到单腿支撑蹬冰开始止的动作。

②惯性滑进的作用是保持和利用前一次蹬冰所产生的速度做延续滑行，给下一次蹬冰做好身体姿势上的准备，并要充分利用这一机会放松蹬冰后的浮腿。

③惯性滑进的技术要领。为了有效地做到延续滑行，惯性滑进时要降低滑跑姿势，减少空气阻力，并为蹬冰做好身体姿势上的准备。在惯性滑进中要保持支撑腿的冰刀、膝盖、头部三点成一线。

（8）摆臂。

①摆臂分单摆臂和双摆臂两种。

②摆臂的作用是能增加蹬冰力量，提高滑跑频率，促进上下肢和身体的协调运动。

③摆臂的方法：两臂对称前后摆动，每只手臂要经过3个位向点，即前高点、下垂点、后高点。当左臂为前高点时，右臂为后高点，当左臂为下垂点时，右臂也为下垂点；当右臂为前高点时，左臂为后高点，以此循环摆动。手的摆动方向，后摆时为侧后，前摆时为新的滑跑方向，前手的高度不超过鼻部，后手不超过肩高。单摆时用右臂，摆动幅度比双摆臂时大，前摆时可以超过身体中线。

（9）全身配合。

全身配合，包括3个配合关系，即两腿的配合关系，臂与腿的配合关系，全身的配合关系。

①两腿的配合关系为4个时期，6个阶段，12个动作。4个时期：即单脚支撑时期，双脚支撑时期，单脚支撑时期，双脚支撑时期。6个阶段是惯性滑进阶段，单脚支撑蹬冰阶段，双脚支撑蹬冰阶段，惯性滑进阶段，单脚支撑蹬冰阶段，双脚支撑蹬冰阶段。12个动作为惯性滑进动作，单脚支撑蹬冰动作，双脚支撑蹬冰动作，收腿动作，摆腿动作，下刀动作。一条腿6个动作，两条腿即12个动作，两条腿的协调关系差3个动作。

②臂与腿的配合关系。当臂摆至高点时，同侧的蹬冰腿即将达到蹬冰的结束点，当摆臂至下垂点时，同侧腿位于摆腿的开始点，异侧腿正处于单脚支撑蹬冰的开始点。

③全身的配合关系。除要遵照两腿配合关系和臂与腿的配合关系外，在蹬冰过程中上体与臀部要保持平动将体重交给新的支撑腿。在支撑滑进过程中和体重没有交给新的支撑腿之前，要保持冰刀、膝关节、头部三点成一线。

五、弯道速跑

1. 弯道左腿滑跑技术

弯道滑跑技术与直道技术不同，直道技术可用一条腿6个动作来分析，但弯道两条腿的动作不同，所以必须用两条腿的8个动作来分析。

弯道技术包括11个技术细节，一条腿4个动作，两条腿8个动作，再加上臂腿配合，全身配合和进出弯道技术，共11个技术细节所组成。

（1）左腿单脚支撑蹬冰动作。

①左腿单脚支撑蹬冰动作是指从右脚离冰起，到右腿以摆动动作着冰止的动作。

②左腿单脚支撑蹬冰的作用是完成单脚支撑蹬冰动作，与浮腿配合同时完成摆腿动作。

③左腿单脚支撑蹬冰的技术要领。身体成一条直线向左倾斜，以左刀外刃支撑，并在弯道的切线方向上完成左腿单脚支撑蹬冰动作。左腿的蹬冰动作要与右腿的摆腿

相配合，右腿在左腿的前方摆越与左腿形成剪切动作。

（2）左腿双脚支撑蹬冰动作。

①左腿双脚支撑蹬冰动作是指从右脚以冰刀内刃着冰起，到左腿蹬冰结束止的动作。

②左腿双脚支撑蹬冰的作用。用左脚冰刀的外刃，以加速的方法完成左脚蹬冰最后阶段的蹬冰动作。另一个任务是适时的移交体重。由于克莱普冰刀的出现使弯道双脚支撑蹬冰时间的比值大大地超过旧式冰刀蹬冰的比值。

③左腿双脚支撑蹬冰的技术要领。双脚支撑蹬冰时，身体重量控制在蹬冰腿上，只有在蹬冰腿蹬直后，体重才能交给新的支撑腿。蹬冰方法用左刀外刃，以加速的方法在右腿的后方成交叉姿势，向右侧蹬冰直至伸直左腿提起足跟完成左腿双脚支撑蹬冰动作。

（3）左腿摆腿动作。

①左腿摆腿动作是指从左腿离冰起，到左腿冰刀着冰止的动作。

②左腿摆腿的作用是与右脚的单脚支撑蹬冰相配合，同时开始同时结束。左腿摆腿的反作用力，增加了右腿的蹬冰力量。

③左腿摆腿的技术要领。左脚蹬冰结束后利用冰面的反弹力拉回左腿，摆向新的滑跑方向的切线上，以冰刀的中后部着冰。

（4）左脚着冰动作。

①左脚着冰动作是指从左脚冰刀以外刃着冰起，到左脚冰刀以外刃支撑承接体重止的动作。

②左脚着冰动作的作用是选择左脚最佳的着冰点和配合右脚完成双腿支撑蹬冰动作。

③左脚着冰动作的技术要领。着冰的方向是在新的运动方向上，着冰时要前送左腿用冰刀的外刃以冰刀的中后部着冰。开始着冰时只是冰刀浮在冰面上，不承担体重，只有当蹬冰腿即将蹬冰结束时，体重才交给着冰腿。

2. 弯道右腿滑跑技术

弯道右腿滑跑技术中两腿的动作是不一样的，所以要学习弯道滑跑技术两腿的动作必须分开学习。弯道滑跑技术中右腿的动作同样也有 4 个动作，同时讲解一下弯道的全身配合、进出弯道技术及摆臂动作。

（1）右腿单脚支撑蹬冰动作。

①右腿单脚支撑蹬冰动作是指从右腿冰刀以内刃承接体重起，到左腿以摆动的方法用冰刀的外刃着冰止的动作。

②右腿单脚支撑蹬冰的作用。右腿单脚支撑蹬冰的作用是完成蹬冰动作中最有效的蹬冰阶段并配合左腿完成摆腿动作。

③右腿单脚支撑蹬冰的技术要点。右腿冰刀以内刃支撑，身体保持三点一线向左

倾，以蹬冰的展腿顺序向右侧蹬冰，当左摆腿与右腿膝部并拢时要加速伸展蹬冰腿，只有当左摆腿以外刃着冰前，完成右腿单脚支撑蹬冰任务。

（2）右腿双脚支撑蹬冰动作。

①右腿双脚支撑蹬冰动作是指从左刀外刃着冰起，到右脚蹬冰结束止的动作。

②右腿双脚支撑蹬冰的作用，一个是完成右腿最后阶段的蹬冰；另一个是适时准确地做好交移体重。

③右腿双脚支撑蹬冰的技术要领。右腿以内刃向右侧蹬冰，蹬冰时要注意右腿的膝盖要控制在胸下，只有当右腿蹬冰结束的同时，体重才能交给新的支撑腿。

（3）右腿的摆腿动作。

①右腿的摆腿动作是指从右脚离冰起，右腿经过与左腿成前交叉，到右腿以内刃着冰止的动作。

②右腿摆腿的作用，一个是配合左腿完成左腿单腿支撑动作；另一个是用右腿摆腿动作的反作用力给左腿增加蹬冰力量。

③右腿摆腿的技术要领。由于弯道没有收腿动作，所以弯道右腿摆腿的开始点是从右脚离冰起，马上开始做摆腿动作，方法是屈提腿用膝使外展的腿做内收和前跨动作，使右刀刀根贴近左刀尖，做交叉跨越摆向新的滑跑方向，即新的切线方向。

（4）右腿着冰动作。

①右腿着冰动作是指从右腿冰刀以内刃着冰起，到右腿冰刀内刃支撑承接体重止的动作。

②右腿着冰的作用，一个是选择最佳的下刀方向，从而决定了新的运动方向；另一个是配合左腿有效地完成双腿支撑蹬冰动作。

③右腿着冰的技术要领。着冰方法是刀尖抬起，用冰刀的中后部以内刃着冰。着冰方向是新的运动方向，即切线方向。

（5）弯道全身配合动作。

①弯道两腿的协调关系为4个时期，4个阶段，8个动作，协调关系差两个动作。

②上体与腿的配合关系。在弯道滑跑中上体要平动，在单腿支撑蹬冰阶段，上体与下肢成三点一线，在双腿支撑蹬冰阶段中，上体与蹬冰腿的冰刀形成一定的夹角，但体重要放在蹬冰腿上，当蹬冰结束时上体与新的支撑腿冰刀方向形成三点一线。

（6）摆臂动作。

弯道摆臂的目的与直道摆臂基本相同，即增加蹬冰力、提高滑跑频率、有助于上下肢协调。

摆臂的方法与直道不同，摆右臂时前摆，摆向新的运动方向，既摆向新的切线方向，向后摆时是侧后。摆左臂时大臂不动屈小臂勾向左胸前，后摆时大臂贴躯干，伸直小臂，手的高度不超过肩，左臂只起协调作用。

3. 弯道滑跑的技术特点

进好弯道是滑好弯道的关键，出好弯道是利用弯道速度的关键。

(1)进弯道。

进弯道的目的是改变运动方向。

入弯道的方法是右脚以正刃从直道滑入弯道，当右脚蹬冰后保持身体的倾斜度，收回的左脚尽量贴近弯道用冰刀外刃着冰，即完成了进弯道的技术动作。这种入弯道的方法是近年来提出的一种新方法。

(2)出弯道。

出弯道的作用是合理的利用滑出弯道的速度惯性，顺势甩出弯道。

出弯道的方法是用右脚滑出弯道，此时头肩右移，上体紧压右腿，左腿不要急；当右腿滑出弯道后，左腿冰刀以微偏外刃的方法着冰，接着左脚冰刀转成正刃，即开始直道滑行。

①滑跑弯道时必须处理好身体向左倾斜度、滑跑速度、弯道半径这三者之间的关系。

惯性离心力与速度成正比，与弯道半径成反比，速度越快，离心力越大，反之则越小。当弯道的半径小时，离心力则变大。所以要正确滑跑道，必须采用适合于当时的速度和弯道半径的滑跑倾斜姿势。这是弯道滑跑的第一个技术特点。由于这一特点使蹬冰前身体就形成了最佳的倾斜度，为高速滑跑创造了条件。

②滑跑弯道时身体向左倾斜，以交叉步伐滑过弯道。

向左倾斜时头部、胸部、臀部、下肢要保持一条线向左倾。两腿成交叉步伐，右腿以右脚冰刀内刃向右侧蹬冰后，上步与左腿成交叉，左腿用左脚冰刀外刃也向右侧蹬冰，并在右腿后方成交叉姿势，蹬冰后收起左腿放在新的滑跑方向的切线上，重复上述动作完成滑跑弯道段落。切线滑跑路线比直线的距离近，所以弯道滑跑速度比直道快。

③弯道滑跑中没有惯性滑进动作。

在20世纪70年代曾有人提出弯道滑跑中没有惯性滑进动作，但当时并没有被人们认识到，直到20世纪80年代才被大家公认，弯道滑跑技术要求滑跑者在倾斜状态下滑跑弯道，这一倾斜的角度(一般已达$55°\sim65°$)已经具备了开始蹬冰的条件，所以优秀的运动员在冰刀落冰后，立即就开始蹬冰。但初学者为了将冰刀咬住冰和掌握好倾斜度，存在惯性滑进动作是正常的。由于弯道始终处于蹬冰条件下滑跑，没有减速的惯性滑进动作，所以弯道滑跑速度比直道快。

④弯道的平均速度比直道快。

这一说法在众多的研究中已得到证明，其理由是弯道开始蹬冰时身体的倾斜度比直道大，产生的推进前进的有效分力比直道大，所以速度快；弯道中的蹬冰比值，比直道大，蹬冰的时间长，产生的速度快于直道；倾斜状态下对冰面的压力增加体重的十分之一，由于压力增加在蹬冰腿上，所以弯道的蹬冰力量比直道大，速度自然要快于直道；身体总重心运动的轨迹，在同样的距离内比直道短。由于上述 4 项主要原因，所以弯道的平均速度比直道快。

⑤弯道的摆臂动作与直道不同。

虽然弯道摆臂的目的与直道相同，但两臂的摆法不同，右臂与直道相适，前摆时手臂可以超过身体中线，而后摆时微向体侧。左臂大臂贴在上体，小臂做前后摆动。

⑥弯道冰刀着冰是弯道的切线方向。

要以最短的路线滑过弯道，决定于冰刀的着冰方向。弯道合理的着冰方向是圆弧的切线方向，因为切线是靠近圆弧的最佳位置。

⑦技术动作结构与直道不同。

时期：单脚支撑→双脚支撑→单脚支撑→双脚支撑。

阶段：单脚支撑蹬冰→双脚支撑蹬冰→摆腿→着冰。

动作：左单脚支撑蹬冰 1→双脚支撑蹬冰 2→摆腿 3→着冰 4→右摆腿 3→着冰 4→单腿支撑蹬冰 1→双腿支撑蹬冰 2。

弯道的技术动作结构是由 4 个时期、4 个阶段、8 个动作所组成，动作协调关系差两个动作，与直道相比每条腿少两个动作，即惯性滑进动作和收腿动作。

弯道滑跑与直道滑跑技术不同，弯道滑跑时身体向左倾斜，两腿成交叉步伐，同向右侧蹬冰，以这种姿势动作滑跑弯道，因此弯道滑跑技术有它本身的滑跑特点。由于这些特点决定了弯道滑跑比直道快。

六、停止法

为了保证在冰场上的安全，必须使初学者掌握好停止法。停止法有如下六种。

1. 内八字停止法

内八字停止法，又称犁状停止法。停止时，上体微前倾，两腿微屈，两膝向里并拢，用两刀内刃压冰，此时上体后坐，重心下降，两道跟随着向前滑进逐渐分开，使力点在冰刀的后半部。用力的程度越大，停下来的速度就越快。这种方法多在中高速滑跑中停止时使用。

2. 刀尖停止法

一腿支撑，另一腿在后拉位置，后拉腿的冰刀尖垂直于冰面，使刀尖在冰面上做滑压动作，就慢慢地停下来了。此种方法在高速滑跑中，实用价值不大。

3. 刀跟停止法

一腿支撑滑进，另一腿伸直位于支撑腿的侧前方，冰刀与伸直的小腿垂直，用刀跟正刃压滑冰面，同时支撑腿微屈，重心下降，即可停下来。这种停止法适于低速滑行，高速滑行时，使用较少，有时还可能发生意外。

4. 内外刃停止法

两腿并拢，两刀平行向左（右）转体 90°，同时后坐，上体前倾，身体向左（右）倾倒，用右刀内刃，左刀外刃，或左刀外刃、右刀内刃逐渐用力压切冰面，即可停下来。此种停止法可在高速滑跑中使用。

5. 右脚外刃停止法

右脚外刃停止法的做法是，在滑行中，身体呈直立姿势，用右脚正刃支撑，左腿抬离冰面，自然放松位于右腿侧旁，此时身体与右脚冰刀，同时快速向右转动，身体后坐，身体向右侧倾倒，用冰刀外刃刮压冰面，即可停止下来。此种停止法多适用于中低速滑跑。

这种停止法比较难以掌握，但在速滑中，两支冰刀的内外刃，只有右刀的外刃在正式滑跑中是用不上的。所以用右刀的外刃做停止动作，既发挥了右刀外刃的作用，又延长了其他 3 个刃的使用寿命。

6. 双脚内刃错动停止法

两刀以正刃前滑，一脚抬起与前进方向成 45°角，用内刃落在滑行脚的侧前方踩压冰面，然后另一只脚以同方法迅速向前迈步，用内刃踩压冰，以同样方法两脚轮流做 2～3 次踩压冰，即可以停止下来。此种方法多在慢速滑跑中停止时使用。

七、起跑

起跑是滑跑的开始，要求运动员在最短的时间内摆脱静止状态，从而获得本项目的最佳速度。

根据距离的不同分为两种，一种叫短距离起跑法；另一种叫长距离起跑法。起跑技术由 4 部分构成，即预备姿势、起动、疾跑、衔接。

1. 预备姿势

分为侧面起跑法的预备姿势和正面起跑法的预备姿势。

（1）侧面起跑法常用的有 3 种。

两刀平行式的起跑法：即两道平行用内刃压冰，前刀贴近起跑线，两刀与起跑线成 20°～30°，重心放在两刀之间，两腿蹲屈，膝内压，前臂下垂，后臂侧后平举，眼视前方 8～10 米处。

丁字步起跑法：方法基本上同两刀平行式起跑法，不同点是前刀与起跑线成 90°，用正刃着冰。

点冰式起跑法：两刀平行与肩同宽，无力脚在前，有力脚在后，用内刃压冰与起跑线成 10°～15°，然后前刀刀跟抬起用冰刀刀尖内刃紧贴起跑线后用力压冰，两腿蹲屈，体重 2/3 放在前脚上，前臂自然下垂，后臂则后平举，眼视前 8～10 米处。

（2）正面起跑的方法有两种。

①外八字起跑法：两冰刀刀尖紧贴起跑线，两刀的夹角为 50°～70°，有力脚的臂要

放在侧后。余下的预备动作与其他预备动作相同。

②正面蛙式起跑法：又称蹲踞式起跑法，蛙式起跑法的预备姿势是两刀与起跑线的距离是70厘米左右，两刀呈外八字，两刀跟相距5～10厘米，两手以大拇指与食指分开呈虎口状，两臂比肩稍宽的距离放到紧贴起跑线后，当听到预备口令时，两刀用内刃蹬压冰，双肩探出起跑线，2/3的体重放到双手上，完成了蛙式的预备姿势。

2. 起动

起动为起跑的第一步，起动的好坏决定起跑的好坏，所以起动是起跑的关键。要特别注意，侧面起跑法的第一步是先出无力脚，正面起跑法是先出有力脚，第一步的主要技术要点是冰刀尽力外转，用内刃踏切冰造成身体最佳的倾斜度。

3. 疾跑

疾跑技术是起跑技术的要点，疾跑技术完成的好坏，直接关系到起跑能不能以最经济的体力、最短的距离、最少的时间，获得项目的最佳速度。疾跑的方法有3种。

(1)切跑式疾跑法：所谓切跑式起跑法就是冰刀内刃，两刀成外八字踏切跑的方法。优点是起速快，缺点是体力消耗大，疾跑与衔接间不好掌握。中、短距离比赛中多用此法。

(2)滑跑式疾跑法：滑跑法，就是以正常的滑跑动作，提高滑跑频率来完成疾跑任务的方法。在长距离比赛中多用此法。

(3)扭滑式疾跑法：扭滑法是指切跑法与滑跑法相结合的方法。中短距离比赛中多用此法。

疾跑段的距离，一般为30～40米，疾跑段分3个小阶段，即起速段、加速段、最大速阶段。

4. 衔接

所谓衔接技术就是指疾跑后采用二个、三个单步，利用惯性速度把疾跑中已获得的最大速度转移到正常滑跑中去的动作，就是衔接技术。

衔接技术的作用有3点，一是把疾跑段的速度以不减速的方法转移到正常滑跑中去，二是疾跑后的小憩，正常滑跑前的准备，三是完成身体姿势的转移。

八、冲刺

冲刺是全程比赛的最后一段，是为提高成绩所采用的合理动作。冲刺技术利用的好坏在两人成绩相当的时候起着决定名次的作用。

冲刺技术的利用决定于冲刺距离的选定，冲刺距离的选定由三个条件决定，即比赛项目距离的长短、训练水平的高低、竞赛当时体能的好坏。

当今新的冲刺技术可分为两小段，一个是冲刺滑跑段；另一个是最后一步的箭步冲刺动作。所以采用箭步做最后一步是因为速滑到达终点是以冰刀触及终点线为准，箭步的动作比正常滑步要早到达终，同时双臂、上体与前弓腿用力前送，争取以更大的弓箭步冲向终点。

第三节　速度滑冰竞赛的主要规则

一、起跑

运动员听到"各就位"口令后，须站在预备线与起跑线中间，保持直立姿势，听到"预备"口令后，应迅速做好起跑姿势，静止等候枪响。此时，运动员的冰刀不得越过或踏上起跑线，只能冰刀的尖端触线。如果运动员有意不立即站好位置或在鸣枪之前跑出，即为犯规，应叫回运动员，并对犯规者给予警告。如果由于某一运动员抢跑而引起另一运动员犯规，只警告前者，不处罚后者。如同一运动员第二次抢跑即取消其比赛资格。

二、滑跑

运动员在比赛时须按逆时针方向滑跑，须在自己抽签决定的跑道内滑跑，如侵入他人的跑道滑跑，则被取消该项比赛资格。运动员若在滑跑中摔倒，站立后可以继续滑跑，但不得妨碍他人的滑跑，否则将被取消该项目的录取资格。在进出弯道及在弯道中滑跑时，不得以缩短距离为目的而触及和穿过雪线，违者将被取消录取资格。如果运动员被不属于自己的过失影响了滑跑，经裁判长允许，可以让他重新滑跑，并取其两次滑跑中较好的那次成绩。但如果是因为冰刀损坏或冰场不洁而影响了滑跑，则不允许重新滑跑。

三、交换跑道

内、外跑道的运动员到换道区时必须交换跑道。凡在换道区起跑的项目，开始起跑时不换道。内、外跑道的运动员同时到达换道区并行滑跑时，要让外道的运动员先换进里道。处于里道的运动员必须让在外道的运动员由其前面穿过后方可换道。

四、在同一跑道内滑跑

运动员在同一跑道内前后滑跑时，后者必须保持与前者有 5 米的距离，或者超越前者，但不得平行滑跑或带跑，否则予以警告，如再犯则取消比赛资格，并勒令立即退出跑道。后者可以由内侧或外侧超越前者，但不得妨碍前者，如因此发生碰撞，则取消后者的该项录取资格。但在后者要超越时，前者不得阻碍后者的超越，否则将取消前者的该项录取咨格。

五、到达终点

运动员到达终点，以冰刀触及终点线为准。如临近终点时摔倒，只要冰刀触及终点线，即可判作已到达终点。运动员摔倒后，可以伸脚力争触及终点线，但不得因此妨碍他人滑跑，否则将取消其项录取资格。

六、记分方法

速度各单项比赛以时间计成绩，排列名次。速度滑冰的全能总分计算方法是：运动员在每个单项中的得分是以其 500 米的平均速度按 1 秒作 1 分折算而成。速度越快，所需的时间越少，得分就越少，总分越少，名次越好。如 500 米的成绩是 40″5，即得 40.5 分；1 500 米成绩是 2′10″5，按每 500 米平均速度算为 43″5，得 43.5 分；5 000 米成绩是 8′14″8，得分是 49.48 分；10 000 米成绩是 17′11″2，得分 51.56，4 项加起来共得 185.04 分。短距离全能计分方法与此相同。

▸▸ 思考题

1. 简述冰上运动的概念。
2. 简述冰刀的起源。
3. 速度滑冰的基本技术有哪些？
4. 速度滑冰直道滑跑 4 个时期、6 个阶段、12 个动作分别是什么？
5. 停止法都有哪些？你认为哪种停止方法适合你？说明理由。
6. 速度滑冰规则有哪几部分？
7. 全能积分计算方法是什么？

第二十二章　轮滑

第一节　轮滑运动概述

轮滑运动俗称"滑旱冰"，是脚蹬四轮特制鞋在坚实平坦的地面上滑行的运动，包括速度轮滑、花样轮滑和轮滑球以及单排轮滑和双排轮滑。轮滑运动能锻炼身体、增强体质、消除疲劳、调节精神。

一、轮滑运动的起源

轮滑运动是从滑冰运动过渡而来，据有关资料记载，轮滑是在 18 世纪由不知名的荷兰人发明的。最初有位荷兰的滑冰运动员，为了在不结冰的季节继续进行训练，尝试把木线轴安在皮鞋下，试图在平坦的地面上滑行，他的试验在不断失败和改进后终于取得成功，创造了用轮子鞋"滑冰"的历史，从此轮滑运动在欧洲诞生、兴起并得到了较快的发展。1860 年，比利时有位技工和一位乐器制造工人约瑟夫、默林，他们用手工制作了一双轮滑鞋，但是当他们把自己的杰作带到英国伦敦的世界博览会上，展示给热情的伦敦观众时，却出现了意外，他由于无法刹车而把一面大镜子打破了，人也受伤。这件事被媒体充分报道之后，引起了人们的巨大震动。因此，轮滑运动也被视为一项"危险的运动"而被冷落了相当长的一段时间。

二、轮滑运动的传播与发展

1866 年，詹姆斯在纽约投资开办了第一座室内轮滑场，并组织纽约轮滑运动协会，首次将轮滑运动正式列入体育运动的正式比赛项目。同时轮滑运动迅速传到欧洲各国。

1892 年 4 月 1 日，国际轮滑联盟在瑞士成立，使得轮滑运动向正规化、国家化进一步发展。

1875—1937 年，滑冰运动对轮滑影响很大。在轮滑运动的发展中，逐渐演化为花样轮滑、速度轮滑和轮滑球 3 种不同形式的运动项目。

我国轮滑运动发展简况。20 世纪 90 年代，轮滑运动作为娱乐项目，传入中国中国，当时轮滑俗称为"旱冰""滚轴溜冰"。为使此项运动称呼规范化和统一化，原国家体委决定从 1987 年 1 月 1 日起将中国旱冰协会改称为中国轮滑协会，因此将"旱冰速滑"改称"速度轮滑"，"旱冰花样"改称"花样轮滑"，"旱冰球"改称"轮滑球"。伴随着新兴的自由式轮滑项目在国内的风靡，阳光、时尚、健康的轮滑运动在新时代全民健身的理念引导下正在全国各地绽放朵朵金花。

轮滑运动可有效地改善和提高运动者的机体中枢神经系统功能，提高呼吸系统、消化系统、血液循环系统等内脏器官的功能，能够全面协调和综合发展人体的速度、力量、耐力、灵敏等各方面素质，特别是对青少年的身心发展具有积极作用。轮滑运动受气候和场地条件的限制很小，其用具便于携带，技术容易掌握，特别是自由式轮滑，俗称"平花""平地花式"，是一项融健身、竞技、娱乐、趣味、技巧、艺术、休闲、惊险于一体的体育运动项目，将演绎成为新时代轮滑运动的主流。

第二节　轮滑运动的基本技术

轮滑基本技术是轮滑比赛所必需的专门动作方法的总称。分为基本站立姿势、摔倒与站起、迈步移动重心技术、直道滑行技术、转弯技术、急停技术。

练习轮滑前，应先做好准备活动，尤其是手腕和下肢各关节及韧带，要充分活动开。如有可能，应戴一些防护用具，如轮滑专用的护腕、护肘、护膝及头盔等。现在很多体育商店都有这种轮滑的专用护具。练习前要检查轮滑鞋的螺丝等紧固部件，以免滑行中因轮滑鞋出问题而受伤。初学者应在初学场内或规定范围内练习，或尽可能在人少的地方练习，不要任意滑行。初次学习轮滑时，最好有滑行熟练的同伴或辅导员进行辅导。禁止做危险或妨碍他人的动作，特别是在人多的公共轮滑场内，如几人拉手滑行，在速滑跑道上逆行或与大家滑行方向逆行，乱蹦乱跳，在场内横插乱窜，追逐打闹，突然停止等，这都是既妨碍他人，又容易发生危险的事情。如果在公路上滑行，更要注意交通安全，最好要在人少、车少的地方练习。学习轮滑时摔跤是不可避免的，但要学会在摔跤时做自我保护。

一、基本站立姿势

动作要领：左右脚打开、合并，脚掌力量平放在整个轮滑鞋上，轮滑鞋踩直，尤其轮刀要正，上半身保持平衡。

二、摔倒与起立

当要向前或向侧摔倒时，要主动屈膝下蹲，用双手撑地缓冲，减小摔倒的力量；当要向后摔倒时，也要主动屈膝下蹲，降低重心，尽量让臀部先坐下，并注意保护尾骨处，同时低头团身，避免头部向后仰磕地；摔倒时应尽量避免直臂单手撑地，这样很容易损伤手腕。

三、迈步移动重心

动作要领：外八字前进步行，脚后跟靠拢，足尖打开约60°，脚尖平均张开，上身保持自然，两手叉腰，身体不要晃动，重心踩在一脚上，另一脚运用大腿力量抬起向前走一个脚掌距离，前脚踏出后，重心转移至前脚，接着后脚步行至前脚之前，如此一步步踏稳而走，脚后跟尽量踩在一直线上。

迈步移动重心的练习方法如下。

原地站立与踏步：穿好轮滑鞋，两脚平行站立与肩同宽，两腿微屈，上体稍前倾，两臂自然下垂。身体重心移至左腿，右腿稍抬起、放下。然后身体重心移至右腿，左腿稍抬起、放下。反复进行练习，逐渐加快速度。

单脚支撑平衡：在掌握原地踏步基础上，保持原来姿势，手扶栏杆或同伴，将重心移至一条腿上，另一腿向侧伸出再收回成开始姿势，换脚重复以上动作。

模仿滑行姿势的蹲起练习：速度轮滑的滑跑姿势直接关系到滑行速度的快慢。正确的滑跑姿势，是上体前倾接近水平，肩背稍高于臂部，腿部弯曲，上体与地面成15°～20°，大腿和小腿成90°～110°，踝关节成50°～70°，两手互握放于背后或在体侧自然摆动，头部自然抬起，眼向前看5～10米处。

"八"字行走练习：两脚成外"八"字站立，保持好站立的姿势，重心移至左脚上，右脚向前迈一小步，重心随之移至右脚上，然后抬左脚向前迈一步，重心随着移至左腿上，然后抬右脚向前迈一步，重心随着移至右腿上，重复上述练习。

交叉步行走：原地站立，先将重心移至左腿上，收右腿，向左腿前外侧迈步交叉姿势，重心随着移至右腿上，接着收左腿左侧跨一步，成开始姿势，反复练习。

四、直道滑行技术

动作要领：滑溜的基础来自步行，当重心转移至前脚，后脚同时往侧方向蹬出以使前脚滑出。非溜冰足先轻拖在地上，溜冰足轻轻往前滑动，待稳后非溜冰足再试着腾空。慢慢地加长溜冰的距离与时间。前进滑行，亦可由静止状态开始，前进滑行时应注意上身的姿势，上身挺直，眼睛注视前方两米处，两手平举，与腰同高，两臂自然放松，勿耸肩，尽量使滑行的距离时间越长久越好。滑行时的脚呈外八字，右脚前进时，右脚稍稍压外刃，左脚则稍稍压内刃，右脚用力滑出去，左脚用力推，重心稍微移往右前方，然后就让右脚滑行一阵子，再换左脚（此时重心要拉回来，推出去左脚要并拢回来，再将重心放到左脚上）继续动作，推出右脚，如果推出去的脚（自由足）没收回就急着放下，推出另一只脚就会溜得开开的。重心要完全放到滑的那只脚（滑行足）上，不然则无法用单脚滑行足够远。换左脚用力滑出去，右脚推，两脚轮流运作。常见初学者犯的毛病是滑行不够长，右脚滑出去还没几米，左脚就着地，然后两脚就这样急速地举起放下，像在踏步一样。如此不但很费力，又溜不快，因此初学者的重要课程就是训练自己的单脚滑行，两只脚交互训练，这样就可以摆脱踏步的窘况。

滑行时，初学者因为平衡能力较弱，会本能地把两脚左右放以求平衡，这样很危险且不易做重心的转换，滑行不远，速度降低。可以把两脚略作前后的摆放，膝盖可自然前屈，重心略偏后脚。如果两脚并行，当碰到或卡到障碍物时，可能因重心修正不及时而前扑，否则赶紧举起另一脚往前。如果前后放置，重心略偏后脚，当触及障碍物时，有更大的机会让前脚滑过，且让自己有更多时间反应，蹲低或重心后移，不至马上失重心。再则习惯前后摆放可利于转身动作的轻易完成。整个的滑行过程如图22-1所示。

图 22-1

直道滑行技术的练习方法如下。

单脚蹬地双脚滑行练习：右脚用内刃蹬地，将重心推送至向前滑行的左腿上，右脚蹬地后迅速与左腿并拢成两脚滑行。接着用左脚蹬地，将重心推送至向前滑行的右腿上，左脚蹬地后迅速与右腿并拢两脚滑行。

单脚蹬地单脚滑行：上体前倾，两臂自然下垂，两脚稍分开，成外"八"字站立，重心移至右腿上，用右脚内刃蹬地，左脚用力向前滑出，随着蹬地动作结束，把重心推送至左腿上，左腿成半蹲支撑惯性滑行，接着向前收右腿，同时左脚蹬地，随左腿蹬地动作结束，把重心推送至成半蹲支撑惯性滑行的右腿上。如此反复进行。

直道滑行方法：上体前倾，肩背稍高于臀部，两手互握放于背后或自然摆动，腿部弯曲，上体与地面成15°～20°，膝关节成90°～110°，踝关节成50°～70°。保持这种姿势做单脚蹬地、单脚支撑惯性滑行练习。

直道滑行的摆臂动作：有力的摆臂是顺着身体纵轴前后加速摆动，当两臂向上摆动时，可增加蹬地腿的蹬地力量。同时，两臂摆动越快，身体重心的移动也越快，所以要提高滑动的频率，就必须减小摆臂的幅度，加快摆臂的频率。

五、转弯技术

1. 双脚平行转弯法

这种转弯技术是比较容易的一种，动作要领如下。

在滑进中如果要向左转弯，首先要把重心移到左腿上。身体前倾、膝关节弯曲，左脚稍前、右脚稍后。左脚外轮、右脚内刃用力向转弯的反方向蹬地。身体向左倾斜，两脚平行地向左边划两条"弧线"，转弯即可完成。

双足滑行向左转弯时，应向前滑行几步以后，利用惯性两脚平行着冰，做出身体向左倾斜的动作，成为双足向左滑行的大曲线（弧线）。体重主要放在左脚上，右脚起辅助作用。

2. 双脚平行短步蹬地转弯法

这种转弯比上述所介绍的转弯又进了一步，主要是用于前进速度比较快的情况。动作要领如下。

(1)保持双脚平行转弯的姿势。

(2)向左转弯时，重心要往左侧倾倒。

(3)左脚外刃、右脚内刃交替往右侧蹬，改变前进方向。两脚蹬一步往左移进一点，通过多次交替使身体在快速中转向左侧。在上述动作基础上，将重心完全移到左脚上，右脚抬离冰面并在体侧不断地以内刃向侧蹬冰，左脚连续做短切线，形成了向左转弯动作。

3. 压步转弯法

这是轮滑运动较难的一个技术，是双脚平行短步蹬地转弯的进一步发展。动作要领如下。

(1)保持向左转弯的姿势不变，当右脚内轮向右侧蹬去时，身体重心应落在左腿上并支撑滑行。

(2)身体前倾并向左侧倒，右脚蹬地结束后，迅速将右脚提到左脚前左侧，并支撑全身的重心。左脚用外刃向右腿交叉蹬过去，然后将左脚迅速移到右脚前内侧，变成支撑腿，这样一右一左为一个交叉压步。根据弯道的大小、速度的快慢应进行多次重复。

(3)在弯道压步时，身体始终保持向左倾倒。两臂配合蹬地动作，左臂前后小摆动，右臂侧后大摆动，向前时屈肘。

(4)身体倾斜要适度。它与弯道的速度成正比例关系，速度越快身体倾斜度越大。

当身体向左倾斜，左脚支持滑进时，右脚蹬冰后迅速移向左脚前方落冰，左脚以外刃蹬冰。此时身体仍保持向左侧倾斜，右脚支撑体重并以内刃滑行；两膝弯曲，重心下降。

六、急停

在滑行中，有时需要及时停止滑行，所以在初步掌握滑行基本动作的同时，就要学会停止滑行的方法。常用的停止法有 T 形停止法和双脚急停法。

1. T 形停止法

在向前滑行中，将重心放在右脚上，右膝弯曲，同时抬起左脚横放在右脚后成 T 形，然后以左脚四轮的侧面摩擦地面，减缓滑行速度，直到停止滑行。

2. 双脚急停法

在向前滑行中，两脚并拢，两脚同时向逆时针方向（或顺时针方向）转体 90°，右脚以内侧轮、左脚以外侧轮压紧地面，同时屈膝后坐，上体前倾，身体向左（右）倾倒，两臂前伸，两脚用力压紧地面，就会停止滑行。

第三节　轮滑运动的基本战术

在速度轮滑的比赛中，绝大部分距离项目的滑跑是集体出发的。由于速度轮滑的场地较小，滑行的人数较多，运动员滑行速度较快且技术水平较接近等特点，造成了速度轮滑比赛时出现竞争性很强、争夺十分激烈的场面。因而，对于速度轮滑运动员来说，有时光有较好的滑行技术还是不够的，还必须掌握一定的比赛战术，并将战术在激烈的比赛中合理地运用才能获得最后的胜利。

一般来说，速度轮滑的比赛战术包括抢占有利位置和超越。

一、抢占有利位置

抢占有利位置一般是指在起跑阶段，运用爆发性的速度抢在对手的前面，占据前 1～3 的滑行位置。这样可使运动员避免过多地消耗体力，并通过分散注意力来超越对手或防止对手的超越，从心理上增强取胜的信心。

抢占到领先的位置后，运动员应在规则允许的条件下不让对手超越。一般常用的防超越方法如下。

采取双摆臂技术，扩大身体运动的空间区域，使后面的对手无法在近处超越。从远处超越易受场地、距离和体力的影响，较为困难。

滑跑时占据场地的重要位置，即控制好进、出弯道和直道中间段等一般超越多发的位置。在进、出弯道时，运动员要较好地贴近跑道弧线，不让对手有机会从跑道内侧超越；在直道滑行时，运动员要注意步幅保持大而宽，且随时能加速的状态。

在获得了有利位置的情况下，除非运动员的实力占有明显的优势，一般不采用全程领跑，应根据运动员自己和对手的实力、技术特点，灵活地确定采用领跑和尾随滑跑的战术，争取最好的成绩。

二、超越

在起跑时没能占据较好的滑行位置或在滑跑的后程为了争取更好的运动成绩时，就需要采用超越的战术。

根据比赛的实践经验，运动员超越一般发生在进、出弯道和直道的中间段。超越成功率最高的区域是出弯道区域，其次是进弯道区域和直道区域。超越的常用方法是：紧随领先对手滑行过程中，抓住对手的动作失常和战术失误的机会，果断地以 2~3 个快而有力的蹬步从跑道的内侧超越。超越后应立即占领有利滑跑位置。

第四节　速度轮滑竞赛的主要规则

一、比赛跑道

比赛分为场地赛和公路赛。相应地，比赛跑道分为"场地跑道"和"公路跑道"，公路跑道又分为"开放式"和"封闭式"。

测量场地跑道或公路跑道的长度应以距场地跑道或公路跑道内沿 30 厘米处测量。

每条比赛跑道在弯道处应有清晰可见的自然界线或设有可移动的标志。这些标志不能放在跑道内，以免运动员发生危险。

二、场地赛跑道

场地赛跑道指设在露天或室内，由两条长度相等的直道与两个对称且半径相同的弯道相连接组成。跑道长度不得少于 125 米、不超过 400 米，宽度不小于 5 米。举办国际比赛，场地赛跑道长度为 200 米，宽度为 6 米。场地赛跑道的地面可用任何材料铺成，但要求完全平坦、不滑、不粘。跑道可以是完全平坦的，或者在弯道处有一定的倾斜度。弯道带有倾斜度的跑道周长不少于 125 米、不超过 250 米。有倾斜的部分要从内侧边缘逐渐均匀平稳地升高，直到外侧边缘。为了与倾斜弯道相衔接，直道也可以有向内的倾斜。但直道的平坦部分不应少于跑道总长度的 33%。跑道终点要用白色线标出，线宽为 5 厘米。除非在别无选择的情况下，起点线一般不设在弯道处。跑道外侧应设有由适当的材料制成的保护设施，避免发生危险。

三、公路赛跑道

"开放式"公路跑道的起点和终点不衔接。任何赛段的坡度不得超过 5%，即使在特殊情况下，有坡度的赛段也不得超过跑道总长的 25%。

"封闭式"公路跑道是由非对称的封闭环形公路跑道组成，其起点和终点相衔接，根据比赛的距离运动员在此路线上滑行一圈或几圈。跑道的长度最短不得少于 400 米，最长不超过 1 000 米(举办世界锦标赛的"封闭式"公路跑道的长度最短不得少于 400 米，最长不得超过 600 米)。

公路赛跑道的宽度全程均不得少于 6 米。公路赛跑道的路面必须平坦而光滑，没有凹陷和裂缝。横切路面的拱曲度不得超过其宽度的 5%。公路赛跑道起、终点要用宽5 厘米的白色线标出。除非在别无选择的情况下，起点不要设在弯道处。终点应设在弯道后不少于 50 米处。

四、赛场的适应性

当地面、天气条件阻碍比赛正常进行或使比赛不能继续时，裁判长可经组委会或竞委会授权后，决定将比赛中断一段时间或取消该项比赛。在预赛阶段，如果中断能在 24 小时内结束的话，一旦路面条件可以安全滑行时，比赛应开始或继续进行。

当中断的比赛再次恢复时，只有被中断比赛的运动员才能再次参加比赛。退出比赛和取消比赛资格的运动员继续被排除在比赛之外。

当比赛场地或路面太滑，裁判长有权决定是否使用防滑物质将场地全部或部分进行防滑处理。

五、滑跑方向

在场地跑道或"封闭式"公路跑道举行的比赛，运动员的左手侧对应跑道的内侧边缘，比赛按逆时针方向滑跑。

六、正式比赛的距离

场地赛和公路赛的正式比赛距离均为 300 米、500 米、1 000 米、1 500 米、2 000米、3 000 米、5 000 米、10 000 米、15 000 米、20 000 米、21 000 米、30 000 米、42 000 米、50 000 米。公路赛还包括青年男子、女子组和成年男子、女子组的 42.195千米马拉松。

七、世界锦标赛、全国锦标赛的正式设项

1. 场地赛
场地赛分为 300 米个人计时赛、500 米计时赛、1 000 米计时赛、10 000 米淘汰积

分赛、15 000 米淘汰赛和 3 000 米接力赛（限定 3 名运动员参赛）。

其中，300 米个人计时赛可视情况增设成绩最好的前 12 名运动员进行决赛；10 000米积分淘汰赛可在场地中一个或多个固定的地点淘汰一名或多名运动员，同时进行积分。最后一次淘汰在比赛的最后 3 圈前完成，经过每一固定积分点的第一名运动员得 1 分，其他运动员不得分。到达终点的前 3 名运动员分别得 3 分、2 分和 1 分。

2. 公路赛

公路赛分为 200 米个人计时赛、500 米计时赛、10 000 米积分赛（每圈积分）、20 000米淘汰赛、5 000 米接力赛（限定 3 名运动员参赛）和 42.195 千米马拉松赛。

其中，200 米个人计时赛可视情况增设成绩最好的前 12 名运动员进行决赛。

3. 少年组锦标赛

少年组锦标赛可对比赛项目进行适当调整，以竞赛规程为准。

八、竞赛类型

1. 计时赛

计时赛以计时成绩决定名次的竞速计时性比赛。

2. 团体计时赛

(1)每队由 3 名运动员组成，滑跑一定的距离，以计时成绩决定名次的竞速计时性比赛。

(2)同一时间只有同一个队的运动员在场地或公路跑道上同时出发及滑跑。

(3)当第 3 名运动员抵达终点线的时候，为该队的有效成绩。

3. 淘汰赛

淘汰赛是指比赛过程中在一个或多个固定地点直接淘汰一名或多名运动员的比赛。比赛前由裁判长介绍淘汰规则。

4. 群滑赛

群滑赛是在场地或公路上举行、参赛人数不限、同时出发的比赛。如果参赛人数太多，比赛跑道受限，可举行多轮次的比赛。被淘汰的运动员可根据预赛的成绩进行排名。

5. 耐力赛（定时赛）

比赛限定滑跑时间，根据在限定的时间内运动员所滑跑的距离长短来决定比赛名次。

6. 积分赛

比赛时运动员通过积分点获取个人积分，获得积分高者名次列前。

7. 接力赛

(1)每队由两名或更多名运动员组成，滑行一定距离。比赛途中在固定的地点进行接替。

(2)当进行接力的时候，运动员必须接触到他们的队友。根据跑道的距离，最后一次接力必须在最后一圈前完成。

(3)接力赛时只允许裁判员和运动员停留在场地里。

8. 分段赛

(1)分段赛只能在正规的公路赛跑道上进行。按照一定的规则，中、长距离混合排列在一起的竞速项目。总名次根据运动员在各个固定的距离所得成绩和分数决定，这一距离称为"赛段"。

(2)根据排位，各赛段对运动员进行如积分或时间宽限的奖励。奖励办法必须在规程内写明。

(3)如几名运动员成绩相同，最终名次由每名运动员各赛段的最好成绩决定。

(4)根据运动员的数量及赛段的长度，比赛可举行一天或数天，可以设休息日。

9. 追逐赛

比赛可以预赛的形式在场地或"封闭环形"公路上进行。两名运动员或两队在距对手等距离的地点出发，在规定的距离上互相追逐。如其中一名运动员或一个队超过对手时，预赛即告结束。每个队由3~4名运动员组成。在团体追逐赛中，倒数第二名运动员决定该队名次或淘汰与否。

10. 淘汰积分赛

比赛过程中，在场地中一个或多个固定的地点淘汰一名或多名运动员，同时，领先运动员将获得一定的积分。在最后一圈运动员将获得更多的积分。最后完成比赛，且获得最高积分的运动员将获得比赛的胜利。

九、参赛组别与年龄规定

(1)运动员必须持注册证原件参赛。

(2)成年组运动员最小年龄须在锦标赛当年的1月1日满17周岁。

(3)青年组运动员最小年龄须在锦标赛当年的1月1日满13周岁，最大年龄须在锦标赛当年的1月1日不满17周岁。

(4)少年组运动员最小年龄一般应在锦标赛当年的1月1日满9周岁，最大年龄须在锦标赛当年的1月1日不满13周岁。在合适的情况下，如单设少年锦标赛，则可分设少年甲组和少年乙组。

①少年甲组运动员最小年龄一般应在锦标赛当年的1月1日满11周岁，最大年龄须在锦标赛当年的1月1日不满13周岁。

②少年乙组运动员最小年龄一般应在锦标赛当年的1月1日满9周岁，最大年龄须在锦标赛当年的1月1日不满11周岁。

(5)高年龄组运动员不得参加低年龄组比赛。低年龄组运动员可参加高年龄组比赛，但不得隔组参赛。

十、起跑

所有比赛项目均不允许使用起跑器，用发令枪或哨子发出起跑信号。

在所有比赛中，如遇起跑犯规，发令员将召回所有运动员重新回到起点位置，重新起跑。

发令员在起点召集运动员时，如运动员未到，1分钟后重新召集，仍未到者立即取消本项比赛资格。

十一、起跑规定

(1)运动员在起跑线后相互间隔50厘米站好时进行发令。

(2)集体出发时，运动员间在起跑线后应保持至少50厘米间距，发令员将发出两次信号，第一次信号为"预备"，第二次信号为鸣枪。遇到下列情况，发令员可以召回运动员重新比赛。

①计时比赛中，运动员由于器材发生意外故障而非本人责任摔倒。

②集体起跑时，在130米以内有一名运动员摔倒而引起其他运动员连续摔倒。

③运动员在出发信号之前起动，将重新起跑，抢跑的运动员将受到处罚。第3次抢跑的运动员将被取消比赛资格(无论前两次抢跑是否是该运动员)。

④裁判长认为在500米、1 000米预赛、半决赛和决赛出发时，发生了可能影响比赛结果的严重犯规。

(3)个人计时赛的起跑方式：运动员两只轮滑鞋必须与地面完全或部分接触，两脚不得移动，允许身体摆动。预备起跑线距起跑线60厘米，运动员至少有一脚位于两线之间。轮滑鞋的最初运动方向必须与比赛的方向相一致。

个人计时赛时，发令员决定运动员是否可以出发，每名运动员有15秒钟的起动时间，如在15秒内不出发，运动员将被判起跑失败。该项目的起跑发令既不需要"预备"口令也不需要鸣枪。如果没有相应的电动计时设备，个人计时赛的起跑仍按这种方式进行：发出两次信号，第一次信号为"预备"，第二次信号为鸣枪。

(4)团体计时赛时所有3名运动员同时出发，发令员将发出"预备"口令和鸣枪。

(5)比赛起点的电动计时设备必须安装在距场地路面20～25厘米高的位置。

十二、设备、器材和后勤保障

根据比赛种类，提供相应的设备、器材和后勤服务。

1."封闭式"公路赛或场地赛

(1)至少2支麦克及必要的音响(音量能清晰地覆盖全场)，手提喇叭2支。

(2)记圈牌，用来显示运动员滑行剩余的圈数。

(3)向运动员提示最后一圈使用的手摇铃或其他信号器。

（4）装备齐全的急救中心。

（5）男、女运动员及裁判员分别使用的更衣室。

（6）供裁判员使用的备有桌椅的独立场所。

（7）运动员、领队和教练员所需的场所。

（8）新闻媒体、电台、电视台人员所需场所及相应物品。

（9）与公众分开的专用通道。

（10）供夜间比赛使用的足够的照明设备。

（11）安全保障。

（12）设置终点摄像或摄像扫描、起点电动计时设备。

（13）违禁药物检测设备和服务（世锦赛必备）。

（14）对讲机。

（15）计算机和打印机。

2．开放式公路比赛

（1）在终点线上方要有写着"终点"字样的横幅，终点线前地面上要写有"终点"字样。

（2）比赛路线最后 500 米处要设有标记。

（3）为运动员设置显示障碍物和交通信号的标记。

（4）设置补水站（超过 20 千米的比赛），位置要设在比赛路线约一半的路程处。

（5）有容易辨认标记的交通工具（汽车、摩托车并配司机），以使裁判员跟随比赛的进行。

（6）备有供受伤或退出比赛的运动员乘坐的汽车，车上要配备一名医生、一名裁判员以及相应的急救设施，医生要携带急救药品，裁判员要记下所有退出比赛运动员的退出顺序以确定最后名次。

（7）与公众分开的专用通道。

（8）安全保障。

（9）在裁判员认为危险的地方设置安全防护设备。

（10）设置终点摄像或摄像扫描、起点电动计时设备。

（11）对讲机。

（12）计算机和打印机。

十三、不同类型比赛的终点线

集体出发的比赛（淘汰赛、积分赛、接力赛等）、预赛、团体计时赛和计时赛，要根据运动员轮滑鞋的最前点到达终点线的时间决定运动员名次。到达终点线时领先的轮滑鞋必须与地面接触，否则以后脚轮子的前点到达终点线的时刻为完成比赛。

在淘汰赛时，淘汰方式是以运动员后脚轮子的最后部分通过终点线为准。

在耐力赛（定时赛）时，终点线以运动员所滑至的地点为准。

终点电动计时器的高度最多不能超过地面10厘米。

十四、被扣圈运动员的安排

在场地或封闭公路上举行的集体出发的比赛，被扣圈或将被扣圈以及将会影响比赛的运动员，可能被淘汰。被扣圈、被淘汰以及退出比赛的运动员的最终名次是按淘汰的逆顺序进行排列。被扣圈但没有被淘汰的运动员必须滑完全程。只有当领先运动员剩余最后一圈时摇铃提示。

十五、集体出发的比赛到达终点名次的排定

在集体出发的比赛中，有数名运动员同时抵达终点，无法确切地区分他们的名次顺序，此时可以认定他们的名次相同。

十六、计时赛的附加赛

如果有两名或更多运动员到达终点线的时间相同，则要重新组织一次确定名次顺序的附加赛，运动员的比赛成绩在到达终点后立即宣布。

十七、终点名次

在到达终点前的最后一个直道上，领先的运动员要保持直线滑行，不得妨碍紧跟其后的运动员的正常滑行，否则，裁判长将降低犯规运动员的名次，将该名运动员的名次排列在受影响运动员名次之后。

任何一项比赛结束后，裁判长将宣布终点名次，受理任何针对终点名次的抗议。针对终点名次的抗议必须在终点名次宣布后15分钟之内以书面形式递交裁判长，同时提交1 000元人民币的申诉费。一般情况下，单项颁奖仪式应在宣布终点名次当日进行（最好在宣布名次15分钟后进行），但如果有代表队进行抗议及向中国轮滑协会（组委会或竞委会）进行申诉，则颁奖仪式要等到所有抗议和申诉的判决结果决定后进行。

思考题

1. 轮滑的重大赛事有哪些？
2. 谈谈你对轮滑弯道技术的了解和认识。
3. 浅谈轮滑运动发展现状及阻碍轮滑运动发展的因素。

第二十三章　游泳

第一节　游泳概述

一、游泳的起源

游泳的起源很早。远古时代，人类在布满江、河、湖、海的地球上生活，不可避免地要和水发生关系。在生产劳动和同大自然做斗争的过程中，就产生了游泳，并不断创造和发展了游泳的多种技能和方法。

二、游泳的分类

1. 蛙泳

蛙泳是一种古老的泳姿，据有关资料记载，早在两千到四千年前的中国、罗马、古埃及，就有类似这种泳姿，例如埃及人曾在草纸上描绘过游泳的人像。从人像的动作结构来看，这是蛙泳的技术动作。蛙泳速度慢，所以在比赛中游蛙泳的人越来越少。直到1904年第3届奥运会才把蛙泳和其他泳姿分开，增设了男子400米蛙泳项目。1924—1933年，蛙泳最大的革新是划水结束后两臂由水中前移改为由空中前移，但仍采用蛙泳的蹬夹动作，于是出现了蛙泳的变形——蝶泳。1936年国际游联对蛙泳规则作了补充，允许在蛙泳比赛中采用蝶泳技术，于是蝶泳取代了蛙泳。

2. 蝶泳

蝶泳在4种竞技游泳姿势（蛙泳、仰泳、蝶泳、自由泳）中是最年轻的项目。蝶泳出现在1933年，美国人亨利·米尔斯在布鲁克林青年总会比赛中，首先采用两臂从空中移向前方，脚做蛙泳蹬水动作。当时并没有单独的蝶泳比赛项目，它是在蛙泳比赛中出现的。蝶泳与蛙泳分开后，蝶泳技术得到了很快的发展。1953年5月31日匈牙利运动员乔治·董贝克首先创造了蝶泳世界纪录，他的技术动作是一个周期内打3次腿。

到了 20 世纪 60 年代蝶泳形成了 3 种技术类型：一是两臂宽划水，打一次腿，拖一次腿；二是窄划臂，第一次打腿重，第二次打腿轻；三是高肘划水，臂划水路线成钥匙洞形，两次打腿均较重，有效划水路线长，目前许多优秀运动员都采用这种技术。

3. 仰泳

仰泳是在蛙泳之后产生的。在长距离游泳中有人发现只要把身体仰卧在水中，手臂和腿稍加动作就可以自然地漂浮在水面和向前运动，并可以借此在水中休息。1794年就出现了原始的仰泳技术。以后在很长的时间里仰泳均采用两臂同时在体侧向后划水，两腿做蛙泳的蹬水动作，所以当时也叫作反蛙式仰泳。1902 年爬泳的技术被引用到仰泳中去，1912 年第 5 届奥运会上，美国运动员赫布涅尔采用两臂轮流划水，两腿上下打水，并以 1 分 21 秒的成绩获 100 米冠军，证实了爬式仰泳技术的优越性。1936年第 11 届奥运会上，美国选手克菲尔以 1 分 5 秒 9 的成绩获得 100 米冠军，他的技术动作比较完善合理，奠定了现代仰泳的基础。目前仰泳技术是两次划臂，腿打水 6 次或 4 次，一次呼吸的配合技术。

4. 自由泳

目前世界上短距离运动员多数采用 6 次打腿技术，长距离运动员多数采用两次打腿技术。据现有的记载，较早采用两臂轮流划水的是一个英国人丁·杜鲁穗金。以后又相继出现了配合两腿的上下打水动作，两次打腿和拖腿的自由泳技术。1900 年举行的第二届奥运会上，匈牙利人哈尔曼就是采用两臂轮流划水、拖腿的方法获得了 200米的铜牌，400 米比赛的金牌。进入 20 世纪 70 年代，不少优秀运动员采用两次打腿、两臂中后交叉的配合技术，在长、短距离自由泳项目中均取得了出色的成绩，于是这项技术开始发展起来。

三、游泳比赛规则

1. 自由泳

(1)自由泳比赛中可采用任何泳式。

(2)转身和到达终点时，可用身体任何部分触池壁。

2. 仰泳

(1)运动员面对出发端，两端抓住握手器，两脚(包括脚趾)应处于水面下，禁止蹬在水槽内、水槽上或用脚趾钩住水槽边。

(2)出发和转身后，运动员应蹬离池壁，并在整个游泳过程中呈仰卧姿势。除做转身动作外，运动员必须始终仰卧。仰卧姿势允许身体做转动动作，但必须保持与水平面小于 90°的仰卧姿势，头部位置不受此限。

(3)在整个游泳过程中，运动员身体的某部分必须露出水面。在转身过程中，允许运动员完全潜入水中。但在出发和每次转身后，运动员潜泳距离不得超过 15 米，在 15米前运动员的头必须露出水面。

（4）在转身过程中，当运动员肩的转动超过垂直面后，可进行一次连续单臂划水或双臂同时划水动作，并在该动作结束前开始滚翻。一旦改变仰卧姿势，就不允许做与连续转身动作无关的打水或划水动作。运动员必须呈仰卧姿势蹬离池壁，转身时运动员身体的某部分必须触壁。

（5）运动员在到达终点时，必须以仰姿势触壁。

3. 蛙泳

（1）出发和每次转身后，从第一次手臂动作开始，身体应保持俯卧姿势，两肩应与水面平行。

（2）两臂和两腿的所有动作都应同时，在同一水面上进行，不得有交替动作。

（3）两手应同时在水面、水下或水上由胸前伸出，并在水面或水下向后划水。除最后一个动作外，在手臂的完整动作中，两肘不得露出水面。除出发和每次转身后的第一次划水动作外，两手向后划水不得超过臂线。

（4）在蹬腿过程中，两脚必须做外翻动作，不允许做剪夹、上下交替打水或向下的海豚式打水动作。只要不做向下的海豚式打腿动作，允许两脚露出水面。

（5）存每次转身和到达终点时，两手应在水面、水上或水下同时触壁，触壁前两肩应与水面平行。在触壁前的最后一次向后划水动作结束后，头可以潜入水中，但在触壁前的一个完整或不完整的配台动作中，头应部分地露出水面。

（6）在每个以一次划臂和一次蹬腿顺序完成的完整动作周期内，运动员头的某一部分应露出水面。只有在出发和每次转身后，运动员可在全身没入水中时，做一次手臂充分地向后划至腿部的动作和一次蹬腿动作。但在第二次划臂至最宽点并在两手向内划水前，头必须露出水面。

4. 蝶泳

（1）除在做转身动作时身体必须始终俯卧外，从出发和每次转身后的第一次手臂动作开始，至下一个转身或到达终点止，两臂均应与水面平行，任何时候都不允许转成仰卧姿势。

（2）两臂必须在水面上同时向前摆动，并同时在水下向下划水。

（3）两脚的动作必须同时进行，允许两腿和两脚在垂直面上同时做上下打水动作。两腿或两脚可不在同一水平面上；但不允许有交替动作。

（4）在每次转身和到达终点时，两手应在水面、水上或水下同时触壁；触壁前两肩应与水面平行。

（5）在出发和每次转身后，允许运动员在水下做一次或多次打水动作和一次划水动作，这次划水动作必须使身体升到水面。

5. 混合泳

（1）个人混合泳须按照下列顺序进行比赛。

蝶泳→仰泳→蛙泳→自由泳（仰泳、蛙泳及蝶泳以外的任何泳式）。

（2）混合泳接力须按照下列顺序进行比赛。

仰泳→蛙泳→蝶泳→自由泳（仰泳、蛙泳及蝶泳以外的任何泳式）。

（3）在个人混合泳和混合泳接力项目的仰泳转蛙泳过程中，运动员转肩动作超过垂直面之前必须呈仰泳姿势触及池壁。

第二节　游泳的基本技术

一、自由泳

1. 概述

自由泳是竞技游泳中速度最快的一种姿势。游泳竞赛规则规定，自由泳比赛中可采用任何一种姿势，人们通常都采用爬泳技术。

2. 技术分析

（1）身体姿势。

身体俯卧水中，背部和臀部肌肉保持适当紧张，身体自然伸展成流线型，身体纵轴与水平面成 40°～50°，头部与身体纵轴成 20°～30°，两眼正视前下方。

（2）腿部动作。

两腿向下发力，两腿交替向下打水。发力时，两腿自然伸直并拢，踝关节放松，两脚内扣，以髋为轴，由大腿带动小腿做上下鞭状打水动作，两脚尖上下幅度为 30～40 毫米，大、小腿弯曲 130°～160°。

（3）臂部动作。

自由泳的两臂划水是推动身体前进的主要动力，两臂交替向前划水，整个划水周期分为入水、划水、出水和空中移臂。入水时手指自然并拢，入水点在肩的延长线上，划水至与肩垂直时屈肘，上臂内旋并带动小臂向后推水至大腿旁，掌心向后划水，划水路线成 S 形。

推水结束后立即向后上方提肘把臂抽出水面，同时上臂内旋向前挥摆，肘关节要高于手。两臂的配合形式有 3 种：前交叉，即一臂入水时，另一臂处于肩前方；中交叉，即一臂入水时，另一臂划至肩下；后交叉，即一臂入水时，另一臂已划至腹下与水面成 150。左右的角。

（4）呼吸与动作配合（以头右转为例）。

右臂入水后闭气，划水时呼气，推水将结束时，头向右侧转把余气呼出，并趁嘴露出水面时，立即张嘴吸气，当右肘提出水面至肩部时，吸气结束，继而转头复原。呼吸配合技术有两种：3 次臂一次呼吸和两次臂一次呼吸。

(5)完整动作配合。

主要是腿、臂动作和呼吸动作的协调配合，完整配合形式有 3 种：6∶2∶1，即打 6 次腿，两臂各划一次水，呼吸一次，6 次打腿，技术协调连贯，初学者较易掌握，还能保持较好的身体位置；4∶2∶1，即打 4 次腿，两臂各划一次水，呼吸一次，4 次打腿，可减少腿部的负担，充分发挥手臂力量；2∶2∶1，即打两次腿，两臂各划一次水，呼吸一次，两次打腿，除进一步减少腿的体力消耗外，还有利于加快划臂的频率。这些配合形式，被许多运动员采用，并获得优异成绩。

二、蛙泳

1. 概述

游泳规则要求采用蛙泳姿势时，身体呈俯卧姿势。蛙泳要求两肩须与水面平行，两腿要同时在同一水面上弯曲，向外翻脚并且必须做蹬腿动作，两手应在水面或水面下收回，并须从胸前伸出，除了出发和转身后允许做一次潜泳动作外，在整个动作中不得出现潜泳动作。

2. 技术分析

(1)身体姿势。

滑行时，身体俯卧于水中，两臂前伸并拢，头略微抬起，水齐发际，稍挺胸，腹部和下肢尽量成水平姿势，身体纵轴与前进方向成 5°～10°，如图 23-1 所示。在游进时，身体随划臂和呼吸动作，有一定幅度的上下起伏，如图 23-2 所示。

图 23-1

图 23-2

(2)腿部动作。

蛙泳腿部动作，是游进中产生主要推进力的动作之一。技术分为收腿、外翻和蹬夹滑行 3 个不可分割的动作阶段。

①收腿和翻脚。在两腿完全伸直并稍下沉时，屈髋和屈膝，同时两小腿向大腿后折叠与臀部靠拢，边分边收，两膝距离与肩同宽，与躯干之间成 130°～140°，大腿与小腿之间成 40°～50°。翻脚对蛙泳时腿的效果起着重要的作用。但翻脚并不是一个独立的动作阶段，而是在收腿没有完全结束时就开始了。通过向外翻脚，使脚尖朝外，对水面积增大，并使脚和小腿内侧对准蹬水的方向。同时翻脚结束时，两脚之间的距离要大于两膝之间的距离。

②外翻和蹬夹。外翻和蹬夹也称"鞭状蹬水"。先伸展髋关节，从大腿发力向后蹬水，小腿和脚掌做向下和向后的鞭水。腿在向后蹬的同时向中间夹紧，蹬腿结束时两

腿应并拢伸直，踝关节伸直。

（3）臂部技术。

①划水与抓水。开始时，手臂前伸内旋，掌心转向外斜下方，两手分开向斜下方抓水。当手感到有压力时，便开始向侧、下、后、内呈椭圆曲线划水。要求划水以肩为轴，动作连贯，肘部保持比手高的位置。

②收手与伸臂，划水结束，臂由内向前收，两手相对，最后掌心向下并臂前伸。当两手收至下巴前下方时，借收手弧形惯性向前伸肘，两手靠近，掌心向下。

（4）呼吸。

呼吸要和臂的动作协调配合，划水结束时，抬头用鼻和口呼气，手臂划水时用口吸气，收手低头闭气，伸臂时缓缓呼气。

（5）腿、臂与呼吸配合技术。

蛙泳在一个动作周期中，一般采用一次呼吸、一次划水、一次收腿的配合。臂开始划水时，腿伸直不动，划水将结束，两腿自然放松，并在收手时开始收腿。手臂开始前伸时，收腿结束并做好翻脚动作，手臂接近伸直时，开始向后蹬腿，如图 23-3 所示。伸臂蹬腿结束后，身体伸直向前滑行。

早吸气

晚吸气

图 23-3

（6）动作练习。

可采用一人或两人式，身体平站在平面上，做蹬腿练习，如图 23-4 所示。稍成熟后可在水中练习，如图 23-5 所示。同时可尝试闭气练习，如图 23-6 所示。手部滑水动作可以经常练习。

1   2   3   4

图 23-4

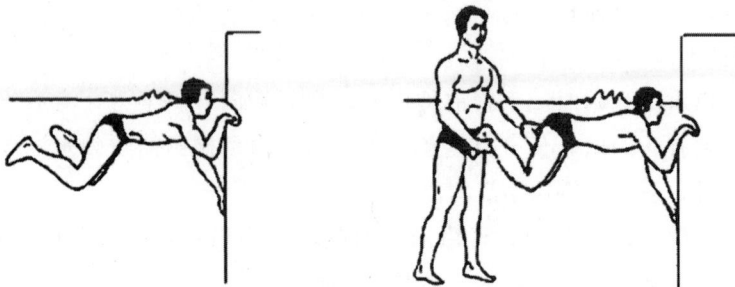

图 23-5

图 23-6

第三节 水上救护知识

一、游泳前检查与准备活动

1. 游泳前的身体检查

游泳前进行身体检查，主要是防止患病者游泳时发生溺水事故，同时也避免将疾病传染给他人。游泳者经身体检查合格后，应持游泳健康证进行游泳活动，游泳健康证切勿调换使用。

2. 饮酒、饱食、饥饿和过度疲劳后不能游泳

饮酒能刺激中枢神经系统，使之处于过度兴奋或抑制状态，酒后游泳容易发生溺水事故。饥饿空腹、饱食或过度疲劳时游泳都会发生险情，这类事件容易在学生中发生。饥饿时人体内血糖含量降低，如这时游泳就会出现头晕，造成险情。另外，饱食后游泳，因活动加强，胃肠道的血液供应量相应减少，影响了食物的消化和吸收，时间长了会引起胃病，因此，饭后最好休息半小时到 1 小时再游泳；过度疲劳后游泳容易造成抽筋或因体力不支而溺水，因此，从事繁重体力劳动或者参加大运动量的体育活动后，以及儿童戏耍过度疲劳后都不宜马上下水游泳。

3. 游泳前要作准备活动

游泳前作准备活动，可使身体各部位的肌肉、关节及内脏器官、神经系统都进入活动与兴奋状态，使身体适合激烈的游泳活动和适应低温水的刺激，以使更好地发挥人体机能和游泳技术，避免意外事故发生。因此，不管是否会游泳的人，包括游泳运动员在内，都应该在下水前做好准备活动，否则容易出现头晕、恶心和心慌等不适感，或发生抽筋、肌肉拉伤等事故。

准备活动内容有慢跑步、徒手操（上肢、下肢、各关节）和陆上游泳姿势的模仿练习等。准备活动的运动量要适中，时间 10~15 分钟，活动至身体微热为止。

二、游泳的安全救护

游泳救护是保障游泳者生命安全的一项重要措施。因此，在开展游泳活动的同时，必须加强救护工作，掌握一定的救护知识和技术是非常必要的。游泳救护要以预防为主，做到有备无患，以救为辅，防救结合，这对于保障游泳者的生命安全，顺利开展游泳运动，都十分重要。

1. 间接救护

间接救护是指救护者利用救生器材对溺水者进行施救的一种技术，下面介绍几种常用的救护器材和使用方法。

（1）救生圈。

在救生圈上系上一条绳子，当发现溺水者时，可以将救生圈掷给溺水者。在江河里将救生圈向溺水者的上游抛掷，溺水者抓住救生圈后，将其拖至岸边。

（2）竹竿。

当溺水者离岸、船较近时，将竹竿伸给溺水者，当溺水者抓住后将其拖至岸或船边。

（3）绳子。

在绳子一头系一漂浮物，另一头结一个套，套在左手上，再将盘起来的绳子掷在溺水者的前方，使溺水者握住绳子后将其拖上岸。

（4）木板。

在没有其他救护器材的情况下，可把木板作为救护器材。将木板掷给溺水者，还可扶木板游向溺水者，然后将溺水者拖带上岸。

2. 直接救护

直接救护是救护者在没有任何救护器材的情况下，徒手对溺水者进行施救的一种技术。直接救护包括入水前的观察、入水、游近溺水者、上岸和岸上急救等过程。

（1）入水前的观察。

当发现溺水者时，立刻迅速扫视水面，判断溺水者与自己的距离、方位。救护者要遵循入水后尽快游近溺水者进行施救的原则，快速准确选择入水地点。

（2）入水。

入水要快，并要注意目标，根据不同的环境和情况，采用不同的入水方法。

在熟悉的水域或游泳池，可采用鱼跃式出发入水，动作要快。

在不熟悉的水域或游泳池，可采用跨步式方法，脚先入水。当身体接近水面时，两腿向下夹水，手臂迅速压水，使身体处于较高位置，便于看清目标，防止碰到石头、暗桩及其他杂物，保证救援及时。

（3）游近溺水者。

救护者在入水后迅速靠拢和控制溺水者做好拖带准备，最好采用速度较快的抬头爬泳和头不入水的蛙泳，以便观察溺水者。当游到离溺水者2～3米处，深吸一口气采用潜水技术接近溺水者。如果正面急救，方法一：在离溺水者3～4米处，深吸一口气潜入水中，两手扶住他的髋部将他转体背向自己，然后拖带；方法二：游近溺水者后，用左（右）手反握住他的左（右）手，用力向左（右）边拉，借助惯性使溺水者背向自己，然后拖带出水。

（4）上岸。

当遇到处于昏迷状态的溺水者时，应首先将他拖运到岸边，扶他上岸以待抢救。上岸的方法有两种：一种是池边上岸，救护者用右手握住溺水者的右臂，将溺水者的右手放在岸上，并用左手将溺水者的右手压在岸边，自己先上岸，随后用两手握住溺水者的两手腕，将他往水中一沉，借助水的浮力把他拖拉上岸；另一种是扶梯上岸，当溺水者臂部移到池边时，慢慢放下，右手托住其颈部，左手握住扶梯，慢慢将溺水者放下。

（5）岸上急救。

救护员将溺水者拖运出水上岸后，要立即进行急救。对溺水者的急救，是一套综合的措施，包括搬运、检查溺水者情况、清除口鼻中异物、排出腹水、人工呼吸、心脏按压和转送医院进行医疗抢救等。

观察病状：检查溺水者有无意识；是否昏迷、休克；呼吸是否微弱或停止；心脏是否跳动或有无脉搏；喝水是否过多，喝水过多者腹部突出；有无骨折及其他伤害；是否真死等。根据病状进行临时急救，可做人工呼吸或心脏按压等，再转送医院急救。

空水：如溺水者喝水过多，应进行空水。其方法是：救护者一腿跪地，另一腿屈膝，将溺水者腹部放在屈膝的大腿上，使他的头垂下，用一手扶住溺水者的头，使他的嘴向下，将进入溺水者呼吸道、肺部和腹中的水排出。

人工呼吸（口对口吹气法）：这种方法简便易行，效果比较好。操作方法是：先将溺水者的衣服解开，再清除口鼻中的淤泥、杂草、泡沫、呕吐物和假牙等杂物，使上呼吸道畅通。若溺水者牙关紧闭，应用力摩擦他腮上的肌肉，使口张开，或在溺水者头后，用两手大拇指由后向前顶住溺水者的下颌关节，用力向前推，同时两手食指与中指向下搬其下颌骨，将嘴唇分开。使溺水者仰卧，救护者在他的身旁，用一手捏住溺水者的鼻子，另一手托住他的下颌；深吸一口气，然后用嘴对紧溺水者的嘴吹气。吹完一口气后，离开溺水者的嘴，同时松开捏鼻子的手，并用手压一下他的胸部，帮他呼气。如此有规律地进行，每分钟做15～20次，开始稍慢些，以后可适当加快，直至溺水者呼吸正常为止。

心脏按压：心脏按压方法很多，这里仅介绍常用的仰卧举臂压胸法和俯卧压背法两种。

仰卧举臂压胸法：将溺水者仰卧，肩下垫毛巾或衣服，头稍后仰，救护者跪于溺水者头部上方，握住溺水者的两手腕。做呼气动作时，救护者上体前倾，以便增加压力，并将溺水者的双臂弯曲，用其两前臂压迫双肋处，通出肺部空气。操作吸气运动时，将溺水者双手提起，向左右两侧做伸展动作，此时胸腔扩展，空气便会进入肺里。如此反复几次。此法优点是既可做人工呼吸又能起到压放心脏的作用，因此遇溺水者呼吸、心脏均停止时采用此法。

俯卧压背法：将溺水者俯卧在平板或平地上，一臂前伸，另一臂弯曲垫于头下，脸向侧，使口鼻呼吸畅通。救护者两腿跪在溺水者大腿两侧，两手按住溺水者后背的肋腰部位。救护者拇指相对，靠近脊柱，四指稍分开，偏向下方推压，将溺水者肺内空气压出，形成呼吸。然后救护者两手放松，让其胸廓扩张，使空气进入肺内，形成吸气。

按上述方法进行，每分钟做18次左右，直至溺水者呼吸恢复正常为止。此法特点是溺水者为俯卧姿势，可减少呼吸道的阻塞，方法简便易行，容易掌握。

3. 自我救护

在游泳中，发生抽筋时不要慌张，必须保持镇静，必要情况下可以先行自救。

(1)手指抽筋。

将手握拳，然后用力张开。反复做几次，直到消除抽筋为止。

(2)小腿或脚趾抽筋。

先吸一口气仰浮水面，用抽筋肢体对侧的手握住抽筋肢体的脚趾，并用力向身体方向拉，同时用同侧手掌压在抽筋肢体的膝盖上，帮助抽筋腿伸直。

(3)大腿抽筋。

可采用拉长抽筋肌肉的办法解救。

▸▸ 思考题

1. 游泳时发生意外的急救措施有哪些？
2. 蛙泳的正确姿势是什么？

第二十四章　定向越野

第一节　定向越野概述

一、定向越野的含义

定向越野是借助标有若干检查点和方向线的地图和指北针，在陌生的野外选择行进路线，并依此寻找各个检查点，用最短时间完成全程来进行比赛的运动，是一项既有利于身心健康，又具有实用价值的综合性体育项目。

19 世纪末的欧洲北部，斯堪的纳维亚半岛仍覆盖着原始森林，道路崎岖、湖泊纵横，岛上稀疏散布着当地的居民，为了便于在如此复杂地理环境中生活，常需要依靠地图和指北针的帮助；而那些经常在山林深处执行边防任务的军队，则更需有在陌生野外辨别方向、选择道路和越野行军的能力，因此类似定向越野的训练就出现了。

1918 年，瑞典一名叫吉兰特的童子军领袖，因组织一次"寻宝"游戏而引起参加者的极大兴趣，这可算是定向越野的雏形。由于这一项运动简单易行，有利于提高智力与体力水平、培养勇敢精神和野外生存的能力，具有娱乐和实用双重价值，于是很快便在民间流传开来。1961 年以瑞典、挪威、丹麦、芬兰 4 国为首，在丹麦首都哥本哈根成立了国际定向运动联合会。1962 年举行了第一届世界定向越野锦标赛。目前定向运动已发展成为包括一般定向越野、夜间定向越野、积分定向越野、接力定向越野、5日定向越野、院园定向越野等多种形式的综合性运动。

学生在参与这项运动中，为了克服自然障碍和预防不测事件，需要熟悉和适应地理环境和野外行动规模，具有勇敢、顽强的探索精神，掌握必要的生存技能和自我求生的本领，具有很高的实用价值。定向越野在偏僻的野外进行，虽需要克服许多困难，但清新的空气、叠翠的山峦，还有那潺潺流动的小溪，都尽显自然美色，往往使人在行进、奔跑、识途和定向过程中，由于自身的身体负荷与精神的专注不断交替进行，产生强身健体的效果。

二、定向越野对运动区域地形的要求

第一，要有相适应的难度，能使参加者充分发挥自己的定向越野技能。

第二，比赛区域必须是所有选手都不熟悉或不太熟悉的。

第三，比赛区域必须严格保密。

通常情况下，定向越野都选择有适度植被，地形变化多样的、有限通信地域或人烟稀少的生疏地区。在组织一般的定向越野活动时，城市公园、近郊区以及未耕种或未长成的田地都是可供选择的地点。

定向越野比赛路线通常按环形设计，距离只是个相对准确的数字，在小型比赛中，路线长度设计可参考这些完成时间：竞争性的40分钟以上（4～6千米），或60分钟以上（6～8千米）；活动性的30分钟以上（2～3千米），50分钟以上（4～5千米）。比赛路线应具有可选择性，使参加者能根据能力选择前进的方向和路线。检查点间最合适的距离应设计在500～1000米，不宜超过3000米。

三、器材

号码布：一般不超过24厘米×20厘米，号码数字的高不小于12厘米，字迹要清晰，字体要端正。正规的比赛还要求将号码布佩戴于前胸及后背两处。

检查卡片：主要用于判定参加者的成绩，用厚纸片制成，将每个检查点的点签图案印在空格中，到达终点时交裁判人员验证。

地图：地图是定向越野最重要的器材，质量好坏影响成绩和比赛的公正。国际定联专门为国际比赛制定有《国际定向运动图制图规范》。

检查点标志：检查点用于检验参加者是否按规定跑完全程，检查点标志是由3面标志旗连接组成，每面正方形小旗，沿对角线分开，左上为白色，右下为红色，旗的尺寸为30厘米×30厘米，可以用硬纸夹、胶合板、布等材料制成。标志旗通常要标上代号，以便选手根据旗上代号判断是否找到了正确的检查点。

点签点：签是与检查点配合而起作用的，它提供给参加者一个到达位置的凭据。点签的样式很多，最常见的还是印章式和纸式。

指北针：指北针用于辨别和保持方向，国际比赛多用透明式。

第二节　定向越野的基本技能

一、辨别方向

1. 使用指北针辨别方向

(1)辨别方向。当指北针的磁针静止后，其N端所指的方向为北方。

（2）标定地图。先使指北针定向箭头朝地图上方，使箭头两侧的平行线与越野图上的磁北线重合或平行，然后转动地图，使磁针北端对正磁北方向。

（3）确定站点。选择地图上和现场都有的两个明显地形点，并用指北针分别测出至该两地形点的磁方位角；将所测磁方位角用图解的方法标注在地图上。图解磁方位角时，要先转动指北针的分度盘，让指标分别对应已所测的方位角值；再将指北针的直长边分别切于图上被照准的两个地形点符号并转动指北针；待磁针与定向箭头重合后，分别沿直长边描方向线。两方向线的交点，就是站立点在图上的位置。

2. 引用地物判别方向

（1）房屋一般门朝南开，在我国北方尤其如此。

（2）庙宇通常也向南设门，尤其庙宇群的主要殿堂。

（3）树木通常朝南的一侧枝叶茂盛，色泽鲜艳，树皮光滑；北侧则相反。

（4）凸出地物，如墙、地梗、石块的北侧基部较潮湿，可能生长苔类植物。

（5）凹入地物，如河流、水塘、坑的北侧边缘（岸、边）与凸出地物相同。

二、越野地图

1. 越野图的比例尺（略）

2. 符号分类

（1）依比例尺表示的符号。实地面积较大的地物，如城镇、森林、湖泊、江河等，其符号图形的外部轮廓是按比例尺缩绘的。可供运动途中确定方向和站立点。

（2）半依比例尺表示的符号。实地的线状地物，如道路、沟渠、电线、围墙等，这类地物符号的长度是按比例尺缩绘的，而宽度则不是。也可供确定运动方向和站立点用。

（3）不依比例尺表示的符号。实际面积小但对运动有影响和有方位意义的独立地物，如窖、独立坟、独立树等，在越野图上，长与宽都不能依比例尺表示，只能用规定的符号表示。

（4）定向越野图采用不同颜色表示不同的地形，清晰易读。一般是蓝色表示水系，棕色表示地面起伏，绿色表示植被，其他内容用黑色。

三、体育课中开展的小型定向越野

1. 路线与设点

（1）路线的设计。

当起点、终点同设一处时，可设计成闭合形；起点、终点各设一处时，可设计成"一"字形或"弓"字形。应本着既适合学生运动技能的发挥，又具有路线可选择性的原则。

（2）设置检查点。

在体育课中设置检查点的原则是：根据路段需要确定检查点，必须设置在图上有明显地物(地貌)符号的地方；前一名参加者在该点作业时不被后续向该点运动的参加者发现。

2. 起点与终点

(1)起点。

起点设在地形平坦、面积较大、地势较低之处，使之与第一检查点之间应有足够的遮蔽物，保证参与者在离开出发位置之后很快消失。

(2)终点。

终点与起点可设在同一场地内，也可单独设置。最后一个检查点至终点间的路段应比较简单，以便所有参加者从同一方向跑回终点。

3. 出发与比赛

(1)出发。

国际定向越野联合会规定出发时间间隔为3分钟。小型的低级别的定向越野活动，可适当缩短时间间隔，原则是要保证前一名参加者出发消失后，后一名参加者方可出发。

(2)比赛。

可按考核性、娱乐性和竞赛性定向越野3种形式进行比赛。

四、校园定向越野

校园定向越野，即利用校园的地形条件开展的定向越野，它是徒走定向越野的一个新兴的运动项目，也是一种偏重于娱乐的群众性体育活动。

1. 路线的选择

校园定向越野的地形条件，只要有一定的地貌起伏、有一定的植被覆盖、有一定数量的明显地物即可。器材准备要坚持因陋就简的原则。

2. 练习

校园定向越野的练习主要包括识别越野图、使用越野图、比赛方法等。在练习时要突出重点，重在实用，要注意以下问题。

(1)在识别越野图练习中，主要针对越野图突出讲清地物，利用地物定向是校园定向越野的特点。

(2)使用越野图的练习要注意尽量不用指北针，先抓准站立点，着重利用地物标定地图的方法。

3. 比赛

(1)比赛的规模应根据校园面积大小、可利用路线长短、路线的条数以及可设检查点的个数来决定，每次参加者应控制在合理的数量内。

(2)路线长短要根据各组参赛人员多少来决定，有参赛者返回终点为宜。

(3)比赛起点与终点应设在同一处，通常选择在球场或操场为宜。

（4）在进行具体路线设计时，检查点（包括起、终点）之间应有多条道路可供参赛者选择，以增加比赛的准度。

▸▸ 思考题

1. 简述定向越野运动的基本知识。
2. 简述定向越野运动的基本技能。

第二十五章　拓展训练

第一节　拓展训练的起源

拓展训练(Outward Development)，又称外展训练(Outward－Bound)，拓展训练通常利用崇山峻岭、瀚海大川等自然环境，通过精心设计的活动达到"磨炼意志、陶冶情操、完善人格、熔炼团队"的培训目的。

拓展训练起源于第二次世界大战。当时，盟军在大西洋的船队屡遭德国纳粹潜艇的袭击。在船只被击沉后，大部分水手葬身海底，只有极少数人得以生还。英国的救生专家对生还者进行了统计和分析研究，惊奇地发现，这些生还者并不是他们想象中的那些年轻力壮的水手，而是意志坚定、懂得互相支持的中年人。经过一段时间的调查研究，了解情况，专家们终于找到了这个问题的答案：这些人之所以能活下来，关键在于这些人有良好的心理素质。于是，提出"成功并非依靠充沛的体能，而是强大的意志力"这一理念。当时德国人库尔特·汉恩提议，利用一些自然条件和人工设施，让那些年轻的海员做一些具有心理挑战的活动和项目，以训练和提高他们的心理素质。之后其好友劳伦斯在1942年成立了一所阿德伯威海上训练学校，以年轻海员为训练对象，这是拓展训练最早的一个雏形。第二次世界大战以后，在英国出现了一种叫Outward－Bound的管理培训，这种训练利用户外活动的形式，模拟真实管理情境，对管理者和企业家进行心理和管理两方面的培训。由于拓展训练这种非常新颖的培训形式和良好的培训效果，很快就风靡了整个欧洲的教育培训领域，并在其后的半个世纪中发展到全世界。训练对象也由最初的海员扩大到军人、学生、工商业人员等不同群体。训练目标也由单纯的体能、生存训练扩展到心理训练、人格训练、管理训练等。

拓展训练到底是怎么一回事呢？简单地说，它主要是利用自然环境，通过特意设计的活动，锻炼人的勇气、意志及团队精神。拓展训练的项目对人的体能的要求并不高，更多的则是对心理的挑战。因此有人形象地称它是"小游戏、大道理"。更确切地说，拓展是一种感悟，一种体验。它是一项让每个人在心灵和精神上都有一个新的超越——重新认识自我、认识生命的活动。

第二节　拓展训练的目的和特点

一、拓展训练的目的

通过拓展训练，使学生们在以下方面有显著的提高。

(1)认识自身潜能，增强自信心，改善自身形象。

(2)克服心理惰性，磨炼战胜困难的毅力。

(3)启发想象力与创造力，提高解决问题的能力。

(4)认识群体的作用，增进对集体的参与意识与责任心。

(5)改善人际关系，学会关心，更为融洽地与群体合作。

(6)学习欣赏、定注和爱护大自然。

良好的团队精神和积极进取的人生态度，是当代大学生应有的基本素质，也是当代大学生人格特质的两大核心内涵。在现代社会，人类的智慧和技能只有在这种人格力量的驾驭下，才会迸发出耀眼的光芒，拓展训练应运而生。通过训练使学生们可以加强以下品质。

积极主动：积极的学习态度和人生态度是拓展精神的核心。乐观自信，从我做起，环境因我而变；坐言起行，言必行，行必果；从内心关心同学。

开拓创新：以开放的心态，应对变化，积极进取。

认真负责：人和事因认真而完美，注重细节是专业化的表现。坚守承诺，积累信用。

独立协作：独立自主，各司其职，独当一面。个人的竞争力来自你不可替代的价值。高水平的独立，才有可能带来高水平的协作。局部利益服从整体利益，以双赢的心态创造最大动力。

共享成功：成功来自每个人的努力和贡献，成功是协作的结晶；共享成功的经验，共享成功的好处。但共享不是平均分配，吃大锅饭。

体验式学习：拓展培训最大的特点在于它是一种以学员的体验为基础的培训。研究表明：人类对听到的大约可以记住 10%，对看到的大约可以记住 25%，对亲自经历过的大约可以记住 80%。拓展圳练以各种方式模拟实际的工作和生活中可能会遇到的矛盾，虚拟各种场景让学生去亲身感受。可以说拓展培训为学生营造一个逼真的全方位感受的机会，再加上培训师高水平的引导，当学生对经历的情景充满了疑惑和好奇，对获取知识充满了渴望，这时人的状态是完全开放的，可以将影响直接施加到人心灵的最深处，从而产生良好的培训效果！

二、拓展训练的特点

1. 综合活动性

拓展训练的所有项目都以体能活动为引导，引发出认知活动、情感活动、意志活动和交往活动，有明确的操作过程，要求学员全身心地投入。

2. 挑战极限

拓展训练的项目都具有一定的难度，表现在心理考验上，需要学员向自己的能力极限挑战：跨越"极限"。

3. 集体中的个性

拓展训练实行分组活动，强调集体合作。力图使每一名学员竭尽全力为集体争取荣誉，同时从集体中吸取巨大的力量和信心，在集体中显示个性，拓展训练。

4. 高峰体验

在克服困难，顺利完成课程要求以后，学员能够体会到发自内心的胜利感和自豪感，获得人生难得的高峰体验。

5. 自我教育

教员只是在课前把课程的内容、目的、要求以及必要的安全注意事项向学员讲清楚，活动中一般不进行讲述，也不参与讨论，充分尊重学员的主体地位和主观能动性。即使在课后的总结中，教员只是点到为止，主要让学员自己来讲，达到了自我教育的目的。

6. 其他方面

认识自身潜能，增强自信心，改善自身形象；克服心理惰性，磨炼战胜困难的毅力；启发想象力与创造力，提高解决问题的能力；认识群体的作用，增进对集体的参与意识与责任心；改善人际关系，学会关心，更为融洽地与群体合作；学习欣赏、关注和爱护大自然。

第三节　拓展训练课程介绍

拓展训练的课程主要由水上课程、野外课程、场地课程组成。水上课程包括：游泳、跳水、扎筏、划艇等；野外课程包括：远足露营、登山攀岩、野外定向、伞翼滑翔、野外生存技能等；场地课程是在专门的训练场地上，利用各种训练设施，如高架绳网等，开展各种团队组合课程及攀岩、跳越等心理训练活动。鉴于拓展训练基地的主要设备和器材，设置课程如下。

一、空中断桥

1. 活动背景介绍

小分队在执行任务中，路遇断崖，两组队员如何在 1.5 小时内通过，全体队员必须在规定时间内——通过。

2. 活动目的

站在摇摇晃晃的 7 米断桥上，面对沟壑对面的"遥不可及"的目标，是信心、意志和勇气的较量，是心灵的震荡和感悟。每个人都应能够站在不同角色认识自己，理解他人，并从挑战自我中获得心灵的震荡和感悟。

3. 安全守则

(1)认真听老师介绍安全装备及保护常识并学会基本操作，主要设备有安全绳、安全锁、8 字环、安全衣、安全帽。注意行动前必须请老师检查每个队员的设备。

(2)不允许学员互借安全绳。

(3)时刻关注上面安全锁的松紧，下面没有老师配合时，应每次强调安全要点让下面人员注意，学员上断桥之后要再检查一遍。

4. 记分准则

(1)每往返通过一人加 3 分。

(2)每节省 1 分钟加 0.1 分。

(3)如果有一人不做，节余时间不加分。

5. 交流感想

引导队员思考这些问题：面对困难如何做出选择，以及不同选择带来的不同结果；如何正确地看待目标和困难；体验环境变化后，在恐惧与挑战面前，团队激励对个人的作用；个人潜能以及对风险的评估；换位思考意识，站在不同的角度看问题，高处不胜寒。让队员在交流中体会此次活动的意义。

二、毕业墙

1. 活动背景介绍

我方所有小分队按预定时间到达敌军总部前，必须在敌人援军赶到之前占领敌军总部，时间 30 分钟。

2. 活动目的

为了达到团队大融合，激发士气，提升团队凝聚力的目的。

3. 安全守则

(1)学生在毕业墙下面应注意保护，保护人手向上张开。

(2)学生上毕业墙时脚不可蹬墙，拉人时手腕互握。

(3)学生在爬上毕业墙后，不得在毕业墙上乱走，不能蹦。

(4)不经老师允许不得私自下毕业墙。

(5)身上多余物品(眼镜、手表、手机、钥匙等)全部拿掉。

4. 交流感想

引导队员思考这些问题：全局观地考虑问题；考虑所有队员，讲求奉献精神、团队合作，用人之长，容人之短，尊重差异。

三、电网

1. 活动背景介绍

我军小分队须潜入敌兵营，但前有高压电网堵路，要设法通过，每个网格只能过一个人，每次只允许过一人，有一人触网全队重做。

2. 活动目的

加强团队合作，并肩作战，提升凝聚力。

3. 安全守则

(1)过下面网格时，送人者应把被送者两只脚依次放下，不可两只脚同时松开。

(2)中间教练喊停时，应将过网人安全通过或送回，站稳后方可松手。

(3)接送人时应注意保护头部，接触电网连接物视为触网，电网上下空隙不能过人。

4. 记分准则

(1)在规定时间内全队通过，得满分 10 分。

(2)每提前 1 分钟完成，加 0.1 分。

5. 交流感想

引导队员思考这些问题：体验项目前期资源确认与合理配置的重要性；强调细节的重要性；队员的分工协作、配合与协调；队员之间的身体接触，增加信任感与凝聚力；敢于实践，突破经验主义、诚实正直的态度。

四、合力过桥

1. 活动背景

为了争取时间，现必须搭一座浮桥，以便我军顺利通过，全体队员必须在规定时间内一一通过浮桥。

2. 活动目的

通力合作，增强团队的凝聚力。

3. 活动规则

(1)严禁小臂以下部位接触安全绳与钢丝绳。

(2)桥板之间严禁连接，并且不能借助木台。

(3)正式行进前必须在下面演练。

4. 安全守则

(1)下面学员每人只能拽一根绳子,注意保持木板平衡与用力均匀。

(2)队员上去自己打安全锁,注意锁紧。

(3)下来时,不能手舞足蹈,必须一步一步走下,不能跳下。

(4)行动前,必须请教练检查。

5. 记分标准

(1)全体队员在规定时间内,每通过一名队员加 2 分。

(2)每节省 1 分钟加 0.1 分。

(3)小臂以下部位接触一次扣 0.1 分。

(4)长时间(5 秒)握安全绳与钢丝绳扣 1 分。

6. 交流感想

引导队员思考这些问题:增强自我控制与决断能力以适应不断变化的外部环境;分解克服心理压力,建立挑战困难的自信心与勇气;无论后退是多么舒适,也不为舒适而后退;勇于抓住机会,在困难面前如何正确选择;换位思考,互相理解。

五、爬天梯

1. 活动背景

为了更有效地打击敌人,我方派特种小分队抢占制高点,全队成员以自由组合方式,两人一组,合作爬上天梯最高端。

2. 安全守则

(1)做项目时学员不能借助两边的钢丝绳、安全衣、安全绳。

(2)上面学生不能踩下面学生的头部和颈部,可以借助弓步和肩部,手与手连接时应手腕互握。

(3)保护学生不允许用力拉拽安全绳。

(4)认真听老师介绍的安全装备及保护常识,并学会基本操作安全绳、安全锁、8字环、安全衣、安全帽。

3. 记分标准

(1)头两横杆不得分,从第三横杆起每爬上一根横杆加 1 分,两人摸到顶上铁杆每组得满分 5 分。

(2)每节省一分钟,加 0.1 分。

4. 注意事项

(1)活动时站在绳前,时刻关注安全绳,不可到其他位置指挥学生。

(2)学生行动前,必须最后检查一遍安全锁、安全绳、安全带、搭扣。

(3)每隔 3 或 4 组检查一次安全锁。

(4)老师亲自上杆检查安全锁、安全绳、搭扣。

5. 交流感想

六、空中抓杠

1. 活动背景

我军小分队在完成某项任务后撤退过程中，不料被敌人发现并穷追不舍。为尽快摆脱敌人，从险处越过是唯一有效的方法，全体队员必须在规定时间内全部通过。

2. 安全守则

认真听老师介绍的安全装备及保护常识，并学会基本操作，携带安全绳、安全锁、8字环、安全衣、安全帽。

3. 记分标准

(1)每通过一人，抓住杆的得3分，没抓住杆得2分，站台上没跳得1分。

(2)每节省1分钟加0.1分；如果有一人不做，节余时间不加分。

4. 注意事项

(1)老师亲自上杆检查安全锁、安全绳、搭扣。

(2)活动时站在绳前，时刻关注安全绳，不可到其他位置指挥学生。

(3)老师负责收一侧绳。

七、信任背摔

1. 活动背景

我方有战友被困，他手脚被捆，处在悬崖边上，跳下时需要我们将他牢牢接住，放到安全地带。后倒人站在台上，手脚绑紧后，全身绷直后倒，倒下前背对大家问"准备好了吗?"大家齐声回答："准备好了，请相信我们!"

2. 安全守则

(1)后倒人。

站在台上双手反腕用绳绑紧，倒下时双臂夹紧不能松手，脚跟与器架平齐。

(2)接应的人。

①两人相对，腿成弓部，膝盖内侧互相靠紧。

②双臂伸直，手心向上，五指并拢，触到对方肩部，但不许搭在肩上，所有接应人的手臂在一个平面上并保证后倒人中心与接应人手臂中心线一致。

③头向后仰，眼睛注视后倒者；每组之间肩部靠紧。

④有人上铁架，其余人必须站在垫子两旁，接住后倒人应抬离铁架，先放下腿部，站稳后先解开脚踝的绳子。

⑤将身上物品(手机、手表、项链、眼镜、饰物)全部拿掉，立即行动。

3. 记分标准

(1)每合格完成1人加1分，在规定时间内不合格者待所有人做完之后可重做(合格标准：膝盖不能弯曲，臀部不能凸起，后倒时身体不能偏）。

(2)每提前1分钟完成，加0.1分。

4. 注意事项

(1)绑手绳由老师完成，至少2扣，里外交叉绑。

(2)女生如头发松散，应事先准备好皮筋或用头带束起。

(3)提示学生后倒者颈部挺直，不应后仰头。

第四节　拓展训练的意义

在大学生群体中开设拓展训练这门课有着重要的作用和意义，主要表现在以下几个方面。

第一，个人心理训练。

拓展训练是一项旨在提升学员核心价值的训练过程，通过训练课程能够有效地拓展学员的潜能，提升和强化个人心理素质，帮助学员建立高尚而有尊严的人格；同时让团队成员能更深刻地体验个人与个人之间，个人与群体之间，个人与社会之间唇齿相依的关系，从而激发出团队更高昂的工作热诚和拼搏创新的动力，使团队更富凝聚力。

第二，团队合作训练。

拓展训练是一套塑造团队活力、推动组织成长的不断增值的训练课程，是专门配合现代企业进行团队建设需要而设计的一套户外体验式模拟训练，这是当今欧洲、美洲及亚洲大型商业机构所采纳的一种有效的训练模式；训练内容丰富生动，寓意深刻，以体验启发作为教育手段，学员参与的训练将成为他们终生难忘的经历，从而让每一系列活动中所蕴含的深刻道理和观念，能牢牢地扎根在团队和每个成员的潜意识中，并且能在日后的工作合作中发挥应有的效用。

通过拓展训练，学员在这些方面将有显著提高：认识自身潜能，增强自信心，改善自身形象；克服心理惰性，磨炼战胜困难的毅力；启发想象力与创造力，提高解决问题的能力；认识群体的作用，增进对集体的参与意识与责任心；改善人际关系，更为融洽地与群体合作；学习欣赏、关注和爱护自然。

第三，现实社会意义。

现代社会是一个高度人际互动的社会，是一个团队英雄主义的时代。如何实现团队的整体优势和优势互补？在这个生活节奏越来越快，工作分工越来越细，工作压力越来越大，人与人的情感交流越来越困难的竞争环境中，企业、组织和个人更需要团队。拓展训练糅合了高挑战及低挑战的元素，学员在个人和团队的层面，都可透过危机感、领导、沟通、面对逆境和辅导的培训而得到提升。拓展训练强调学员去"感受"

学习，而不仅仅在课堂上听讲。当不了解其他人的感受时，即使有很好的见解，也很难说服他人。研究资料表明，传统课堂式学习的吸收程度大约为25％，而要求学员参与实际操作的体验式学习吸收程度高达75％，能更加有效地将资讯传授给学员。拓展训练正是一种典型的户外体验式培训。拓展训练这种形式既安全又有一定的趣味性，易于被学员接受。但拓展培训的最终目的，是让学员将培训活动中的所得应用到学习中和以后的工作中去。如果缺乏专业培训师的指导及意见，则很难达到理想的效果。

拓展训练是体验式的学习过程但并非体育加娱乐，它是对正统教育的一次全面提炼和综合补充。大多数人认为，提高素质的手段，就是通过各种课堂式的培训来掌握新的知识和技能。其实，知识和技能作为可衡量的资本固然重要，而人的意志和精神作为一种无形的力量，往往更能起到决定性作用。在何种情况下能使有限的知识和技能释放出最大的能量？如何开发出那些一直潜伏在你身上，而你自己却从未真正了解的力量？以体验、分享为教学形式的拓展训练的出现，打破了传统的培训模式，它并不灌输某种知识或训练某种技巧，而是设定一个特殊的环境，让你直接参与整个教学过程。吸收了国外先进的经验，在参与、训练中通过设计富有挑战性与思想性的户外活动，培养人们积极的生活态度与团队合作精神。教官充分调动学员的积极性，投入到每个项目中，让学员体验、面对各种不同的环境及挑战，学习解决问题。通过看、听、行动、体验、分享交流与总结相结合的"立体式"培训，以小组讨论、角色的模仿、团体互动、脑力激荡等方式让学员切身地感受、体会、领悟。

这是拓展训练给我们的心理震撼，也是拓展训练的意义所在。通过拓展训练，整合团队，发掘每个人的最大潜力，这就是拓展训练的真正意义！

▸▸ 思考题

1. 简述拓展训练的起源。
2. 拓展训练的目的和特点是什么？
3. 阐述拓展训练的意义。

参考文献

[1]全国体育学院教材委员会，体育理论教材小组．体育概论[M]．北京：人民体育出版社，2003．

[2]杨文轩，陈琦．体育原理[M]．北京：高等教育出版社，2004．

[3]何珍泉．体育与健康[M]．北京：北京体育大学出版社，2005．

[4]叶加宝，苏连勇．体育概论[M]．北京：北京体育大学出版社，2006．

[5]肖威．大学体育健康理论与实践[M]．北京：北京体育大学出版社，2002．

[6]许今刚，吴翔．体育与健康教程[M]．北京：北京体育大学出版社，2006．

[7]陈智勇．现代大学体育教程[M]．北京：北京体育大学出版社，2004．